万有喜

司马迁笔下的
秦汉历史文化

王子今————著

中华书局

图书在版编目（CIP）数据

　　万有喜：司马迁笔下的秦汉历史文化/王子今著. —北京：中
华书局，2025.8. —ISBN 978-7-101-17084-9

　　Ⅰ. K204.2；K232.07

中国国家版本馆 CIP 数据核字第 2025KR0116 号

书　　名	万有喜：司马迁笔下的秦汉历史文化	
著　　者	王子今	
责任编辑	孟庆媛　　林玉萍	
封面设计	毛　淳	
责任印制	陈丽娜	
出版发行	中华书局	
	（北京市丰台区太平桥西里 38 号　　100073）	
	http://www.zhbc.com.cn	
	E-mail：zhbc@zhbc.com.cn	
印　　刷	北京新华印刷有限公司	
版　　次	2025 年 8 月第 1 版	
	2025 年 8 月第 1 次印刷	
规　　格	开本/920×1250 毫米　1/32	
	印张 11⅞　字数 300 千字	
印　　数	1-3000 册	
国际书号	ISBN 978-7-101-17084-9	
定　　价	68.00 元	

目 录

司马迁与《史记》

《史记》及其著作人

《史记》原先题名《太史公书》。作为我国第一部纪传体通史,《史记》因史识卓越、记述真实、文笔醇朴、体例严整,而被列为"二十四史"之首。《史记》全书共一百三十卷,从传说时代的黄帝开始,到汉武帝执政时期,记述了从文明初期到统一的、高度集权的帝制成熟阶段的历史。《史记》被史学界和文学界共同尊崇,将其看作具有经典意义的伟大论著。《史记》开创的以本纪、表、书、世家、列传等不同角度、不同层次记述历史的体例,开拓了史学撰著的新境界,后来被《汉书》的作者班固所继承,成为历代正史的撰作定式。

一、圣人将有取,圣人之耳目

《史记》一经传播,就受到社会的广泛肯定,占据了史学学术的制高点。扬雄《法言·君子》写道:"太史公,圣人将有取焉。"认为即使是被尊为"圣人"的人(包括成功的政治领袖、道德导师和文化巨匠等),也会在《史记》一书中得到教益和启示。《太平御览》卷六〇二引桓谭《新论》也有这样的判断:"通才著书以百数,惟太史公广大,余皆丛残小论。"指出才识通博的学者的论著数以百计,只有《史记》是视界广阔、建构宏大的作品,其他都只是发表了片段的、局部的、点滴的认识而已。班彪曾经赞誉这部名著"今之所以知古,后之所由观前,圣人之耳目也"(《后汉书·班彪传上》)。这是肯定《史记》引导人们认识历史、理解历史的作用,足以充实扩展"圣人"之学。《论衡·案书篇》又有这样的评说:"汉作书者多,司马子长……河、汉也,其余,泾、渭也。"赞美《史记》是浩大江河,其他论著,则只相当于其支流而已。班固在《汉书·司马迁传》中，也称美司马迁"博物洽闻"，其书则"驰骋古今"。后世又有朱熹说"司马迁才高，识亦高"，风格"粗率""疏爽"（《朱子语类》卷一三四），欧阳修称司马迁"博学好奇之士，务多闻以为胜者"（《欧阳修全集》卷四一），吕祖谦则肯定其"高气绝识，包举广而兴寄深"（《大事记解题》卷一二），黄震也说"迁以迈往不群之气"，"激为文章，雄视千古"（《史悉》，《黄氏日抄》卷四七）。又如钱谦益所谓"司马氏以命世之才，旷代之识，高视千载"（《汲古阁毛氏新刻十七史序》，《牧斋有学集》卷一四）；陈子龙所谓司马迁"卓识远见"，"不拘牵于世俗之论"，"立意深长"（《史记测议序》）；徐孚远所谓"太史公志大而好奇"，"包举广矣"（《史记测议序》）等，也都是值得重视的评论。历代评价中所谓"千古之至文"（章学诚《文史通义·内篇三·史德》），"群史之领袖"（崔适《史记探源》卷一《序证·要略》），"史家之绝唱，无韵之《离骚》"（鲁迅《汉文学史纲要》）等，都体现出《史记》深刻宏远的文化影响。

司马迁撰写《史记》，是在承受酷刑、身负屈辱的情况下完成的。班固曾经说，司马迁因为身陷严刑，于是与最高权力者立场不一，能够以文笔发泄怨愤，刺讥帝王，"贬损当世"（《文选》卷四八，班固《典引》）。有人因此称《史记》为"谤书"。汉末权臣王允说："昔武帝不杀司马迁，使作谤书，流于后世。"（《后汉书·蔡邕传》）以所谓"谤书"批评《史记》者，又如李晚芳《读史管见》等。其实，《史记》作为史学名著，其文化品格的卓越，特别突出地表现在鲜明的历史批判精神。对于君心的迷妄、帝制的残暴、权争的阴险、战攻的惨厉，《史记》都予以勇敢的揭露和严厉的鞭挞。尤其是司马迁写当代史时，多有清醒的历史判断以及大胆的历史批评。读者通过《史记》的文字，往往为其中体现出的史学之良心和史家的骨气所感动。

与"二十四史"中后来其他诸史不同，《史记》是一部体现出鲜明文化个性的著作。李长之曾经评价《史记》："从来的史书没有像它这样具有作者个人的色彩的。其中有他自己的生活经验，生活背景，有他自己的情感作用，有他自己的肺腑和心肠。所以这不但是一部包括古今上下的史书，而且是司马迁自己的一部绝好传记。因此，我们必须能把握《史记》中司马迁之主观的用意，才能理解这部书，才能欣赏这部书。"可能正是因为表现出了这样的"个人色彩"，"所以他的历史，乃不唯超过了政治史，而且更超过了文化史，乃是一种精神史、心灵史了"（《司马迁之人格与风格》）。我们捧读《史记》，好像在与这位文化伟人交谈，可以亲近他的文化人格，可以理解他的文化精神，可以体会他的文化智慧。

二、"司马谈有其书，而司马迁能成其父志"

需要指出的是，我们现在看到的《史记》所载录的文字，其实并非完全出自司马迁之笔。

《史记·太史公自序》写道，汉武帝元封元年（前110）行封禅之礼，司马谈身为太史令而不能随行，"发愤且卒"。司马迁受命奉使回报，父子相见于河洛之间。司马谈执司马迁之手，垂泪诉说其家族"上世""后世"历代为"太史"的光荣和责任，说《春秋》之后"史记放绝"，而"今汉兴，海内一统"，看到"明主贤君忠臣死义之士"精彩的历史表现，感叹道："余为太史而弗论载，废天下之史文，余甚惧焉，汝其念哉！"随即嘱托即将继任太史令的司马迁："为太史，无忘吾所欲论著矣。"司马迁"俯首流涕"，表示："小子不敏，请悉论先人所次旧闻，弗敢阙！"从中我们可以看到文化的传递、学术的接替、史笔的继承，是通过这样心与心的交孚感会，得以庄严实现的。

司马谈说的"无忘吾所欲论著矣"，司马迁完全领会，又有"请悉论先人所次旧闻，弗敢阙"的承诺。可知司马谈"所欲论著"的史学志向，司马迁是决心继承的。宋代学者苏颂在一篇碑铭文字中写道："叙曰：在昔官以世称，而其事著见于后者，独史氏之载籍存焉。司马迁论著先人所次旧闻，班固奉诏续父所撰前记，皆因其绪业，卒成大典。"（《苏魏公文集》卷五一《碑铭》）他对于所谓"先人所次旧闻"的理解，是和班固继承班彪事业之所谓"父所撰前记"形成对应关系的。也就是说，所谓"先人所次旧闻"中，可能也包含了"父所撰"的文字。

那么，今本《史记》中，哪些文字是"先人所次旧闻"呢？

历代《史记》研究者对这一问题已多有思索。例如《史记》卷六一《伯夷列传》："太史公曰：余登箕山，其上盖有许由冢云。孔子序列古之仁圣贤人，如吴太伯、伯夷之伦详矣。余以所闻由、光义至高，其文辞不少概见，何哉？"司马贞《索隐》："盖杨恽、东方朔见其文称'余'，而加'太史公曰'也。"指出"太史公曰"数字，是后人杨恽、东方朔为对应下文"余登箕山"而添加的。清代学者张照说："按史家所为史赞者，自东汉后渐有。其称马迁之时，恶有是哉？其作伯夷、管晏列传，全以议论行文，与别传迥别。何独致疑于'太史公曰'四字也？登箕山而见许由冢者，盖司马谈。迁盖述父语云尔。"（《史记考证》）他认为，《伯夷列传》《管晏列传》等篇，从"行文"风格看，都是司马谈所撰述。

郑樵《通志·总序》说："司马谈有其书，而司马迁能成其父志。"也明确说司马谈是有一定篇幅的论著留存的。清代学者方苞《书史记十表后》写道："迁序'十表'，惟《十二诸侯》《六国》《秦楚之际》《惠景间侯者》称'太史公读'，谓其父所欲论著也。故于《高祖功臣》称'余读'以别之。"认为《史记》的《十二诸侯年表》《六国年表》《秦楚之际月表》《惠景间侯者年表》都在序文的开篇言"太史公读……"，介绍此表的文献基础。然而《高祖功臣侯者年表》序文开篇称"太史公曰……"，下文说"余读……"，以为与前说几种言"太史公读……"有所区别，或许有意标示了作者的不同。类似的情形，又有《史记·汉兴以来诸侯王年表》，其序文开头也说"太史公曰……"，下文则说："臣迁谨记高祖以来至太初诸侯，谱其下益损之时，令后世得览。"说明是司马迁自己所"记""谱"。方苞又说："其《自序》曰：'请悉论先人所次旧闻，不敢阙。'而本纪、八书、世家、列传，无称其父者，故揭其义于斯，则踵春秋以及秦灭汉兴，文景以前，凡所论述，皆其父所次旧闻具见矣。"(《方苞集》卷二《读子史》)即以为"文景"时代以前的记述都是司马谈所为，也就是所谓"先人所次旧闻"。这样的判断，未免有绝对化之嫌。

王国维在《太史公行年考》中分析，"史公交游，据《史记》所载，《屈原贾生列传》有贾嘉，《刺客列传》有公孙季功、董生，《樊郦滕灌列传》有樊它广，《郦生陆贾列传》有平原君子，《张释之冯唐列传》有冯遂，《田叔列传》有田仁，《韩长孺列传》有壶遂，《卫将军骠骑列传》有苏建，《自序》有董生。而公孙季功、董生曾与秦夏无且游，考荆轲刺秦王之岁，下距史公之生凡八十有三年。二人未必能及见史公道荆轲事。又樊它广及平原君子辈行，亦远在史公前。然则此三传所纪，史公或追纪父谈语也。自冯遂以下，皆与公同时"(《观堂集林》卷一一)。他说，《史记》说到与史公交游者，《刺客列传》中的"公孙季功、董生"，《樊郦滕灌列传》中的"樊它广"(今按：《史记》原文作"樊他广")，《郦生陆贾列传》中的"平原君子"，生活的时代与司马迁相距很远，大概都不可能见到司马迁。王国维于是推测相关内容可能是司马迁"追纪"父亲司马谈的话。对于王国维"史公或追纪父谈语也"一句中用"或"字表达的推测性意见，顾颉刚则以为"此非或然，乃必然也"。他指出："谈于赞中自称曰'余'，《荆轲传》曰'为余道之如是'，《朱建传》曰'平原君子与余善'，《樊哙传》曰'余与他广通'，著传文之来源，作一篇之总结，则此三传成于谈手无疑。"判定这几篇"必然""无疑"为司马谈所作。对于王国维以为"皆与公同时"的"史公交游"关系，顾颉刚也提出若干异议。如《张释之冯唐列传》记载冯唐事迹，写道："武帝立，求贤良，举冯唐。唐时年九十余，不能复为官，乃以唐子冯遂为郎。遂字王孙，亦奇士，与余善。"顾颉刚分析：

"按武帝初立，唐年九十余，推其生年，当在秦王政十年左右，犹是战国末人。其子遂生年虽不可知，而补父官职，当是长子，父生三十而生之，至是亦六十余矣，迁时尚未生也。及迁生而长，遂已耄耋矣，岂真有此忘年之交耶？是亦其父谈之事也。"《游侠列传》写道："吾视郭解，状貌不及中人。"顾颉刚说，郭解入长安时，司马迁不及十岁，怀疑他不可能见到郭解，见到郭解而有"状貌不及中人"印象的，是司马谈。《史记·太史公自序》中司马迁自述生平经历，有"迁生龙门，耕牧河山之阳"，随后"年十岁则诵古文"的回忆，则"十岁"之前，司马迁尚在家乡河山之阳耕牧，还没有到长安。

顾颉刚《司马谈作史》一文于是指出："《史记》一书，其最精采及价值最高之部分有二：一为楚、汉之际，一为武帝之世。武帝时事为迁所目睹，其史料为迁所搜集，精神贯注，光照千古"，"若楚、汉之际，当为谈所集材。谈生文帝初叶，其时战国遗黎、汉初宿将犹有存者，故得就其口述，作为多方面之记述。此一时期史事之保存，惟谈为其首功。其笔力之健，亦复震撼一世，叱咤千古。如闻董生辈转述夏无且语而写荆轲，生龙活虎，绘色绘声，其文学造诣之高可知。其书有传文，有赞语，开创作之一体，为二千年来史家所共遵，其史学见解之深辟又可知。故……《史记》之作，迁不得专美，凡言吾国之大史学家与大文学家者，必更增一人焉曰'司马谈'。"（《史林杂识初编》）顾颉刚就《史记》记述时段"楚、汉之际"和"汉武之世"分别认定为司马谈和司马迁的史学著述。早先俞正燮《癸巳类稿》卷一一《太史公释名义》是这样分析的，"《史记》之事，大半谈著，至其驰骋议论，谈无与焉"。他认为，史事记述，"大半"是司马谈所著，而"驰骋议论"即有关历史评判、历史感叹的文字，则出自司马迁笔下。

就《史记》一书的总体设计来说，顾颉刚认为："谈之为史，有传，有赞，则《史记》体例创定于谈亦可知。及迁继作，因仍其文，盖与尔后班固之袭父彪作者同。"（《司马谈作史》，见《史林杂识初编》）司马谈"创定"了"《史记》体例"，司马迁"继作，因仍其文"。尽管司马谈于《史记》体裁创制有主导之功，但是司马迁"欲以究天人之际，通古今之变，成一家之言"，又言："昔西伯拘羑里，演《周易》；孔子厄陈蔡，作《春秋》；屈原放逐，著《离骚》；左丘失明，厥有《国语》；孙子膑脚，而论兵法；不韦迁蜀，世传《吕览》；韩非囚秦，《说难》《孤愤》；《诗》三百篇，大抵贤圣发愤之所为作也。"其精神力量的强韧，是成就《史记》为史学经典的重要原因，这显然是不可否认的。对于汉武帝这样的政治强权人物的勇敢批评，也是使《史记》文化形象高大的原因之一。

司马谈与司马迁两代史学大家生活在中国文化发生急剧变化的时代。前后历史体验的交错，当然会导致文化理念的差异。清人冯班《钝吟杂录》卷八《遗言》曾这样分析："儒者以'六艺'为法，经传以千万数，不如《老子》之约，司马谈之言也。司马迁之书，继《春秋》而作，子长盖儒者也。子云言之不分别，班固亦然，何也？谈生汉景之世，时尚黄老，故其言如此；子长在武帝时，则不然矣。"汉武帝时代"罢黜百家，表章六经"（《汉书·武帝纪》）、"推明孔氏，抑黜百家"（《汉书·董仲舒传》）政策的历史变化，司马谈没有能够亲身体察，而司马迁"则不然矣"。

三、"继世汗简"

虽然对《史记》中司马谈所著及司马迁继作部分的明确分辨有着许多困难，但是，司马谈、司马迁父子共同完成的这部史学巨著在文化史上的地位，并不因著作权的疑问而有丝毫影响。

人们在总结史学史时，对以"父子组合"形式呈现出的两代史家崇高地位这一情形的关注，似乎正是从司马谈和司马迁的继承关系开始的。宋代学者黄震写道："司马谈之子迁，刘向之子歆，班彪之子固，王铨之子隐，姚察之子简，李药（大）师之子延寿，刘知幾之子𫗧，皆继世汗简。"（《黄氏日抄》卷六五《读文集七·题跋》）明代学者徐应秋列举"父子史官"，也说到"司马谈子迁、刘向子歆、班彪子固"等人成为"继世"史学大家的情形（《玉芝堂谈荟》卷二"父子配享庙廷"条）。清代学者孙承泽则又讨论了相关制度问题："史贵世官，官废则贵世才。司马谈之子迁，刘向之子歆，班彪之子固，尚矣。后尚有王铨之子隐，姚察之子简，李太（大）师之子延寿，刘知幾之子𫗧，以后更无闻矣。史之职坏于宋之李昉、宋琪建议复时政记，自送史馆，先进御，而后付有司。史遂不敢有直笔。"（《春明梦余录》卷一三"皇史宬"条）按照这一说法，所谓"史馆"制度的出现，几乎灭绝了司马谈、司马迁当年"直笔"的可能性。

《太平御览》卷六〇四引《西京杂记》的这段记述，也许可以为我们在讨论司马谈和司马迁的史学贡献时提供有价值的参考："汉承周史官，至武帝太史公司马谈，世为太史。子迁年十三，使乘传行天下，求诸侯史记，读孔氏古文，序世事，作百三十卷，五十万字。谈子迁以世官复为太史公，序事如古《春秋》。"如果所谓"子迁年十三，使乘传行天下"符合历史真实，那么"使"的主体是谁呢？也就是说，是谁"使"司马迁"乘传行天下，求诸侯史记"呢？从前句"子迁"理解，应当是司马谈。分析司马迁获得史学成就的因素，不能忽略司马谈用心引导的作用。如果不取《西京杂记》之说，而《太史公自序》中说到的司马迁"二十而南游江、淮，上会稽，探禹穴，窥九疑，浮于沅、湘；北涉汶、泗，讲业齐、鲁之都，观孔子之遗风，乡射邹、峄；厄困鄱、薛、彭城，过梁、楚以归"的史学考察实践，当然也是得到司马谈支持的。

《史记》保留了司马谈"发愤且卒"的心灵史，而司马迁言"贤圣发愤之所为作"，也使用"发愤"二字。"发愤"所体现的明确志向和顽强毅力，父子相继，共同坚持。这种文化理念和学术精神，是我们在阅读《史记》的时候应该细心体会的。

司马迁的行旅

太史公的史学名著《太史公书》，按照陈直《太史公书名考》的说法，"据东汉的碑刻及其他可靠文献材料，互参考证"，论定"于东汉桓帝之时"，"已改称《史记》，与今名符合"（陈直：《文史考古论丛》，天津古籍出版社 1988 年版，第 185、183 页）。鲁迅《汉文学史纲要》以"史家之绝唱，无韵之《离骚》"肯定了《史记》在史学界与文学界受到共同尊崇的文化地位。《史记》成功实现了司马迁"欲以究天人之际，通古今之变，成一家之言"（《汉书·司马迁传》）的志向。

《史记》的伟大成就，有当时的时代精神为条件，而司马迁的文化理想、学术资质、历史理念与人生意志，也都起着重要的作用。他的行旅实践，以行迹之遥远、旅程之漫长，特别是与史学考察相结合，在史学史记录中显现出特别的光辉。与历代史家比较，司马迁作为特别重视行走的历史学者，对于历史现场有亲近真切的体验，其历史感觉逸致超绝，其历史记录具体直质，其历史理解也十分准确高明。司马迁的行旅生活与他的学术努力及文化贡献的特殊关系，能够为我们的读书思考与学术进取提供积极的启示。

一、司马迁"二十"出游

司马迁自述生平，回顾了自己最初的文化之旅："迁生龙门，耕牧河山之阳。年十岁则诵古文。二十而南游江、淮，上会稽，探禹穴，窥九疑，浮于沅、湘；北涉汶、泗，讲业齐、鲁之都，观孔子之遗风，乡射邹、峄；厄困鄱、薛、彭城，过梁、楚以归。"（《史记·太史公自序》）这次长途行走，司马迁从秦地出发，向东方与东南方向游历考察。

中华文明早期形成的重点地带均一一行历。依循水系而言，"脉其枝流之吐纳，诊其沿路之所躔"（《水经注原序》），司马迁"南游江、淮"，"浮于沅、湘"，又"北涉汶、泗"。对于各地文化名城、历史胜迹，则"齐、鲁之都"，以及"邹、峄"，"鄱、薛、彭城"，"梁、楚"等地，均千里寻访。

司马迁自己说此行曾经"厄困鄱、薛、彭城"，可知长途行旅中曾经遇到严重的困难。所谓"鄱"，按照梁玉绳《史记志疑》卷三六的说法，就是《汉书·地理志下》记载的"鲁国"的"蕃"县。当然，司马迁行旅中途经历了怎样的"厄困"，具体情形现在已经难以考索。

二、"奉使"西南之行

司马迁在《史记·太史公自序》中回顾自己"二十而南游江、淮"，长途辗转，最终"过梁、楚以归"之后，又写道："于是迁仕为郎中，奉使西征巴、蜀以南，南略邛、笮、昆明，还报命。"司马迁的这次行程体验，使他对巴蜀以及西南方向更遥远的地方，有了切身的了解。秦兼并巴蜀，建设了关中与蜀中两处"天府"，取得了向东扩张的坚实有力的经济后援。特别是与楚国对抗，因此而占有优势地位。巴蜀在战国后期以及秦代和楚汉相争时代的经济作用显著。而汉初又发育出富有的工商经济。汉武帝时代从这里起始，开始探寻丝绸之路的"西夷西"方向（王子今：《汉武帝"西夷西"道路与向家坝汉文化遗存》，《四川文物》2014年第5期）。这些历史现象在《史记》中都有明确具体的记述，体现出司马迁对巴蜀及"西南夷"历史文化的熟悉。这应当与他"奉使"西南的交通实践有关。

对于司马迁"奉使西征巴、蜀以南，南略邛、笮、昆明"，裴骃《集解》引徐广曰："元鼎六年，平西南夷，以为五郡。其明年，元封元年是也。"而司马迁"还报命"，与司马谈相见于"周南"，有一次影响中国史学史和中国文化史的重要交谈。据《史记·太史公自序》记述：
"是岁天子始建汉家之封，而太史公留滞周南，不得与从事，故发愤且
卒。而子迁适使反，见父于河洛之间。"相见场景气氛悲切。"太史公执
迁手而泣曰：'余先周室之太史也。自上世尝显功名于虞夏，典天官事。
后世中衰，绝于予乎？汝复为太史，则续吾祖矣。'"司马谈以先祖的光
荣鼓励司马迁。他继而感叹道："今天子接千岁之统，封泰山，而余不
得从行，是命也夫，命也夫！"又嘱托司马迁："余死，汝必为太史；
为太史，无忘吾所欲论著矣。"他说："且夫孝始于事亲，中于事君，终
于立身。扬名于后世，以显父母，此孝之大者。"在回顾周文化的成就
之后，言及孔子的文化贡献："幽厉之后，王道缺，礼乐衰，孔子修旧
起废，论《诗》《书》，作《春秋》，则学者至今则之。"然而其事业有所
中断。"自获麟以来四百有余岁，而诸侯相兼，史记放绝。今汉兴，海
内一统，明主贤君忠臣死义之士，余为太史而弗论载，废天下之史文，
余甚惧焉，汝其念哉！"司马谈陈说了史家的责任。司马迁则诚恳地接
受了父亲的嘱命。"迁俯首流涕曰：'小子不敏，请悉论先人所次旧闻，
弗敢阙。'"所谓"太史公执迁手而泣曰"，而"迁俯首流涕曰"，记述了
父子泪洒"周南"，两代历史学者之间的文化使命完成了庄严的接递。

　　司马迁"奉使"西南之行后，"河洛之间"的父子相见，司马谈的
嘱咐和司马迁的承诺，是后来《太史公书》撰述完成的精神基点。

　　司马迁是在"元鼎六年，平西南夷，以为五郡"之后，即"奉使西
征巴、蜀以南，南略邛、笮、昆明"的。而"还报命"，"见父于河洛之
间"的时刻，完成了他人生的重要转折。

三、王国维："史公足迹殆遍宇内"

　　对于司马迁在《太史公自序》中所说的"二十"之游，王国维《太
史公行年考》中有所分析。他写道："史公此行，据卫宏说，以为奉使

乘传行天下，求古诸侯之史记也。然史公此时尚未服官，下文云于是迁始'仕为郎中'，明此时尚未仕，则此行殆为宦学而非奉使矣。"王国维还总体评价了司马迁的出行："是史公足迹殆遍宇内，所未至者，朝鲜、河西、岭南诸初郡耳。"（《观堂集林》卷一一）

王国维注意到，"史公足迹殆遍宇内"，汉朝所有疆土，他大致都已踏行。还没有来得及实地考察，即所谓"所未至者"，只是"朝鲜、河西、岭南诸初郡"，也就是汉武帝新扩张版图中刚开始经营的"初郡"。

"初郡"，是司马迁在《史记》中曾经使用的语汇，用以作为新占领区的行政地理符号。《史记·西南夷列传》记述了张骞策划的丝绸之路中一条重要线路的开发："及元狩元年，博望侯张骞使大夏来，言居大夏时见蜀布、邛竹杖，使问所从来，曰'从东南身毒国，可数千里，得蜀贾人市'。或闻邛西可二千里有身毒国。骞因盛言大夏在汉西南，慕中国，患匈奴隔其道，诚通蜀，身毒国道便近，有利无害。于是天子乃令王然于、柏始昌、吕越人等，使间出西夷西，指求身毒国。"《史记·大宛列传》写道："是时汉既灭越，而蜀、西南夷皆震，请吏入朝。于是置益州、越巂、牂柯、沈黎、汶山郡，欲地接以前通大夏。乃遣使柏始昌、吕越人等岁十余辈，出此初郡抵大夏，皆复闭昆明。"所谓"初郡"，司马贞《索隐》："谓越巂、汶山等郡。谓之'初'者，后背叛而并废之也。"这样的意见可能是不正确的。"初郡"，应指仅仅获得早期开发条件及初步经营政策的地方，包括汉武帝新"置益州、越巂、牂柯、沈黎、汶山郡"。

四、历史的实地访问

司马迁走了那么多地方，他在万里行途中，并不是一般的旅行游览。他的每一步行程，都是其学术生命的一部分。司马迁游踪万里的实践，实际上可以说是与现代文化人类学的田野工作有着某些相似之处。

除了《史记·太史公自序》有关"二十"出游的回顾之外，司马迁曾经在《史记》中的很多篇章以"太史公曰"的形式说到通过行旅实践艰苦的史学考察历程。

例如，在《史记》第一篇《五帝本纪》的最后，司马迁写道："余尝西至空桐，北过涿鹿，东渐于海，南浮江淮矣，至长老皆各往往称黄帝、尧、舜之处，风教固殊焉，总之不离古文者近是。"他在传说中"皆各往往称黄帝、尧、舜之处"，对当地"长老"进行以口述史学为形式的访古调查。

关于对数术文化的考察，司马迁在《史记·龟策列传》中也以"太史公曰"的口吻说道："余至江南，观其行事，问其长老，云龟千岁乃游莲叶之上，著百茎共一根。又其所生，兽无虎狼，草无毒螫。江傍家人常畜龟饮食之，以为能导引致气，有益于助衰养老，岂不信哉！"所谓"观其行事，问其长老"，通过对"江南长老"言行的采访，增益了自己的文化识见。

《史记·孟尝君列传》中说"薛"地民风自有区域文化个性，于是"问其故"。此外，《史记·魏世家》说"秦之破梁"，"墟中人""说者"有自己的理解。这些都是实地访问得到的信息。"问其故"以及对"说者"言辞的记录与分析，是司马迁史学行旅的重要任务。《史记·樊郦滕灌列传》所谓"吾适丰沛，问其遗老"，《史记·淮阴侯列传》所谓"吾如淮阴，淮阴人为余言"，也是这样的访问。

五、历史的现场考察

上文说到司马迁曾经进行"南游江、淮"，"浮于沅、湘"，又"北涉汶、泗"的水系考察。这是对重视水资源条件、积极开发水利的农耕文明进行历史研究的基础。在《史记·河渠书》最后，他写道："太史公曰：余南登庐山，观禹疏九江，遂至于会稽太湟，上姑苏，望五湖；

东窥洛汭、大邳，迎河，行淮、泗、济、漯洛渠；西瞻蜀之岷山及离碓；北自龙门至于朔方。曰：甚哉，水之为利害也！余从负薪塞宣房，悲《瓠子》之诗而作《河渠书》。"《史记·河渠书》作为最早的水利史文献，是在现场考察的基础上撰述完成的。"余从负薪塞宣房"，是亲身参加抗洪抢险工程的实践。

除了《史记·龟策列传》"太史公曰"说到的"余至江南，观其行事"的数术文化考察之外，对于执政者神往的"方术"之学、"鬼神"信仰、"祠祀"礼俗、"封禅"理想，司马迁也有通过亲身体验获得的史学认识。《史记·封禅书》的最后写道："太史公曰：余从巡祭天地诸神名山川而封禅焉。入寿宫侍祠神语，究观方士祠官之意，于是退而论次自古以来用事于鬼神者，具见其表里。后有君子，得以览焉。"所谓"余从巡祭天地诸神名山川而封禅焉"，是对行旅实践的回顾。

古来英雄名士的遗迹，包括古都城、古战场，司马迁的实地考察体会融入了他的历史理解，完善了他的历史记述，提升了他的历史说明。如《史记·伯夷列传》："太史公曰：余登箕山，其上盖有许由冢云。孔子序列古之仁圣贤人，如吴太伯、伯夷之伦详矣。余以所闻由、光义至高，其文辞不少概见，何哉？"登箕山吊荒陵，得到了特殊的文化感知。《史记·齐太公世家》："吾适齐，自泰山属之琅邪，北被于海，膏壤二千里，其民阔达多匿知，其天性也。以太公之圣，建国本，桓公之盛，修善政，以为诸侯会盟，称伯，不亦宜乎？洋洋哉，固大国之风也！"这里对"齐"地的区域文化进行了分析。对于孔子这样的文化巨人，司马迁除了前引"北涉汶、泗，讲业齐、鲁之都，观孔子之遗风，乡射邹、峄"，考察其事迹，体会其精神之外，《史记·孔子世家》还写道："太史公曰：《诗》有之：'高山仰止，景行行止。'虽不能至，然心乡往之。余读孔氏书，想见其为人。适鲁，观仲尼庙堂车服礼器，诸生以时习礼其家，余祗回留不能去云。天下君王至于贤人众矣，当时则荣，没则已焉。孔子布衣，传十余世，学者宗之。自天子王侯，中国言六艺者折中于夫子，可谓至圣矣！"作为历史学者，对孔学的深刻理解和崇高景仰，会因现场考察而有所增益。所谓"至圣"的赞美，后世得以继承。

战国争雄的历史，在司马迁笔下特别真切生动。这些记述，各有历史场景的亲身感受以为条件。《史记·魏公子列传》写道："太史公曰：吾过大梁之墟，求问其所谓夷门。夷门者，城之东门也。天下诸公子亦有喜士者矣，然信陵君之接岩穴隐者，不耻下交，有以也。名冠诸侯，不虚耳。高祖每过之而令民奉祠不绝也。"在"大梁"故城，考察之具体，以至于"求问其所谓夷门"。《史记·春申君列传》写道："太史公曰：吾适楚，观春申君故城，宫室盛矣哉！初，春申君之说秦昭王，及出身遣楚太子归，何其智之明也！后制于李园，旄矣。语曰：'当断不断，反受其乱。'春申君失朱英之谓邪？"相关历史评议，或许是"适楚，观春申君故城"时现场获得的体会。《史记·孟尝君列传》写道："太史公曰：吾尝过薛，其俗闾里率多暴桀子弟，与邹、鲁殊。问其故，曰：'孟尝君招致天下任侠，奸人入薛中盖六万余家矣。'世之传孟尝君好客自喜，名不虚矣。"《史记》对孟尝君有较多关注，如鸡鸣狗盗的故事，新鲜生动如小说家言。太史公落笔处所体现的对这位人物的重视，也许与"吾尝过薛"的行旅经历有关。

对于历史文化信息之"世之传"者，司马迁有所采纳，但是也进行了认真的考量和思索。如《史记·魏世家》写道："太史公曰：吾适故大梁之墟，墟中人曰：'秦之破梁，引河沟而灌大梁，三月城坏，王请降，遂灭魏。'说者皆曰魏以不用信陵君故，国削弱至于亡，余以为不然。天方令秦平海内，其业未成，魏虽得阿衡之佐，曷益乎？"可知司马迁的实地调查，在倾听当地民间声音之外，还加入了自己的深刻思考。

有关战国文化名人如屈原者，《史记》的记述远远超过了其他历史文献。《史记·屈原贾生列传》写道："太史公曰：余读《离骚》《天问》

《招魂》《哀郢》，悲其志。适长沙，观屈原所自沉渊，未尝不垂涕，想见其为人。"《史记》的情感表露，透露出太史公的心理倾向与文化立场的重要信息。《史记·屈原贾生列传》还写道："自屈原沉汨罗后百有余年，汉有贾生，为长沙王太傅，过湘水，投书以吊屈原。"有关贾谊"吊屈原"的深切情思，司马迁是引为同调的。《史记·太史公自序》写道："作辞以讽谏，连类以争义，《离骚》有之。作《屈原贾生列传》第二十四。"贾生与太史公情感的"连类"，可以通过"适长沙，观屈原所自沉渊，未尝不垂涕，想见其为人"得以认识。

司马迁行旅感念涉及秦朝史迹的，有《史记·蒙恬列传》所说："太史公曰：吾适北边，自直道归，行观蒙恬所为秦筑长城亭障，堑山堙谷，通直道，固轻百姓力矣。"司马迁还写道："夫秦之初灭诸侯，天下之心未定，痍伤者未瘳，而恬为名将，不以此时强谏，振百姓之急，养老存孤，务修众庶之和，而阿意兴功，此其兄弟遇诛，不亦宜乎？何乃罪地脉哉？"对蒙恬等人严肃的历史批评，是在考察秦朝长城和直道之后形成的真知。这里所发布的重要史论，有长久的影响。胡亥明确取得帝位继承权后，蒙恬被迫吞药自杀，临终前有关于主持修筑长城与直道"绝地脉"，可能"罪于天"的感叹。对于所谓"绝地脉"，司马迁发表的否定性意见，体现了他清醒的历史认识（王子今：《蒙恬悲剧与大一统初期的"地脉"意识》，《首都师范大学学报》2016年第4期）。

汉初英雄，即刘邦建汉时其战友们的早期活动，行旅中的司马迁亦多有关心。《史记·樊郦滕灌列传》的最后可以看到这样的话语："太史公曰：吾适丰沛，问其遗老，观故萧、曹、樊哙、滕公之家，及其素，异哉所闻！方其鼓刀屠狗卖缯之时，岂自知附骥之尾，垂名汉廷，德流子孙哉？余与他广通，为言高祖功臣之兴时若此云。"《史记·淮阴侯列传》的文末也写道："太史公曰：吾如淮阴，淮阴人为余言，韩信虽为布衣时，其志与众异。其母死，贫无以葬，然乃行营高敞地，令其旁可置万家。余视其母冢，良然。"刘邦的功臣集团多"鼓刀屠狗卖缯"者，清代历史学者赵翼总结西汉初期的政治结构，称此为"汉初布衣将相之局"。他同时指出，这种打破贵族政治传统定式的"前此所未有"的新政治格局的形成，具有重要历史意义，由此可以说明，"盖秦汉间为天地一大变局"。历史表象告诉人们，新王朝之格局大变，似乎"天意已另换新局"，新的政治体制得以开创，"天之变局，至是始定"（《廿二史札记》卷二）。历史的变化，司马迁在书写这些文字时，可能已经有所体悟。

六、山川行历与"文气"养成

司马迁远程行旅的意义，文论家和史论家多以为有益于其精神与文气的涵养。《史记》非凡文化品质的形成，确实与作者的行旅体验有关。

苏辙曾经写道："文者，气之所形，然文不可以学而能，气可以养而致。""太史公行天下，周览四海名山大川，与燕赵间豪俊交游，故其文疏荡，颇有奇气。"（《上枢密韩太尉书》）凌稚隆《史记评林》卷首引马存语，是这样评价司马迁出游的："子长平生喜游，方少年自负之时，足迹不肯一日休。"他说，司马迁的出行并不是简单地为出行而出行，而是有更高的文化追求："非直为景物役也，将以尽天下大观以助吾气，然后吐而为书。"他竟然从司马迁的文字中读出了其行旅体验："观之，则其平生所尝游者皆在焉。南浮长淮、溯大江，见狂澜惊波，阴风怒号，逆走而横击，故其文奔放而浩漫。望云梦、洞庭之陂彭蠡之潴，含混太虚，呼吸万壑，而不见介量，故其文停蓄而渊深。见九疑之芊绵，巫山之嵯峨，阳台朝云，苍梧暮烟，态度无定，靡蔓绰约，春妆如浓，秋饰如薄，故其文妍媚而蔚纡。泛沅渡湘，吊大夫之魂，悼妃子之恨，竹上犹有斑斑，而不知鱼腹之骨尚无恙者乎，故其文感愤而伤激。北过大梁之墟，观楚汉之战场，想见项羽之喑哑，高帝之慢骂，龙跳虎跃，千万兵马，大弓长戟，俱游而齐呼，故其文雄勇戟健，使人心悸而胆栗。世家龙门，念神禹之大功，西使巴蜀，跨剑阁之鸟道，上有摩云之崖，不见斧凿之痕，故其文斩绝峻拔，而不可攀跻。讲业齐鲁之都，睹夫子之遗风，乡射邹峄，彷徨乎汶阳洙泗之上，故其文典重温雅，有似乎正人君子之容貌。"

根据这样的总结，司马迁的行迹均有助于他的"文章"："凡天地之间，万物之变，可惊可愕，可以娱心，使人忧，使人悲者，子长尽取而为文章，是以变化出没如万象，供四时而无穷，今于其书而观之，岂不信矣！"

司马迁远游，百千路径，万里山川，四方传统，九州民风，当然有益于《史记》这部巨著文采神韵的焕发，同时，这位伟大史学家的辛苦行旅，其文化意义是复杂的，其文化作用也是多方面的。

七、交通史体验·交通史记忆·交通史解说

行旅，首先是交通行为。行旅实践最直接的文化收益，就是对交通地理的感觉，对交通条件的体验，对交通文化的理解。

秦汉是交通建设取得重要进步的时期。秦统一的第二年，秦朝"治驰道"，《史记》的《秦始皇本纪》和《六国年表》对此都有记载。《史记·李斯列传》还通过李斯"上书"告知读者，"治驰道"是秦朝最高执政集团主持的事。《史记》中有关"驰道"的记录凡十二见。司马迁的行旅，应当多循秦"驰道"。在中国早期交通建设的历史记录中，由九原通往关中"云阳"的秦"直道"的建设，是首屈一指的重要工程。特别是在陆路交通建设中，其规划、选线、设计和施工，显示出空前的技术水准和组织效率。秦直道的开通和应用，在中国古代交通史上具有非常重要的地位。对于军事交通的发展历程而言，秦直道也表现出里程碑式的意义。秦直道，可以看作秦政的纪念。

秦直道工程，仅见于太史公的记载。关于秦始皇直道修筑的起始

时间，《史记·秦始皇本纪》写道："三十五年，除道，道九原抵云阳，堑山堙谷，直通之。"《史记·六国年表》也记载："（秦始皇）三十五（年），为直道，道九原，通甘泉。"司马迁又写道："三十七（年）十月，帝之会稽、琅邪，还至沙丘崩。子胡亥立，为二世皇帝。杀蒙恬。道九原入。"关于所谓"道九原入"，《史记·秦始皇本纪》的记述与帝位继承的政治史事件相联系："行从直道至咸阳，发丧。太子胡亥袭位，为二世皇帝。"如果没有《史记》的相关记载，我们对于秦直道的知识很可能缺失。

司马迁在《史记·蒙恬列传》中以"太史公曰"的形式表达自己有关直道交通的亲身行走体验："吾适北边，自直道归，行观蒙恬所为秦筑长城亭障，堑山堙谷，通直道，固轻百姓力矣。"所谓"固轻百姓力矣"，是体现关心民生的深心感叹，其中透露的民本意识以及对政治强权的否定和批判，特别值得敬重。

扬雄《法言·渊骞》写道："或问：'蒙恬忠而被诛，忠奚可为也？'曰：'堑山堙谷，起临洮，击辽水，力不足而死有余，忠不足相也。'"对于"力不足而死有余"，有人说："力者，功也。《周官·司勋》'治功曰力'，是也。言蒙恬为秦筑长城，无救于秦之亡，以论功则不足，以致死则有余矣。故曰'力不足而死有余'。"如此则扬雄的态度与司马迁"此其兄弟遇诛，不亦宜乎"之说显然不同。但也有人这样理解："力不足而死有余，谓用民之力而不惜民之死，民力匮而死者多耳。"太史公曰"固轻百姓力矣，……此其兄弟遇诛，不亦宜乎"，"即此文之义"（汪荣宝撰，陈仲夫点校：《法言义疏》，中华书局1987年版，第431页）。如此，则扬雄实际上在申发司马迁的观点。曾国藩的评议，尤为重视司马迁所谓"固轻百姓力矣"之语义："《始皇纪》曰：'二十七年治驰道。'《六国表》曰：'三十五年为直道，道九原，通甘泉。'是直道与驰道不同也。蒙恬未治驰道，止治直道、筑长城二事，子长责其轻民力，可谓定论。"（《求阙斋读书录》卷三《史上》，清光绪二年传忠书局刻本，第39—40页）而《史记》的读者都会注意到，司马迁这样的感叹，是"适北边，自直道归"，亲自经行秦直道，目睹这一非凡交通工程的宏大规模和坚实质量之后发表的。

《史记》和《秦记》

　　《秦记》是秦国的史书。太史公撰《史记》，采用了许多《秦记》提供的历史记录，其中有很多详密的社会信息、新鲜的文化逸闻、生动的人物肖像、精彩的历史片段。分析《史记》和《秦记》的关系，可以让我们更好地了解《史记》的史学背景和资料渊源，更加真切地认识这部伟大史学名著的文化品质。

一、秦始皇不焚《秦记》

　　秦始皇时代推行政治强权和文化专制政策的最突出表现，就是焚书。《史记·秦始皇本纪》记载，对于是否实行封建制度，"始皇下其议"，博士齐人淳于越的主张被否定，而以李斯的推行郡县制的意见作为这次政治辩论的结论。李斯又针对淳于越的政见，指出"今诸生不师今而学古，以非当世，惑乱黔首"的问题，提出对以"学"议"令"的行为"禁之便"，建议焚书："臣请史官非《秦记》皆烧之。非博士官所职，天下敢有藏《诗》《书》、百家语者，悉诣守、尉杂烧之。有敢偶语《诗》《书》者弃市。以古非今者族。吏见知不举者与同罪。令下三十日不烧，黥为城旦。所不去者，医药卜筮种树之书。若欲有学法令，以吏为师。"李斯的主张得到秦始皇的认可。

　　所谓"史官非《秦记》皆烧之"，就是各国的历史记载都被取缔，只留下秦国的史籍。这就是司马迁在《史记·六国年表》中说的："秦既得意，烧天下《诗》《书》，诸侯史记尤甚，为其有所刺讥也。《诗》《书》所以复见者，多藏人家，而史记独藏周室，以故灭。惜哉，惜哉！独有《秦记》，又不载日月，其文略不具。"司马迁十分痛惜诸侯史记之不存，所谓"独有《秦记》"，即"史官非《秦记》皆烧之"的后果。所谓"又不载日月，其文略不具"，是说《秦记》的内容不很完备。不过，他同时又肯定，就战国历史内容而言，《秦记》的真实性是可取的。司马迁还认为，因"见秦在帝位日浅"而产生鄙视秦人历史文化的偏见，是可悲的。

秦始皇焚书，但对于实用知识类书籍则予以保留，这就是所谓"所不去者，医药卜筮种树之书"。可见，对于医学、药学、占卜以及农学类书籍，都特别爱重。对于"法令"，当然也是要遵循的。我们通过张良故事、项羽故事、韩信故事，知道兵学之书也没有焚毁，依然在民间流传。于是有人说"兵家言原在'不燔'之列（陈恭尹《读〈秦纪〉》）。秦始皇回顾焚书政策时说："吾前收天下书不中用者尽去之。"（《史记·秦始皇本纪》）也强调是否"中用"是抉择的标准。曾经以博士身份服务于陈涉的孔子八世孙孔鲋说："吾为无用之学……秦非吾友。"（《资治通鉴》卷七"始皇帝三十四年"）也说自己不能与秦合作的原因在于文化理念不同，直接差异是对"用"的态度。

而李斯在建议焚书时，首先提出"臣请史官非《秦记》皆烧之"，说明他对《秦记》的特殊看重。对于秦人来说，史学是有用之学，史书是有用之书。

二、秦人对历史的记录与温习

秦人有尊重历史的传统。《史记·秦本纪》说："（秦文公）十三年，初有史以纪事。"金德建在他的学术专著《司马迁所见书考》中有《〈秦记〉考征》一文，其中写道："开始写作《秦记》便在这一年。秦文公十三年是公元前753年，比较《春秋》的记事开始于鲁隐公元年（前722），还要早三十多年。"（《司马迁所见书考》，上海人民出版社1963年，第419页）也就是说，秦人正式记录史事，甚至早于《春秋》。此外，我们还看到，许多秦人先祖的传说被保留下来。例如，女修吞玄鸟卵"生子大业"的传说；大费辅佐禹"平水土"，又"佐舜调驯鸟兽"，得"赐姓嬴氏"的传说；费昌"为汤御"，"败桀于鸣条"的传说；"恶来有力，蜚廉善走，父子俱以材力事殷纣"的传说；"造父以善御幸于周缪王""西巡狩"的传说等等，都载录在史书中。也就是说，秦人在"初有史以纪事"之前，以各种方式存留了自己的历史记忆。

湖北云梦睡虎地秦墓出土的竹简中有被称为《编年记》的文书，记录了自秦昭王元年（前306）至秦始皇三十年（前217）统一战争中的大事。墓主喜出生于秦昭王四十五年（前262），却补记了此前四十四年的历史大事。由此可见秦民间历史意识的普及程度。对于"昭襄王三十一年"的史事，《编年记》写道："卅一年□。""卅一年"后，字迹已难判明。从图版看，或许不止一字。原先的内容，或许与"楚人反我江南"这样的重要历史事件有关。睡虎地秦墓竹简整理小组认为："战国时代在中国历史上占有重要地位。《史记·六国年表》是研究这段历史的主要参考书，但它所根据的主要是《秦记》，而《秦记》'不载日月，其文略不具'。因此，《史记》有关部分，无论是史实或年代方面都有某些不足之处。晋代在今河南汲县地方战国墓中发现竹简《纪年》后，不少人据以补充和校正《史记》，对战国史的研究颇有裨益。然而，《纪年》止于魏襄王二十年（前299年，秦昭王八年），不能用来核校《年表》的最后部分。《编年记》的发现，在一定意义上弥补了这个缺憾。"（睡虎地秦墓竹简整理小组编：《睡虎地秦墓竹简》，文物出版社1990年，释文注释第3页）一个基层小吏，有关心历史的态度，有记录历史的热心，他对这些文字十分珍爱，于是将其随葬于墓中。

有人认为，睡虎地秦墓竹简《编年记》"属于私家文书之一种，是家族大事记"，甚至说，"从记载方法看，编著者熟悉并了解当时史官的记事原则：采用编年体例，并逐年、逐条、逐项安排顺序记载，从未混乱过"（孙瑞：《从〈睡虎地秦墓竹简〉看秦国家族大事记》，《档案学通讯》1998 年第 3 期）。其实，这种文书记述方式，可以看作秦民间重视历史记录这一文化传统的证据。

李学勤曾经分析天水放马滩秦简原简报中称作《墓主记》的几支简，"觉得所记故事颇与《搜神记》等书的一些内容相似，而时代早了五百来年，有较重要的研究价值"。简文记述一个名叫"丹"的人死后三年复活，并讲述了他死后在另一个世界的有关见闻。其文开头称"卅八年八月己巳，邸丞赤敢谒御史"，文中又有"今七年"字样，文体一如纪实文书（李学勤：《放马滩简中的志怪故事》，《文物》1990 年第 4期）。这一简册，研究者已经改题为《丹》（张德芳主编、孙占宇著：《天水放马滩秦简集释》，甘肃文化出版社 2013 年，第 269—276 页）。这一重要的文化现象，对于我们认识秦人的书写习惯以及纪史特点，具有一定的价值。

三、秦的政论宣传和历史托喻

秦国政治史中可以看到以言论影响国君、说服执政者来推行自己政治主张的事迹。其论说方式，往往以古喻今，借古来成功人物的影响进行鼓动。如商鞅劝秦孝公变法，就以"圣人苟可以强国，不法其故；苟可以利民，不循其礼"来进行宣传。反对派提出"法古无过，循礼无邪"的主张，商鞅则说："治世不一道，便国不法古。故汤武不循古而王，夏殷不易礼而亡。反古者不可非，而循礼者不足多。"（《史记·商君列传》）一个主张变革的政治活动家，在进行政论宣传的时候却要以历史人物的表现来增强说服力，这是中国政治活动中"托古"策略的早期表现。秦国这种政论宣传的风格，是以"汤武""夏殷"的历史得失来影响当时行政方向的。

范雎说秦昭襄王，面对"屏左右""跽而请"的恭敬态度，起初"曰：'唯唯。'若是者三"，然而正式发言时，一张口就说"臣闻昔者吕尚之遇文王也"，随即言"五帝之圣""三王之仁""五伯之贤"。《史记·范雎蔡泽列传》记载范雎这段话语，竟然又连续说到"乌获、任鄙之力焉而死，成荆、孟贲、王庆忌、夏育之勇焉而死"；"伍子胥橐载而出昭关"，"卒兴吴国，阖闾为伯"；"箕子、接舆漆身为厉，被发为狂，无益于主"，等等。五百多字的篇幅，连续说到了二十三个历史人物及其故事。秦昭襄王果然被说服。"秦王跽曰：'……寡人得受命于先生，是天所以幸先王，而不弃其孤也。'"于是，"范雎拜，秦王亦拜"。

而蔡泽入秦后与范雎的对话，亦以"秦之商君，楚之吴起，越之大夫种"等历史人物为说，在讨论中，又强调"比干忠而不能存殷，子胥智而不能完吴，申生孝而晋国乱"，通过历史教训申明自己政治主张的合理性。这样的言谈方式，应当理解为适应秦政治生态的一种语言选择。

更早又有由余的故事。由余作为戎王的使节曾经和秦穆公讨论"中国"和"戎夷"文化的优劣。穆公问："中国以诗书礼乐法度为政，然尚时乱，今戎夷无此，何以为治，不亦难乎？"由余笑曰："此乃中国所以乱也。夫自上圣黄帝作为礼乐法度，身以先之，仅以小治。及其后世，日以骄淫。阻法度之威，以责督于下，下罢极则以仁义怨望于上，上下交争怨而相篡弑，至于灭宗，皆以此类也。夫戎夷不然。上含淳德以遇其下，下怀忠信以事其上，一国之政犹一身之治，不知所以治，此真圣人之治也。"从"上圣黄帝"开始追述，而至于"后世"，也是以史说理，使秦穆公心悦诚服，事后赞誉"由余贤"（《史记·秦本纪》）。

秦政治生活中，论辩喜好标榜古人古事的特点，与秦人的历史意识有关。这种文化风格自然会影响到《秦记》的撰述，也通过《史记》对《秦记》的沿袭，存留在了司马迁的笔下。

秦王政欣赏韩非的论著："秦王见《孤愤》《五蠹》之书，曰：'嗟乎，寡人得见此人与之游，死不恨矣！'"（《史记·老子韩非列传》）而《韩非子》中的这两篇，是政治哲学与历史哲学相结合的杰作。《韩非子·孤愤》说到越国历史，说到伯夷事迹，又回顾"齐亡"在于"吕氏弗制，而田氏用之"；"晋亡"在于"姬氏弗制，而六卿专之也"；并警告执政者，"今袭迹于齐、晋，欲国安存，不可得也"。《韩非子·五蠹》开篇就说"上古之世，人民少而禽兽众"，后来"有圣人作"，出现"燧人氏""有巢氏"。"中古之世，天下大水，而鲧、禹决渎。近古之世，桀、纣暴乱，而汤、武征伐。"又说"古者文王""王天下"，以及"徐偃王""荆文王"，甚至"齐将攻鲁，鲁使子贡说之"等故事。"秦王"读"《孤愤》《五蠹》之书"，是要具备一定史学基础的。而韩非的学说能够征服"秦王"，也在于其中表现出的卓越历史识见。

四、《史记》中的《秦记》遗存

除了前引"独有《秦记》，又不载日月，其文略不具"的评价外，司马迁在《史记·六国年表》中还有两次，即在序文的开头和结尾都说到《秦记》："太史公读《秦记》，至犬戎败幽王，周东徙洛邑，秦襄公始封为诸侯，作西畤用事上帝，僭端见矣。""余于是因《秦记》，踵《春秋》之后，起周元王，表六国时事，讫二世，凡二百七十年，著诸所闻兴坏之端。后有君子，以览观焉。"《秦记》，司马贞《索隐》："即秦国之史记也。"

王国维论《史记·六国年表》，注意到其中采用《秦记》的情形。据王国维弟子所记王氏语："《六国年表》来历不明。可因本纪、列传、世家及《战国策》互相磨勘，各注出处于表内作为笺注，亦一法也。吾人宗旨，为辑《秦记》。司马迁序明言：'因《秦记》……表六国时事。'《秦记》不载日月，此篇亦无日月。自秦襄公元年至秦二世三年，依《秦本纪》《始皇本纪》及此篇，皆系五百六十九年，必出一本；别篇与此篇有异者，殆另有所本。故此篇除去与《左传》《战国策》及此书诸篇相同者，皆司马迁取诸《秦记》者也。"王国维还特别说道："又《战国策》不纪年，诸侯史记又亡，则此篇所记年载，亦出《秦记》无疑。"
（《国学月报·王静安纪念专号》）孙德谦《太史公书义法·详近》写道：
"《秦记》一书，子长必亲睹之，故所作列传，不详于他国，而独详于
秦。今观商君鞅后，若张仪、樗里子、甘茂、甘罗、穰侯、白起、范
雎、蔡泽、吕不韦、李斯、蒙恬诸人，惟秦为多。迁岂有私于秦哉！据
《秦记》为本，此所以传秦人特详乎！"《太史公书义法·综观》还辑录
了《史记·六国年表》中"有本纪、世家不载，而于《年表》见之者"
前后四十四年中凡五十三件史事，以为"此皆秦事只录于《年表》者"。
金德建据此推定："《史记》的《六国年表》纯然是以《秦记》的史料做
骨干写成的。秦国的事迹，只见纪于《六国年表》里而不见于别篇，也
正可以说明司马迁照录了《秦记》中原有的文字。"

　　金德建还举出司马迁著作《史记》时根据《秦记》材料，"文字上
还留存一鳞半爪，或者是在史实上能显然可见的"，计十六例。他注意
到《史记·秦本纪》的记载："桓公三年，晋败我一将。……（昭襄王）
三十一年，白起伐魏，取两城。楚人反我江南。"金德建按：《秦本纪》
这条称"晋败我"，"楚人反我"，语气上显然也是因仍了《秦记》的原
来文字而未及删易者（《司马迁所见书考》，第 415—423 页）。

　　对于金德建有关《史记》记载"出《秦记》"的论证，我们还可以
补充一则信息。公元前 279 年，秦昭襄王与赵惠文王会于渑池。当时情
形，《史记·廉颇蔺相如列传》记载："秦王饮酒酣，曰：'寡人窃闻赵
王好音，请奏瑟。'赵王鼓瑟。秦御史前书曰'某年月日，秦王与赵王
会饮，令赵王鼓瑟'。蔺相如前曰：'赵王窃闻秦王善为秦声，请奏盆缻
秦王，以相娱乐。'秦王怒，不许。于是相如前进缻，因跪请秦王。秦
王不肯击缻。相如曰：'五步之内，相如请得以颈血溅大王矣！'左右
欲刃相如，相如张目叱之，左右皆靡。于是秦王不怿，为一击缻。相如
顾召赵御史书曰'某年月日，秦王为赵王击缻'。"这一故事富有传奇色
彩，然而"秦御史前书曰'某年月日，秦王与赵王会饮，令赵王鼓瑟'"

的情节可能是相对真实的，这或许反映了《秦记》一类秦国史籍形成的方式。从"秦御史"书史的情形，可以推知《史记·萧相国世家》"沛公至咸阳，诸将皆争走金帛财物之府分之，（萧）何独先入收秦丞相御史律令图书藏之"数语中，所谓"秦丞相御史律令图书"，其中很可能包括《秦记》一类的史籍。

《史记·秦始皇本纪》最后附录所谓"汉孝明帝访班固评贾马赞中论秦二世亡天下之得失"（司马贞《索隐》），评论秦亡形势。班固说："……吾读《秦纪》，至于子婴车裂赵高，未尝不健其决，怜其志。婴死生之义备矣。"班固所谓"子婴车裂赵高"事，《史记·秦始皇本纪》只是写作："子婴遂刺杀高于斋宫，三族高家以徇咸阳。"并没有"车裂"的情节。看来，班固所读《秦纪》（应即《秦记》）中的有关内容并没有被司马迁采用。司马迁的记载当另有所本。金德建《〈秦记〉考征》说："班固所见的《秦记》应当是汉代中秘所藏的本子。《艺文志》不曾把它收录，这未免也是疏漏了。"他还说："《御览》六百八十引挚虞《决疑录要》注晋侍中彭权称《秦记》以对武帝旄头之问。《华阳国志·蜀志》亦云：'《秦记》言僰童之富。'挚虞、常璩都是晋时候的人，都曾经看见过《秦记》，这说明《秦记》这部史籍到魏、晋时候还是保存的。"（《司马迁所见书考》，第 423 页）

五、《秦记》史学风格及其对《史记》的影响

金德建说"《御览》六百八十引挚虞《决疑录要》注晋侍中彭权称《秦记》以对武帝旄头之问"，即《太平御览》卷六八〇引挚虞《决疑录要》注："世祖武皇帝因会问侍臣曰：'旄头之义何谓耶？'侍中彭权对曰：'《秦记》云：国有奇怪，触山截水，无不崩溃，唯畏旄头。故使虎士服之，卫至尊也。'中书令张华言：'有是言而事不经。臣以为壮士之怒，发踊冲冠，义取于此也。'"我们今天已经无法看到《秦记》的原

貌，从挚虞《决疑录要》注的这段内容可以推知，这部秦人撰著的史书中，可能确有言"奇怪"而语颇"不经"的记载。

《史记·封禅书》中有一则秦穆公自称梦见上帝以决策出师的史事，应当出自《秦记》，也受到了金德建的注意："秦缪公立，病卧五日不寤，寤，乃言梦见上帝，上帝命缪公平晋乱，史书而记，藏之府，而后世皆曰秦缪公上天。"金德建按："这所谓'史书而记'，当然也是指《秦记》里面有过如此记载，以为秦缪公曾梦见上帝，命平晋乱。"君王之梦，"史书而记，藏之府"，也可以看作秦人神秘主义历史观念的一种反映。

《史记》有关"梦"的历史记录有十九例，涉及殷商史一例，东周晋国史二例、卫国史一例、郑国史一例、曹国史一例、宋国史一例、赵国史三例、孔子事迹一例，属于秦人历史记录的多达四例，所占比例是相当大的。其资料来源，当本《秦记》。梦的迷信，体现出人类特殊的精神生活，也是文明史进程中很普遍的社会文化现象。秦人历史记载中保留了颇多有关占梦的内容，或许可以从一个侧面反映出秦人注重多方位收纳信息的历史观和文化特质。

《史记》有关汉史的记录中有四例涉及"梦"，其中关于刘邦出生异闻，即《史记·高祖本纪》："刘媪尝息大泽之陂，梦与神遇。是时雷电晦冥，太公往视，则见蛟龙于其上。已而有身，遂产高祖。"其传播，应当在秦代。这样说来，《史记》有关秦史记载中涉及"梦"的内容计五例：1."文公梦黄蛇自天下属地"；2."（缪公）寤，乃言梦见上帝"（《封禅书》）；3."始皇梦与海神战"；4."二世梦白虎啮其左骖马"（《秦始皇本纪》）；5."刘媪尝息大泽之陂，梦与神遇"（《高祖本纪》）。其中1—4很可能来自《秦记》。

清代学者汪中说，《左传》除了直接记述人文历史外，所有"天道、鬼神、灾祥、卜筮、梦之备书于策者"，都属于"史之职也"（汪中《述学·内篇》）。于是有学者认为，在春秋战国时代，"记梦""是史官的职责之一"，也就是说，"对梦的迷信的记载，是其身为史官的传统"（刘文英：《梦的迷信与梦的探索——中国古代宗教哲学和科学的一个侧面》，中国社会科学出版社1989年，第25页）。

《史记·封禅书》记载秦文公问史敦事："秦文公东猎汧渭之间，卜居之而吉。文公梦黄蛇自天下属地，其口止于鄜衍。文公问史敦，敦曰：'此上帝之征，君其祠之。'于是作鄜畤，用三牲郊祭白帝焉。"这是秦人早期神学建设的由来。金德建按："史敦是秦国最早的史官，也就是现在所可考见的《秦记》的最早著作者之一。"秦人历史意识中浓重的神秘主义色彩，又见于秦献公和另一位史官的对话。金德建引《老庄申韩列传》（今按：《史记》作《老子韩非列传》）："自孔子死之后百二十九年，而《史记》周太史儋见秦献公曰：'始秦与周合，合五百岁而离，离七十岁而霸王者出焉。'"金德建按："《老庄申韩列传》这条所称的《史记》纪载秦国的事迹，显然也是出于《秦记》无疑。这条《秦记》的文字，司马迁曾四次征引，又见于《周本纪》《秦本纪》和《封禅书》。"（《司马迁所见书考》，第421页、第420页）

司马迁对于《秦记》所谓"不载日月，其文略不具"有所不满，但是对于其中具有神秘意味的记录，则颇多保留。《史记·秦本纪》记载："二十七年，伐南山大梓，丰大特。"秦文公时代的这一史事，具有浓重的神异色彩。裴骃《集解》有这样的解说："徐广曰：'今武都故道有怒特祠，图大牛，上生树本，有牛从木中出，后见于丰水之中。'"张守节《正义》引《括地志》载录《录异传》的说法："秦文公时，雍南山有大梓树，文公伐之，辄有大风雨，树生合不断。时有一人病，夜往山中，闻有鬼语树神曰：'秦若使人被发，以朱丝绕树伐汝，汝得不困耶？'树神无言。明日，病人语闻，公如其言伐树，断，中有一青牛出，走入丰水中。其后牛出丰水中，使骑击之，不胜。有骑堕地复上，发解，牛畏之，入不出，故置髦头。汉、魏、晋因之。武都郡立怒特祠，是大梓牛神也。"其实，《录异传》的这段文字也有可能是张守节《正义》的直接引录，而并非由《括地志》转引。我们现在还不能确知《秦本纪》所谓"伐南山大梓，丰大特"是否来自《秦记》。但是，这种可能性是存在的。从徐广的解说与《录异传》的记录看，"伐南山大梓，丰大特"八个字的背后，涉及"树神"的传说。秦人有经营林业的历史，作为秦早期经济发展基地的西垂之地，长期是林产丰盛的地区。原生林繁密的生态条件，成为培育特殊物产的基础。《汉书·地理志下》说秦先祖柏益事迹，有"养育草木鸟兽"语，经营对象包括"草木"。所谓"养育草木"，说明林业在秦早期经济形式中具有相当重要的地位。"大梓牛神"传说中所谓"伐树，断，中有一青牛出"的情节，暗示了已经进入农耕经济阶段的秦人，在其文化的深层结构中，对于其所熟悉的林业、牧业和田猎生活，依然保留着长久的怀念。《史记·秦始皇本纪》记载，秦始皇登泰山，"立石，封，祠祀。下，风雨暴至，休于树下，因封其树为五大夫"。这一故事也隐约透露出尊崇"树神"的观念。

　　《秦记》相关记述为《史记》所保留，《史记》也受到《秦记》史学个性的影响。认真分析其源流，或许可以发现，《史记》中被指为"虚怪不足以示后世"〔（宋）王观国《学林》卷七〕，"若离若合，恍忽渺茫"〔（明）郝敬《史汉愚按》卷二〕的内容，在某种意义上或许体现出与《秦记》之间的史学继承关系。

《史记》"扬名"文字与司马迁对"名"的追求

孔子说"必也正名"，见于《史记·礼书》《史记·孔子世家》。《史记·太史公自序》又说："然其正名实，不可不察也。"作为体现社会文化风格，也是重要历史元素的"名"，在《史记》中受到特别的重视，得到突出的强调。检索《史记》（包括三家注）中"名"这个字，出现频次多达3558次。这在"二十四史"中是密集度非常高的。"名"字的使用超过《史记》的，只有《宋史》（5847次）和《明史》（4181次）。《宋史》是《史记》的164%，《明史》是《史记》的117%。而这两部史书的卷数即总篇幅都远远超过《史记》，分别为《史记》的382%和255%。这样看来，我们大致仍然可以认为，在历代正史中，《史记》对于"名"是最为关注的。

《史记》中的人物评价，重视其"名"的社会影响和历史记忆。《秦始皇本纪》载录贾谊《过秦论》"三王之建天下，名号显美，功业长久"语，是对古圣先王美名的肯定。《楚世家》"尊名"，《鲁仲连邹阳列传》"荣名"，《越王句践世家》"成名于天下"等，也都是对"名"的表扬。然而《史记》中又有"恶名"之说，见于《晋世家》《商君列传》《张仪列传》。

司马迁的人生志向，表露出对"名"的特殊追求。在历史学者的意识中，"名"是历史印迹、历史评断、历史荣誉，也体现出历史责任、历史担当、历史贡献。司马迁的学术目标和人生理想，表现出对"名"的深心追求。这是我们认识司马迁、理解司马迁和说明司马迁时应当予以关注的。

一、《史记》"功""名"记录

《史记》言政治成就，往往称"功名"。《史记·礼书》："治辨之极也，强固之本也，威行之道也，功名之总也。"所有政治文化与证词操作的贡献，都可以归结于"功名"。对于历史人物的人生事业，有时以"立功成名"来表彰（《史记·淮阴侯列传》）。《建元以来侯者年表》则称"建功""立名"。《史记·李斯列传》司马贞《索隐》："言万乘争雄之时，游说者可以立功成名，当得典主事务也。刘氏云'游历诸侯，当觅强主以事之'，于文纡回，非也。"

关于管鲍之交，《史记·管晏列传》记载了管仲这样一段话："分财利多自与，鲍叔不以我为贪，知我贫也。吾尝为鲍叔谋事而更穷困，鲍叔不以我为愚，知时有利不利也。吾尝三仕三见逐于君，鲍叔不以我为不肖，知我不遭时也。吾尝三战三走，鲍叔不以我为怯，知我有老母也。公子纠败，召忽死之，吾幽囚受辱，鲍叔不以我为无耻，知我不羞小节而耻功名不显于天下也。生我者父母，知我者鲍子也。"管仲感激"鲍子"对自己超越世俗的理解。其中所谓"耻功名不显于天下"，是自我肯定的表现。"功名"之"显"，看来是管仲这一等级人物的理想。《史记·伍子胥列传》写道："隐忍就功名，非烈丈夫孰能致此哉？""功名"作为追求目标，是明朗的。表扬百里奚的功德，可见如下语句："五羖大夫之相秦也，劳不坐乘，暑不张盖，行于国中，不从车乘，不操干戈，功名藏于府库，德行施于后世。"（《史记·商君列传》）《史记·鲁仲连邹阳列传》对于"士"的表现，有"功名可立""功名不立"两说。对于人生欠完美的不满，也可见于"无所能发明功名有著于当世者"的感叹（《史记·张丞相世家》）。

《史记·淮阴侯列传》记载郦食其劝说韩信的言辞："足下自以为善汉王，欲建万世之业，臣窃以为误矣。"他以高层政治关系之复杂，"人心难测"，警告韩信，"臣以为足下必汉王之不危己，亦误矣"。又举文种、范蠡虽有政治成就仍不免个人悲剧的结局为例，使用了"立功成名"一语："大夫种、范蠡存亡越，霸句践，立功成名而身死亡。野兽已尽而猎狗亨。""愿足下深虑之！"在提示君臣关系暗藏险情的同时，说到韩信"功盖天下""名高天下"，强调"窃为足下危之"。

"显功名"（《史记·李将军列传》），"功名俱著于春秋"（《史记·游侠列传》），是对人生成就的高度褒奖。对于后者，司马贞《索隐》："功名俱著春秋。案：春秋谓国史也。以言人臣有功名则见记于其国之史，是俱著春秋者也。"太史公以《太史公书》自比《春秋》，也是要记录时代英雄的"功名"。司马迁在总结《史记》"七十列传"的写述时说："扶义俶傥，不令己失时，立功名于天下，作七十列传。"对于"扶义俶傥，不令己失时"，司马贞《索隐》解释说："言扶义倜傥之士能立功名于当代，不后于时者也。"（《史记·太史公自序》）也就是说，历史是英雄的表演，他们的奋斗，就是"不令己失时""不后于时"地"立功名于天下"。而历史的撰写，在某种意义上可以理解为对英雄们"功名"的记录。

商鞅在对变法的合理性进行宣传时，强调"疑行无名，疑事无功"（《史记·商君列传》），以"名"与"功"并列，表现出当时比较普遍的对于"功名"共同追求的社会理念。《史记·鲁仲连邹阳列传》所谓"规小节者不能成荣名，恶小耻者不能立大功"，是同样的例证。而获得"功名"之外，还有其他利益，如《史记·范雎蔡泽列传》所谓"功成名立而利附焉，天下莫之能害也"。

二、"名与功偕"说

"功名"之"功"和"名"，是怎样的关系呢？《史记·乐书》写道："事与时并，名与功偕。"关于"名""功"关系之所谓"名与功偕"，裴骃《集解》引郑玄的说法："为名在其功也。偕犹俱也。"又引王肃之说："有功，然后得受其名。"张守节《正义》："名谓乐名也。偕，俱也。功者，揖让干戈之功。圣王制乐之名，与所建之功俱作也。若尧、舜乐名《咸池》《大韶》，汤、武乐名《大濩》《大武》也。"这里说"乐"，以为"乐"之"名"与其"功"显现对应关系。

虽然"名与功偕"，"偕犹俱也"，但是"为名在其功也"，"名"，其实通常是"功"的反映、"功"的显现、"功"的表象。

《史记》所谓"名与功偕"，即"为名在其功"，虽然说的是"乐名"，但这一理念是适用于普遍的"功""名"关系的。社会政治生活与社会文化生活中的"功名"同样如此。《史记·李斯列传》的说法是"功立名遂"，《史记·淮阴侯列传》则称"立功成名"。

秦始皇令其主要助手"议帝号"，所谓"今名号不更，无以称成功，传后世"（《史记·秦始皇本纪》)，也强调了"名号"应当"称成功"，这也符合"名与功偕"的道理。由此可知"名与功偕"同样适用于高等级的政治生活。而所谓"传后世"，应当表现了对"名"的追求的特殊境界。

不过，司马迁内心深处的"功""名"观，又并非简单的、平面的、浅层次的"名与功偕"。曹参选择助手，用"木讷于文辞，重厚长者"，"吏之言文刻深，欲务声名者，辄斥去之"，对于狂热追求政绩"声名"的官吏心怀警惕。司马迁是赞赏这种政治风格的。他说："列侯成功，唯独参擅其名。"与汉初功臣集团其他成员相比，曹参声誉"独"高。《史记·曹相国世家》说："参为汉相国，清静极言合道。然百姓离秦之酷后，参与休息无为，故天下俱称其美矣。"曹参以其高明的政治识见，顺应了时代需求，推进了成就文景之治的"清静""无为"政策的落实。所谓"天下俱称其美"，指出"独参擅其名"，远远超过了汉朝建立时的"攻城野战之功"。

三、关于"扬名发誉"

《史记·季布栾布列传》记载，曹丘会见季布，发表了这样的言辞："楚人谚曰'得黄金百，不如得季布一诺'，足下何以得此声于梁楚间哉？且仆楚人，足下亦楚人也。仆游扬足下之名于天下，顾不重邪？何足下距仆之深也！"曹丘所谓"足下何以得此声于梁楚间哉"的"声"，与"仆游扬足下之名于天下"的"名"，字义或许是接近的，然而似乎亦有不同。司马迁说："季布名所以益闻者，曹丘扬之也。"看来，所谓"扬名"，就是使名"益闻"。

关于"扬名"，即使名"益闻"，我们还看到这样的说法，《史记·司马相如列传》有以政论为主题的文字："且二君之论，不务明君臣之义而正诸侯之礼，徒事争游猎之乐，苑囿之大，欲以奢侈相胜，荒淫相越，此不可以扬名发誉，而适足以贬君自损也。"所谓"扬名发誉"，应当就是"名""誉"的宣扬抬升。其反义，即"名""誉"的"贬""损"。

对于张良的"功""名"，《史记·太史公自序》写道："运筹帷幄之中，制胜于无形，子房计谋其事，无知名，无勇功，图难于易，为大于细。作《留侯世家》第二十五。"司马迁自述撰写张良事迹专篇《留侯世家》的主旨，是颂扬其品性事业。所谓"无知名，无勇功"，"知"大概应该读作"智"。汉并天下，"封功臣"，张良"未尝有战斗功"，然而刘邦说："运筹策帷帐中，决胜千里外，子房功也。"司马迁说："高祖离困者数矣，而留侯常有功力焉。"（《史记·留侯世家》）太史公对张良的评价，是恰如其分的"扬名发誉"。

高等级的人生追求，是这种"名""誉"，即得到社会公认的文化光荣。《史记·屈原贾生列传》说："贪夫徇财兮，烈士徇名；夸者死权兮，品庶冯生。"这是贾谊的言辞，分说不同人等追求的人生目标：财、名、权、生，即财富、名誉、权势、寿命。《汉书·贾谊传》同样的说法，"烈士"写作"列士"。颜师古注引臣瓒的解释："以身从物曰徇。"王先谦《汉书补注》说，宋祁曾经指出，"浙本'徇'作'殉'"。而《文选》"列"作"烈"，注引《庄子》云："胥士之徇名，贪夫之徇财，天下皆然，不独一人。"可见这一说法很早就得以传播。王先谦说，从文义看，应当作"烈士"。"列士"只是"烈士"的"省文"形式。

司马迁在《史记》的另一篇章中也引录了贾谊"烈士徇名"之说。《史记·伯夷列传》："'君子疾没世而名不称焉。'贾子曰：'贪夫徇财，烈士徇名，夸者死权，众庶冯生。'"张守节《正义》的解说，与司马迁著述《史记》的志向相联系："君子疾没世后惧名埋灭而不称，若夷、齐、颜回絜行立名，后代称述，亦太史公欲渐见己立名著述之美也。"

四、"名垂后世"的评价

如《史记·魏公子列传》所谓"名闻天下"，《史记·越王句践世家》与《史记·淮阴侯列传》所谓"名高天下"，《史记·鲁仲连邹阳列传》所谓"名高天下而光烛邻国"，都说到实现其"名"得以"天下""闻"，"天下"皆以为"高"的社会舆论影响。除了《史记·建元以来侯者年表》所谓"立名当世"，《史记·张丞相列传》所谓"功名有著于当世者"的情形之外，"名"还可以形成超越时代的长久影响，由"当世"延续至"后世"。

"名"这种特殊的具有历史意义的影响，当如《史记·白起王翦列传》所谓"秦始皇二十六年，尽并天下，王氏、蒙氏功为多，名施于后世"。《史记·鲁周公世家》裴骃《集解》引服虔语，也有"使后世旌识其功"的说法。

《史记·刺客列传》中可以看到"名垂后世"之说。《史记·范雎蔡泽列传》甚至说"声名光辉传于千世"，言其影响更为长久。《史记·司马相如列传》所谓"名声施于无穷，功烈著而不灭"，是称其"名声"

能够跨时代延续，"施于无穷"。"名"或说"声名""名声"长存于"后世""千世"甚至"无穷"，实现永远的影响，是对历史现象肯定性评价的最高褒扬。

贾谊"上疏陈政事，多所欲匡建"，为汉文帝设计天下大治的理想境界："大数既得，则天下顺治，海内之气，清和咸理，生为明帝，没为明神，名誉之美，垂于无穷。"（《汉书·贾谊传》）所谓"名誉之美，垂于无穷"，正是"名垂后世""声名光辉传于千世""名声施于无穷，功烈著而不灭"境界的实现。

前引《史记·伯夷列传》张守节《正义》所说司马迁撰写《史记》，志在"立名著述之美"："太史公欲渐见己立名著述之美也"，则追求文化生活中的"名誉之美"，也许有超越政治生活中"名誉之美"的意义。

五、司马谈"扬名于后世"嘱托

司马谈与司马迁的一次严肃对话，陈说了史家的文化责任以及历史撰述的文化原则。

就史学史上人们熟知的这一庄严的父子交谈，《史记·太史公自序》写道："太史公执迁手而泣曰：'余先周室之太史也。自上世尝显功名于虞夏，典天官事。后世中衰，绝于予乎？汝复为太史，则续吾祖矣。今天子接千岁之统，封泰山，而余不得从行，是命也夫，命也夫！余死，汝必为太史；为太史，无忘吾所欲论著矣。且夫孝始于事亲，中于事君，终于立身。扬名于后世，以显父母，此孝之大者。夫天下称诵周公，言其能论歌文武之德，宣周邵之风，达太王王季之思虑，爰及公刘，以尊后稷也。幽厉之后，王道缺，礼乐衰，孔子修旧起废，论《诗》《书》，作《春秋》，则学者至今则之。自获麟以来四百有余岁，而诸侯相兼，史记放绝。今汉兴，海内一统，明主贤君忠臣死义之士，余为太史而弗论载，废天下之史文，余甚惧焉，汝其念哉！'"司马谈提出了有关"孝"的不同层次："夫孝始于事亲，中于事君，终于立身。扬名于后世，以显父母，此孝之大者。"他强调"孝"的最高等级是"扬名于后世，以显父母"。

司马谈说这番话的时候，"执迁手而泣"。司马迁记述了父亲当时庄重而沉痛的表情。而司马迁承诺实践这一嘱托时，同样感恸垂泪："迁俯首流涕曰：'小子不敏，请悉论先人所次旧闻，弗敢阙。'"

司马谈有关"扬名于后世"的话，是严肃的嘱命，也是一种积极的鞭策，又是一种深情的鼓励。著述《太史公书》以"扬名于后世"这一事业目标，成为司马迁的人生动力。

六、对"名失""名摩灭"的警惕

战国以来的开明士人，对"名"的沦灭损丧，是深怀忧惧之心的。《史记·鲁仲连邹阳列传》记载了在燕将"保守聊城"，"齐田单攻聊城岁余，士卒多死而聊城不下"的情势下，"鲁连乃为书，约之矢以射城中，遗燕将"。他写道："今公行一朝之忿，不顾燕王之无臣，非忠也；杀身亡聊城，而威不信于齐，非勇也；功败名灭，后世无称焉，非智也。三者世主不臣，说士不载，故智者不再计，勇士不怯死。"从"忠""勇""智"三个方面指出对方坚守聊城的错误。鲁连所谓"功败名灭，后世无称焉，非智也"，其中的"功""名"关系，我们已经有所讨论。而对于"名灭"的警告，口气非常严肃，意思也非常诚恳。

孔子说："弗乎弗乎，君子病没世而名不称焉。吾道不行矣，吾何以自见于后世哉？"《史记·孔子世家》中以"子曰"的形式说到对后世"名不称"的担心。又载录了子贡的话："君其不没于鲁乎。夫子之言曰：'礼失则昏，名失则愆。失志为昏，失所为愆。'"是以"夫子之言"的形式发表了对"名失"的忧虑。前引《史记·伯夷列传》："'君子疾没世而名不称焉。'"所谓"君子疾没世而名不称焉"和"君子病没世而名不称焉"，意思是一样的。

《史记·龟策列传》有"侯王不强，没世无名"的说法，所谓"没世无名"，也就是"没世而名不称"。《汉书·王贡两龚鲍传》的序文记录了扬雄有关"君子德名"也就是"唯有德者可以有名"（颜师古注引韦昭曰）的见解："或问：君子疾没世而名不称，盍势诸名卿可几？曰：君子德名为几。梁、齐、楚、赵之君非不富且贵也，恶虖成其名！谷口郑子真不诎其志，耕于岩石之下，名震于京师，岂其卿？岂其卿？楚两龚之絜，其清矣乎！蜀严湛冥，不作苟见，不治苟得，久幽而不改其操，虽随、和何以加诸？举兹以旃，不亦宝乎！"与君王名卿贪求"富""贵"不同，"君子"则坚守"清""操"。扬雄的"君子德名"理念，体现出对"名"的追求达到了相当高尚的层次和相当深刻的境界。其说也许受到司马迁有关"名"的认识的影响。对于所谓"君子疾没世而名不称"的解释，颜师古注："以身没而无名为病。"

司马迁综观历史，注意到这样的带有规律性的现象："古者富贵而名摩灭，不可胜记，唯俶傥非常之人称焉。"（《汉书·司马迁传》）这或许可以看作"君子德名"意思的另一种表达形式。

七、"鄙没世而文采不表于后"

司马迁《报任少卿书》自述身受重刑的经历："李陵既生降，隤其家声，而仆又茸以蚕室，重为天下观笑。悲夫！悲夫！"李陵"隤其家声"，而自身"重为天下观笑"，"名"都遭到严重损害。"隤其家声"，颜师古注："孟康曰：'家世为将有名声，陵降而隤之也。'师古曰：'隤，坠也，音颓。'""重为天下观笑"，颜师古注："观视之而笑也。"司马迁随后写道："人固有一死，死有重于泰山，或轻于鸿毛，用之所趋异也。"他对于"名""誉"的追求，有更深沉更长久的历史眼光。他全身心拼搏而要力争获取的，是"名垂后世"，"声名光辉传于千世"，"名声施于无穷，功烈著而不灭"，也就是贾谊所谓"名誉之美，垂于无穷"。

对于所以忍辱求存的内心意念，司马迁是这样表达的："勇者不必死节，怯夫慕义，何处不勉焉！仆虽怯愞欲苟活，亦颇识去就之分矣，何至自湛溺累继之辱哉！且夫臧获婢妾犹能引决，况若仆之不得已乎！所以隐忍苟活，函粪土之中而不辞者，恨私心有所不尽，鄙没世而文采不表于后也。"能够"隐忍"如同"函粪土之中"的"名"的污损，他选择坚持，就是因为"鄙没世而文采不表于后也"。

司马迁说到受刑之后感受的"耻""辱"："仆以口语遇遭此祸，重为乡党戮笑，污辱先人，亦何面目复上父母之丘墓乎？虽累百世，垢弥甚耳！是以肠一日而九回，居则忽忽若有所亡，出则不知所如往。每念斯耻，汗未尝不发背沾衣也。"但是，司马迁心存"倜傥非常"之志，他漠视种种"戮笑""污辱""垢""耻"，决心要以伟大的历史学著作"偿前辱之责"，即偿负悲痛受辱的声名债务，使得"文采"得"表于后"，实现"名誉之美，垂于无穷"。

据《汉书·司马迁传》，在前引"古者富贵而名摩灭，不可胜记，唯倜傥非常之人称焉"名言的后面，司马迁接着写道："盖西伯拘而演《周易》；仲尼厄而作《春秋》；屈原放逐，乃赋《离骚》；左丘失明，厥有《国语》；孙子膑脚，《兵法》修列；不韦迁蜀，世传《吕览》；韩非囚秦，《说难》《孤愤》。《诗》三百篇，大氐贤圣发愤之所为作也。此人皆意有所郁结，不得通其道，故述往事，思来者。及如左丘明无目，孙子断足，终不可用，退论书策以舒其愤，思垂空文以自见。仆窃不逊，近自托于无能之辞，网罗天下放失旧闻，考之行事，稽其成败兴坏之理，凡百三十篇，亦欲以究天人之际，通古今之变，成一家之言。草创未就，适会此祸，惜其不成，是以就极刑而无愠色。"司马迁说："仆诚已著此书，藏之名山，传之其人通邑大都，则仆偿前辱之责，虽万被戮，岂有悔哉！然此可为智者道，难为俗人言也。"司马迁认为，这样的想法可以和"智者"交流，而"难为俗人言"。这使我们想到上文引述的鲁连所谓"功败名灭，后世无称焉，非智也"。"智者"重"名"，重视"后世"之"称"。于是形成了"烈士徇名"与"贪夫徇财""夸者死权""品庶冯生"的鲜明对照。

关于司马迁的文章事业，他以为"已著此书，藏之名山，传之其人通邑大都，则仆偿前辱之责，虽万被戮，岂有悔哉"，他相信《太史公书》可以通过这样的方式传播。文化成功与声名垂世，可以实现超越生命的历史贡献。

与《汉书·司马迁传》据司马迁《报任少卿书》载录的这段文字略有不同，《史记·太史公自序》的表述是这样的："退而深惟曰：'夫《诗》《书》隐约者，欲遂其志之思也。昔西伯拘羑里，演《周易》；孔子厄陈蔡，作《春秋》；屈原放逐，著《离骚》；左丘失明，厥有《国语》；孙子膑脚，而论兵法；不韦迁蜀，世传《吕览》；韩非囚秦，《说难》《孤愤》；《诗》三百篇，大抵贤圣发愤之所为作也。此人皆意有所郁结，不得通其道也，故述往事，思来者。'于是卒述陶唐以来，至于麟止，自黄帝始。"字句略异，标点的处理也不大一样。

"究天人之际，通古今之变，成一家之言"的说法，见于《汉书》。而《史记·太史公自序》可见"成一家之言"："凡百三十篇，五十二万六千五百字，为《太史公书》。序略，以拾遗补艺，成一家之言，厥协《六经》异传，整齐百家杂语，藏之名山，副在京师，俟后世圣人君子。"司马迁对于自己史学论著的学术价值和文化品位，是充满自信的。所谓"藏之名山，副在京师，俟后世圣人君子"，是对《史记》必将"传后世""名垂后世""声名光辉传于千世""名声施于无穷，功烈著而不灭"的传播学前景的预言。

这一预言确实实现了。史学名著《太史公书》即《史记》居于汉代文化的学术制高点，其成就得到世代公认。其著作人——杰出历史学家司马谈、司马迁的"声名""名声"，也因此得以"传于千世""施于无穷"。

《史记》的"浮说""浮辞"批判

　　《史记》"究天人之际，通古今之变，成一家之言"，司马迁在陈述历史、论说文化的同时，也做出了自己观察社会现象后的若干判断，其爱憎好恶的情感倾向是鲜明的。司马迁在对他看到的世界进行评议的同时，还发表了许多高明的见解。例如对于"浮说""浮辞"的批判，至今仍然可以给我们有益的启示。

一、太史公笔下"浮"的贬抑

　　《史记》中出现"浮"字，有些作为动词使用，如"浮江""浮海"；有些作为形容词使用，体现了作者的价值判断，例如《史记·老子韩非列传》所见"浮淫之蠹"，《史记·平准书》言"浮食奇民"与"浮淫并兼之徒"等，贬抑的态度都是很明显的。

　　《老子韩非列传》所谓"浮淫之蠹"，是在介绍韩非论说时使用的言辞。《史记》写道，韩非见韩国削弱，几次上书劝谏韩王，均不被采纳。于是韩非因韩王治国"不务修明其法制，执势以御其臣下，富国强兵而以求人任贤"，反而"举浮淫之蠹而加之于功实之上"而深感痛心，他又看到"今者所养非所用，所用非所养"，于是总结历史教训，作《孤愤》《五蠹》《内外储》《说林》《说难》等文来宣传法家学说。秦王政，也就是后来的秦始皇，就是读了韩非的《孤愤》《五蠹》等篇章，心生感念，渴望接近韩非来宣传法家的思想。不过，韩非来到秦国之后，并没有得到信用，后来竟死在狱中。司马迁记述："人或传其书至秦。秦王见《孤愤》《五蠹》之书，曰：'嗟乎，寡人得见此人与之游，死不恨矣！'"李斯告知"此韩非之所著书也"。秦王于是"急攻韩"，迫使韩王派遣韩非出使秦国。得到韩非，"秦王悦之"，然而"未信用"。韩非最终为李斯、姚贾所嫉害，自杀于狱中。所谓"举浮淫之蠹而加之于功实之上"，说明对"浮淫"的批判，所坚持的是"功实"的原则。这正与秦崛起时尚"功用"的倾向相一致，也就是司马贞《索隐》引刘氏云："韩非之论诋驳浮淫，法制无私，而名实相称。"

《史记》的作者大致是赞同韩非主张的。而《盐铁论·刑德》所见御史大夫语，将相关言语直接归于"韩子"："御史曰：执法者国之辔衔，刑罚者国之维楫也。故辔衔不饬，虽王良不能以致远；维楫不设，虽良工不能以绝水。韩子疾有国者不能明其法势，御其臣下，富国强兵以制敌御难，惑于愚儒之文词，以疑贤士之谋，举浮淫之蠹，加之功实之上，而欲国之治，犹释阶而欲登高，无衔橛而御捍马也。"其中"惑于愚儒之文词，以疑贤士之谋，举浮淫之蠹，加之功实之上"之语，是可以帮助我们理解《老子韩非列传》中所谓"举浮淫之蠹而加之于功实之上"的。

其实，今本《韩非子·说疑》出现"浮淫"语，并非指言语，而只是说享乐生活的淫侈。"赵之先君敬侯，不修德行而好纵欲，适身体之所安，耳目之所乐。冬日罿弋，夏浮淫，为长夜，数日不废御觞。"而《韩非子·五蠹》却明确批判了"破国亡主以听言谈者之浮说"的情形。《韩非子·存韩》也说："（韩）兵弱至今，所以然者，听奸臣之浮说，不权事实。"可见"浮说"是有悖于"事实"的。

二、"浮说""虚说"，"浮辞诈伪"

在谈及韩非著作有《说难》篇时，《史记》写道："泛滥博文，则多而久之。"《史记》注家多以"泛滥"为"浮说""浮辞"。司马贞《索隐》："按：谓人主志在简要，而说者务于浮辞泛滥，博涉文华，则君上嫌其多迂诞，文而无当者也。"张守节《正义》："泛滥，浮辞也。博文，广言句也。言浮说广陈，必多词理，时乃永久，人主疲倦。"《说难》似说政治交流时语言表达的技巧，而司马贞《索隐》则指为"浮辞泛滥""迂诞""文而无当"。张守节《正义》则指为"浮辞""浮说广陈"。不仅说这种语言表达方式之失败，可以使"人主疲倦"，也批评这种"浮辞""浮说"失之于不能"简要"，暴露出思维习惯和逻辑能力方面的缺失。

所谓"多而久之"，《韩非子·说难》作"米盐博辩则以为多而交之"。《韩非子·外储说左上》载录楚王对《墨子》的评价，有"其言多不辩"的说法。这里所谓的"多"，就是"泛滥""广陈""迂诞""文而无当"。

《史记·伍子胥列传》载伍子胥语，指责越人"浮辞诈伪"。《史记·商君列传》说商鞅曾欲以"帝王术"劝说秦孝公，"挟持浮说，非其质矣"。司马贞《索隐》对此有所解释："浮说即虚说也。谓（商）鞅得用，刑政深刻，又欺魏将，是其天资自有狙诈，则初为孝公论帝王之术，是浮说耳，非本性也。"所谓"浮辞诈伪"和"浮说，非其质"，都指出"浮辞""浮说"偏离其"本"、违背其"质"的性质。而这种语言表现形式，有时与"其天资自有狙诈"存在关系。对商鞅的相关评价，是以"太史公曰"的形式发表的史学判断，真切体现了《史记》作者的文化观念和价值取向。

《史记》中还有几处说到"浮说""浮辞"。比如《史记·鲁仲连邹阳列传》："两主二臣，剖心坼肝相信，岂移于浮辞哉。"《史记·韩长孺列传》载韩安国谏梁孝王语："今大王列在诸侯，悦一邪臣浮说，犯上禁，桡明法。"《史记·太史公自序》也写道："正衣冠立于朝廷，而群臣莫敢言浮说，长孺矜焉。"《史记·匈奴列传》张守节《正义》也说："以刺武帝不能择贤将相，而务谄纳小人浮说，多伐匈奴，故坏齐民。"此外，《史记·苏秦列传》说："（苏秦）求说周显王。显王左右素习知苏秦，皆少之。弗信。"司马贞《索隐》："谓王之左右素惯习知（苏）

秦浮说，多不中当世，而以为苏秦智识浅，故云'少之'。"这里的"秦浮说"是司马贞的话，但与《史记》原本对苏秦的看法是接近的。

裴骃《〈史记〉集解序》对于徐广的汉代文献研究，有"删其游辞，取其要实"的说法。张守节《正义》以为"游辞"即"浮游之辞"："去经传诸家浮游之辞，取其精要之实。""诸家浮游之辞"，是说不甚可靠的各种史学、文献信息，当与基于"其天资自有狙诈"的"邪臣浮说""小人浮说"不同。但是这种"游辞""浮游之辞"与"要实"（即"精要之实"）存在距离的结论，使我们在对史学进行思考和理解时，必须与其划清界限。

三、张释之故事：虎圈啬夫"谍谍""口辩"

汉文帝时名臣张释之的故事，有颇多值得重视的情节。其中之一发生在上林苑虎圈。汉文帝视察时，询问兽圈豢养的禽兽数量，上林尉不能明确答复，而虎圈啬夫的回答令汉文帝满意。然而对于这个官员的任命，君臣出现了不同意见。

《史记·张释之冯唐列传》记述："释之从行，登虎圈。上问上林尉诸禽兽簿，十余问，尉左右视，尽不能对。"而虎圈啬夫在一旁代上林尉回答，甚为详尽。汉文帝说："吏不当若是邪？尉无赖！"于是指示张释之"拜啬夫为上林令"。张释之问汉文帝：陛下认为绛侯周勃是怎样的人？文帝说："长者也。"张释之又问：东阳侯张相如是怎样的人？文帝依然说："长者。"张释之说："夫绛侯、东阳侯称为长者，此两人言事曾不能出口，岂教此啬夫谍谍利口捷给哉！"又以秦行政史的教训相警告，指出"秦以任刀笔之吏，吏争以亟疾苛察相高"，然而"无恻隐之实"，于是"陵迟而至于二世，天下土崩"。张释之说：今陛下以啬夫"口辩"而破格提拔，臣担心"天下随风靡靡"，都竞相效法此"口辩"而语言皆不讲求符合实际，认为这种习气会影响世风，并提醒帝王用人务必审慎。文帝说："善。"于是"乃止不拜啬夫"，放弃了提拔虎圈啬夫的想法。

《史记·五帝本纪》记载舜的话"朕畏忌谗说殄伪，振惊朕众"，张守节《正义》对"畏忌谗说"的解释是"畏恶利口谗说之人"，"言己畏忌有利口谗说之人"。如果张守节理解司马迁的原意不误，则对"利口"与"谗说"的批评是接近的。可以推测，张释之对"此啬夫喋喋利口捷给"的斥责是非常严厉的。这种态度的表达说服了汉文帝，也得到了太史公的赞许。

四、"闳辩"与"多辩"

太史公对于"利口"的态度，又见于《史记·仲尼弟子列传》。宰予"利口辩辞"，问孔子："三年之丧不已久乎？"以"君子三年不为礼，礼必坏；三年不为乐，乐必崩"为说，孔子于是有"予之不仁也"的评价。《仲尼弟子列传》又说："子贡利口巧辞，孔子常黜其辩。"

不过，《史记》并不简单生硬、不加区分地鄙薄"辩"这种语言能力。我们可以看到书中对"辩"的正面肯定。如《史记·鲁仲连邹阳列传》所谓"孔、墨之辩""伊、管之辩"以及"鄂侯争之强，辩之疾"等。特别优异的"辩"，称"闳辩""弘辩"。如《史记·孟子荀卿列传》可见"驺衍之术迂大而闳辩"之说。《史记·范雎蔡泽列传》又说道："燕客蔡泽，天下雄俊弘辩智士也。"同篇又两次用"辩智"一语。《史记·龟策列传》中也可以看到"辩智"。《史记·滑稽列传》又有苏秦、张仪"博闻辩智"的说法。

有时候，有关"辩"的文字似乎是中性的记述，不显现价值评判。如《史记·樗里子甘茂列传》所谓"张仪之辩"，《史记·孟子荀卿列传》所谓"坚白同异之辩"。

但是，我们看到的更多言辞，是对"辩"持否定态度的。《史记·樗里子甘茂列传》说：“樗里子滑稽多智，秦人号曰‘智囊’。”对于“滑稽”，司马贞《索隐》提出了几种理解，其中一种是说其“辩捷”：“邹诞解云：滑，乱也。稽，同也。谓辩捷之人，言非若是，言是若非，谓能乱同异也。”“辩捷”应当就是“辩捷”。宋朱熹《楚辞辩证》卷下《卜居》：“《史记》有《滑稽传》，《索隐》云：‘滑，乱也。稽，同也。谓辩捷之人，言非若是，言是若非，能乱异同也。’”所谓“辩捷”，是说言辞机敏，话语伶俐，能够把“非”说成“是”，把“是”说成“非”，混淆“同异”。关于“滑稽”与“辩”的关系，又见于《史记·滑稽列传》：“（淳于髡）滑稽多辩，数使诸侯，未尝屈辱。”“（优孟）多辩，常以谈笑讽谏。”

《史记·太史公自序》说“表”的设计：“并时异世，年差不明，作十表。”司马贞《索隐》：“案：并时则年历差殊，亦略言，难以明辩，故作表也。”《史记·五帝本纪》说黄帝“成而聪明”。司马贞《索隐》：“聪明，闻见明辩也。”按照司马贞的理解，“明辩”应当就是“明辨”。然而《五帝本纪》是说到黄帝的语言能力的，即所谓“弱而能言”。司马贞《索隐》：“弱谓幼弱时也。盖未合能言之时而黄帝即言，所以为神异也。”

五、有口辩·饰辩·诡辩

“辩”的能力可以转化为说服力，以致产生非同寻常的政治影响和文化效应。《史记·张仪列传》说，宣传合纵的游说者骋其口舌，能够实现征服人心的作用：“夫从人多奋辞而少可信，说一诸侯而成封侯，是故天下之游谈士莫不日夜扼腕瞋目切齿以言从之便，以说人主。人主贤其辩而牵其说，岂得无眩哉。”所谓“天下之游谈士”积极地“以言从之便”，“人主贤其辩而牵其说”，于是被迷惑，进入“眩”的境地。后文解释这种情形：“夫从人饰辩虚辞，高主之节，言其利不言其害，卒有秦祸。"然而所谓"饰辩虚辞"，对掌握权力者进行政策说服的时候，往往有选择地只强调片面的、局部的、扭曲的信息，往往"言其利不言其害"。

除了陆贾被称为"有口辩士"外，我们还看到"辩有口"的说法，见于《史记·郦生陆贾列传》与《史记·魏其武安侯列传》，《史记·淮南衡山列传》则说"有口辩"。所谓"有口""有口辩"或"辩有口"，都指语言辩说能力之强。而《史记》中说田蚡"辩有口"，又说"淮南王有女陵，慧，有口辩"，似乎都暗含贬义。

汲黯指责张汤"务巧佞之语，辩数之辞，非肯正为天下言，专阿主意"（《史记·汲郑列传》），被太史公所记录，是对于"巧佞"之"辩"的严正批评。太史公对违背"功实"而追求"辩"的反感，集中体现在对"诡辩"的否定。《史记·五宗世家》可见"持诡辩以中人"的说法，司马贞《索隐》："谓诡诳之辩，以中伤于人。"《史记·屈原贾生列传》说张仪"如楚，又因厚币用事者臣靳尚，而设诡辩于怀王之宠姬郑袖"，执笔者对"诡辩"的指斥，表现出对正义的追求和坚持。

据《史记·范雎蔡泽列传》记述，范雎时号"天下辩士"，自称"五帝三代之事，百家之说，吾既知之，众口之辩，吾皆摧之"。太史公于是有"辩口"之誉。蔡泽有关于"辩智"的论说，时人言"其人辩士，明于三王之事，五伯之业，世俗之变，足以寄秦国之政"。可知"辩"的基本条件包括历史知识、文化理解和时政判断。"辩士"曾经是相当宽泛的称谓。《范雎蔡泽列传》中有"范雎、蔡泽世所谓一切辩士，然游说诸侯至白首无所遇者，非计策之拙，所为说力少也"的说法。《史记·吕不韦列传》又写道："是时诸侯多辩士，如荀卿之徒，著书布天下。""辩士"长期有活跃的表现。刘邦称侯公为"天下辩士"（《史记·项羽本纪》），广武君建议韩信"遣辩士奉咫尺之书"说燕，为韩信献策的还有"范阳辩士蒯通"，刘邦称其为"齐辩士"（《史记·淮阴侯列传》），陆贾"以客从高祖定天下，名为有口辩士，居左右，常使诸侯"，太史公曾感叹："余读陆生《新语书》十二篇，固当世之辩士。"（《史记·郦生陆贾列传》）又，张良称"固请"四皓的太子代表为"辩士"（《史记·留侯世家》），刘敬建议"使辩士"出使匈奴（《史记·刘敬叔孙通列传》）。《史记·季布栾布列传》说"楚人曹丘生，辩士"，《史记·南越列传》说"令辩士谏大夫终军等宣其辞"。这些都反映了"辩士"在社会生活中的作用。《史记·日者列传》所谓"谈士辩人"，应当与"辩士"义近。

六、关于"为人口吃，不能道说"

《史记·老子韩非列传》对于韩非的介绍，指出其语言能力方面的不足："韩非者，韩之诸公子也。喜刑名法术之学，而其归本于黄老。非为人口吃，不能道说，而善著书。与李斯俱事荀卿，斯自以为不如非。"太史公言"非为人口吃，不能道说，而善著书"，可能是史学论著中最早对于"口吃"这一生理现象的记述。这里表达了对于不善言辞"而善著书"的学者的赞誉。《史记·司马相如列传》中写道："相如口吃而善著书。"有意思的是，对于韩非和司马相如，《史记》记叙了情节类同的故事。关于韩非，秦王言"嗟乎，寡人得见此人与之游，死不恨矣！"《史记·司马相如列传》记述汉武帝得识司马相如的情节与此颇相近："蜀人杨得意为狗监，侍上。上读《子虚赋》而善之，曰：'朕独不得与此人同时哉！'得意曰：'臣邑人司马相如自言为此赋。'上惊，乃召问相如。"与学者"口吃"而"善著书"的记述相类似者，又见于司马迁之后扬雄的事迹。《汉书·扬雄传上》："雄少而好学，不为章句，训诂通而已，博览无所不见。为人简易佚荡，口吃不能剧谈，默而好深湛之思，……自有大度，非圣哲之书不好也；非其意，虽富贵不事也。顾尝好辞赋。"关于"不能剧谈"，颜师古注引晋灼的理解："口吃不能疾言。""不能剧谈"，大概就是"不能疾言"。由于"口吃"，因而语速

53

《史记》的「浮说」「浮辞」批判

比较缓慢。"口吃"，《史记》也直接写作"吃"。《史记·五宗世家》说鲁共王刘余"季年好音，不喜辞辩，为人吃"。《汉书·景十三王传·鲁恭王余》就写作"为人口吃难言"。

《史记》记载的另一"为人吃"例，即周昌反对刘邦"欲废太子"的故事。《史记·张丞相列传》："及帝欲废太子，而立戚姬子如意为太子，大臣固争之，莫能得；上以留侯策即止。而周昌廷争之强，上问其说，昌为人吃，又盛怒，曰：'臣口不能言，然臣期期知其不可。陛下虽欲废太子，臣期期不奉诏。'上欣然而笑。"张守节《正义》解说"期期"："昌以口吃，每语故重言期期也。"这里"臣期期知其不可"，"臣期期不奉诏"十数字，生动地记录了"为人吃"的情形。

通过《史记》中有关韩非与司马相如的记述，可知太史公对于"口吃"这种语言能力不足的情形，表现出了温情的理解。而"口吃而善著书"之说，突出表扬其"善著书"，显示了太史公在"口辩"与"著书"两种才能相比较时的心理倾向。

秦曾经有"方诛商鞅，疾辩士，弗用"（《史记·苏秦列传》），"厌天下辩士，无所信"（《史记·范雎蔡泽列传》）的政策取向。《史记·李斯列传》中有赵高对胡亥的评价："高受诏教习胡亥，使学以法事数年矣，未尝见过失。慈仁笃厚，轻财重士，辩于心而讷于口，尽礼敬士，秦之诸子未有及此者，可以为嗣。"大概在当时特定的历史条件下，社会上的人物品评，对于"辩于心而讷于口"是予以正面肯定的，得到了较为普遍的认可。这种倾向与孔子所谓"君子欲讷于言而敏于行"（《论语·里仁》）是怎样的关系，也值得我们思考。

从"竹帛"到"纸":《史记》的文献形制

　　《史记》成书的时代，正当书写材料由纸替代竹帛的文化史转折阶段。我们通过考古发现得知，西汉早期已经有使用纸的迹象。然而，文明进步的这一重要成就，在《史记》中并没有直接反映。《史记》未言"纸"而多说"竹帛"，说明司马迁生活的时代，文字记录的主体形式依然是简牍和帛书。西汉晚期至东汉魏晋，纸逐渐在文化生活中得到普及。可以推知，纸本《史记》在这部史学名著的早期传播过程中，可能已经为学人所接受。

一、司马迁时代"纸"的发明和应用

　　在纸的发明和普及之前，简牍和帛书曾作为主要书写材料。但是，简牍编册比较沉重，缣帛价格相当昂贵，都不便于文书的普及。而民间交往与基层行政中通行的简牍文书，因其体积和重量造成的书写、阅读和保存的不便，是人们可以想象到的。这些情形，影响了文化传播的幅度和效率。

　　《后汉书·宦者列传·蔡伦》记载，自古以来文书大多用竹简编集而成，也有用缣帛书写的，一般称之为"纸"。缣帛价格高昂，竹简体积重量都不便于收藏，不便于流传。蔡伦于是独创新意，使用树皮、麻头、破布和渔网加工制作成新的"纸"，在汉和帝元兴元年（105）呈献给皇帝，皇帝赞赏他的巧思精意，从此更为信用。而天下通称这种纸为"蔡侯纸"。

　　由"蔡侯纸"的制作可以得知，"纸"，原本是书契所用缣帛的名称，后来则用以称呼这种利用植物纤维制造的书写材料了。

现在科学史和文化史的学者公认，所谓"蔡侯纸"，其实并不是最早的纸。

近数十年考古工作的收获表明，西安灞桥、新疆罗布淖尔、陕西扶风、居延肩水金关遗址和甘肃敦煌马圈湾遗址都曾发现西汉麻纸残片。对于所谓"灞桥纸"性质的判定，长期存在异议。而"马圈湾纸"中最大的一片，长32厘米，最宽20厘米，同出纪年简，年代最早为汉宣帝元康年间。可见，早在西汉中期，纸已经出现。而1986年甘肃天水放马滩汉墓中出土的纸质地图残块，是目前所知最早的纸张实物。这一发现，可以证实西汉早期已经发明了可以用于绘写的纸，而且已经付诸实用。至西汉末年，造纸技术已经相当成熟。甘肃武威旱滩坡东汉晚期墓中，还发现了留有文字墨迹的纸片，可以辨识书写的文字。可知当时西北偏远地区已经用纸。新疆民丰东汉墓曾经出土揉成卷的纸，说明当时纸已经传布到西域地区。随着考古工作在新的技术条件下的进步，今后应当还会有更多年代明确的用作书写材料的古纸实物出土。

近数十年关于中国造纸史的学术探索益为深入。对于西汉纸是否存在以及蔡伦的文化史地位如何判定，曾经是争论的焦点。考古发现的西汉纸的实物，使得许多疑问得以澄清。多数学者承认西汉已经存在用于书写和绘图的古纸，同时充分肯定蔡伦总结民间造纸技术经验，利用宫廷作坊可以集中利用的人力财力物力加以试验和改进，使造纸工艺升级、优化、定型，同时降低生产成本，提高纸张质量的历史功绩。应当说，这样的认识，是比较接近历史真实的。

放马滩纸的使用，早于司马迁创作《史记》的时代。马圈湾纸，则在司马迁之后不久。可以说，"纸"的发明和普及，正当司马迁生活的时代。造纸术是中华民族的伟大发明。纸的发明，在古代中国所谓"四大发明"中，或许应当说是年代较早，影响最广泛，作用最久远，对文明发展的积极推进作用最为显著的文化贡献。纸的广泛应用，使得社会生活中信息的记录、储存、传播和继承，都实现了革命性的进步。司马迁经历了这一进步，目睹了这一进步。不过，《史记》中似乎并没有关于这一文明史上重大进步的直接的具体的记录。

现在看来，《史记》这部史学名著的写作，可能并没有使用纸。

二、简牍本《史记》的体量

邢义田就"汉代简牍的体积、重量和使用"的考察，以实验的方式，测定了汉代竹木简的体积和重量，进而讨论简册的书写姿态、编联方式、保存制度等，提出了不少新的认识。他以《史记》为例，考察了文化史的相关现象。邢义田写道："司马迁所撰《史记》既不是经书，也不是诏书或律令，依汉代的习惯，书写用的简当为一般汉一尺或约23公分长的竹木简。"那么，"《史记》有一百三十篇，五十二万六千五百字，须要多少枚竹或木简来书写呢？可以粗略估算。目前所见一般简上书写字数因单行或双行书写，可容十或二十余字，甚至上百字。这里姑且以与司马迁时代较近，内容性质也较接近的江苏尹湾东海郡功曹史师饶墓中所出《神乌赋》竹简为参照。《神乌赋》竹简长约22—23公分，单行书写，每行约三十三至四十三字，平均三十八字左右。山东临沂银雀山西汉初墓出土的几种典籍竹简如《孙膑兵法》长约28公分，每简书写字数也在三十五至三十八字左右"。邢义田说："假设《史记》以同样的形式书写，一简以三十八字计，则须竹简13855枚，……以木简的重量计，则达43.7—48.1公斤，甚至55.9公斤。如以新鲜的竹简计，则达58.33公斤；用新鲜红柳简则更重达101.62公斤！"据他测算，"以13855枚简抄成的《史记》，其体积……即284310立方公分左右"。"汉代一部竹木简抄写的《史记》本文，体积上约为现代含三家注本《史记》的九十六倍！"他说，五十二万余字的书如果以北京中华书局点校本二十五史的版面形式印刷，一页印五百六十字，约须九百四十页，体积恰好和中华书局点校平装本三册《周书》相近（15×21×4=1260立方公分）。邢义田得出这样的结论："如果仅计白文，汉代竹木简本的《史记》体积是现代纸本的二百二十五倍！也就是说，现在在书架上放一部不含注解的《史记》白文，在汉代就须要最少二百二十五倍的空间。"邢义田又说到《史记·滑稽列传》记述的东方朔故事："朔初入长安，至公车上书，凡用三千奏牍。公车令两人共持举其书，仅然能胜之。人主从上方读之，止，辄乙其处，读之二月乃尽。"汉武帝连续多日阅读这"两人共持举其书，仅然能胜之"，即两个人才能勉强抬动的"奏牍"，每天中止之处，都认真作了记号，随后再从标识记号的地方接着读，一直读了"二月"才结束。东方朔上书"用三千奏牍"，邢义田分析说，"如果东方朔不用牍而用简，三千简大约重 9491.825 公克，或 9.5 公斤左右"。"如果东方朔是用较简为宽的木牍，三千牍的重量更要多上好几倍！"在分析《史记》的文书形态时，他说，"要抬起或移动这样一部四五十公斤的《史记》，比东方朔的三千奏牍，更为劳师动众"（《汉代简牍的体积、重量和使用——以"中研院"史语所藏居延汉简为例》，《古今论衡》第 17 期，2007 年 12 月）。

邢义田教授的工作，使我们对文化史的一些重要细节有了接近历史真实的认识。《史记》因书写材料限定而形成的文献形制，也有了具体的说明。

三、秦汉图书形制与《史记》载录秦始皇"以衡石量书"故事

秦汉文书形制，以简牍和帛书为主。简牍普及性强；帛书因价值昂贵，多应用于上层社会的读书生活。然而，多数公文以简牍为书写材料。行政运行程序中的诸多簿籍一般取简牍形式，于是也成为决策集团日常处理政务的文献对象。

司马迁在《史记·秦始皇本纪》中载录了侯生、卢生对秦始皇的批评："天下之事，无大小皆决于上。上至以衡石量书，日夜有呈，不中

呈不得休息。"说秦始皇专权独断，行政事务无论大小都亲自裁决，甚至用"衡石"计算处理的文书，每天有明确的定额，不完成定额不休息。所谓"衡石"，裴骃《集解》的解释是："石，百二十斤。"张守节《正义》则说："衡，秤衡也。言表笺奏请，秤取一石，日夜有程期，不满不休息。"所谓"日夜有呈，不中呈不得休息"，所谓"日夜有程期，不满不休息"，说"呈"就是"程"，也就是工作定额。衡，是当时的计重装置。我们经常看到的秦朝的铜权、铁权等，其实是用于"衡石量"的。这种"权"，类似用于天平的砝码，不可以误解为秤砣。"衡"的使用形式，正类似于天平。秦始皇每天处理文书的定额，按照张守节《正义》的理解，是"秤取一石"。对于这样的认识，后来人们大都予以认同。范文澜写道："秦始皇规定一天看章奏（竹简）一百二十斤（秦一斤合今半市斤），不看完不休息。"（《中国通史》第二册，人民出版社1978年，第4页）其实，"以衡石量书"，从字面理解，应当读作用"衡石"为文书测重。"书"的重量，可以是一石，也可能是二石、三石。按照"秤取一石"理解，"石，百二十斤"。秦权一斤的单位量值在250克左右（巫鸿：《秦权研究》，《故宫博物院院刊》1979年第4期），确实可以说是"秦一斤合今半市斤"。计量史家依据有自重刻铭的秦权实物的实测数据，得知平均为257克（丘光明：《中国历代度量衡考》，科学出版社1992年，第394页）。"百二十斤"则为30.8公斤。参照邢义田对于《史记》竹简重量的几种推算的平均数51.015公斤，如果秦始皇批阅的文书用同样的每简38个字的形式书写，则"石，百二十斤"的篇幅可以书写31.79万字。

秦始皇"以衡石量书，日夜有呈，不中呈不得休息"，每天必须处理的"书"，竟然超过三十万字。这可能是体现超常工作强度的有关简牍文书阅读量的最高值。

这是一则重要的秦汉时期读书史信息，也是我们考察和理解简牍文献史时应当关注的内容。

四、《史记》未言"纸"而多说"竹帛"

《史记》书写的时代，"纸"已经发明并应用于文化创造与传播的实践中。但是，《史记》正文中，却没有出现"纸"字。太史公的历史学著述，并没有直接反映由"竹帛"到"纸"的革命性转变。

我们只是在《史记》注文中看到"纸"的字样。例如，《史记·高祖本纪》："秦王子婴素车白马，系颈以组，封皇帝玺符节，降轵道旁。"对于"轵道"这一交通枢纽，张守节《正义》说："轵音纸。"又《史记·吕太后本纪》："太后欲王吕氏，先立孝惠后宫子强为淮阳王，子不疑为常山王，子山为襄城侯，子朝为轵侯，子武为壶关侯。"吕氏集团成员地位集体提升之前，封"孝惠后宫子"刘朝"为轵侯"。司马贞《索隐》："按：韦昭云河内有轵县，音纸也。""纸"被《史记》注家用以注音。

《史记》文字，或许也保留了间接的造纸史资料。《货殖列传》将全国划分为四个基本经济区，即"山西""山东""江南"与"龙门、碣石北"。而各基本经济区的主要物产："夫山西饶材、竹、榖、纑、旄、玉石；山东多鱼、盐、漆、丝、声色；江南出枏、梓、姜、桂、金、锡、连、丹沙、犀、瑇瑁、珠玑、齿革；龙门、碣石北多马、牛、羊、旃裘、筋角；铜、铁则千里往往山出棋置：此其大较也。皆中国人民所喜好，谣俗被服饮食奉生送死之具也。"关于"夫山西饶材、竹、榖、纑、旄、玉石"中的"榖、纑"，在"纑"字后，裴骃《集解》引徐广曰："纻属，可以为布。"司马贞《索隐》则说："上音谷，又音雏。榖，木名，皮可为纸。纑，山中纻，可以为布，音卢。纻音伫，今山间野纻，亦作'苧'。"都说是取其纤维材料以进行手工业制作的物产资源。如果司马贞《索隐》"榖，木名，皮可为纸"之说可靠，则可以理解为造纸技术的体现。司马贞《索隐》的说法，是可以得到当时技术史料支持的。《说文·木部》："榖，楮也。""楮，榖也。"段玉裁注："……《小雅传》曰：榖，恶木也。陆玑《疏》曰：江南以其皮捣为纸，谓之榖皮纸，洁白光辉。"

距离《史记》成书年代并不很久远的汉成帝时代，已经使用质量等级相当高的"赫蹄"纸了。《汉书·外戚传下·孝成赵皇后》记载宫廷斗争细节，涉及"赫蹄书"："武发篋中有裹药二枚，赫蹄书，曰'告伟能：努力饮此药，不可复入。女自知之！'"对于所谓"赫蹄书"，颜师古注："孟康曰：'蹄犹地也，染纸素令赤而书之，若今黄纸也。'邓展曰：'赫音兄弟阋墙之阋。'应劭曰：'赫蹄，薄小纸也。'晋灼曰：'今谓薄小物为阋蹄。邓音应说是也。'师古曰：'孟说非也。今书本赫字或作击。'"几种解释，或言"黄纸"，"染纸素令赤而书之"，或言"薄小纸"，都说这是一种"纸"。根据"赫蹄"名义，说明当时用以"书"的"纸"，已经有不同的品种和质料。

《史记》没有直接说到"纸"，反而多处言及当时的主要书写材料"竹帛"。例如，《史记·高祖本纪》："高祖……不事家人生产作业。及壮，试为吏，为泗水亭长，廷中吏无所不狎侮。好酒及色。常从王媪、武负贳酒，醉卧，武负、王媪见其上常有龙，怪之。高祖每酤留饮，酒雠数倍。及见怪，岁竟，此两家常折券弃责。"王媪、武负两位民间酒业经营者主动放弃债权，"折券弃责"的行为，司马贞《索隐》解释说："《周礼·小司寇》云：'听称责以傅别。'郑司农云：'傅别，券书也。'康成云：'傅别，谓大手书于札中而别之也。'然则古用简札书，故可折。至岁终总弃不责也。"折毁的债券，是"简札书"。这是可以看到文物实证的简牍文书形式。而《史记·鲁周公世家》司马贞《索隐述赞》："丘明执简，褒贬备书。"则明确说到"简""书"。

李广和程不识治军风格之不同，《史记·李将军列传》中有所比较："（李）广行无部伍行陈，就善水草屯，舍止，人人自便，不击刀斗以自卫，莫府省约文书籍事，然亦远斥候，未尝遇害。程不识正部曲行伍营陈，击刀斗，士吏治军簿至明，军不得休息，然亦未尝遇害。"关于军事文书，李广部队"莫府省约文书籍事"，程不识部队"士吏治军簿至明"。这里所谓"军籍""文书籍"，都是简牍文书。《史记·张释之冯唐列传》记录了这样一段话："夫士卒尽家人子，起田中从军，安知尺籍伍符。终日力战，斩首捕虏，上功莫府，一言不相应，文吏以法绳之。其赏不行而吏奉法必用。"裴骃《集解》："如淳曰：'汉军法曰吏卒斩首，以尺籍书下县移郡，令人故行，不行夺劳二岁。五符亦什伍之符，约节度也。'或曰以尺简书，故曰尺籍也。"司马贞《索隐》："按：尺籍者，谓书其斩首之功于一尺之板。伍符者，命军人伍伍相保，不容奸诈。"军队指挥管理所用"尺籍伍符"，从出土实物看，都是简牍文书。

当时的法律文书也用简牍书写。《史记·酷吏列传》写道："（杜）周为廷尉，其治大放张汤而善候伺。上所欲挤者，因而陷之；上所欲释者，久系待问而微见其冤状。"于是有人批评："君为天子决平，不循三尺法，专以人主意指为狱。狱者固如是乎？"杜周则答道："三尺安出哉？前主所是著为律，后主所是疏为令，当时为是，何古之法乎！"就这番对话，裴骃《集解》："《汉书音义》曰：'以三尺竹简书法律也。'"《史记·绛侯周勃世家》："勃以千金与狱吏，狱吏乃书牍背示之，……"也是"狱吏"书写司法文书于简牍的实例。

正式的外交文书也以简牍为载体。《史记·匈奴列传》："汉遗单于书，牍以尺一寸，辞曰'皇帝敬问匈奴大单于无恙'，所遗物及言语云云。"而汉人降匈奴者中行说则故意让匈奴单于致汉家皇帝书的规格超过"汉遗单于书"："中行说令单于遗汉书以尺二寸牍，及印封皆令广大长，倨傲其辞曰'天地所生日月所置匈奴大单于敬问汉皇帝无恙'，所以遗物言语亦云云。"可知当时很高等级的文书也使用简牍。

《史记·张丞相列传》记载，有人对御史大夫周昌说："君之史赵尧，年虽少，然奇才也，君必异之，是且代君之位。"周昌则不以为然，"笑曰：'尧年少，刀笔吏耳，何能至是乎！'"对于"刀笔吏"，张守节《正义》："古用简牍，书有错谬，以刀削之，故号曰'刀笔吏'。""刀笔吏"称谓的由来，在于"简牍"文书制度。"刀削"文具，在秦汉文化遗存中多见。

我们又看到《史记·周本纪》："于是布币而策告之，……"裴骃《集解》引韦昭曰："以简策之书告龙，而请其黎也。"将"策告"理解为"以简策之书告"，是合理的。然而对于"布币"的字义，还应当重视《说文·巾部》"币，帛也"的说法。而段玉裁注："帛者，缯也。《聘礼注》曰：币，人所造成以自覆蔽。"也就是说，将"策告"理解为"以简策之书告"是一种解说，而将"布币"理解为"帛书"，也有其合理性。

以"帛"作为书写材料的明确记载，有《史记·陈涉世家》"丹书帛曰'陈胜王'，置人所罾鱼腹中"的故事，《史记·高祖本纪》"刘季乃书帛射城上，谓沛父老曰：天下苦秦久矣。今父老虽为沛令守，诸侯并起，今屠沛"的故事等。方士"齐人少翁"的骗术与陈胜的做法类同，然而为汉武帝识破："乃为帛书以饭牛，详不知，言曰此牛腹中有奇。杀视得书，书言甚怪。天子识其手书，问其人，果是伪书，于是诛文成将军，隐之。"（《史记·封禅书》）

据《史记·孝文本纪》，汉景帝即位初，"制诏御史"，宣扬汉文帝德行："其为孝文皇帝庙为昭德之舞，以明休德。然后祖宗之功德著于竹帛，施于万世，永永无穷，朕甚嘉之。"臣下表示附从。"丞相臣嘉等言：'陛下永思孝道，立昭德之舞以明孝文皇帝之盛德。皆臣嘉等愚所不及。臣谨议：世功莫大于高皇帝，德莫盛于孝文皇帝，高皇庙宜为帝者太祖之庙，孝文皇帝庙宜为帝者太宗之庙。天子宜世世献祖宗之庙。郡国诸侯宜各为孝文皇帝立太宗之庙。诸侯王列侯使者侍祠天子，岁献祖宗之庙。请著之竹帛，宣布天下。'"于是"制曰'可'"。所谓"著于竹帛""著之竹帛"，成为君臣共识。"著于竹帛"之说，又见于《史记·滑稽列传》。

《史记·乐书》强调"先王之制礼乐"的意义在于道德教育："将以教民平好恶而反人道之正也。"又说："礼乐皆得，谓之有德。德者得也。是故乐之隆，非极音也；食飨之礼，非极味也。清庙之瑟，朱弦而疏越，一倡而三叹，有遗音者矣。大飨之礼，尚玄酒而俎腥鱼，大羹不和，有遗味者矣。"张守节《正义》解释说："遗亦余也。此皆质素之食。礼，人主诚设之道不极滋味，故尚明水而腥鱼。此礼可重，流芳竹帛，传之无已，有余味。一云礼本在德，不在甘味，故用水鱼而遗味也。"这里所谓"流芳竹帛，传之无已，有余味"，指出了通过"竹帛"实现文化继承关系的社会作用和历史意义。

五、"纸上谈兵"的误会

"纸上谈兵"是影响甚广的成语。对于其出典渊源，通行的解说出自《史记·白起王翦列传》。《史记》的这一篇章记录了秦赵主力兵团长平决战的历史。赵军的主将是廉颇。"廉颇坚壁以待秦，秦数挑战，赵兵不出。"赵王有所不满。"而秦相应侯又使人行千金于赵为反间，曰：'秦之所恶，独畏马服子赵括将耳，廉颇易与，且降矣。'"随后战局因赵军易将而发生了变化。"赵王既怒廉颇军多失亡，军数败，又反坚壁不敢战，而又闻秦反间之言，因使赵括代廉颇将以击秦。秦闻马服子将，乃阴使武安君白起为上将军。而王龁为尉裨将，令军中有敢泄武安君将者斩。"白起是秦的常胜之将，可以称作战神，赵括完全不是其对手。"赵战不利，因筑壁坚守，以待救至。"然而秦昭襄王为了"绝赵救及粮食"，亲自来到河内，进行了最高等级的战争动员。赵军被秦军围困分割，赵括突围不成，被射杀。"括军败，数十万之众遂降秦，秦悉坑之。赵前后所亡凡四十五万。"（《史记·廉颇列传》）

据太史公记述："赵括自少时学兵法，言兵事，以天下莫能当。尝与其父奢言兵事，奢不能难，然不谓善。括母问奢其故，奢曰：'兵，死地也，而括易言之。使赵不将括即已，若必将之，破赵军者必括也。'"赵括受命即将出征时，其母上书赵王说："括不可使将。"赵王询问原因，她发表了这样的见解："始妾事其父，时为将，身所奉饭饮而进食者以十数，所友者以百数，大王及宗室所赏赐者尽以予军吏士大夫，受命之日，不问家事。"而赵括则不同，"今括一旦为将，东向而朝，军吏无敢仰视之者，王所赐金帛，归藏于家，而日视便利田宅可买者买之。王以为何如其父？父子异心，愿王勿遣。"但是赵王说其意已决。括母于是请求："王终遣之，即有如不称，妾得无随坐乎？"得到了赵王的许诺。后来赵军惨败，"赵王亦以括母先言，竟不诛也"（《史记·廉颇蔺相如列传》）。

赵括"少时学兵法，言兵事，以天下莫能当"，又"尝与其父奢言兵事，奢不能难"，然而他只能离开实战"言兵事"，临战面对强敌时则一筹莫展。这就是后来"纸上谈兵"之说的由来。不过，白起、赵括的时代还没有"纸"。《史记》有关长平之战的记述，也完全不见"纸"字。所谓"纸上谈兵"，只是后来的历史评议。

言称"纸上"的说法，在司马迁之后很久才见诸史籍。《晋书·愍怀太子传》："急疾不容复视，实不觉纸上语轻重。"《宋书·周朗传》："观诸纸上，方审卿复逢知己。"而完整的"纸上谈兵"语，其最早出现，可能晚至清人笔下。如清乾隆帝的《率言》诗："吉行五十师三十，于吉实可师不可。日中必熭操刀割，师之最戒逍遥坐。设如敌在六十里，守不兼程敌飔果。尽信书乃不如无，纸上谈兵古实黟。"（《御制诗集》三集卷一一）所谓"尽信书乃不如无，纸上谈兵古实黟"，是很开明的史论，不过，说"纸"尚未出现的"古"时故事用"纸上谈兵"语，还是不太妥当的。唐人章碣《焚书坑》诗："竹帛烟销帝业虚，关河空锁祖龙居。坑灰未冷山东乱，刘项元来不读书。"在距离"著于竹帛""著之竹帛"已经颇为遥远的时代，依然明白秦始皇焚书烧的是"竹帛"，体现出非常清醒的历史认识。

六、纸本《史记》出现的推想

扬雄《法言·问神》说到《太史公书》时，写道："其多知与？曷其杂也。曰：杂乎杂，人病以多知为杂，惟圣人为不杂。"《太平御览》卷六〇二引桓谭《新论》："通才著书以百数，惟《太史公》为广大，余皆藜残小论。"王充《论衡·案书》："汉作书者多，司马子长……，河汉也，其余，泾渭也。"他们读到的《太史公书》，有没有纸本的可能呢？

"纸"作为书写材料，在魏晋时期已经得以普及。晋左思为文，"豪贵之家竞相传写，洛阳为之纸贵"（《晋书·文苑传·左思》）的情形，大家是熟悉的。晋潘岳《秋兴赋序》："……于是染翰操纸，慨然而赋。"（《艺文类聚》卷三）"操纸"情形，也说得十分明确。《艺文类聚》卷五八引《抱朴子》曰："（葛）洪家贫，伐薪卖之，以给纸笔。昼营园田，夜以柴火写书，坐此之故，不得早涉艺文。常乏纸，每所写，皆反复有字，人少能读。"可知"家贫"者也以"纸""写书"。更早则有魏应场《报庞惠恭书》："过意赐书，辞不半纸，慰藉轻于缯缟，讥望重于丘山。"（《艺文类聚》卷二一）魏吴质《答陈思王曹植书》："信到，奉所惠贶，发函伸纸，是何文采之巨丽，而慰喻之绸缪乎！"（《艺文类聚》卷二六）我们还读到非常生动的故事，体现"纸"的应用已经非常普遍。如《艺文类聚》卷五八引《文士传》曰："杨修为魏武主簿，尝白事，知必有反复教，豫为答数纸，以次牒之而行。告其守者曰：向白事，每有教出，相反复，若案此弟连答之。已而有风，吹纸乱，遂错误。公怒推问。修惭惧，以实答。"《艺文类聚》卷九九引《零陵先贤传》曰："周不疑，曹公欲以为议郎，不就。时有白雀瑞，儒林并已作颂。授纸笔，立令复作。操奇异之。""给纸""授纸"以及"操纸""伸纸""以次牒之纸"的情形，是文化记录与文化传播的必要程式。

崔瑗《与葛元甫书》写道："今遣奉书钱千为赘，并送许子十卷，贫不及素，但以纸耳。"说到了"纸"。马融《与窦伯向书》："孟陵奴来，赐书。见手迹，欢喜何量，次于面也。书虽两纸，纸八行，行七字，七八五十六字，百一十二言耳。"涉及"纸"的一般书信规格。延笃《答张奂书》："离别三年，梦想言念，何日有违。伯英来，惠书盈四纸，读之三复，喜不可言。"纸质书信的意义也有所表现。张奂《与阴氏书》："笃念既密，文章灿烂，名实相副。奉读周旋，纸弊墨渝，不离于手。"（《艺文类聚》卷三一）亲友书信反复抚读，似乎是通常情形，以致"纸弊墨渝"。这些说法，都是东汉"纸"文书载录"文章"，转达"手迹"，远寄"梦想"，送递"欢喜"的文例。这四封年代大约为东汉中期的书信，都反映了当时"纸"已经是较为普遍地应用于民间的书写材料。

陈直曾经考论《太史公书》在东汉魏晋时已经得到普及，并改称《史记》。推想在这一时期，《史记》很可能已经出现纸质抄本。

这一情形，是否有可能出现得更早呢？评价《太史公书》"其多知与？曷其杂也"的扬雄，刘歆有其（指扬雄）著书"恐后人用覆酱瓿也"之说。《汉书·扬雄传下》写道："（扬雄）家素贫，耆酒。人希至其门。时有好事者载酒肴从游学，而巨鹿侯芭常从雄居，受其《太玄》《法言》焉。刘歆亦尝观之，谓雄曰：'空自苦！今学者有禄利，然尚不能明《易》，又如《玄》何？吾恐后人用覆酱瓿也。'雄笑而不应。"所谓"覆瓿"，后来成为文化史记忆中的著名典故。明人刘基的著作，即题《覆瓿集》（《明史·艺文志四》）。推想"用覆酱瓿"者，大概不会是简牍。《晋书·孙群传》记载：孙群"性嗜酒"，王导曾经戒之，说："卿恒饮，不见酒家覆瓿布，日月久糜烂邪？"由所谓"覆瓿布"说，可知"覆瓿"者，很可能是缯帛织品。但是以"纸""覆瓿"的可能，也不能轻易排除。也就是说，扬雄所读《太史公书》，也许已经是用"纸"抄录的本子了。

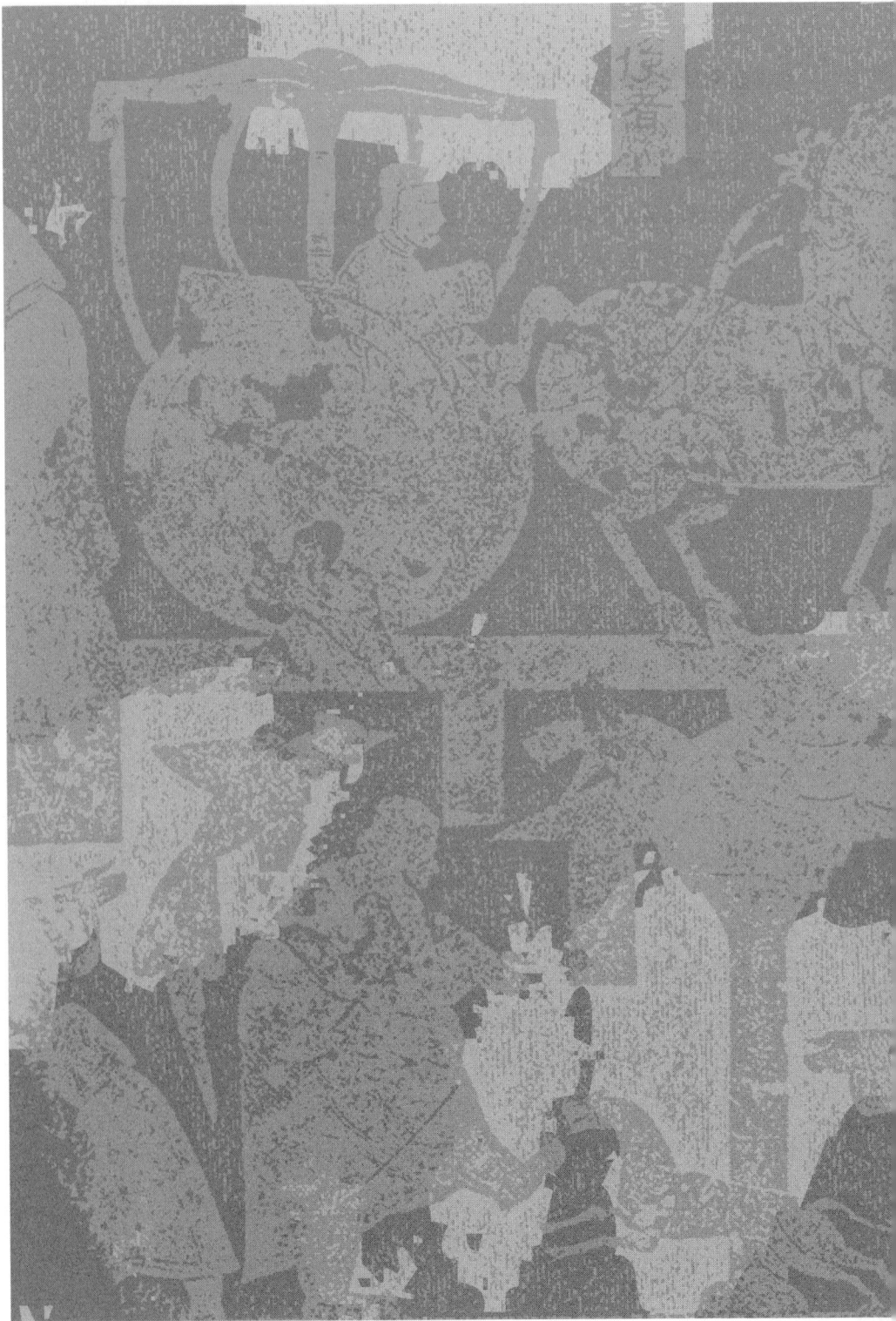

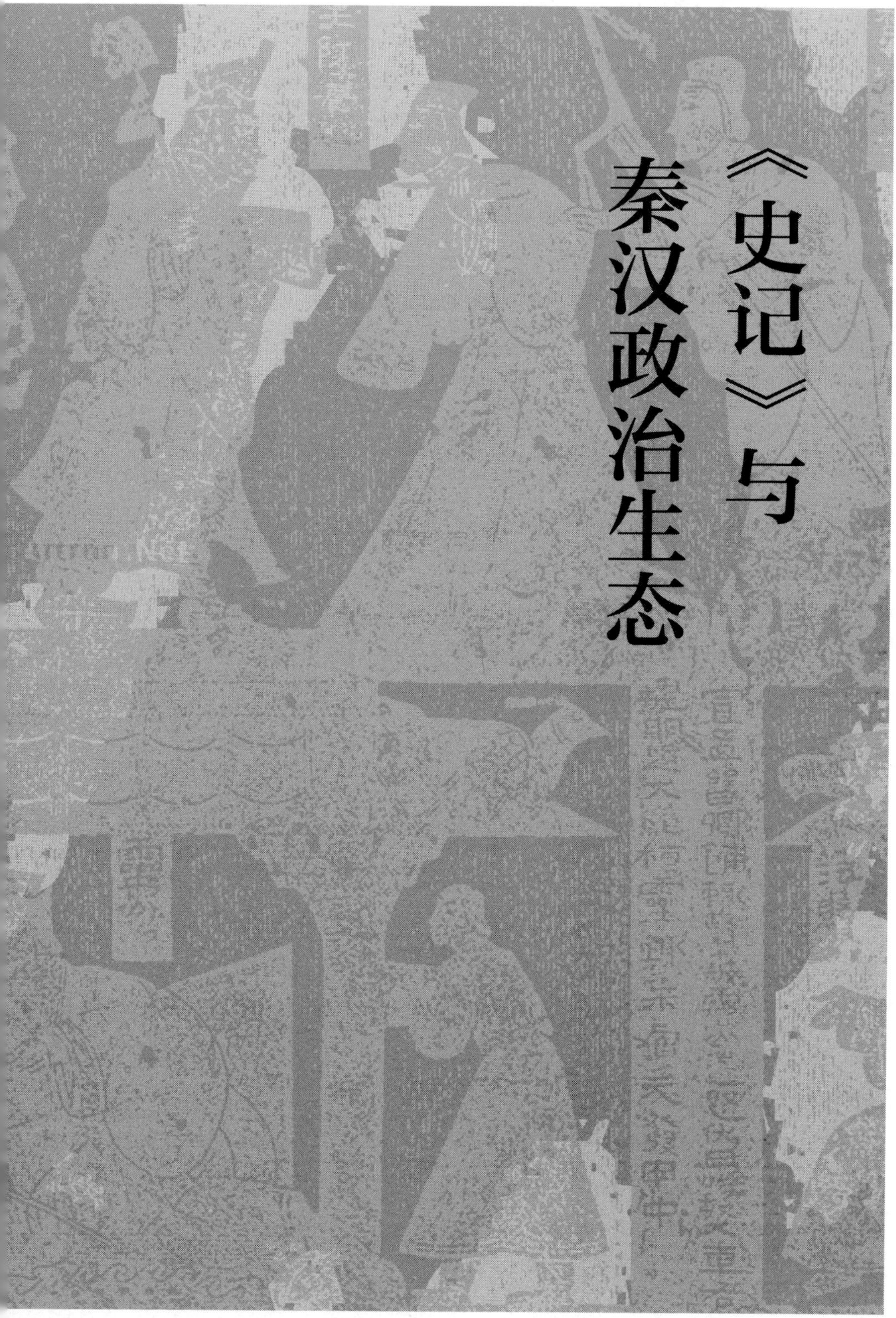

《史记》与秦汉政治生态

黑与红：《史记》的秦汉政治文化色谱

　　《史记》记述战国秦汉时期的政治意识，说到不同历史时期所"尚"之"色"的不同。"色"与政治文化有着密切关联，也具有神秘的象征意义。秦汉政治进程，相关文化表现有"尚黑""尚赤"的变化。历代政论和史论，对此存有争议。秦朝和汉朝之"尚黑""尚赤"，长期以来一直是纷争不已的学术主题。考察《史记》透露的相关信息，对于理解相关历史文化现象，特别是说明秦汉政治意识的一个特殊层面，是有意义的。

一、"朱""墨"装饰：古来作器的传统工艺

　　中国早期器物制作往往以黑色和红色作为基本装饰。《韩非子·十过》说："尧禅天下，虞舜受之，作为食器，斩山木而财之，削锯修其迹，流漆墨其上，输之于宫，以为食器。"早期器物制作已经用"漆"装饰，"漆墨"应是其最初色彩。韩非又写道："禹作为祭器，墨漆其外，而朱画其内。"使用了黑、红两种色彩。

　　考古发现的古代器物，色彩装饰也值得注意。浙江余姚河姆渡遗址第三文化层中清理出一件木碗，内外涂有朱色涂料。经鉴定，确认涂料为生漆。江苏常州圩墩下层马家浜文化遗存中发现喇叭形器，上端涂成黑色，下端涂成暗红色。另有一残件，表面涂黑色，红黑涂料微见光泽。辽宁敖汉旗大甸子墓葬发现两件薄胎朱色漆器，色泽鲜明。湖北黄陂盘龙城李家咀 2 号墓椁板雕花形式"阴刻部分涂朱，阳面涂黑"。湖北圻春毛家咀出土西周时期漆杯，"黑色或棕色地上绘红彩，颜色鲜艳"（后德俊：《楚国的矿冶髹漆和玻璃制造》，湖北教育出版社 1995 年，第

195 页至第 196 页，第 198 页至第 199 页）。

后来漆器上出现了彩绘花纹的图案，但是其底色主要是黑色和红色。战国秦汉时代的文物遗存中，就视觉效应最为鲜亮的漆器而言，黑色和红色也是最常见的色彩。有学者指出，漆器花纹的用色，"主要是朱、黑、褐、金、银等五种，其中以朱和黑二色最多"。有学者指出，"由于漆器所用的天然大漆的色泽较深沉，所以用朱、黑二色，对比强烈"（沈福文编著：《中国漆艺美术史》，人民美术出版社 1992 年，第 37页，第 38 页）。"战国秦汉时期漆器纹样的绘制"，"一般是在黑漆地上以红、赭、灰绿等色漆绘，也有少量在红漆地上以黑色漆绘"（洪石：《战国秦汉漆器研究》，文物出版社 2006 年，第 123 页）。黑色的普遍使用，早有学者予以总结，如《髹饰录》杨明注称"黑唯宜漆色"（王世襄：《髹饰录解说》，文物出版社 1983 年，第 76 页）。

《韩非子》所谓"墨漆其外，而朱画其内"的器物施彩传统，沿袭相当久远。也许除了"漆器所用的天然大漆的色泽较深沉，所以用朱、黑二色，对比强烈"之外，还有其他精神文化层次的原因。《史记·封禅书》记载，汉文帝时，有人建议祠祀用色"色外黑内赤，与德相应"。这一说法与古来器物施色传统相同，可以在进行相关考察时加以参考。

二、"帝色"：信仰的光彩

中国早期用物的色彩，曾经可以理解为政治文化现象的象征意义。

《史记·五帝本纪》说帝舜制度："修五礼五玉三帛二生一死为挚，如五器，卒乃复。"关于"三帛"，裴骃《集解》："马融曰：'三孤所执也。'郑玄曰：'帛，所以荐玉也。必三者，高阳氏后用赤缯，高辛氏后用黑缯，其余诸侯皆用白缯。'"说到用"缯"三色。"赤缯""黑缯""白缯"有所不同。张守节《正义》："孔安国云：'诸侯世子执纁，公之孤执玄，附庸之君执黄也。'案：《三统纪》推伏羲为天统，色尚赤。神农为地统，色尚黑。黄帝为人统，色尚白。少昊，黄帝子，亦尚白。故高阳氏又天统，亦尚赤。尧为人统，故用白。"汉儒孔安国提示的制度，"执纁""执玄""执黄"体现"诸侯世子""公之孤""附庸之君"等级角色的不同。而"黄帝""色尚白"，"少昊""亦尚白"，"高阳氏""尚赤"，"尧""用白"，体现了政治史中的级次和绪统。

《史记·封禅书》中把这种体现政治地位、政治权威和政治影响力的"色"，称为"帝色"。

秦人推行"四時"制度，后来成为"五時"。司马迁记述秦的時祠形式："唯雍四時上帝为尊，其光景动人民唯陈宝。故雍四時，春以为岁祷，因泮冻，秋涸冻，冬塞祠，五月尝驹，及四仲之月月祠，若陈宝节来一祠。"这是说祭祀时间。祭品也有区别："春夏用骍，秋冬用騽。時驹四匹，木寓龙栾车一驷，木寓车马一驷，各如其帝色。黄犊羔各四，珪币各有数，皆生瘗埋，无俎豆之具。"又说："三年一郊。秦以冬十月为岁首，故常以十月上宿郊见，通权火，拜于咸阳之旁，而衣上白，其用如经祠云。""時"的祠礼，有对于色彩的明确规定。张守节《正义》引《括地志》说："鄜時、吴阳上下時是。言秦用四時祠上帝，青、黄、赤、白最尊贵之也。"

"通权火，拜于咸阳之旁，而衣上白"，是说秦王未必每次都亲自前往雍地，可以通过烽燧传递信息的方式向"上帝"致敬。《墨子·号令》说到军事情报信息传递的特殊方式："……与城上烽燧相望，昼则举烽，夜则举火。"又《墨子·杂守》也说到"寇烽、惊烽、乱烽，传火以次应之"的军情传递形式。战国时期以烽燧备边的情形，有《史记·廉颇蔺相如列传》所见"（李牧）习射骑，谨烽火"事迹，和燕赵同样"筑长城""以拒胡"（《史记·匈奴列传》）的秦人，也熟悉"烽火"系统的使用。"杜虎符"和"新郪虎符""燔燧之事，虽毋会符，行殹"铭文，说明了这一情形。而"拜于咸阳之旁"时"衣上白"，也值得我们注意。汉初的文帝时，"始郊见雍五時祠，衣皆上赤"（《史记·封禅书》），已经有所变化。

关于"帝色"的文字，在《史记·封禅书》有关汉文帝建设"渭阳五帝庙"的记载中又一次出现："赵人新垣平以望气见上，言：'长安东北有神气，成五采，若人冠冕焉。或曰东北神明之舍，西方神明之墓也。天瑞下，宜立祠上帝，以合符应。'于是作渭阳五帝庙，同宇，帝一殿，面各五门，各如其帝色。祠所用及仪亦如雍五畤。"新垣平"望气"所见"长安东北有神气，成五采"，其"五采"或许即"五帝"分别之"帝色"。

"五帝"各有"帝色"，分别受到尊崇，体现了当时社会信仰体系中"色"的神圣意义。

三、秦"衣服旄旌节旗皆上黑"

秦始皇实现统一，新建立的秦朝进行了完备的政治文化设计和政治体制建设。《史记·秦始皇本纪》记述了"秦并天下"之初的若干决策："始皇推终始五德之传，以为周得火德，秦代周德，从所不胜。方今水德之始，改年始，朝贺皆自十月朔。衣服旄旌节旗皆上黑。……更名河曰德水，以为水德之始。刚毅戾深，事皆决于法，刻削毋仁恩和义，然后合五德之数。于是急法，久者不赦。"

秦始皇参考五德终始之说，以为秦的统治替代"周"的"火德"，与"水德"对应。按照张守节《正义》的说法，"以水德属北方，故上黑"。司马贞《索隐》说："《封禅书》曰秦文公获黑龙，以为水瑞，秦始皇帝因自谓为水德也。"又说："水主阴，阴刑杀，故急法刻削，以合五德之数。"以为行政风格的严酷也与"水德"信仰有关。

《史记》所见秦始皇宣布"衣服旄旌节旗皆上黑"，是我们看到的有关这一历史现象的唯一记录。司马迁保留的历史记忆，也有学者指出疑点。比如崔适《史记探源》卷四《封禅书》写道："天帝有五，以五德分五色，人焉知之？岂有人曾上天乎？曰以五色人帝所感生，推而知之也。五色人帝之说，自'终始五德'始。'终始五德'之说，此书谓自齐威、宣时骀子始，其说亦不足信"，"姑如其说，据之则是齐威、宣以前未有为'终始五德'之说者，即无人知有五色天帝矣，何以秦襄公、文公在春秋前已祠白帝，宣公与鲁庄公同时，已祠青帝，灵公犹在姜齐未亡、田齐未兴之时，已祠黄帝、炎帝乎？""谓秦水德，色上黑，何以终秦之世，遍祀青、黄、赤、白四帝，独遗黑帝不祭乎？"（崔适：《史记探源》，中华书局1986年，第102页）

也许"五色天帝"之说，秦时其实并不完备。宋人《古今考》卷一四写道："天即帝也，帝即天也，又岂有五帝乎？""盖自汉兴，有五畤之帝"，又有多种"五帝"说，"不胜其烦云"〔（宋）魏了翁撰，（元）方回续：《古今考》，清文渊阁《四库全书》本，第164页〕。又如明周洪谟《疑辨录》卷上所说："汉高增以北畤，祠黑帝。盖《周礼》之五帝，或秦汉儒者因五畤帝而增入其说。其《周礼》杂乱，未为全书。《冬官》之缺，刘歆以《考工记》补之，其余诸儒傅会穿凿于其间者，安保其必无哉？"〔（明）周洪谟撰：《疑辨录》，明嘉靖刻本，第16页〕"五色天帝"说的形成和影响，说来比较复杂。也有可能"'终始五德'之说"在"齐威、宣时骀子"之外，另有渊源。但是秦始皇确定"衣服旄旌节旗皆上黑"，应当是确定的史实。

四、"赤帝子"刘邦与"汉赤帜"

《史记·张丞相列传》记载："自汉兴至孝文二十余年，会天下初定，将相公卿皆军吏。张苍为计相时，绪正律历。以高祖十月始至霸上，因故秦时本以十月为岁首，弗革。推五德之运，以为汉当水德之时，尚黑如故。"说"尚黑如故"，指出刘邦初入关中，因秦时礼俗"弗革"，而继承了秦朝的制度。这和他约法三章，"余悉除去秦法"，然而宣布"诸吏人皆案堵如故"，并且"使人与秦吏行县乡邑，告谕之"（《史记·高祖本纪》）的政策取向是一致的。

刘邦南下汉中，又暗度陈仓，北定三秦，曾经有立"北畤""黑帝祠"的举措。《史记·封禅书》记载："二年，东击项籍而还入关，问：'故秦时上帝祠何帝也？'对曰：'四帝，有白、青、黄、赤帝之祠。'高祖曰：'吾闻天有五帝，而有四，何也？'莫知其说。于是高祖曰：'吾知之矣，乃待我而具五也。'乃立黑帝祠，命曰北畤。有司进祠，上不亲往。悉召故秦祝官，复置太祝、太宰，如其故仪礼。"从"悉召故秦祝官"，"如其故仪礼"的记载看，立"北畤""黑帝祠"依然是在完善"秦时上帝祠"。所谓"命曰北畤"，也是与"故秦时"礼祀制度配套的。

汉并天下，新的王朝建立，其实有对应的信仰体系及时建设。在刘邦建国的历程中，已经有一些政治文化迹象显现出新的"帝色"象征。

出身平民的刘邦曾经任秦基层官吏——亭长。《史记·高祖本纪》记载了他由秦政权的维护者走向当时正统体制之外的过程："高祖以亭长为县送徒郦山，徒多道亡。自度比至皆亡之，到丰西泽中，止饮，夜乃解纵所送徒。曰：'公等皆去，吾亦从此逝矣！'徒中壮士愿从者十余人。"司马迁还写道："高祖被酒，夜径泽中，令一人行前。行前者还报曰：'前有大蛇当径，愿还。'高祖醉，曰：'壮士行，何畏！'乃前，拔剑击斩蛇。蛇遂分为两，径开。""斩蛇"的行为后来有富有神异色彩的情节。"行数里，醉，因卧。后人来至蛇所，有一老妪夜哭。人问何哭，妪曰：'人杀吾子，故哭之。'人曰：'妪子何为见杀？'妪曰：'吾子，白帝子也，化为蛇，当道，今为赤帝子斩之，故哭。'人乃以妪为不诚，欲告之，妪因忽不见。后人至，高祖觉。后人告高祖，高祖乃心独喜，自负。诸从者日益畏之。""斩蛇"神话一如陈胜、吴广起义时鼓动群众的篝火狐鸣方式，可以看作舆论宣传的准备，于是树立起刘邦最初的政治权威。这一情节宣示刘邦在表现出反秦意志的流亡生涯开始的第一夜，就具有了放射神圣光辉的政治领袖的身份，具有了即将开创新的政治史的"赤帝子"的地位。

《艺文类聚》卷一二引后汉班固《高祖泗水亭碑》："皇皇炎汉，兆自沛丰。乾降著符，精感赤龙。承魁流裔，袭唐末风。寸木尺土，无竢斯亭。建号宣基，维以沛公。""炎火之德，弥光以明。""天之福佑，万年是兴。""炎汉""赤龙"，"炎火之德"，是有鲜明色彩标识的。曹植在《汉高皇帝赞》中写道："屯云斩蛇，灵母告祥。朱旗既抗，九野披攘。禽婴克羽，扫灭英雄。承机帝世，功著武汤。""屯云斩蛇"之"屯云"，是说刘邦隐于芒砀山，吕雉依云色指示往往寻得的故事。"（刘邦）亡匿，隐于芒、砀山泽岩石之间。吕后与人俱求，常得之。高祖怪问之。吕后曰：'季所居上常有云气，故从往常得季。'高祖心喜。沛中子弟或闻之，多欲附者矣。"《史记·高祖本纪》说"云气"，《索隐述赞》则言"彤云郁砀"，"云气"被理解为红色。曹植所谓"朱旗既抗"，应是承袭《汉书·叙传下》"神母告符，朱旗乃举"中"朱旗"之说。其史实基础，就是《史记·高祖本纪》所载刘邦响应反秦起义，正式举兵，占有沛地，被立为"沛公"时，"祠黄帝，祭蚩尤于沛庭，而衅鼓旗，帜皆赤。由所杀蛇白帝子，杀者赤帝子，故上赤"。可知刘邦起兵时，因为"赤帝子"的宣传，而取"上赤"倾向。在秦地"立黑帝祠"用"故仪礼"，可能只是灵活的策略考虑。

对于刘邦举兵，"帜皆赤"，司马贞《索隐》说："墨翟云：'帜，帛长丈五，广半幅。'"说到了"帜"这种军旗的形制。

刘邦军使用"赤帜"的实例，见于韩信破赵的军事史记录。《史记·淮阴侯列传》记载，韩信发起与赵军的井陉之战："引兵遂下。未至井陉口三十里，止舍。夜半传发，选轻骑二千人，人持一赤帜，从间道萆山而望赵军，诫曰：'赵见我走，必空壁逐我，若疾入赵壁，拔赵帜，立汉赤帜。'令其裨将传飧，曰：'今日破赵会食！'诸将皆莫信，详应曰：'诺。'谓军吏曰：'赵已先据便地为壁，且彼未见吾大将旗鼓，未肯击前行，恐吾至阻险而还。'信乃使万人先行，出，背水陈。赵军望见而大笑。"背水阵的故事，是大家都熟悉的。"平旦，信建大将之旗鼓，鼓行出井陉口，赵开壁击之，大战良久。于是信、张耳详弃鼓旗，走水上军。水上军开入之，复疾战。赵果空壁争汉鼓旗，逐韩信、张耳。韩信、张耳已入水上军，军皆殊死战，不可败。"韩信以"背水阵"破赵的战例，为其树立了军事天才的形象。而"奇兵"的运用也出神入化。"信所出奇兵二千骑，共候赵空壁逐利，则驰入赵壁，皆拔赵旗，立汉赤帜二千。赵军已不胜，不能得信等，欲还归壁，壁皆汉赤帜，而大惊，以为汉皆已得赵王将矣，兵遂乱，遁走，赵将虽斩之，不能禁也。于是汉兵夹击，大破虏赵军，斩成安君泜水上，禽赵王歇。"井陉之战中"旗""帜"的使用是值得战争史研究者特别注意的。司马迁以文字表现韩信的军事才华，两次说"旗鼓"，两次说"鼓旗"，又特别写道："信建大将之旗鼓，鼓行出井陉口。"以战鼓和军旗之声响和色彩使得战场气氛生动活跃。

而"赤帜"一语在这段文字中出现了四次："选轻骑二千人，人持一赤帜，从间道萆山而望赵军"；"若疾入赵壁，拔赵帜，立汉赤帜"；"信所出奇兵二千骑，共候赵空壁逐利，则驰入赵壁，皆拔赵旗，立汉赤帜二千"；"赵军已不胜，不能得信等，欲还归壁，壁皆汉赤帜，而大惊"。一言"赤帜"，三言"汉赤帜"，突出强调了这种红色军旗在这次战役中的特殊作用。

王安石批评政敌司马光，使用了"韩信立汉赤帜"的典故。《宋史·司马光传》记载："安石曰：'光外托劘上之名，内怀附下之实。所言尽害政之事，所与尽害政之人，而欲置之左右，使与国论，此消长之大机也。光才岂能害政，但在高位，则异论之人倚以为重。韩信立汉赤帜，赵卒气夺，今用光，是与异论者立赤帜也。'"王安石说"韩信立汉赤帜，赵卒气夺"，而令司马光"在高位"，如同"与异论者立赤帜"。其说强调"赤帜"色彩鲜亮，以其光学效应，容易产生震慑作用。我们注意井陉之战中韩信使用"赤帜""汉赤帜",是联想到刘邦起兵于沛"帜皆赤"之事,来思考"赤帜"与"上赤"政治理念的关系。

五、"光景"的神学意义

人们对"光"的感觉,可以产生特殊的文化效能。司马迁注意到这种现象。《史记·封禅书》记述"陈宝"崇拜的发生,与奇异的"光"有关:"唯雍四畤上帝为尊,其光景动人民唯陈宝。"《史记·封禅书》记载:"作鄜畤后九年,文公获若石云,于陈仓北阪城祠之。其神或岁不至,或岁数来,来也常以夜,光辉若流星,从东南来集于祠城,则若雄鸡,其声殷云,野鸡夜雊。以一牢祠,命曰陈宝。"其出现时"光辉若流星",并伴有"若雄鸡,其声殷云,野鸡夜雊"的声响。或以为陨石下落。裴骃《集解》引瓒曰:"陈仓县有宝夫人祠,或一岁二岁与叶君合。叶君神来时,天为之殷殷雷鸣,雉为之雊也。在长安正西五百里。"又引韦昭曰:"在陈仓县。宝而祠之,故曰陈宝。"司马贞《索隐》引《列异传》说:"陈仓人得异物以献之,道遇二童子,云:'此名为媦,在地下食死人脑。'媦乃言云:'彼二童子名陈宝,得雄者王,得雌者伯。'乃逐童子,化为雉。秦穆公大猎,果获其雌,为立祠。祭,有光,雷电之声。雄止南阳,有赤光长十余丈,来入陈仓祠中。"出现时"光辉若流星"的情形,也写作"有光","有赤光长十余丈"。"有光"和"有赤光",后者说到了"色"。此外,体现"有光"与"色"存在关联的文例,还有《史记·天官书》"色苍苍有光"和"熊熊赤色,有光"。

"光景"的神奇表现,据说孔子也曾经历。《史记·货殖列传》说边塞僻远地方,或可以因畜牧致富:"塞之斥也,唯桥姚已致马千匹,牛倍之,羊万头,粟以万钟计。"对于"匹"何以成为"马"的量词,司马贞《索隐》写道:"言桥姚因斥塞而致此资。《风俗通》云:'马称匹者，俗说云相马及君子与人相匹，故云匹。或说马夜行目照前四丈，故云一匹。或说度马纵横适得一匹。'又《韩诗外传》云：'孔子与颜回登山，望见一匹练，前有蓝，视之果马，马光景一匹长也。'""一匹长"，汉代制度，为四丈。《说文·匚部》："匹，四丈也。"孔子和颜回登山看到"一匹练，前有蓝"，又发现其实是"马"，"马光景一匹长也"，也是非常的视觉感受。孔子和颜回的这一故事告知我们，所谓神奇的"光景"，也是色彩体验，如"望见一匹练，前有蓝"。

晚年的汉武帝有一次关于"光景"的感受。时在他生命的最后一年，即后元元年（前88）春正月出巡，至甘泉，又抵达安定。次月有诏，言"巡于北边，见群鹤留止"而"不罗罔，靡所获献"事，然而"荐于泰畤，光景并见"。实际是说在与上帝对话时看到了显现为"光景"的异常吉兆，于是"赦天下"。汉代文献所见"光景"，具有颇多神秘主义色彩。除前引诸例外，还有《后汉书·西南夷列传·邛都夷》："青蛉县禺同山有碧鸡金马，光景时时出见。"又如《后汉书·皇后纪下·顺烈梁皇后》："顺烈梁皇后讳妠，大将军商之女，恭怀皇后弟之孙也。后生，有光景之祥。"这一有关"光景之祥"的故事，《北堂书钞》卷二三引文列于"灵命"题下。《鹖冠子》卷下《学问》："神征者，风采光景，所以序怪也。""光景"又被看作"神征"。

《汉书·郊祀志下》写道："西河筑世宗庙，神光兴于殿旁，有鸟如白鹤，前赤后青。神光又兴于房中，如烛状。广川国世宗庙殿上有钟音，门户大开，夜有光，殿上尽明。上乃下诏赦天下。"第一例"西河"事，"神光"与"有鸟如白鹤"并见。这种"光"或说"神光"与疑似"白鹤"的同时出现，有助于我们理解汉武帝诏文所言"光景并见"。所谓"神光兴于殿旁"，"神光又兴于房中"，同时又"有鸟如白鹤"，也可以理解为"光景并见"。这可能是对于汉武帝后元元年所见神异现象的一种复制。我们现在还不能准确地解说汉武帝诏文所言"光景并见"究竟是怎样的情境，但是有理由推想，可能出现了与"神光兴于殿旁，有鸟如白鹤，前赤后青"类似的情形，于是使这位垂老的帝王感觉到了某种"性灵""祥""怪"之类的神秘象征。而事情的缘起，与"鹤"有关。"光景"关联色彩，除了前说"望见一匹练，前有蓝"的情形之外，"碧鸡金马""前赤后青"，也是例证。如果不是汉武帝最后一次出巡途中发生"光景并见"之事的时候，司马迁已经去世，那么多次随从帝王出行的这位史学家，很可能会把这则"灵命""神征"的故事写入《史记》之中。

六、"服色"象征与"易服色"政论

秦始皇统一六国，"衣服旄旌节旗皆上黑"。这里说"上黑"，首先说"衣服"。《史记》中多次说"服色"，如"服色制度""改服色""易服色"等。汉代儒学权威郑玄解释"服色"，以为"车马"。《礼记·大传》："改正朔，易服色。"郑玄注："服色，车马也。"后来学者多承袭此说。孔颖达疏："谓夏尚黑，殷尚白，周尚赤，车之与马，各用从所尚正色也。"孙希旦集解："服，如'服牛乘马'之服，谓戎事所乘，若夏乘骊，殷乘翰，周乘骥是也。色，谓祭祀牲所用之牲色，若夏玄牡，殷白牡，周骍犅是也。"于是有的辞书解释："【服色】①车马和祭牲的颜色。历代各有所尚。……②官员品服和吏民衣着的颜色。……③衣着的样式色泽。……"②的书证为唐宋文献。③的最早书证为晋干宝《搜神记》。其实，《史记》言秦制"衣服旄旌节旗皆上黑"，就是"服色"。《史记·夏本纪》："余欲观古人之象，日月星辰，作文绣服色，女明之。"所谓"文绣服色"之"服色"，不应当是说车马祭牲。

《史记·殷本纪》写道："汤乃改正朔，易服色，上白，朝会以昼。"《史记·孝文本纪》说："言方今土德时，土德应黄龙见，当改正朔服色制度。"《史记·礼书》所谓"易服色，封太山，定宗庙百官之仪，以为典常，垂之于后"，《史记·历书》所谓"王者易姓受命，必慎始初，改正朔，易服色，推本天元，顺承厥意"，《史记·封禅书》所谓"始秦得水德，今汉受之，推终始传，则汉当土德，土德之应黄龙见。宜改正朔，易服色，色上黄"，都说"服色"关涉基本制度。一些比较清醒的政治人物也曾热心"易服色"之事。"贾生以为汉兴至孝文二十余年，天下和洽，而固当改正朔，易服色，法制度，定官名，兴礼乐，乃悉草具其事仪法，色尚黄，数用五。"（《史记·屈原贾生列传》）《史记·司马相如列传》中也可见这样的话语："出德号，省刑罚，改制度，易服色，更正朔，与天下为始。"《史记·太史公自序》也写道："汉兴以来，至明天子，获符瑞，封禅，改正朔，易服色，受命于穆清，……""汉兴五世，隆在建元，外攘夷狄，内修法度，封禅，改正朔，易服色。"可知"服色"和"易服色"，是当时政界和学界热心讨论的话题。我们不能站在今天的文化立场上要求司马迁科学地面对相关文化现象。

我们在考察秦"上黑"、汉"上赤"的文化史迹象时，或许应当关注有的研究者所指出的，使用"黑色"对"永久存留"的追求，以及使用"红色""历久不衰"的效应〔（英）芬利著，姚芸竹译：《颜色的故事：调色板的自然史》，生活·读书·新知三联书店 2008 年，第 101 页，第 162 页〕。战国秦汉漆器史研究者或言"黑漆"与"红漆"的结合，"色泽光亮，不易脱落"（洪石：《战国秦汉漆器研究》，文物出版社 2006 年，第 123 页）。司马迁笔下"黑""赤"的直接对应者，有《史记·天官书》"气下黑上赤"，《史记·封禅书》"色外黑内赤"等。所谓"色外黑内赤"，正与前引《韩非子》"墨染其外，而朱画其内"之说以及我们看到的社会生活中器物施色的许多实例相同。

七、《史记》所见"颜色"

古人对色彩很早就有密切的关注和深刻的思考。《老子·第十二章》:"五色令人目盲。"《庄子·天地》:"五色乱目,使目不明。"《荀子·劝学》:"青,取之于蓝,而青于蓝。"都体现出色彩观与文化意识的关系。战国秦汉以来,色彩与政治理念有了更多的结合。有学者提出的"考究色彩与时代的关系","发掘恢复""各家各派的调色板","还原归真""他们用笔上色的程序"〔王天兵:《导言:亲历色彩启蒙》,见(英)芬利著、姚芸竹译:《颜色的故事:调色板的自然史》,生活·读书·新知三联书店2008年,第2页〕,也许真的是历史学者的任务。

司马迁关于色彩的历史记述和文化说明,其实也涉及非常广泛的社会生活层面。他又以"颜色"一语形容心理和生理,表情和感情,如"颜色愈和"(《史记·魏公子列传》,"颜色和"《史记·淮南衡山列传》),"和""颜色"(《史记·太史公自序》),"犯""颜色"(《史记·汲郑列传》,"犯颜色"《史记·太史公自序》),"颜色不变"(《史记·鲁仲连邹阳列传》《史记·刺客列传》《史记·扁鹊仓公列传》),"颜色憔悴"(《史记·屈原贾生列传》),"颜色严振"(《史记·日者列传》)等,体现了史学和文学共同的精彩。《史记·淮阴侯列传》所谓"贵贱在于骨法,忧喜在于容色,成败在于决断,以此参之,万不失一",这一使用"容色"的格言,其实也是心理学分析和社会学考察的经验总结。

《史记·匈奴列传》说霍去病"过焉支山","攻祁连山"的战功,张守节《正义》引《西河故事》云匈奴歌曰:"失我焉支山,使我妇女无颜色。"司马贞《索隐》引《西河旧事》载匈奴歌云:"失我燕支山,使我嫁妇无颜色。"所言"颜色",虽然并非直接出自司马迁笔下,却是当时匈奴人的歌咏,可以帮助我们理解太史公所倾听的民间声音。匈奴单于和诸王的妻子称为"阏氏",最早见于太史公的记载。《史记·匈奴列传》说冒顿单于"有所爱阏氏",司马贞《索隐》:"匈奴皇后号也。"又引习凿齿与燕王书曰:"山下有红蓝,足下先知不?北方人探取其花染绯黄,挼取其上英鲜者作烟肢,妇人将用为颜色。吾少时再三过见烟肢，今日始视红蓝，后当为足下致其种。匈奴名妻作'阏支'，言其可爱如烟肢也。"说到了"红蓝"花的"颜色"和"匈奴""妇人""颜色"的关联。《史记》有关"阏氏"的称谓记录，保留了珍贵的生活史信息，也是可以读出"可爱""颜色"的史家文字。

《史记》论"天下一统""海内一统"

　　《史记》没有出现过"统一"一语，但是使用了"一统"的概念。《史记》记录了秦实现"一统"的历史。《史记》有关秦政的论述，对许多方面有所否定，但似乎对"一统"的历史趋势是肯定的。这一文化态度，应当与《春秋》"大一统"的政治导向有关。《史记》关于"一统"的内容，可以帮助我们认识秦汉历史的真实走向。太史公肯定"一统"，却对《秦始皇本纪》和《李斯列传》中出现的"别黑白而定一尊"或"别白黑而定一尊"的行政方式有所批评，这显然体现了他清醒的政治观点，透露出开明的历史理念，值得我们在读《史记》时予以重视。

一、《史记》言"天下一统"

　　对于秦始皇二十六年（前221）实现统一的历史进程，《史记》没有采用"统一"的词汇予以记述，而习惯用"一统"一语。《史记·周本纪》张守节《正义》："按：（周）王赧卒后，天下无主三十五年，七雄并争。至秦始皇立，天下一统，十五年，海内咸归于汉矣。"这是在关于周史的回顾中说到秦始皇时代"天下一统"。张守节作为唐代学者，这一说法，自然偏晚。《史记》本身出现"天下一统"之说，见于《李斯列传》中吕不韦的舍人李斯"任以为郎"时"说秦王"的言论："自秦孝公以来，周室卑微，诸侯相兼，关东为六国，秦之乘胜役诸侯，盖六世矣。今诸侯服秦，譬若郡县。夫以秦之强，大王之贤，由灶上骚除，足以灭诸侯，成帝业，为天下一统，此万世之一时也。今怠而不急就，诸侯复强，相聚约从，虽有黄帝之贤，不能并也。"李斯敦促秦王政"急就"而不失时机，积极进取，"灭诸侯，成帝业，为天下一统"。

　　而对于后来实现统一的政治成功，李斯的说法是"并有天下"，"兼六国，虏其王，立秦为天子"，"又北逐胡、貉，南定百越，以见秦之强"。

　　"天下一统"的说法，也见于《汉书》中对于汉帝国政治局势的记述，如《异姓诸侯王表》和《师丹传》。《三国志·魏书·陈思王植传》中可见曹植的奏疏，也写道："方今天下一统，九州晏如，……"又如《三国志·吴书·宗室传·孙邻传》所见孙邻语，也说"天下一统"。或许可以说，在《史记》之后，"天下一统"已经成为政论熟语。

　　《汉书·武帝纪》说"中国一统"，《后汉书·朱儁传》可见"海内一统"，《三国志·魏书·明帝纪》裴松之注引《魏略》可见"万里一统"，又《三国志·魏书·徐宣传》"远近一统"，《三国志·吴书·陆逊传》"九有一统"；而《三国志·吴书·吴主传》载孙权诏，《三国志·吴书·胡综传》载胡综为吴质作降文，均言"普天一统"，也语义相近。

　　这些政治判断和政治取向的表达，很可能是受《史记》"天下一统"说法的影响。

二、《史记》言"海内一统"

　　《史记》对于秦国实现统一，多见"海内一统"的表述。《史记·秦始皇本纪》记载"廷尉李斯"建议行郡县制的政论，说道："今海内赖陛下神灵一统，皆为郡县。"

　　《史记·太史公自序》关于上文"十五年，海内咸归于汉矣"的历史变化，使用了"海内一统"之说："今汉兴，海内一统。"所谓"海内一统"，《汉书·司马迁传》写作"海内壹统"。

　　《史记》中所见"天下"和"海内"的习惯性对应，起初即用以评价秦统一天下的事业："皆识秦之欲无穷也，非尽亡天下之国而臣海内，必不休矣。"（《史记·魏世家》）"非尽天下之地，臣海内之王者，其意不厌。"（《史记·刺客列传》）"昔秦皇帝任战胜之威，蚕食天下，并吞战国，海内为一。""及至秦王，蚕食天下，并吞战国，称号曰皇帝，主海内之政。"（《史记·平津侯主父列传》）"天下"和"海内"都是说当时最宏大的政治空间。

在《秦始皇本纪》中又可以看到"平定天下，海内为郡县"的说法。这是"丞相绾、御史大夫劫、廷尉斯等"，也就是王绾、冯劫、李斯等重臣奉命上书"议帝号"时说的话。正式的官方政治宣言中的这种说法，又如琅琊刻石："今皇帝并一海内，以为郡县，天下和平。"秦二世回应右丞相冯去疾、左丞相李斯、将军冯劫的进谏，说道："凡所为贵有天下者，得肆意极欲，主重明法，下不敢为非，以制御海内矣。"也说"天下""海内"。

司马迁在《史记·货殖列传》中写道："汉兴，海内为一，开关梁，弛山泽之禁，是以富商大贾周流天下，交易之物莫不通。"意思是"海内为一"的政治格局为"周流天下"的繁荣的经济生活提供了条件。

"天下""海内"的对应，在汉代政论文字中多有继承。贾谊《过秦论》写道："安土息民，以待其敝，收弱扶罢，以令大国之君，不患不得意于海内。贵为天子，富有天下，而身为禽者，其救败非也。"（《史记·秦始皇本纪》）正是例证之一。《史记·孝文本纪》中还有："子孙继嗣，世世弗绝，天下之大义也，故高帝设之以抚海内。"有时"天下""海内"的使用，形成了严谨的对仗语式。如《史记》的《淮阴侯列传》："名闻海内，威震天下。"《淮南衡山列传》："临制天下，一齐海内。"《汉书》也多见这样的语例，如《律历志》："贞天下于一，同海内之归。"《伍被传》："临制天下，壹齐海内。"《贾谊传》："威震海内，德从天下。"《韩安国传》："海内为一，天下同任。"《吾丘寿王传》："天下少双，海内寡二。"《东方朔传》："海内晏然，天下大洽。"《鲍宣传》："承天地，安海内。"学者或许可以将这种政治语言学的特殊现象作为关注与研究的对象。

《史记》所见以对"海内"即"天下"的全面控制来称颂秦始皇政治功绩的话语，有周青臣说："赖陛下神灵明圣，平定海内，放逐蛮夷，日月所照，莫不宾服。"淳于越说："今陛下有海内，……"秦二世说："先帝巡行郡县，以示强，威服海内。"又有"制御海内"之说（《史记·秦始皇本纪》）。《史记》中类似的说法，又有《平准书》"并海内"，《三王世家》《刘敬叔孙通列传》"定海内"，《平津侯主父列传》"危海内"，《高祖本纪》"威加海内"，《秦楚之际月表》"平定海内"，《礼书》"总一海内"，《律书》"恩泽加海内"，《范雎蔡泽列传》"威盖震海内"，《齐悼惠王世家》"海内初定"，《三王世家》"海内未洽"，《春申君列传》"盈满海内"，《郦生陆贾列传》"海内摇荡""海内平定"，《万石张叔列传》"巡狩海内"，《平津侯主父列传》"匡正海内""化于海内""海内乂安"，《滑稽列传》"海内无双"。

上文说到，"海内一统"又见于东汉人朱儁的政论（《后汉书·朱儁传》）。意思大体相近的，还有"万里一统"的说法。蜀汉将领孟达投降"归魏"，曹丕"甚相嘉乐"，表达了"欢心"。《三国志·魏书·明帝纪》裴松之注引《魏略》载录了曹丕写给孟达的信，其中自然有对曹魏政治形势的自我宣传："今者海内清定，万里一统，三垂无边尘之警，中夏无狗吠之虞，以是弛冈阔禁，与世无疑，保官空虚，初无质任。"其中所谓"海内清定，万里一统"，其实是可以理解为"海内一统"的。

后世"海内一统"的语言习惯，很可能来自《史记》的行文。

三、秦实现"一统"的历史观察

上文引李斯所谓"兼六国，虏其王，立秦为天子"，"又北逐胡、貉，南定百越，以见秦之强"，是李斯被赵高陷构，收捕治罪，在狱中上书秦二世所说的话。《史记·李斯列传》记载，李斯自陈功绩，说到七个方面对秦王朝的贡献，其中第一条和第二条陈述秦统一之促成：
"臣为丞相，治民三十余年矣。逮秦地之陜隘。先王之时秦地不过千里，
兵数十万。臣尽薄材，谨奉法令，阴行谋臣，资之金玉，使游说诸侯，
阴修甲兵，饰政教，官斗士，尊功臣，盛其爵禄，故终以胁韩弱魏，破
燕、赵，夷齐、楚，卒兼六国，虏其王，立秦为天子。罪一矣。地非不
广，又北逐胡、貉，南定百越，以见秦之强。罪二矣。……"

通常对秦实现"一统"的理解，往往限定于兼并六国。如后人所谓
"六王毕，四海一"〔（唐）杜牧：《阿房宫赋》〕。其实，"北逐胡、貉，
南定百越"，北河与南海两个方向的进取，超越了战国七雄控制的地域。
这两个方向的军事征伐，其实也在秦统一的战略主题之内。

《史记》提示我们注意这一历史现象，除了《李斯列传》详尽记
录了李斯的言辞之外，还有《秦始皇本纪》二十六年（前 221）记事
内容中已言"南至北向户"，二十八年（前 219）琅琊刻石有"皇帝之
土，……南尽北户"语，可知向岭南的开拓进取应当在兼并六国之后
开始。秦军远征南越的军事行动开始得较早，可以引为佐证的有《史
记·白起王翦列传》的记载："……平荆地为郡县。因南征百越之君，
而王翦子王贲，与李信破定燕齐地。秦始皇二十六年，尽并天下。"文
中指出，在"秦始皇二十六年"之前，秦军在灭楚之后，已经开始"南
征百越之君"的军事行动。《史记·南越列传》说秦远征军"与越杂
处十三岁"，从年代上看，与《白起王翦列传》的说法相合。而《汉
书·严安传》："秦祸北构于胡，南挂于越，宿兵于无用之地，进而不
得退。行十余年，……"也说秦的势力进入岭南，在秦统一的时间表
之内。

《史记》的记录，为我们真实、准确、完整地认识秦"一统"的历
史过程，提供了可靠的史料。

四、关于"《春秋》大一统"

对于"一统"的追求，在先秦政治思想表述中已经有比较鲜明的体现。儒学经典中较早可以看到大致明朗的思想倾向。《诗·小雅·北山》中有"溥天之下，莫非王土；率土之滨，莫非王臣"这样的话，可以理解为四海之内，山野都是"王"的土地，民众都是"王"的臣仆。这一诗句，后来被频繁引用，形成较大的影响，成为一种政治信条。

"大一统"一语的明确提出，最早见于《公羊传·隐公元年》。对于《春秋》一书中为什么以"王正月"开始这一问题，作者回答道："大一统也。"这里，"大"是指尊崇、推重。"大一统"是儒学学者的政治理想和政治方向，也是他们推崇的政治体制。《史记·太史公自序》有一段太史公和"上大夫壶遂"的对话："太史公曰：'余闻董生曰：……'"这段文字近七百字，回答壶遂"昔孔子何为而作《春秋》哉"的提问，肯定了《春秋》的意义："上明三王之道，下辨人事之纪，别嫌疑，明是非，定犹豫，善善恶恶，贤贤贱不肖，存亡国，继绝世，补敝起废，王道之大者也。"指出儒学经典中，《礼》以节人，《乐》以发和，《书》以道事，《诗》以达意，《易》以道化，《春秋》以道义。拨乱世反之正，莫近于《春秋》。"董生"，据裴骃《集解》引服虔曰，"仲舒也"。裴骃《集解》："骃谓太史公此辞是述董生之言。董仲舒自治《公羊春秋》。"《史记·儒林列传》说："（董仲舒）以修学著书为事。故汉兴至于五世之间，唯董仲舒名为明于《春秋》，其传公羊氏也。"许多学者认为司马迁曾经从董仲舒研习《公羊春秋》，《中国大百科全书·中国历史》中吴树平先生撰写的词条"司马迁"就写道："司马迁十岁开始学习古文书传。约在汉武帝元光、元朔期间，向今文家董仲舒学《公羊春秋》，……"（中国大百科全书出版社 1992 年，第 961 页）也有学者说，司马迁"自十岁起到二十岁壮游前"的"从学经历"，包括"从董仲舒学习《公羊春秋》的大义"（袁传璋：《太史公生平著作考论》，安徽人民出版社 2005 年，第 8 页）。而"司马迁所称《春秋》亦指《公羊传》"，金德建先生早有考论（《司马迁所见书考》，上海人民出版社1963 年，第 112—115 页）。而当时社会文化的大趋势，如《汉书·儒林传》所说，"（汉武帝）尊《公羊》家，诏太子受《公羊春秋》，由是《公羊》大兴"。《公羊》学地位上升，"武帝对《公羊》学日益明显的偏爱"，"起了很大的推动作用"。当时，"投入《公羊》家名下的儒生大为增加"，主流意识形态"有浓重的《公羊》学色彩"（陈苏镇：《〈春秋〉与"汉道"——两汉政治与政治文化研究》，中华书局 2011 年，第226—229 页）。可以推知，《公羊传》"大一统"思想经过董仲舒而影响到司马迁，是很自然的事。

《史记》没有出现"大一统"的文字，而《汉书》中屡见这一政治理念的表达。《汉书·路温舒传》："臣闻《春秋》正即位，大一统而慎始也。"《汉书·董仲舒传》："《春秋》大一统者，天地之常经，古今之通谊也。"《汉书·王吉传》："《春秋》所以大一统者，六合同风，九州共贯也。"董仲舒说"天地之常经，古今之通谊"，强调"《春秋》大一统"是超越空间、时间限制的绝对真理。这样的观点，司马迁是熟悉的，也应当是基本接受的。

五、"一统"的路径

战国时期，社会希求统一的意愿已经在不同学派发表的文化论说中有所表现。儒学学者最早提出了"大一统"的政治主张；其他不同学派的学者，也分别就"大一统"有论说发表。"大一统"理想的提出，是以华夏文明的突出进步和中华民族文化共同体的初步形成作为历史基础的。大一统政治体制，是儒学学者的政治理想，但是，在当时春秋战国百家争鸣的时代，却不仅仅是这一派政治学说的主张。和一切政治概念一样，同一政治命题，可以从不同角度来进行解释，可以为不同立场的人所利用。对于"大一统"来说，儒学思想家们往往期望恢复周王朝的"大一统"。其他学派则倾向于建立在新的政治基础上的新的"大一统"。早期法家的政治理论即以君主权力的一元化为思想基点。《慎子·佚文》载录慎到的言论："多贤不可以多君，无贤不可以无君。"强调政治权力一定要集中，以避免二元和多元的倾向，认为这种倾向将导致动乱，如《慎子·德立》所说"两则争，杂则相伤"。《墨子·尚同中》也提出过"一同天下"的说法。庄子甚至曾发表类似的涉及"天下"这一政治命题的意见，如《庄子·天道》所谓"一心定而王天下"，《庄子·让王》所谓"唯无以天下为者，可以托天下也"等。

对于"大一统"实现的方式，《孟子·梁惠王上》记录了孟子的观点。对于天下怎样才能安定这一问题，孟子回答说："定于一。"当对方问到谁能够实现统一时，孟子回答："不嗜杀人者能一之。"也就是说，不好杀人的国君能够统一天下。另外，孟子还强调："夫国君好仁，天下无敌。"（《孟子·离娄上》）"仁人无敌于天下。"（《孟子·尽心下》）王道的核心，就是以"德"统一天下。然而历史事实上的统一，是秦人在法家思想指导下通过暴力的形式，采用战争的手段，经历流血的过程而实现的。历史进程表现出与"不嗜杀人者能一之"相反的路径。

秦人自称这种通过军事途径解决统一问题为"义兵"。《史记·秦始皇本纪》记载，"秦初并天下"，令丞相、御史"议帝号"："寡人以眇眇之身，兴兵诛暴乱，赖宗庙之灵，六王咸伏其辜，天下大定。""丞相绾、御史大夫劫、廷尉斯等皆曰：……今陛下兴义兵，诛残贼，平定天下，海内为郡县，法令由一统，自上古以来未尝有，五帝所不及。"《史记》中五次出现"义兵"的说法，其他四处，一处没有明确指代对象，三处都是指反秦武装。对于秦王政说韩、赵、魏、荆、齐等国"倍约""倍盟""畔约""为贼""为乱"，于是"兴兵诛之"，"举兵击灭之"，"兴兵诛暴乱"，即所谓"兴义兵，诛残贼，平定天下"，《史记》均予以客观记录，而《秦始皇本纪》的篇末说："善哉乎贾生推言之也！"贾谊《过秦论》对秦的军事成功，即使不是高度称颂，也是给予了充分肯定："追亡逐北，伏尸百万，流血漂卤；因利乘便，宰割天下，分裂河山。"秦始皇时代"续六世之余烈，振长策而御宇内，吞二周而亡诸侯，履至尊而制六合，执棰拊以鞭笞天下，威振四海"。自诩"义兵"的胜利者似乎摆脱了儒家对"嗜杀人者"的批判，而司马迁在客观记述秦人宣传语言的同时，也在笔下保留了对"秦暴"（《史记·赵世家》）的指斥。

六、"法令由一统"与"别黑白而定一尊"

《左传·昭公七年》记载，对于臣下分君权的企图，有"一国两君，其谁堪之"的严厉指责。提出这一见解的人，还引用了上文说到的《诗·小雅·北山》的名句："溥天之下，莫非王土；率土之滨，莫非王臣。"而"溥天之下"也作"普天之下"。《孟子·万章上》写道："《诗》云：'普天之下，莫非王土；率土之滨，莫非王臣。'"又说："孔子曰：'天无二日，民无二王。'"不过，孟子对"普天之下，莫非王土；率土之滨，莫非王臣"的解释，与一般的理解似乎略有不同。孔子所说的"天无二日，民无二王"，见于《礼记·曾子问》和《礼记·坊记》，然而都写作"天无二日，土无二王"。很显然，"天无二日，民无二王"或者"天无二日，土无二王"，也体现了"大一统"政体和专制行政的关系。

早期法家的政治理论即以君主权力的一元化为思想基点。《太平御览》卷三九〇引《申子》也说，这种高度集中的君权，是以统治天下为政治责任的，"明君治国"，"一言正而天下定，一言倚而天下靡"。

丞相王绾、御史大夫冯劫和廷尉李斯等奉命"议帝号"时，有颂扬秦王政的话："今陛下兴义兵，诛残贼，平定天下，海内为郡县，法令由一统，自上古以来未尝有，五帝所不及。"然而后来政治形势的演变，形成了另外的局面，即《史记·秦始皇本纪》所载李斯建议焚书时所谓"今皇帝并有天下，别黑白而定一尊"。《史记·李斯列传》对同一史事的记述，作"今陛下并有天下，别白黑而定一尊"。对于"白黑"，司马贞《索隐》："刘氏云：'前时国异政，家殊俗，人造私语，莫辨其真，今乃分别白黑也。'"就是说，国家政治、社会礼俗、民间舆论，其黑白真伪，都由"一尊"做出决定性的裁断。

后来秦二世、赵高执政时所有政治决策都"定"于"一尊"的情形，《史记·秦始皇本纪》记载："群臣谏者以为诽谤，大吏持禄取容，黔首振恐。""二世常居禁中，与高决诸事。其后公卿希得朝见，盗贼益多，而关中卒发东击盗者毋已。"按照赵高的语言，即"凡所为贵有天下者，得肆意极欲，主重明法，下不敢为非，以制御海内矣"。其中"主重"二字，值得细细品读。贾谊《过秦论》对于导致秦亡的政治气候，做了如下分析："秦王足己不问，遂过而不变。二世受之，因而不改，暴虐以重祸。子婴孤立无亲，危弱无辅。三主惑而终身不悟，亡，不亦宜乎？当此时也，世非无深虑知化之士也，然所以不敢尽忠拂过者，秦俗多忌讳之禁，忠言未卒于口而身为戮没矣。故使天下之士，倾耳而听，重足而立，拑口而不言。是以三主失道，忠臣不敢谏，智士不敢谋，天下已乱，奸不上闻，岂不哀哉！"贾谊还有一段言辞淋漓的政治史评论："秦王怀贪鄙之心，行自奋之智，不信功臣，不亲士民，废王道，立私权，禁文书而酷刑法，先诈力而后仁义，以暴虐为天下始。"秦始皇"足己不问"，"行自奋之智"，对于"自""己"资质能力的盲目自信，不能听取正确的意见和建议，"遂过而不变"。而"二世受之，因而不改"，最终导致了秦王朝的短促而亡。司马迁赞叹道："善哉乎贾生推言之也！"他对贾谊关于秦政的分析是高度赞同的，也就是说，无论是"别黑白而定一尊"还是"别白黑而定一尊"，这种由"一尊"专制专断的政治方式，司马迁完全同意贾谊的批判态度。

"秦并天下"与"汉并天下"及司马迁的态度

对秦汉政治史的总结和表述，有"秦并天下"和"汉并天下"的说法。对于前者，司马迁反复引录，予以强调；对于后者，则基本不予采用。这样的态度，有政治史观作为认识基础。通过对相关信息的分析，可以看出司马迁对秦始皇实现统一的历史意义的看重。

一、《秦本纪》篇末的秦朝史总结

《史记·秦本纪》最后的文字，有对秦统一之后历史的简略总结。太史公写道："秦王政立二十六年，初并天下为三十六郡，号为始皇帝。始皇帝五十一年而崩，子胡亥立，是为二世皇帝。三年，诸侯并起叛秦，赵高杀二世，立子婴。子婴立月余，诸侯诛之，遂灭秦。其语在《始皇本纪》中。"这七十七个字的叙说，可以看作对秦王朝历史的概要说明。

理解这段文字，对于阅读《史记》中对秦史的记述可能有特别的意义。如所谓"《始皇本纪》"，我们曾经进行过通常所谓《秦始皇本纪》可能原本作《秦始皇帝本纪》的讨论（王子今：《说〈史记〉篇名〈秦始皇帝本纪〉》，《唐都学刊》2019年第4期；《〈秦始皇帝本纪〉文献学琐议》，《宝鸡文理学院学报》2019年第5期）。就子婴在位的时间，司马迁在这里写道："子婴立月余，诸侯诛之，遂灭秦。"这与《史记·秦楚之际月表》"九月，子婴为王"，"（十月）秦王子婴降，沛公入破咸阳，平秦"，"（十二月，项羽）至关中，诛秦王子婴，屠烧咸阳。分天下，立诸侯"可以对照理解。《秦楚之际月表》所说"秦王子婴降，沛公入破咸阳，平秦"，大致与"子婴立月余"之说同。而项羽在同一年

"十二月""诛秦王子婴"，则距"九月，子婴为王"已经三个月。"子婴立月余"之说值得注意。我们曾经关注过《史记·秦始皇本纪》"子婴为秦王四十六日"与《史记·李斯列传》"子婴立三月，沛公兵从武关入，至咸阳"，"子婴与妻子自系其颈以组，降轵道旁"的时间差异（王子今：《〈史记〉时间寓言试解读：神秘的"四十六日"》，《人文杂志》2008 年第 2 期）。相关讨论，或许还可以继续。

应当说，《秦本纪》这七十七字的记述包涵了丰富的历史文化信息。这是《史记》作者对秦朝史最简略最概要的总结。

二、"初定天下"和"初并天下"

品读体会《秦本纪》文末对秦朝史的概略介绍，其中"初并天下"一语对于秦统一的记述，尤其值得我们关注。

《史记》中与"初并天下"文例相近的说法，有《史记·周本纪》"周初定天下"和《史记·吴王濞列传》载晁错语"昔高帝初定天下"。秦朝前面的周与后面的汉所谓"初定天下"与秦始皇"初并天下"，在功业的难度、版图的格局、控制的规模、管理的形式上，都是有明显差异的。

"初并天下"强调"并"，与"初定天下"，文意和语气是有所不同的。

应当看到，《史记·秦始皇本纪》关于秦始皇和公子扶苏的言行，记录了秦王朝这两位重要人物———一位是最高执政者，一位是未来的帝位继承人，都使用过"天下初定"的言辞。秦始皇二十六年（前 221），"丞相绾等言：'诸侯初破，燕、齐、荆地远，不为置王，毋以填之。请立诸子，唯上幸许。'始皇下其议于群臣，群臣皆以为便"。然而李斯以周代"周文武所封子弟同姓甚众，然后属疏远，相攻击如仇雠，诸侯更相诛伐，周天子弗能禁止"的教训相警告，以为"置诸侯不便"。于是秦始皇做出决断："天下共苦战斗不休，以有侯王。赖宗庙，天下初定，又复立国，是树兵也，而求其宁息，岂不难哉！廷尉议是。"秦始皇自己说"天下初定"，不宜"复立国"。秦始皇三十五年，坑儒事件发生。"始皇长子扶苏谏曰：'天下初定，远方黔首未集，诸生皆诵法孔子，今上皆重法绳之，臣恐天下不安。唯上察之。'"秦始皇和扶苏所谓"天下初定"，语式虽类同"初定天下"，但语义还是不同的。

晁错语"高帝初定天下"，《史记》也有"天下初定"的说法。《史记·汉兴以来诸侯王年表》："天下初定，骨肉同姓少，故广强庶孽，以镇抚四海，用承卫天子也。"《史记·高祖功臣侯者年表》也说："天下初定，故大城名都散亡，户口可得而数者十二三，……"从张守节《正义》"高祖初定天下，表明有功之臣而侯之，若萧、曹等"的说法看，在这样的语境中，"初定天下"和"天下初定"，意思是相当接近的。

三、《史记》"初并天下"文例

《史记》使用"初并天下"的文句，可见四次。除前引《秦本纪》外，还有三例。

一例即《史记·秦始皇本纪》记载："二十六年，齐王建与其相后胜发兵守其西界，不通秦。秦使将军王贲从燕南攻齐，得齐王建。秦初并天下，令丞相、御史曰：'异日韩王纳地效玺，请为藩臣，已而倍约，与赵、魏合从畔秦，故兴兵诛之，虏其王。寡人以为善，庶几息兵革。赵王使其相李牧来约盟，故归其质子。已而倍盟，反我太原，故兴兵诛之，得其王。赵公子嘉乃自立为代王，故举兵击灭之。魏王始约服入秦，已而与韩、赵谋袭秦，秦兵吏诛，遂破之。荆王献青阳以西，已而畔约，击我南郡，故发兵诛，得其王，遂定其荆地。燕王昏乱，其太子丹乃阴令荆轲为贼，兵吏诛，灭其国。齐王用后胜计，绝秦使，欲为乱，兵吏诛，虏其王，平齐地。寡人以眇眇之身，兴兵诛暴乱，赖宗庙之灵，六王咸伏其辜，天下大定。今名号不更，无以称成功，传后世。其议帝号。'"于是议定"皇帝"名号，"号曰'皇帝'"。秦始皇制曰："朕为始皇帝。后世以计数，二世三世至于万世，传之无穷。"

在"秦初并天下"这一政治史的既成事实发生之后，就有令"其议帝号"，进而发生了"秦君主集权"的划时代历史性变局。秦"初并天下"，成为帝制时代的起始。

《史记》另一例言"初并天下"者，也见于《秦始皇本纪》记载秦始皇二十八年（前219）东巡，"上邹峄山"，"上泰山"，"禅梁父。刻所立石"之文辞："二十有六年，初并天下，罔不宾服。亲巡远方黎民，登兹泰山，周览东极。"这里所谓"初并天下"，是秦始皇自己使用的文字，也是正式的政治宣传用语。

《史记·六国年表》又可见"初并天下"的说法："（始皇帝）二十六（年），王贲击齐，虏王建。初并天下，立为皇帝。"所谓"初并天下"，也与"立为皇帝"合说，成为标志性的历史事件。

"初并天下"，"号曰'皇帝'"；"初并天下，立为皇帝"，都说明"初并天下"的军事成功与帝制建立这一政治史中标志性事件的直接关系。

四、有关"平天下""并天下"的社会评论

前引"禅梁父。刻所立石"文辞，除"初并天下"外，还说到"平天下"："皇帝躬圣，既平天下，不懈于治。夙兴夜寐，建设长利，专隆教诲。训经宣达，远近毕理，咸承圣志。"而琅邪刻石说"维秦王兼有天下，立名为皇帝"，又以另一语言方式说到"并""天下"："今皇帝并一海内，以为郡县，天下和平。"

秦始皇二十九年（前218）之罘刻石说："烹灭强暴，振救黔首，周定四极。普施明法，经纬天下，永为仪则。大矣哉！宇县之中，承顺圣

意。"其东观曰："圣法初兴，清理疆内，外诛暴强。武威旁畅，振动四极，禽灭六王。阐并天下，甾害绝息，永偃戎兵。"所谓"阐并天下"，也是值得重视的有关"并天下"的宣传口径。

有关"初并天下"的社会评论，应该注意后来导致"坑儒"悲剧的"侯生、卢生相与谋曰"关于秦始皇品性特点和执政风格的议论："始皇为人，天性刚戾自用，起诸侯，并天下，意得欲从，以为自古莫及己。"（《史记·秦始皇本纪》）可知当时对于秦统一的社会舆论，习惯使用"并天下"的通行语言。

五、关于"汉并天下"瓦文

我们注意到，汉初瓦当实物中多见"汉并天下"瓦文，说明这是汉代非常普及的兼有帝权宣传、社会舆论与民间文化认可等诸多意义的文物。其数量之多，早已为金石学家所重视。元人李好文《长安志图》卷上说长安发现的"汉瓦"，"其文有曰'长乐未央'，有曰'长生无极'，有曰'汉并天下'，有曰'储胥未央'，有曰'万寿无疆'，有曰'永奉无疆'，亦有作'上林'字者"。"汉并天下"瓦是主要品类。陈直论南郑汉台出土"汉'佳汉三年大并天下'瓦"，判定"此为西汉最初年之物"。又说："至都关中后初造者为'汉并天下''汉有天下''汉兼天下'三种。""现汉城遗址，'汉并天下'出土最多，'汉有''汉兼'两种则稀如星凤。""汉'佳汉三年大并天下'瓦"，有学者读作"惟汉三年大并天下"。

"汉并天下"瓦当，《西北大学藏瓦选集》著录五品，年代皆定为"西汉初"，言"西安汉长安城遗址出土"。然而任虎成、王保平主编《中国历代瓦当考释》著录多达十二品，则均注明："时代：汉；发现地点：陕西省西安市北郊。"又说："近年来的考古发现表明，'汉并天下'瓦当多出土于建章宫遗址，而建章宫始建于汉武帝时期，故这种瓦当大概流行于那时，属文字瓦当早期制品。"研究者通过从"秦"至"汉"的历史分析，说明"汉并天下"的意义，认为："自秦代以来，中国就受到匈奴的侵扰，汉高祖刘邦早年亲历了'白登之围'的耻辱，其后几十年里不得不以'和亲'来维持与匈奴的和平关系。汉武帝经过充分的准备，联合大月氏，经过几次策略性的战争，终于击败匈奴，以致匈奴呼韩邪单于亲自来汉朝朝拜，求亲议和（今按：呼韩邪单于内附，并非在汉武帝时代），汉武帝一雪前耻，建立了臣服四海的威望。他在五十三年的执政生涯中，在政治、经济、文化、军事、农业、社会及外交等领域均取得了巨大成就。此类'汉并天下'瓦当就是对这一段历史的最好说明。"又说："此类瓦当是为了表现汉武帝征服四夷，建立大一统帝国的丰功伟绩而歌功颂德，类似的还有'汉兼天下''惟汉三年大并天下''四夷尽服''四夷咸服''破胡乐哉'瓦当等。"还写道："《汉书·董仲舒传》载：'今陛下并有天下，海内莫不率服，广览兼听，极群下之知，尽天下之美，至德昭然，施于方外。夜郎、康居，殊方万里，说德归谊，此太平之致也。'以此可知，'汉并天下'意为一统天下极其自豪而制瓦称耀天下。"

这样说来，"汉并天下"瓦当的制作年代，有汉初与汉武帝时代两说，"汉并天下"的意义也因此而有不同。无论如何，司马迁对于这种建筑文化应是熟知的。但是他的著作《史记》中只说"秦并天下"，不言"汉并天下"，其政治史认识的倾向是很明显的。

六、《史记》言"秦并天下"的政治史理念基点

《史记》称"秦并天下"者，可见《史记·封禅书》："……其后百一十五年而秦并天下"，"及秦并天下，令祠官所常奉天地名山大川鬼神可得而序也"。《史记·卫康叔世家》："秦并天下，立为始皇帝。"《史记·刺客列传》："秦并天下，立号为皇帝。"《史记·蒙恬列传》："秦

已并天下，乃使蒙恬将三十万众北逐戎狄，收河南。"《史记·郦生陆贾列传》："乡使秦已并天下，行仁义，法先圣，陛下安得而有之？"《史记·南越列传》："秦时已并天下，略定杨越……"《史记·东越列传》："秦已并天下，皆废为君长，以其地为闽中郡。"类似的说法，又有《史记·封禅书》："秦始皇并天下"，"秦始皇既并天下而帝"。以及《史记·白起王翦列传》："秦始皇二十六年，尽并天下。"《史记·李斯列传》："竟并天下，尊主为皇帝。"

而《史记》中与"汉并天下"说法相关的文字，只有《史记·刘敬叔孙通列传》一例："汉五年，已并天下，诸侯共尊汉王为皇帝于定陶，叔孙通就其仪号。"

前引《中国历代瓦当考释》言"《汉书·董仲舒传》载：'今陛下并有天下，海内莫不率服，广览兼听，极群下之知，尽天下之美，至德昭然，施于方外'"语，见于董仲舒"以贤良对策"。汉武帝"览"董仲舒所"对"，"异"其才识，"复册之"，其文字涉及对秦政的批判。他写道："殷人执五刑以督奸"，"成康不式"，而"秦国用之"，以致"死者甚众，刑者相望，耗矣哀哉"。对于汉武帝的政治评论，董仲舒在所谓"今陛下并有天下，海内莫不率服"的颂扬之前，附从其赞美周德、斥责秦法之说，发表了对秦政的严厉否定："武王行大谊，平残贼，周公作礼乐以文之，至于成康之隆，囹圄空虚四十余年"，"至秦则不然。师申商之法，行韩非之说，憎帝王之道，以贪狼为俗，非有文德以教训于下也。诛名而不察实，为善者不必免，而犯恶者未必刑也。是以百官皆饰虚辞而不顾实，外有事君之礼，内有背上之心，造伪饰诈，趣利无耻；又好用憯酷之吏，赋敛亡度，竭民财力，百姓散亡，不得从耕织之业，群盗并起。是以刑者甚众，死者相望，而奸不息，俗化使然也。故孔子曰'导之以政，齐之以刑，民免而无耻'，此之谓也"（《汉书·董仲舒传》）。

明代学者王鏊说："《史记》宏放，《汉书》详整，各有所长"，同时对《史记》不录重要政论文字有所批评："《史记·董仲舒传》不载《天人三策》，贾谊与屈原同传，不载《治安》等疏，视《汉书》疏略矣。"（《震泽长语》卷下）梁启超也以为《史记·屈原贾生列传》"不载《治安》等疏"是不对的。他说："《史记》的《屈原贾生列传》对于屈原方面，事迹模糊，空论太多。这种借酒杯浇块垒的文章，实在作的不好。这且勿论。对于贾生方面，专载他的《鹏鸟赋》《吊屈原赋》，完全当作一个文学家看待，没有注意他的政见，未免太粗心了。"他对《史》《汉》进行了比较："《汉书》的《贾生列传》就比《史记》做得好，我们看那转录的《陈政事书》，就可以看出整个的贾谊。像贾谊这样的人，在政治上眼光很大，对封建、对匈奴、对风俗，都有精深的见解。他的《陈政事书》，到现在还有价值。太史公没有替他登出，不是只顾发牢骚，就是见识不到，完全不是作史的体裁。"（《中国历史研究法补编》分论一《人的专史》第三章《做传的方法》，上海书店 1989 年，第 74—75 页）

《史记》"不载《天人三策》"，或许不可以简单地批评其"疏略""粗心"，或者"见识不到"。

汉武帝与董仲舒的"册""对"文书，司马迁以其特殊身份，不会没有看到。然而《史记》不采用董说所谓"今陛下并有天下"，可能作者是有深沉思考的。清代学者何焯《义门读书记》卷一四《史记下》写道："太史公受学于董仲舒。仲舒之学具于《天人三策》，兹不载之。"而班固则"载之"。于是感叹道："同一史也，而立意各殊，不得雷同视之。"

如上文引录，《史记》的《秦始皇本纪》和《李斯列传》两次载李斯语"今皇帝并有天下"，"今陛下并有天下"，体现了对秦史书《秦记》的信赖和尊重（参看王子今：《〈秦记〉考识》，《史学史研究》1997 年第 1 期；《〈史记〉和〈秦记〉的关系》，《月读》2020 年第 5 期）。

后者"今陛下并有天下"与董仲舒语句完全相同。但是李斯所谓

"陛下"是称秦始皇,其说为司马迁所重视。董仲舒所谓"陛下"是称汉武帝,其说不为司马迁采纳。

看来,《史记》作者对于"秦并天下"和"汉并天下"两种说法的态度,区别是鲜明的。有关"秦并天下"言辞的陈说,司马迁反复强调,体现出特别的看重。对于所谓"汉并天下",则保持清醒的态度,并不偷合苟容。我们应当理解这种文字表现形式是一定有政治理念作为意识背景的。很可能司马迁认为,秦实现的统一具有更为重要的历史意义,表现出特别显著的文化影响,真正可以称得上"并天下"。

"好会"：《史记》记述的和平外交

通过政治文化视角，观察国家治理效果，《史记》保留了许多行政史的记录。《史记》专有《十二诸侯年表》，"谱十二诸侯，自共和讫孔子，表见《春秋》《国语》学者所讥盛衰大指著于篇"，记述春秋时期列国"盛衰"的历史。所考察和记述的内容，包括"兴师""讨伐""强乘弱""威而服"的战争场景，也包括"会盟"等外交形式。《史记》又有《六国年表》，同样载录战国时期七雄兼并，"征伐会盟"，即战争史和外交史两方面的内容。在"海内争于战功"之战场角逐的另一面，更有国际外交方面的智慧展示，即所谓"从衡短长之说起"，包括"置质剖符"等形式的运用。"从衡"之说，就是合纵连横之说。"短长之说"，也指论辩技能。《史记·田儋列传》中，太史公曰："蒯通者，善为长短说，论战国之权变，为八十一首。"司马贞《索隐》解释说："言欲令此事长，则长说之；欲令此事短，则短说之。故《战国策》亦名曰'短长书'是也。"所谓"从衡短长之说起"，也是战国外交史的特征之一。"长短""短长"之说，往往显现出高明的智谋和高超的辩才。

一、《史记》"会"的史迹

我们看到，在"春秋无义战"（《孟子·尽心下》），"五霸更盛衰"（《史记·太史公自序》）的东周前期，已经多有"会""盟""会盟"的史事记录。如《史记·秦本纪》记载："（秦桓公）十年，楚庄王服郑，北败晋兵于河上。"随即有"会盟"行为，"当是之时，楚霸，为会盟合诸侯"。"会盟"，经常是成就霸业的标志。随后，秦桓公二十四年（前580），"晋厉公初立，与秦桓公夹河而盟。归而秦倍盟，与翟合谋击晋"。秦桓公与晋人"夹河而盟"之后，随即撕毁盟约，"倍盟"，即背弃外交约定，会同"翟"人合力"击晋"，致使晋军反击。"二十六年，晋率诸侯伐秦，秦军败走，追至泾而还。"所谓"晋率诸侯伐秦"，也应当是经过了"盟"的程序。

在战争激烈的年代，"会盟"的记录也最为频繁。春秋时期，据说"秦僻在雍州，不与中国诸侯之会盟，夷翟遇之"，而到了战国时期，却成为中原会盟的积极参与者。《史记·秦本纪》记载，公元前308年，秦武王表示了"欲容车通三川，窥周室，死不恨矣"的愿望。事又见《史记·樗里子甘茂列传》及《战国策·秦策二》。秦武王于是与甘茂有息壤之盟，促成甘茂艰苦攻伐，占领宜阳。这是秦史中仅见的君臣之盟的史例。

自秦武王时代至战国时期结束，"以至于秦，卒并诸夏"（《史记·太史公自序》），《史记》记载各国间以"会"为基本形式的外交活动多达十九次。这是"会盟"活动最密集的历史时期。十九例中，有十八例都是秦与其他国家"会盟"。如公元前313年秦魏会于临晋。《史记·秦本纪》记载："（秦惠文王更元十二年）王与梁王会临晋。"《史记·六国年表》写道："（魏哀王六年）与秦王会临晋。"《史记·魏世家》："（魏哀王六年）与秦会临晋。"据《史记·秦本纪》和《史记·六国年表》记载，秦国与其他国家的"会"，在公元前313年之后，又有公元前310年秦魏会临晋；公元前308年秦韩会临晋，秦魏会应；公元前304年秦楚会黄棘；公元前302年秦魏会临晋，秦韩会临晋；公元前285年秦楚会宛，秦赵会中阳；公元前284年秦魏会西周宜阳，秦韩会西周新城；公元前283年秦楚会鄢，秦楚会穰；公元前282年秦韩会新城，秦魏会新明邑，秦韩会两周间；公元前279年秦赵会渑池；公元前278年秦楚会襄陵。秦国在外交行动中的活跃，体现出与征战同样的积极性。

对于这些国君"会"的外交记录的理解，与《史记·赵世家》所谓赵武灵王九年（前317）"楚、魏王来，过邯郸"及赵惠文王十六年（前283）"王与赵王遇"等一般性会面或许不同，多有学者称之为"会盟"。如杨宽、吴浩坤主编《战国会要》将这些历史现象系于《礼十一·宾礼·会盟》题下（上海古籍出版社2005年，上册，第192—194页）。这样的认识应当是可以成立的。

二、河洛地区：战国会盟中心

战国晚期，河洛地区成为会盟中心，是值得重视的历史现象。

这一现象发生的重要原因之一，是强大的秦国在向东扩张的进程中，首先将这一地区作为侵吞目标，进而以河洛为兵员和作战物资的基地，向赵、楚、齐、燕等强国进军。河洛地区成为会盟中心，很可能也与周王朝政治权力虽然衰败，但依然存有一定的政治影响有关（王子今：《论战国晚期河洛地区成为会盟中心的原因》，《中州学刊》2006年4期）。

《史记》记录了秦国在战国时期竞争中的强势地位，以及成为河洛地区会盟主角的情形。前引《史记·秦本纪》"秦僻在雍州，不与中国诸侯之会盟"，以及《史记·齐太公世家》所谓"秦穆公辟远，不与中国会盟"的传统已经完全改变。秦国国君频繁出没于河洛地区，成为引人注目的历史现象（参看王子今：《秦国君远行史迹考述》，《秦文化论丛》第8辑，陕西人民出版社2001年）。秦王积极会盟的行为，可以看作秦国在实施战争打击的同时，采用外交方式分化瓦解敌国，同时以"会"作为强化政治威慑、进行心理征服的手段。

三、"唐且"故事

《后汉书·崔骃传》有"唐且华颠以悟秦"之句，回顾了秦史故事。

唐且就是唐睢。李贤注引《战国策》说："齐、楚伐魏，魏使人请救于秦，不至。魏人有唐睢者，年九十余矣，西见秦王。秦王曰：'丈人芒然乃远至此，魏来者数矣，寡人知魏之急矣。'唐且曰：'夫魏，万乘之国也。称东藩者，以秦之强也。今齐、楚之兵已在魏郊矣，大王之救不至，魏急，且割地而约从。是王亡一万乘之魏，而强二敌之齐、楚。'秦王悟，遽发兵救魏。"魏国面临齐楚联军的强攻，求救于秦。秦救兵不至。魏人唐睢见秦王，说以利害关系，秦王被说服，于是发兵救魏。《史记·魏世家》有关于唐睢见秦王的记录："齐、楚相约而攻魏，魏使人求救于秦，冠盖相望也，而秦救不至。"于是唐睢主动请命前往秦国。"魏人有唐睢者，年九十余矣，谓魏王曰：'老臣请西说秦王，令兵先臣出。'魏王再拜，遂约车而遣之。唐睢到，入见秦王。秦王曰：'丈人芒然乃远至此，甚苦矣！夫魏之来求救数矣，寡人知魏之急已。'"唐睢答道："大王已知魏之急而救不发者，臣窃以为用策之臣无任矣。夫魏，一万乘之国也，然所以西面而事秦，称东藩，受冠带，祠春秋者，以秦之强足以为与也。"他强调了魏国和秦国相重相倚的关系，指出魏国之"大急"将增益齐、楚之强，而不利于秦国："今齐、楚之兵已合于魏郊矣，而秦救不发，亦将赖其未急也。使之大急，彼且割地而约从，王尚何救焉？必待其急而救之，是失一东藩之魏而强二敌之齐、楚，则王何利焉？"警告如果"秦救不发"，将导致秦失"东藩之魏"而"齐、楚二敌"得"强"。于是秦昭王紧急发兵救魏，"魏氏复定"。唐睢以九十高龄出使秦国，他和秦王的对话，体现出坚定而灵活的外交家风范。《史记》的相关文字，可以看作上古外交史记录中闪光的一页。

《战国策·魏策四》也有关于唐且让"秦王喟然愁悟，遽发兵，日夜赴魏"，使得"齐、楚闻之，乃引兵而去"，于是"魏氏复全"的记载。唐且另一次和秦王的对话，也记录在《战国策·魏策四》里。这一故事，题为"唐且不辱使命"，列入《古文观止》，又收录在中学语文教科书中，因此为人们所熟悉。《战国策》中的原文，题为《秦王使人谓安陵君》。说秦王派人对安陵君说，我要以五百里地方交换安陵，希望安陵君同意，然而被安陵君拒绝。"秦王使人谓安陵君曰：'寡人欲以五百里之地易安陵，安陵君其许寡人？'安陵君曰：'大王加惠，以大易小，甚善。虽然，受地于先生（王），愿终守之，弗敢易。'秦王不说。"于是，安陵君派遣唐且出使秦国。"安陵君因使唐且使于秦。秦王谓唐且曰：'寡人以五百里之地易安陵，安陵君不听寡人，何也？且秦灭韩亡魏，而君以五十里之地存者，以君为长者，故不错意也。今吾以十倍之地，请广于君，而君逆寡人者，轻寡人与？'唐且对曰：'否，非若是也。安陵君受地于先生（王）而守之，虽千里不敢易也，岂直五百里哉？'"对于这样的回答，秦王很恼怒，以"天子之怒"为恐吓语。"秦王怫然怒，谓唐且曰：'公亦尝闻天子之怒乎？'唐且对曰：'臣未尝闻也。'秦王曰：'天子之怒，伏尸百万，流血千里。'"唐且则以"布衣之怒"回应。"唐且曰：'大王尝闻布衣之怒乎？'秦王曰：'布衣之怒，亦免冠徒跣，以头抢地尔。'唐且曰：'此庸夫之怒也，非士之怒也。夫专诸之刺王僚也，彗星袭月；聂政之刺韩傀也，白虹贯日；要离之刺庆忌也，仓鹰击于殿上。此三子者，皆布衣之士也，怀怒未发，休祲降于天，与臣而将四矣。若士必怒，伏尸二人，流血五步，天下缟素，今日是也。'挺剑而起。秦王色挠，长跪而谢之曰：'先生坐，何至于此，寡人谕矣。夫韩、魏灭亡，而安陵以五十里之地存者，徒以有先生也。'"秦王以"天子之怒"来威胁，可能是外交语言表达的常态；而唐且所谓"布衣之怒""士之怒"，则是针锋相对，表现出勇敢抗击强权的英雄主义气概。应当注意到，秦王和唐且的对话中，都说到"伏尸""流血"，前者说"天子之怒，伏尸百万，流血千里"，后者说"若士必怒，伏尸二人，流血五步，天下缟素"。这种激切的语言表达方式，可能是符合当时外交对话之通常气氛的。

唐且故事列入《说苑·奉使》，被看作"出境可以安社稷利国家者"的外交史典型范例。

四、"好会"：友好的会盟

值得我们特别注意的是，战国时期的"会"中，有特别称为"好会"者。这应当是体现双方友好，会见主题、会谈环境、会话言辞都比较亲切和缓的"会"。

《史记》中几次说到"好会"。

《史记·齐太公世家》记载："（齐景公）四十八年，与鲁定公好会夹谷。"关于这次"好会"，由于与孔子事迹直接相关，《史记·孔子世家》也有记录。太史公写道："定公十年春，及齐平。夏，齐大夫黎鉏言于景公曰：'鲁用孔丘，其势危齐。'乃使使告鲁为好会，会于夹谷。鲁定公且以乘车好往。孔子摄相事，曰：'臣闻有文事者必有武备，有武事者必有文备。古者诸侯出疆，必具官以从。请具左右司马。'定公曰：'诺。'具左右司马。会齐侯夹谷，为坛位，土阶三等，以会遇之礼相见，揖让而登。""会"的正式进程中，出现了争执。"献酬之礼毕，齐有司趋而进曰：'请奏四方之乐。'景公曰：'诺。'于是旍旄羽袚矛戟剑拨鼓噪而至。孔子趋而进，历阶而登，不尽一等，举袂而言曰：'吾两君为好会，夷狄之乐何为于此！请命有司！'有司却之，不去，则左右视晏子与景公。景公心怍，麾而去之。有顷，齐有司趋而进曰：'请奏宫中之乐。'景公曰：'诺。'优倡侏儒为戏而前。孔子趋而进，历阶而登，不尽一等，曰：'匹夫而营惑诸侯者罪当诛！请命有司！'有司加法焉，手足异处。""好会"进行时，竟然发生了流血事件。"景公惧而动，知义不若，归而大恐，告其群臣曰：'鲁以君子之道辅其君，而子独以夷狄之道教寡人，使得罪于鲁君，为之奈何？'有司进对曰：'君子有过则谢以质，小人有过则谢以文。君若悼之，则谢以质。'于是齐侯乃归所侵鲁之郓、汶阳、龟阴之田以谢过。"这是一次著名的外交会见。由于孔子有突出的表现，被看作具有标志性意义的外交之"会"。孔子以看来颇为偏执矫情的言辞宣传"君子之道"，强调这一原则在礼仪形式方面的约束作用。他在"会遇之礼""献酬之礼"之外，就"乐""戏"表演的风格和形式提出了强烈的抵制意见，改变了"会"的气氛环境，致使齐景公"惧而动，知义不若，归而大恐"。齐景公自以为"有过"，甚至退还了侵占鲁国的领土以"谢过"。

《汉语大词典》解释"好会"："指诸侯间友好的会盟。"（罗竹风主编，汉语大词典出版社 1989 年，第 4 卷，第 291 页）《大辞海》解释为"诸侯间友好的会盟"（夏征农、陈至立主编，上海辞书出版社 2015 年，第 1275 页），又《中文大辞典》谓"和好之会也"（中文大辞典编纂委员会编纂，中国文化研究所 1968 年，第 3542 页）。书证都是《史记·孔子世家》以及晚于《史记》的《说苑·奉使》。

从"以会遇之礼相见，揖让而登"，"献酬之礼"等仪程，以及"奏四方之乐""奏宫中之乐"等安排看，"好会"通常应当营造亲和的气氛。"鲁定公且以乘车好往"，大约在孔子建议"请具左右司马"之前，准备以更随意的方式赴会。由于孔子对"君子之道"的坚持，竟然令"好会"的发起者齐景公"惧""恐"不安。"好会"的效应看来并没有实现。史家记述此事，肯定孔子坚守自己的文化原则。但是我们对于"好会"本来的情境，只能通过片段的记录进行推想。孔子斥责"旍旄羽被矛戟剑拨鼓噪而至"的"四方之乐"："吾两君为好会，夷狄之乐何为于此！"对于"奏宫中之乐"，"优倡侏儒为戏而前"，孔子更激愤而言："匹夫而营惑诸侯者罪当诛！"于是在"会"的现场执法，致"手足异处"。

《史记》记载的齐景公与鲁定公"好会夹谷"之事，《春秋·定公十年》只说"会"。《左传·定公十年》也没有出现"好会"一语。孔子言辞中所谓的"好会"，《左传·定公十年》孔子只有"两君合好"语。《论语·八佾》也仅见"邦君为两君之好"的说法。连《孔子家语》也没有此说。孔子言"吾两君为好会"，仅见于《史记·孔子世家》，是值得注意的。《论语·八佾》"邦君为两君之好"，朱熹集注："好，谓好会。"宗福邦、陈世铙、萧海波主编《故训汇纂》用此说。所列注项："好，谓好会。"引证书例即《论语·八佾》朱熹集注（商务印书馆2003年，第508页）。而朱熹理解《论语·八佾》"邦君为两君之好"之"好"即"好会"，应当是参考了《史记·齐太公世家》和《史记·孔子世家》有关"好会"的文字。

《史记·楚世家》还记录了两次楚王与秦王的"好会"："十四年，楚顷襄王与秦昭王好会于宛，结和亲。"两年之后，"（楚顷襄王）十六年，与秦昭王好会于鄢"。

《说苑·奉使》："晋楚之君相与为好会于宛丘之上。"此事不见于《史记》。这是《史记》之后的历史文献使用"好会"一语的典型例证。所谓晋楚"好会于宛丘"事，未见于可靠史籍的记载，清人陈厚耀《春秋战国异辞》卷二六"杂录"条引录《说苑·奉使》这一故事，与多例"宋人善辩"等"宋之愚人"传说并列，或可视作寓言。王利器辑"历代笑话"，在《历代笑话集续编》中列入《宋人愚事录》。《〈历代笑话集续编〉前言》中，王利器指出"笑话这种文艺形式"之"滥觞"，即"战国以来诸子中有关宋人的讽刺小品"，亦有见于"典籍记载"者。清人王棠《燕在阁知新录》卷二七"打碟"条说："《宛丘》曰'坎其击缶'，秦赵会渑池，秦王击缶击瓯，盖'击缶'之遗事也。"《诗·陈风·宛丘》："坎其击缶，宛丘之道。"孔颖达疏已经与"《史记》蔺相如使秦王鼓缶"相联系。这一联想，也支持《说苑·奉使》中晋楚"好会于宛丘"之事只是寓言的推定。

大致可以说，"好会"语词很可能是《史记》的创制，也为太史公习用。所谓"好会"，透露出太史公的和平意识。作为对战国时期复杂的军事外交形势非常熟悉的史学家，"好会"一语的使用，也体现出他对成熟的外交理念、深度的外交智慧和灵活的外交技巧的肯定。

五、秦赵渑池"好会"

《史记》中记录的另一次著名的"好会"，是秦王与赵王间的渑池之会。以此为背景，发生了蔺相如维护国家声誉的故事。

在蔺相如"完璧归赵"的故事发生之后，"秦伐赵，拔石城。明年，复攻赵，杀二万人"。随后，秦王主动提出与赵王"好会"。《史记·廉颇蔺相如列传》记载，"秦王使使者告赵王，欲与王为好会于西河外渑池"。赵王心怀畏惧，不愿赴会。而朝中文武重臣廉颇、蔺相如商议道："王不行，示赵弱且怯也。"赵王于是启程，蔺相如随行。廉颇送至边境，与赵王诀别。廉颇说："王行，度道里会遇之礼毕，还，不过三十日。三十日不还，则请立太子为王，以绝秦望。"商定接应回程的时间，并提出万一"不还"则立太子为王的预案，得到赵王的应允。

"遂与秦王会渑池。秦王饮酒酣，曰：'寡人窃闻赵王好音，请奏瑟。'赵王鼓瑟。秦御史前书曰'某年月日，秦王与赵王会饮，令赵王鼓瑟'。蔺相如前曰：'赵王窃闻秦王善为秦声，请奏盆缻秦王，以相娱乐。'"秦王恼怒，不许。"于是相如前进缻，因跪请秦王。秦王不肯击缻。相如曰：'五步之内，相如请得以颈血溅大王矣！'左右欲刃相如，相如张目叱之，左右皆靡。于是秦王不怿，为一击缻。"蔺相如随即要求赵国御史将其作为史实予以记录："相如顾召赵御史书曰'某年月日，秦王为赵王击缻'。"蔺相如的机智和强硬，还表现在后来的辩争中。"秦之群臣曰：'请以赵十五城为秦王寿。'蔺相如亦曰：'请以秦之咸阳为赵王寿。'"一直到会面结束，"秦王竟酒，终不能加胜于赵"。同时，廉颇的高戒备防卫，也起到保障君臣和国家安全的作用。"赵亦盛设兵以待秦，秦不敢动。"

会见的约定，"秦王使使者告赵王，欲与王为好会于西河外渑池"。而渑池之会的细节告诉我们，"好会"的通常程式有"会饮""饮酒酣"等情节。而"鼓瑟""击缻"的音乐演奏，可能也是惯常节目。渑池"好会"或许可以看作一件外交史的标本。大概所谓"怒",所谓"欲刃",所谓"张目叱之"等情感动作表现,只是"好会"进行的异常情态。

所有的外交之"会",可能双方都一心追求"加胜于"对方。面对秦国的军事强势,蔺相如智勇兼备,捍卫了国家尊严,也维护了国家利益。

当然,秦王发起"好会","欲与王为好会于西河外渑池",然而"秦御史前书曰'某年月日,秦王与赵王会饮,令赵王鼓瑟'",显现欺凌行为;但蔺相如机智应对,"竟酒,终不能加胜于赵",这些脸谱化的历史形象的生成,或许与秦短祚因而后世批评秦的历史声响分贝值甚高有关。

六、史学用语中"好会"的淡出

"好会"一语的使用,在后来的正史记录中罕见其例。

在《史记》之后浩瀚如海的正史文献中,仅《晋书》一见,《明史》一见。

《晋书·文苑传·应贞传》:"顺时贡职,入觐天人。备言锡命,羽盖朱轮。贻宴好会,不常厥数。""发彼互的,有酒斯饫。"这是在晋武帝"于华林园宴射"时所赋诗句,与作为外交方式的"会"全然无关。此"好会",《汉语大词典》解释为"泛指盛会"(罗竹风主编,汉语大词典出版社 1989 年,第 4 卷,第 291 页)。而《明史·外国列传一·朝鲜列传》:"将士分道进兵,刘綎进逼行长营,约行长为好会。"此处"好会"一语的使用看来大致与《史记》相同。《明史》文例,可以看作对《史记》行文习惯的继承。

但是,在海量的主流史学记叙中,"好会"一词受到长期冷遇,似乎已经表明它被排斥在史学通行语之外的事实。"好会",或许可以看作太史公带有鲜明独特意识倾向、风格新异的专门用语,可以看作太史公史学个性的一个标志。

《说苑·奉使》："晋楚之君相与为好会于宛丘之上。"或读作："晋、楚之君，相与为好，会于宛丘之上。"（赵善诒疏证：《说苑疏证》，华东师范大学出版社 1985 年，第 335 页）"好会"已经被释读者拆解。我们还看到，一些常用工具书，如上海辞书出版社《辞海》（2009 年）、商务印书馆《辞源》（2015 年）、三民书局《大辞典》（2000 年）等均不列"好会"这一词条。可知它已基本退出社会应用，人们对这一语汇逐渐生疏。这样说来，关注《史记》中使用"好会"一语的宝贵文献史料，对于从外交史的视角考察和理解司马迁的思想和《史记》的内涵，是有特别的积极意义的。

《史记》记录的帝王身体史信息

《史记》作为自五帝时代至汉武帝时代的一部通史，承载的历史信息十分丰富。其中以战国秦汉历史的记述信息最为完备，线索最为复杂，笔调最为生动，内容最为多彩。尽管多有学者称颂《史记》表现出来的人民性、底层立场与平民视角，但是，身为帝制时代的历史学者，太史公不能不以较多的笔墨描画执政者的政治表现。《史记》的笔法，与后世正史作者书写帝王"家谱"式的政治史记述明显不同。《史记》中有关帝王体貌音声等身体特征的文字，包含着现今颇受关注的所谓"身体史"的相关信息，值得读者和史学研究者注意。

一、秦王政"蜂准，长目""豺声"

秦王（嬴）政接受李斯的建议，废止逐客令后，大梁人尉缭参与到秦的高层决策中。尉缭提出"赂其豪臣，以乱其谋，不过亡三十万金，则诸侯可尽"的策略，为秦王政所采纳。秦王对尉缭非常恭敬，允许其衣食消费规格与自己等同。然而尉缭对秦王政有这样的评价："秦王为人，蜂准，长目，挚鸟膺，豺声，少恩而虎狼心，居约易出人下，得志亦轻食人。我布衣，然见我常身自下我。诚使秦王得志于天下，天下皆为虏矣。不可与久游。"他察知秦王虽然待自己平易谦和，但"得志"后就会暴露其"虎狼心"，以为不可以与之长久相处。所谓"蜂准，长目，挚鸟膺，豺声"，形容的是秦王政的相貌、体态和音声。裴骃《集解》引徐广曰："蜂，一作'隆'。"张守节《正义》也说"蜂准"就是"高鼻也"（《史记·秦始皇本纪》）。

《史记·楚世家》写道："商臣蜂目而豺声，忍人也。"裴骃《集解》："服虔曰：'言忍为不义。'"所谓"忍为不义"，是说口语声音的这种特点表现出性格与德行双重的恶劣。"蜂目""豺声"为后代史家所袭用，《晋书·王敦传》有"蜂目已露，但豺声未振，若不噬人，亦当为人所噬"的政治评价。《晋书·沈充传》记载："蜂目既露，豺声又发，擅窃国命，杀害忠良。"《晋书·王弥传》说："少游侠京都，隐者董仲道见而谓之曰：'君豺声豹视，好乱乐祸，若天下骚扰，不作士大夫矣。'"此处"豺声"没有明显的贬义，但是"好乱乐祸"表现出的心理倾向是其志在于"噬人"，在于"天下皆为虏"。又，《南齐书·高帝纪上》说沈攸"蜂目豺声"。《陈书·始兴王陈叔陵传》说陈叔陵"蜂目豺声"。《魏书·孝庄纪》记载："曾未崇朝，豺声已露。"《魏书·景穆十二王传·城阳王长寿传》记载："城阳本自蜂目，而豺声复将露也。"《魏书·李苗传》记载："城阳蜂目先见，豺声今转彰矣。"《隋书·王充传》记载："充卷发豺声，沉猜多诡诈。"《北史·王世充传》记载："世充卷发豺声，沉猜多诡诈。"这些是后世史家描述反面政治人物所使用的语言，说明《史记》始创的这种笔法得以继承。

郭沫若作为有学医经历的历史学者，曾对《史记》的相关记述有所分析。他认为，这些文字都是对"肉体方面"的"缺陷"以及"生理上的残缺"的揭示。"'挚鸟膺'，现今医学上所说的鸡胸，是软骨症的一种特征。'蜂准'应该就是马鞍鼻，'豺声'是表明有气管炎。软骨症患者，骨的发育反常，故尔胸形鼻形都呈变异，而气管炎和气管枝炎是经常并发的。有这三种征候，可以下出软骨症的诊断。"郭沫若又说："因为有这生理上的缺陷，秦始皇在幼时一定是一位可怜的孩子，相当受了人的轻视。""这样身体既不健康，又受人轻视，精神发育自难正常。""'少恩而虎狼心'，便是这种精神发展的表征。"（《吕不韦与秦王政的批判》，《十批判书》，人民出版社1954年，第424页）这样的理解，与有些学者的判断完全不同。翦伯赞在《秦汉史》中写道："他并不如后世所想象的他是生长着一幅严肃得可怕的面孔，假如他多少有些母亲的遗传，他应该是一位英俊而又漂亮的青年。"翦伯赞随即引用了《史记·秦始皇本纪》记述的尉缭关于"秦王为人"的这段评断，他甚至认为"秦王"的相貌与其统一大业的成功有关："即因他的英俊，所以他才能运用商人地主的力量，完成统一中国的伟业。"（《秦汉史》，北京大学出版社1983年，第49页）这种意见，当然推想的成分比较多。

二、关于"挚鸟膺"

郭沫若解说"鸷鸟膺"，以为就是现今医学上所说的鸡胸，是软骨症的一种特征。所谓"挚鸟膺"，张守节《正义》解释说："鸷鸟，鹘。膺突向前，其性悍勇。"看来也是形容性格"悍勇"的体态表征。以"鸷鸟"为喻，使我们联想到秦人先祖神话中有关"鸟"的情节。

《史记·刺客列传》中可以看到战国时人"雕鸷之秦"的说法，其实可以与"虎狼之秦"联系起来理解。郭嵩焘《史记札记》关于《秦始皇本纪》记述"秦王初并天下"之后指示"议帝号"之事，回顾了自秦王政十七年（前230）至二十六年（前221）的统一战争，称其"历叙兼并六国情事，雄直高简，足见鹰扬虎视之概"。所谓"鹰扬虎视"之"鹰扬"，也用"雕鸷""虎狼"禽兽之喻形容秦国的凌厉攻势。

据《史记·楚世家》记载，楚人有"秦为大鸟"的比喻，称其"负海内而处，东面而立，左臂据赵之西南，右臂傅楚鄢郢，膺击韩魏，垂头中国，处既形便，势有地利，奋翼鼓翅，方三千里"。这种说法得到了后世学者的继承。张衡《东京赋》有"嬴氏搏翼，择肉西邑"及"秦政利嘴长距，终得擅场"的语句，也以猛禽比喻秦的军事强势。王安石《秦始皇》诗突出强调了"鸷鸟膺"："天方猎中原，狐兔在所憎。伤哉六屠王，当此鸷鸟膺。搏取已扫地，翰飞尚凭凌。""鸷鸟膺"作为代表秦王的符号，在诗中成为秦军无敌、强势的象征，形容秦的统一战争实际上使"中原"成为"猎"场。"鸷鸟""翰飞""凭凌"，"搏取""扫地"，以强大的军事优势成就了一统。

从这一视角理解司马迁记录的尉缭"挚鸟膺"语，可以注意到政治军事局势的背景。而对于秦皇英雄主义的精神气质，也可以有所体会。

三、刘邦的"七十二黑子"

汉朝的创建者刘邦的容貌体态，《史记·高祖本纪》中有相关记述："高祖为人，隆准而龙颜，美须髯，左股有七十二黑子。"所谓"隆准而龙颜，美须髯"，当然可以理解为称颂刘邦君权神授的政治宣传。张守节《正义》引《合诚图》以为赤帝"龙颜"之相："《合诚图》云：'赤帝体为朱鸟，其表龙颜，多黑子。'"《史记·留侯世家》记载张良对刘邦的评价："沛公殆天授。"韩信也曾当面对刘邦说："陛下不能将兵，而善将将，此乃信之所以为陛下禽也。且陛下所谓天授，非人力也。"（《史记·淮阴侯列传》）"天授"，体现了刘邦的臣下对刘邦政治资质的肯定。"天授"或许为当时人的习用语。周昌为代王刘恒入长安议："夫以吕太后之严，立诸吕为三王，擅权专制，然而太尉以一节入北军，一呼士皆左袒，为刘氏，叛诸吕，卒以灭之。此乃天授，非人力也。"（《史记·孝文本纪》）《史记·封禅书》记载见"太一"之礼："天始以宝鼎神策授皇帝，朔而又朔，终而复始，皇帝敬拜见焉。"又写道："天子亲至泰山"，"祠上帝明堂，毋修封禅。其赞飨曰：'天增授皇帝太元神策，周而复始。皇帝敬拜太一。'"《史记·孝武本纪》有大致相同的记载，司马贞《索隐》："案：荐飨之辞言天授皇帝泰元神策，周而复始。"这里所谓"天始以宝鼎神策授皇帝""天增授皇帝太元神策"，也是具体的"天授"。司马迁自己也使用"天授"一词，如《史记·傅靳蒯成列传》："太史公曰：阳陵侯傅宽、信武侯靳歙皆高爵，从高祖起山东，攻项籍，诛杀名将，破军降城以十数，未尝困辱，此亦天授也。"

"赤帝"神话的生成，出自刘邦建国史上的重要情节，即斩蛇泽中的故事。据《史记·高祖本纪》记载，刘邦以亭长的身份押送修秦始皇陵的劳役人员前往郦山，途中服劳役者多逃亡。刘邦估计抵达郦山时这些劳役者大概都会逃走，于是到丰西泽中，停留饮酒，入夜，"解纵所送徒"。刘邦说："公等皆去，吾亦从此逝矣！"徒中壮士愿追随者十余人。刘邦酒后，夜行泽中，前行者还报："前有大蛇当径"，不如返还。刘邦醉言："壮士行，何畏！"于是前行，拔剑击斩蛇。后人来到蛇断为两节的地方，"有一老妪夜哭。人问何哭，妪曰：'人杀吾子，故哭之。'人曰：'妪子何为见杀？'妪曰：'吾子，白帝子也，化为蛇，当道，今为赤帝子斩之，故哭。'"后人将此事告知刘邦，刘邦"乃心独喜，自负"。"诸从者日益畏之。"刘邦能在"诸从者"中树立政治威望，正是由于"赤帝子"神话的传播。这种在起事之前进行舆论准备的方式，也见于《史记·陈涉世家》"丹书帛曰'陈胜王'"及"狐鸣呼曰'大楚兴，陈胜王'"的故事。对于陈胜、吴广制造舆论的策划与实施，《史记》进行了如实记录。刘邦泽中夜行，"大蛇当径"，"拔剑击斩蛇"的情形，被"从者"渲染，附加了"老妪夜哭"，言白帝子"为赤帝子斩之"的情节，司马迁将其写入《史记》，却未能揭穿，或许是因为斩蛇的行为已被看作刘邦帝业神圣起始的标志，而无可动摇。

关于《史记·高祖本纪》所说"左股有七十二黑子"，张守节《正义》："按：左，阳也。七十二黑子者，赤帝七十二日之数也。木火土金水各居一方，一岁三百六十日，四方分之，各得九十日，土居中央，并索四季，各十八日，俱成七十二日，故高祖七十二黑子者，应火德七十二日之征也。"又说："许北人呼为'黡子'，吴楚谓之'志'。志，记也。"通常所谓"痦子"或"痣"的皮肤异常现象，被解释为"赤帝七十二日之数也""应火德七十二日之征也"，这样的说法，司马迁应当是不同意的。张守节《正义》又引《河图》云："帝刘季口角戴胜，斗胸，龟背，龙股，长七尺八寸。"这样的说法，是对"隆准而龙颜，美须髯，左股有七十二黑子"的补充。这些关于刘邦"异相"的描述，未见于《史记》，我们不清楚其来由。所谓"斗胸"就是"突胸"，与前所说"膺突向前"语义接近。

关于刘邦的"相"，《史记·高祖本纪》中还有两段记载。一是吕后的父亲对刘邦的判断："吕公者，好相人，见高祖状貌，因重敬之，引入坐。"酒后，吕公私下对刘邦说："臣少好相人，相人多矣，无如季相，愿季自爱。臣有息女，愿为季箕帚妾。"二是一位曾经"相吕后"的"老父"对刘邦人生前景的预言："君相贵不可言。""相人"，是当时社会盛行的数术。《史记·淮阴侯列传》中提到"相人之术"，《史记·游侠列传》中也提到"善相人者"，都说明这一技能有社会需求，也有社会影响。

刘邦"七十二黑子"事，史家应该得自传闻。从"天授"一语的使用习惯来看，司马迁大概在一定程度上是相信天命气运作为历史条件的意义的，他大概也相信有些政治人物的特殊秉性在政治中的作用。但《史记》的记述风格表明，作者比较清醒的历史理解与"七十二黑子"即"赤帝七十二日之数也""应火德七十二日之征也"等说法，有着鲜明的界限。

四、霸王"重瞳"

《史记·五帝本纪》说到舜帝有"重华"名号："虞舜者，名曰重华。"何以称"重华"？张守节的《正义》解释说，原因在于他的眼睛各有两个瞳孔："目重瞳子，故曰重华。"《史记·项羽本纪》说项羽也是"重瞳子"："太史公曰：吾闻之周生曰'舜目盖重瞳子'，又闻项羽亦重瞳子。羽岂其苗裔邪？何兴之暴也！"暗示项羽的事业成就和他与众不同的"重瞳"有关。《论衡·骨相》："项羽重瞳，云虞舜之后，与高祖分王天下。"《论衡·奇怪》："项羽重瞳，自知虞舜苗裔也。"直接论定项羽就是"虞舜苗裔"。

汉代民间以为"重瞳"异相，表现出的是政治资质之高。《焦氏易林》中《泰·既济》说："重瞳四乳，聪明顺理。无隐不形，微视千里。灾害不作，君子集聚。"

我们今天还不大清楚从眼部生理学和眼科医学的角度应该怎样准确理解和定义"重瞳"。有人说即"双瞳"或称"多瞳症"。但是，这种现象似乎古代文献中屡有记载。如《论衡·讲瑞》："虞舜重瞳，王莽亦重瞳。"《晋书·吕光载记》："目重瞳子。"《梁书·沈约传》："约左目重瞳子。"《隋书·鱼俱罗传》说："俱罗相表异人，目有重瞳。"《明史·明玉珍传》："身长八尺余，目重瞳子。"宋人费衮《梁谿漫志》卷七"诗人咏史"条写道："青社许表民读《项羽传》作诗云：'眼中漫说重瞳子，不见山河绕雍州。'其识见亦甚高远。"诗句惋叹项羽拒绝定都关中的建议，"眼中漫说重瞳子"句，似是说"重瞳子"观察世事，本来应当更加清明雪亮。

《隋书·鱼俱罗传》记载，鱼俱罗因"目有重瞳"，"阴为帝之所忌"。"重瞳"被视为具有潜在政治威胁的"相表"。《新五代史·梁家人传·康王友孜传》："康王友孜，目重瞳子，尝窃自负，以为当为天子。""重瞳"导致"自负"，滋生野心，产生"以为当为天子"的错觉。由此可知，不少人以为"重瞳"是预示政治成功的异相。正如元人谢应芳《辨惑编》卷三《相法》引录的说法，"世俗所谓骨相之至贵者，宜莫如秀眉、重瞳、龙颜、凤姿也"。

但是也有视"重瞳"为恶相的。明人周琦《东溪日谈录》卷七《出处谈》写道："时之所尚，以为贤者巧言论、美容止也。孔子之所不取者也。苟言论容止足贤焉，皋陶马口，面如削瓜，尧何用之？舜目重瞳，其身甚短，尧何荐之？禹耳三漏，面黧色，而步不相过，尧舜何用之，且荐于天？""舜目重瞳"被理解为与容貌丑恶、身形残坏类同。

清儒李光地《榕村语录》卷二一《史》说："凡文字不可走了样子，《史记》创一个样，后来史书便依他。""司马子长笔力，周衰诸子不及也。其文浑浑噩噩，结构处大，人莫知所措置。昌黎较周密，论笔气，到底史公高。班孟坚得刘向、扬雄、班彪诸人讲贯议论，意理自较完备，笔力却不及史公。"但是他对《史记》"重瞳"之说却有批评："班马史赞，议论亦多不错。班固《扬雄赞》褒贬俱当。司马《项羽赞》突以重瞳，为舜'苗裔'，殊无脉理。至结末，论自不刊。"所谓"突以重瞳，为舜'苗裔'，殊无脉理"，是说文气"脉理"不顺畅，"论自不刊"者，也肯定"褒贬俱当"。

《史记》关于项羽"重瞳"的记述，产生了深刻而长久的历史文化影响。唐李白《登广武古战场怀古》诗："秦鹿奔野草，逐之若飞蓬。项王气盖世，紫电明双瞳。呼吸八千人，横行起江东。"宋辛弃疾《浪淘沙·赋虞美人草》："不肯过江东，玉帐匆匆。只今草木忆英雄。唱着虞兮当日曲，便舞春风。　儿女此情同，往事朦胧。湘娥竹上泪痕浓，舜盖重瞳堪痛恨，羽又重瞳。"唐诗宋词中这样的杰作，都是正面解说"重瞳"的，并将其与圣王明智、英雄豪气、儿女纯情联系起来唱诵。

金人王若虚以为司马迁有关"重瞳"的文字"议论不当"，有"陋哉此论"的批评："人之形貌，容有偶相同者。羽出舜后千有余年，而独以此事，遂疑其为苗裔，不亦迂乎？……迁轻信爱奇，初不知道，故其谬妄每如此。后世状人君之相者，类以舜瞳为美谈，皆史迁之所启。而后梁朱友敬自恃重瞳，当为天子，因作乱而伏诛，亦本此之误也。悲夫！"（《滹南遗老集》卷一二《史记辨惑》"议论不当辨"条）其实，司马迁关于项羽"舜"之"苗裔"之说，只是偶然推想，未必"轻信爱奇"。他笔下之"重瞳子"，或许只是赞叹项羽"何兴之暴也"而借用的话题。

五、"相人"故事：吕后和她的子女

吕后和她的子女一同参与田间劳作的故事，被看作妇女与未成年人农耕实践的史例。相关记载见于《史记·高祖本纪》："吕后与两子居田中耨，有一老父过请饮，吕后因铺之。"吕后从事作物田间管理时，有"老父过"，吕后给他饮食。"老父相吕后"，称其"天下贵人"，"相"后来的汉惠帝刘盈，说吕后将因"此男"而贵。相女儿即后来的鲁元公主，也有"贵"的判断。刘邦追问"老父"，得到了方才所相"夫人婴儿皆似君"，而"君相贵不可言"的评价。有学者分析，从这一故事可以看到，"相人术扮演着为汉代的皇帝涂饰一层神圣性色彩的功能"。政治文化的时代特色之一，即"汉人可以从体相的角度去神圣化他们的皇帝"（祝平一《汉代的相人术》，台湾学生书局 1990 年，第 113 页）。

关于吕后及其子女"大贵"之"相"的故事，说明当时社会风习中"相人"之术的普及。《史记》中其他一些记述，也可以反映这一情形。战国以来，"相"术大盛。《史记·平原君虞卿列传》说，平原君赵胜自称"胜相士多者千人，寡者百数，自以为不失天下之士"。《太平御览》卷三六四引《春秋后语》，说平原君根据白起相貌"小头而锐，瞳子白黑分明，视瞻不转"，于是判断他"断敢行""见事明""执志强""可与持久，难与争锋"。这段文字不见于今本《史记》。而《史记》中大家所熟悉的"相人"故事，除"吕公相刘邦"，"老父相吕后"及其一家外，还有许负"相薄姬，云当生天子"（《史记·外戚世家》）；许负相周勃，指其口曰"有从理入口，此饿死法也"，预言周勃"饿死"（《史记·绛侯周勃世家》）；唐举"相李兑，曰'百日之内持国秉'"（《史记·范雎蔡泽列传》）；"（英布）少年，有客相之曰'当刑而王'"（《史记·黥布列传》）；卫青"人奴之生"，"有一钳徒相青曰：'贵人也，官至封侯'"（《史记·卫将军骠骑列传》）；"善相者相（邓）通，曰'当贫饿死'"（《史记·佞幸列传》）等。此外，还可见可能是后世窜入的文字，如"宣帝未立时，……卜相者言当大贵"（《史记·建元以来侯者年表》）。

汉代专职"相人"者，称"相工"，也有"善相工"。其事迹见于《史记·张丞相世家》。

六、"非常之人""非常之功"

《史记·留侯世家》说，我以为张良其人应当"魁梧奇伟"，看到他的画像，竟然"状貌如妇人好女"。孔子说："以貌取人，失之子羽。"《史记·陈丞相世家》说陈平体貌，"为人长大美色"。有人问他说：你这样的贫苦人，吃的什么竟然胖成这样？"渡河，船人见其美丈夫独行，疑其亡将"，腰间应当藏有金玉宝器，凝目注视，有杀害之心。陈平恐惧，于是脱掉衣服裸身帮助船人撑船。"船人知其无有，乃止。"《史记·淮阴侯列传》说，"（韩信）坐法当斩，其辈十三人皆已斩"，轮到韩信时，"信乃仰视，适见滕公，曰：'上不欲就天下乎？何为斩壮士！'滕公奇其言，壮其貌，释而不斩"。韩信"其貌"不凡，使得他免除死亡。这些关于汉初将相"身体""状貌"的故事，其事业卓然是否与体态"奇伟"有必然关系？司马迁似乎只是客观记述，并没有进一步议论。

《史记·司马相如列传》记载了这样一段话："盖世必有非常之人，然后有非常之事。有非常之事，然后有非常之功。非常者，固常人之所异也。"历史人物的"身体"，包括形貌、特征和技能，也是一种历史迹象。他们的"身体"是否"非常"，是否"常人之所异"？这种"非常"是否与"非常之事""非常之功"有必然的关系？司马迁的认识不能跳脱当时社会观念的基点，但他的思考体现了探索历史真实的精神追求。《史记》中关于身体史的相关文字，可以为后世读史者提供有意义的启示。

"谣""谚"：《史记》的民间舆论关注

《史记·五帝本纪》中，太史公自述在各地考察"五帝"传说的情形："余尝西至空桐，北过涿鹿，东渐于海，南浮江淮矣，至长老皆各往往称黄帝、尧、舜之处，风教固殊焉……"又对照文献记载，以为"书缺有间矣，其轶乃时时见于他说"。于是感叹："非好学深思，心知其意，固难为浅见寡闻道也。"可见，司马迁的史学调查和史学思考，非常重视对民间口述资料中文化信息的采集。司马迁所关心的，还有"谣""谚"。

民谣是民众心声的自然流露。民谚是社会感知、劳动智慧与生活经验的精彩总结。民间流传的谣谚因此具有了作为社会史料和风俗史料的宝贵价值。《史记》重视民间"谣""谚"，与严肃郑重的历史记录相结合，在很大程度上保留了史学记述的真实性。而对社会舆论的重视，也表现出史家的卓越识见。

翦伯赞说："司马迁不朽"，"表现于他的眼光能够投射到历史上的社会的每一个侧面"，"投射到社会的每一个阶级"（《中国历史学的开创者司马迁》，《中国青年》1951 年总 57 期）。对于社会底层群众语言遗存如"谣""谚"之文化意义的发掘，也是"司马迁不朽"的表现之一。侯外庐说："特别应该指出的是，司马迁在他的著作中，大量地记录了普通人民的生活，这正表现了司马迁是把人民的生活作为历史主体和研究对象的。这是一个史无前例的贡献。"（《司马迁著作中的思想性和人民性》，《人民日报》1955 年 12 月 31 日第 3 版）对于普通百姓的精神生活，包括文化倾向、社会感觉、思想情趣、语言方式的"记录"，也同样重要。《史记》这样的"记录"，借助民间"谣""谚"，保留了历史文化的生动与真切。

民间"谣""谚"多有反映当时社会政治生活的内容。这种文化遗存可以比较真实地透露出社会层面的政治倾向和态度。《史记》中的相关记述，使得我们可以切近社会下层民众的历史意识，也为人们认识当时的社会政治文化风貌，打开了一扇视窗。

《史记·项羽本纪》记述范增与项梁策划立楚怀王时，有这样的政治形势分析："夫秦灭六国，楚最无罪。自怀王入秦不反，楚人怜之至今，故楚南公曰'楚虽三户，亡秦必楚'也。"南公，裴骃《集解》引文颖曰："南方老人也。"这一楚地民谣，表达出当地民众在秦王朝沉重压迫下的反抗意识。"亡秦必楚"之说的广泛传诵，又成为鼓动楚人奋起抗击秦政的口号。联想以后的历史进程，人们不得不为"南方老人"准确的历史预见而惊异。

"汉兴，扫除烦苛，与民休息"（《汉书·景帝纪》），或说"汉兴之初，反秦之敝，与民休息，凡事简易，禁罔疏阔，而相国萧、曹以宽厚清静为天下帅"（《汉书·循吏传》），实现了汉初民生平和、经济复苏的局面。《史记·曹相国世家》记述萧何去世后，曹参继任相国，百姓歌之曰："萧何为法，顜若画一。曹参代之，守而勿失。载其清净，民以宁一。"这一民间歌谣，反映了当时社会对执法严明、政策稳定的"清净"风格的满意度。

因为谣谚的传诵者多是下层民众，其内容对社会现实生活的表现比较真切。

《史记·高祖本纪》记载了汉王朝建国历程中的故事。刘邦受封汉中王，率众至南郑，"士卒皆歌思东归"。陈直曾指出，当时士卒所歌即《汉铙歌十八曲》中之《巫山高》篇（《史记新证》，天津人民出版社1979年，第30页）。陈直《汉铙歌十八曲新解》又写道："此篇疑描写汉高祖都南郑时军士思归之情，属于军乐类。""楚汉战争时，高祖所用，多丰沛子弟，久战思归，见于《汉书·韩信传》。其时都于南郑，属于巴蜀地区，故歌曲以巫山为代表，与淮水互相对照。后高祖初拟都洛阳时，军士皆欲东归，皆与此诗可以互证。"（《文史考古论丛》，天津古籍出版社1988年，第76—77页）汉军士卒歌谣中所体现的期求安定的意愿，推动了"汉并天下"的历史进程。而《史记·高祖本纪》记载，刘邦在"天下大定"之后，即令"兵皆罢归家"，也说明这位汉王朝的开国君主对战乱之中"远道之人心思归"（《汉铙歌十八曲·巫山高》）的情绪是有切实了解的。也就是说，"士卒皆歌思东归"，深深打动了政治家刘邦。

在社会阴暗现象发生并日趋严重、可能导致政治危机时，民间谣谚常常可以敏锐地反映民情的不平和怨愤。《史记·佞幸列传》全篇警示政治生活中的人才政策，最后写道："太史公曰：甚哉爱憎之时！弥子瑕之行，足以观后人佞幸矣。虽百世可知也。"借用卫灵公之臣"弥子瑕"的故事，指责帝王"爱憎"之个人情感导致"佞幸"得势的"百世"弊病。而开篇即引录民谚，以为真切反映了当时的实际情况："谚曰：'力田不如逢年，善仕不如遇合。'固无虚言。非独女以色媚，而士宦亦有之。"民谚原本的语意，是说辛苦耕作不如遭逢年景的风调雨顺，善于行政不如得遇君王的发现赏识。太史公以为"固无虚言"。所谓"善仕不如遇合"，其实是政坛习见的情形。当时士人都期望这种"遇合"。董仲舒、司马迁都曾作赋，就"士不遇"发表了感叹。《艺文类聚》卷三〇可见"汉董仲舒《士不遇赋》"和"汉司马迁《悲士不遇赋》"。对于"谚"之含义的引申，说"非独女以色媚，而士宦亦有之"，指出了官场上非因"善仕"而以"媚"得升迁的现象。

二、"谣""谚"反映的社会经济

民间"谣""谚"是人民群众在劳动生产之余创作而咏诵的，因此能够比较直接而真实地反映当时的社会生产状况和经济面貌。《史记》借助"谣""谚"描绘的社会史画面，因此而鲜明生动。

从事稼穑劳作的农人，很早就以农谚的形式总结和推广耕作经验，口耳相传，使田间生产技能得以世代传承。西汉著名农书《氾胜之书》保留了一些珍贵的农谚，如："子欲富，黄金覆。"强调锄草时应在农作物根部壅土，以帮助根系发育并防旱保墒。《四民月令》中也载录农谚，如："二月昏，参星夕；杏花盛，桑椹赤"；又引农语曰："河射角，堪夜作；犁星没，水生骨。"这些农耕经验的总结，因民谣活泼生动的形式而得以长久传播。《史记·齐悼惠王世家》在有关吕后家族擅权，刘氏宗族与吕氏集团权力争夺的记述中，也引录了有关农耕生产的民谚："朱虚侯年二十，有气力，忿刘氏不得职。尝入侍高后燕饮，高后令朱虚侯刘章为酒吏。"刘章自称"将种"，请求"得以军法行酒"，得到高后同意。"酒酣，章进饮歌舞。已而曰：'请为太后言耕田歌。'"高后与刘章颇亲近，"以吕禄女妻之"，"儿子畜之"，笑着说：我想你的父亲是知道种田的，而你"生而为王子，安知田乎？"刘章回答："臣知之。"太后说："试为我言田。"刘章于是说："深耕概种，立苗欲疏，非其种者，鉏而去之。"刘章所言"耕田歌"有批评刘氏贵族遭到压制的寓意，于是"吕后默然"。随后吕氏家族有一人醉后逃酒，刘章"以军法行酒"，"拔剑斩之"，"太后左右皆大惊"，但是"已许其军法，无以罪也"，只得作罢。自此之后，诸吕都畏惧刘章，刘氏势力有所抬头。刘章的"耕田歌"，应当就是民谚。

《史记·陈杞世家》可以看到有关"鄙语"的记述："鄙语有之，牵牛径人田，田主夺之牛。径则有罪矣，夺之牛，不亦甚乎？"《史记·楚世家》写道："鄙语曰，牵牛径人田，田主取其牛。径者则不直矣，取之牛不亦甚乎？"这里所谓"鄙语"，也是在耕作者阶层流传的和农业生产经验有关的民谣民谚。

许多民间谣谚还真切反映了当时商品经济得到一定发展的社会

现实。《史记·货殖列传》记载："谚曰：'百里不贩樵，千里不贩籴。'""天下熙熙，皆为利来，天下攘攘，皆为利往。"又说："夫用贫求富，农不如工，工不如商，刺绣文不如倚市门。"《汉书·货殖传》即称此为"谚"："谚曰：'以贫求富，农不如工，工不如商，刺绣文不如倚市门。'"这种"谚"，反映了一定历史时期社会经济各门类发展不平衡的状态，也反映了当时社会心理与社会习俗的特殊风格。

三、"谣""谚"与社会生活史画面

民谣和民谚直接产生于民间，传诵于民间，有些虽然后来经过文人的加工和润色，但是大多依然保持着自身的质朴。有些内容为我们展示了社会风俗民情的富有真实本色的画卷。

游侠的活跃是秦汉这一重要历史阶段具有时代特征的社会现象。游侠是当时社会中能量极强、影响也非常深刻的民间集团。据司马迁考察，种、代、燕、赵以及野王、南阳等地崇尚"好气任侠"之风，已经成为当地社会风俗的主要特点（《史记·货殖列传》）。《史记·游侠列传》中称颂游侠重信义的牺牲精神，同时以"何知仁义，已飨其利者为有德"以及"窃钩者诛，窃国者侯，侯之门仁义存"等民谣，讥讽有权势者标榜的虚伪的"仁义"与"利"之间的微妙关系。又引用"人貌荣名，岂有既乎"这样的民谚，肯定了如郭解一类大侠的社会影响，认为其形象附于声名，将难以磨灭。《史记·季布栾布列传》记载季布"为气任侠，有名于楚"，"楚人谚曰：得黄金百，不如得季布一诺"。民谚以明朗的态度，肯定了"然诺相信，虽死不顾"（《史记·张耳陈余列传》司马贞《索隐》）的精神。而这种道德立场，又体现了当时社会具有鲜明时代特色的价值取向。

秦汉时期是古代家庭关系发生重要演变的转折时期。先秦宗法制度随着生产力的发展和社会结构的变化而逐渐被破坏，当时农业人口形成

了大致以"五口之家"为典型结构的独立的生产和生活单位。贾谊说，自商鞅变法以来，秦地风俗逐渐变化，"秦人家富子壮则出分，家贫子壮则出赘，借父耰鉏，虑有德色；母取箕帚，立而谇语"（《汉书·贾谊传》）。这样的表述，是带有民谣民谚风格的。我们看到，社会风气的相关变化，通过具体的民间谣谚也可以有所反映。例如："孤犊触乳，骄子骂母。"（《后汉书·循吏列传·仇览传》李贤注引谢承《后汉书》）这一信息所出文献虽然较晚，但不能完全否定反映相关民俗的"谣""谚"流传较早的可能。而《史记·韩长孺列传》记录韩安国的这段话："语曰：'虽有亲父，安知其不为虎？虽有亲兄，安知其不为狼？'"正是说明家族成员相互关系发生变化的民间俗"语"。

当时亲族关系的新变化，在社会上层也有所表现。汉文帝时，淮南厉王刘长获罪，于长途迁转途中去世，由此文帝有"杀弟之名"。民间于是流传歌谣："民有作歌歌淮南厉王曰：'一尺布，尚可缝；一斗粟，尚可春。兄弟二人不能相容。'"裴骃《集解》引《汉书音义》说："尺布斗粟犹尚不弃，况于兄弟而更相逐乎。"瓒曰："一尺布尚可缝而共衣，一斗粟尚可春而共食也，况以天下之广而不能相容。"（《史记·淮南衡山列传》）《汉书·淮南厉王刘长传》作"兄弟二人，不相容"。高诱《淮南鸿烈解叙》："时民歌之曰：'一尺缯，好童童。一升粟，饱蓬蓬。兄弟二人，不能相容。'"《容斋随笔·续笔》卷七写道，虽字句"殊为不同"，而"后人但引尺布斗粟之喻耳"。民间"谣""谚"在流传中发生个别用字的变化，是很自然的情形。

司马迁《史记·淮南衡山列传》说"民有作歌歌淮南厉王曰"，班固《汉书·淮南厉王刘长传》说"民有作歌歌淮南王曰"，《乐府诗集》卷八四定名为《淮南王歌》。《文选补遗》卷三五、《古诗纪》卷一八、《石仓历代诗选》卷一三、《古乐苑》卷四四、《古诗镜》卷三一等，均作《淮南民歌》。史家多以为这些语句的批评意味直接指向涉嫌迫害淮南厉王刘长，至少应当为刘长之死承担道德责任和伦理责任的汉文帝。

其实，作"民歌"读，如果我们跳出高层权力争夺的背景框架，联想到前引"虽有亲兄，安知其不为狼"等社会声音，将其理解为社会亲族关系史变化趋势的一种反映，或许是适宜的。《史记·梁孝王世家》所见"鄙语曰'骄子不孝'，非恶言也"，也是带有启示意义的家族史信息。"骄子不孝"与上文说到的"骄子骂母"可以对照理解。

据《史记·陈丞相世家》记载，吕后曾亲口对陈平说："鄙语曰：'儿妇人口不可用。'"这种"鄙语"所体现的涉及性别关系的社会理念，也应当引起研究者的重视。《史记·外戚世家》褚先生补述，"卫子夫立为皇后"，卫青"以大将军封为长平侯"，卫氏家族一时"贵震天下"，于是，"天下歌之曰：生男无喜，生女无怒，独不见卫子夫霸天下"。所谓"生男无喜，生女无怒"，也透露出在通常情况下，一般民众生育观中所表现的性别意识，对于"生男""生女"各有"喜""怒"的事实。

四、"童谣"关注

晋献公时，因权位继承关系发生了政治危机。骊姬陷害太子申生，申生自杀。《史记·晋世家》关注了比较早的儿童歌谣："晋君改葬恭太子申生。"申生以神秘形式出现，"请帝"，"帝许"，即在"巫者"的参与下向天帝报告并得到认可的信息。于是，"儿乃谣曰：'恭太子更葬矣，后十四年，晋亦不昌，昌乃在兄。'"所谓"儿""谣"，预言了晋国国运的走向。

在司马迁生活的时代，比较普遍的社会意识中，天文与人文往往有着神秘的关系。关于天际"荧惑"星象表现与人间社会"残贼""疾""丧""饥""兵"诸种灾异的对应关系，《史记·天官书》有所叙说。张守节《正义》引《天官占》说："荧惑为执法之星，其行无常，以其舍命国：为残贼，为疾，为丧，为饥，为兵。环绕句己，芒角动摇，乍前乍后，其殃逾甚。荧惑主死丧，大鸿胪之象。主甲兵，大司

131

马之义。伺骄奢乱孽，执法官也。其精为风伯，惑童儿歌谣嬉戏也。"所谓"荧惑""惑童儿歌谣"的说法，后世曾经盛行。《三国志·吴书·三嗣主传》裴松之注引《搜神记》有"荧惑"化身小儿参与"群儿戏"，并发表政治预言的故事："有一异儿，长四尺余，年可六七岁，衣青衣，来从群儿戏，诸儿莫之识也。……曰：'尔恶我乎？我非人也，乃荧惑星也。将有以告尔：三公锄，司马如。'诸儿大惊，或走告大人。"所谓"三公锄，司马如"这种以童谣形式发表的预言，后来果然应验。《晋书·天文志中》说："荧惑降为童儿，歌谣嬉戏。""吉凶之应，随其象告。"唐人潘炎《童谣赋》："荧惑之星兮列天文，降为童谣兮告圣君。发自鸠车之岁，称为竹马之群。……"其实，汉代已经可以看到这种观念的萌芽。《论衡·纪妖》写道："秦始皇帝三十六年，荧惑守心，有星坠下，至地为石。〔民或〕刻其石，曰：'始皇死而地分。'""使者从关东夜过华阴平野，或有人持璧遮使者曰：'为我遗镐池君。'因言曰：'今年祖龙死。'"王充说："皆始皇且死之妖也。""始皇……旁海西至平原津而病，到沙丘而崩。当星坠之时，荧惑为妖，故石旁家人刻书其石，若或为之，文曰'始皇死'，或教之也。犹世间童谣，非童所为，气导之也。"黄晖《论衡校释》说："谓童谣为气导童子使言。"也有人解释说："气，指阳气。王充认为，童谣是'阳气'诱导儿童唱出来的。"（北京大学历史系《论衡》注释小组：《论衡注释》，中华书局1979年，第3册，第1263页）童谣"非童所为"的说法，准确指出了多数童谣生成的情形，似乎许多童谣的出现和传播，有成人参与的痕迹。而"气导之也"的说法，体现出汉代思想者的一种语言习惯。"气"是什么？如果理解为对社会意识、社会文化总体背景的概括，也许是有一定合理性的。

王充以为来自"荧惑"影响，带有"童谣"性质的民间传言"始皇死而地分"和"今年祖龙死"，都见于太史公在《史记·秦始皇本纪》中的记载："三十六年，荧惑守心。有坠星下东郡，至地为石，黔首或刻其石曰'始皇帝死而地分'。始皇闻之，遣御史逐问，莫服，尽取石旁居人诛之，因燔销其石。始皇不乐，使博士为《仙真人诗》，及行所游天下，传令乐人歌弦之。秋，使者从关东夜过华阴平舒道，有人持璧遮使者曰：'为吾遗滈池君。'因言曰：'今年祖龙死。'使者问其故，因忽不见，置其璧去。使者奉璧具以闻。始皇默然良久，曰：'山鬼固不过知一岁事也。'退言曰：'祖龙者，人之先也。'使御府视璧，乃二十八年行渡江所沉璧也。"《史记》的作者提示了"荧惑守心"以及"坠星"天象，关注了"童谣"的政治预言效能。

元末民众起义前夕，"河南、北童谣云：'石人一只眼，挑动黄河天下反。'"（《元史·五行志二》,《元史·河渠志三》）而也有文献作"石人一双眼"。《元史纪事本末》引张溥说："天厌胡运，石人生谣，韩刘揭竿，势犹陈涉。"这是以为元末与秦末故事类同〔（明）陈邦瞻：《元史纪事本末》卷二四，明末刻本，第 109 页〕。谈迁《国榷》引述同样的意见〔（清）谈迁：《国榷》卷二，清钞本，第 61 页〕。有学者分析，"石人本汝颍寇党所埋，以为扇乱之验。即陈涉篝火狐鸣之意，即童谣云云，亦其所布散"〔（清）彭孙贻：《茗香堂史论》卷四，清光绪十年刻《碧琳琅馆丛书》本，第 176 页〕，指出陈胜、吴广举义反秦的舆论准备，也有作为政治预言的"童谣"性质。"陈涉篝火狐鸣"事，见于《史记·陈涉世家》的记载："（陈胜）间令吴广之次所旁丛祠中，夜篝火，狐鸣呼曰'大楚兴，陈胜王'。卒皆夜惊恐。旦日，卒中往往语，皆指目陈胜。"《汉书·陈胜传》的记载略同："又间令广之次所旁丛祠中，夜构火，狐鸣呼曰：'大楚兴，陈胜王。'"《太平御览》卷四九四引《汉书》则情节有异："陈胜吴广起兵，乃丹书帛曰：'大楚兴，陈胜王。'置人所罾鱼腹中。卒买鱼烹食，得而怪之。又令广隐社，作狐鸣曰：'陈胜王，吴广相。'"陈胜、吴广设计的舆论宣传，自然并非"童谣"。但是其制作方式与文化实质与历史上的若干"童谣"确实类同。

有学者说，"童谣保存了语言本身固有的纯真、自然和神秘的因素，蕴含着天上人间、世代更替和生命轮回的哲学意蕴，因而具有强大的生命力……"（郁宁远主编：《中国童谣》，中国妇女出版社1996年，第8页）童谣所表现的"神秘的因素"，在一定意义上可能正与其本质的"自然"有关。

对于"童谣"的社会批判功能，《史记》也有所重视。《史记·魏其武安侯列传》说，贵族灌夫倚仗权势，横行乡里，成为事实上的恶霸："（灌夫）诸所与交通，无非豪桀大猾。家累数千万，食客日数十百人。陂池田园，宗族宾客为权利，横于颍川。颍川儿乃歌之曰：'颍水清，灌氏宁；颍水浊，灌氏族。'""颍水清，灌氏宁；颍水浊，灌氏族"的儿歌，成为一种政治批评的形式。《汉书·灌夫传》颜师古注："深怨嫉之，故为此言也。"就是说，"颍川儿乃歌之"的动因，是受害民众的深刻仇恨。

五、关于"谣俗"

古有"谣俗"之说。"谣俗"，可以理解为风俗。然而这里所说的风俗往往通过歌谣的形式来表现。《文选》卷一八嵇康《琴赋》："下逮谣俗，蔡氏五曲。"李善注："《歌录》：《空侯谣俗行》。盖亦古曲。"李周翰注："谣俗，歌风俗之声也。"而"谣俗"这一说法，以《史记》所记载的最为醒目。

《史记·货殖列传》将全国划分为四个基本经济区：山西，山东，江南，龙门、碣石北。列说各基本经济区的主要物产，接着写道：这是大略的资源与生产形势，"皆中国人民所喜好，谣俗被服饮食奉生送死之具也"。所以，通过"农""虞""工""商"种植、开采、生产、流通。这样的经济生活，没有行政力量"政教发征期会"的作用，而是社会自然生成的："人各任其能，竭其力，以得所欲。故物贱之征贵，贵之征赈，各劝其业，乐其事，若水之趋下，日夜无休时，不召而自来，不求而民出之。岂非道之所符，而自然之验邪？"这是非常明智的经济史判断。其中所谓"谣俗"，可以理解为"风俗"。关于今山西、河北北部临近草原的地方风情，司马迁指出，由于"地边胡，数被寇"，"迫近北夷，师旅亟往"，"人民矜懻忮，好气，任侠为奸，不事农商"，"自全晋之时固已患其僄悍，而武灵王益厉之，其谣俗犹有赵之风也"。这里所谓的"谣俗"，明确可知就是"风俗"。司马迁对区域经济与区域文化的分析说："夫天下物所鲜所多，人民谣俗，山东食海盐，山西食盐卤，领南、沙北固往往出盐，大体如此矣。"这里所谓的"谣俗"，也指地方"风俗"。

《史记·天官书》有一段全面论说"天""地""山""川"自然环境与"宫庙邸第，人民所次"社会形式之间关系的话语，也特别涉及"谣俗车服，观民饮食"。这一说法，也为《汉书·天文志》所承袭。而汉代行政史中，已经明朗地表现出成功的地方长官对"谣俗"的重视。如《汉书·韩延寿传》记载，颍川地方多豪强，难于管理。起初赵广汉为太守，为破除朋党，鼓励相互"告讦"。这虽然有利于官府对地方的控制，然而"颍川由是以为俗，民多怨仇"。韩延寿任颍川太守，"欲更改之，教以礼让"，具体措施包括"历召郡中长老为乡里所信向者数十人，设酒具食，亲与相对，接以礼意，人人问以谣俗，民所疾苦"，最终引导当地民众"和睦亲爱，销除怨咎"，取得了成效。了解民间"谣俗"，成为行政成功的基点。

现在看来，"谣俗"这一概念的明确提出，始于《史记》。"谣俗"是"歌风俗之声也"，也就是显露民风的自然声音。"谣俗"可以理解为体现民意的民声，也具有表达民情的社会舆论的性质。《史记》中的"谣俗"，既是社会文化考察的新知，也是民俗历史记录的创举。

民间谣谚的出现和流传，可以体现一时一地的民风与民情。虽文辞简朴，却往往能够体现社会广大阶层的时势判断、历史意识和政治态度。所以，汉王朝执政者要创造安定清平的局面，通常有意从社会下层了解政治得失，往往"立敢谏之旗，听歌谣于路"（《后汉书·郅寿传》），令"三府掾属举谣言"（《后汉书·党锢列传·范滂传》），如果地方官员"在政烦扰"，则难免"谣言远闻"（《后汉书·刘焉传》）。但是，有的官员为了欺世盗名，有时竟然伪造"歌谣"，以粉饰黑暗政治的虚伪。如《汉书·王莽传上》记载："风俗使者八人还，言天下风俗齐同，诈为郡国造歌谣，颂功德，凡三万言。"可以推知，正史中所收录的许多歌颂德政的谣谚，其中必有采风官吏的假造之作。当然也有不少有关政风的"歌谣"确实来自民间，应当看作对有为官吏真实政绩的舆论肯定。

六、民间智慧："谚"与格言

民间智慧的一种语言表现，是凝练精彩人生哲理的名言，即今人所称的"金句"，它在《史记》中体现为"谚"这种文化形式。

蒯通劝韩信举事，有"时乎时"的劝诫。《史记·淮阴侯列传》载录了这样的话："夫功者难成而易败，时者难得而易失也。'时乎时，不再来。'愿足下详察之。"据《汉书·蒯通传》记载，蒯通说："夫功者难成而易败，时者难值而易失。'时乎时，不再来。'愿足下无疑臣之计。"对于"时乎时，不再来"，颜师古注："此古语，叹时之不可失。""古语"一词，指出了这一说法确实已经成为社会习用语。这一秦汉时期的民谚，后来有久远的文化影响。宋人李纲《论使事劄子》以"时乎时，不再来"劝诫皇帝（《梁溪集》卷一〇二）。黄庭坚《赠元发弟放言》也写道："亏功一篑，未成丘山。凿井九阶，不次水泽。行百里者半九十，小狐汔济濡其尾。故曰：时乎，时不再来。终终始始，是谓君子。"《朱子语类》卷七三也有"'时乎时，不再来'，如何可失"的说法。

秦汉民间谣谚中有许多富有哲理的语言，传诵古今，形成了深远的影响，有些至今仍然被普遍使用。中华民族语言中不少闪光的内容，可以在《史记》载录的秦汉民间谣谚中找到源头。例如《史记·曹相国世家》中歌颂曹参的民谣，后世演变成"萧规曹随"的成语而使用至今。又如《史记·白起王翦列传》："鄙语云：'尺有所短，寸有所长。'"《史记·李将军列传》："谚曰：'桃李不言，下自成蹊。'"《史记·留侯世家》："忠言逆耳利于行，毒药苦口利于病。"《史记·平原君虞卿列传》："鄙语曰：'利令智昏。'"这些文句，都以思想的深刻和言语的精美，保存了民间智慧的历史光辉，表现了当时社会文化的精彩。前引《史记·游侠列传》"窃钩者诛，窃国者侯，侯之门仁义存"等，也是典型例证。

我们在诵读这些民间谣谚，体味其中的文化深意时，也会想到，其中得以传诵千古的名言作为一种社会史和文化史的记录，不仅仅因为这些文化遗存是研究社会史的宝贵资料，而且因为其精思简言的风格、平实朴素的本质，以及往往敢于挑战权威的批判意识，成为中华传统文化中永恒的瑰宝。而太史公能够发现这些语言，采撷这些语言，使用这些语言，使《史记》从一个特殊的层面体现了鲁迅所赞誉的"无韵之《离骚》"的文化价值。

"鸿门宴"的疑问兼说《史记》不用"宴"字

"鸿门宴"已经是社会习用语。我们今天可以随意通过网络检索"鸿门宴"，方便地进行"鸿门宴"课件的下载，也能够高清在线观看"鸿门宴"的视频。

大家都说"鸿门宴"出自《史记》的记载，但是我们读《史记》，发现全书根本没有出现一个"宴"字。我们通过与"鸿门宴"相关的语言文字学现象，可以认识史学记载怎样为大众普遍接受，以及在社会传播中出现若干变化的轨迹。而《史记》作为高水准的史学杰作，长期成为文学艺术家发掘的宝库。这已经是千百年来文化史和传播史进程中被人们认可的常识。"鸿门宴"故事的普及，就是实例之一。

一、鸿门：秦楚之际的历史枢纽

从陈胜大泽乡起义到刘邦在垓下决战时击灭项羽军，虽然只有七年时间，但是在这一阶段，历史却有极其生动的变化。诸多英雄智士有声有色的历史表演，使秦汉之际战火之中的社会文化面貌显得活泼而丰实。司马迁称这一时期为"秦楚之际"（《史记·秦楚之际月表》）。这是因为反秦起义由楚人发起，陈胜建立的政权号为"张楚"，灭秦武装力量以楚军为主力，其名义上的领袖是楚怀王。清代史学家赵翼说："盖秦、汉间为天地一大变局。"这一时期，"天意已另换新局"（《廿二史札记》卷二）。指出了历史方向发生"变""换"的趋势。

秦王朝覆亡之后，反秦联军中实力最为强大的项羽军事集团控制了关中局势，主宰了各派政治势力的权力再分配。项羽号称"西楚霸王"，放弃关中，东据彭城（今江苏徐州），没有能够全面控制天下政局，诸侯纷争的战火重新燃起。经历以刘、项为主的军事强权集团之间的激烈军事竞争，以刘邦为领袖的强大政治组合终于取得了主宰天下的权力。

历史的演进，历史情节的变幻，历史走向的转折，往往由于重要的枢纽，产生决定性的影响。"鸿门"就具有关键意义。

刘、项都是在推翻秦王朝暴政的战争中崛起的有作为的政治活动家和军事家。刘邦出身于平民阶层，曾经在秦基层政权任亭长。《史记·高祖本纪》记载，他出差到咸阳，见到秦始皇的车列，感叹道："嗟乎，大丈夫当如此也！"项羽是楚国名将之后，随叔父项梁避难江东，据《史记·项羽本纪》记载，他在见到秦始皇出巡时则说道："彼可取而代也。"秦末大规模的社会动乱，为刘、项创造了成就功业的历史时机。在反秦军事阵营中，刘邦和项羽曾经多次联合作战。项梁战死后，楚怀王封刘邦为武安侯，封项羽为长安侯，令项羽随宋义北救赵，而令平素以宽容待人著称的刘邦引军长驱西进，避开秦军主力直取关中。当时正式约定，先入定关中者为关中王。刘邦在进军关中途中，往往在遇到顽强抵抗时与守军约降，保留其首领原有的军权和地方行政权，从而避免过多伤亡，如此得以急速西进。入关中后，约法三章，甚至利用行政能力和政治影响力都不容忽视的"秦吏"宣喻其政令，事实上对秦朝本土政治经济状况没有做根本性的触动。这些行为，与《史记·高祖本纪》所谓"沛公素宽大长者"的政治形象是一致的，反映了刘邦行政策略的成熟。据说当时秦人大喜，唯恐刘邦不为秦王。

刘邦军虽然先入关，并且在函谷关设防，项羽却无视楚怀王先入定关中者为关中王的约定，率军突破关防，以诸侯军共同拥戴的最高军事指挥"上将军"的身份入据关中。当时，项羽军四十万众，屯于新丰鸿门（今陕西临潼骊山东北），刘邦军十万人，在霸上（今陕西蓝田西）集结。项羽听说刘邦据有秦宫珍宝，准备在关中建立政权，并且拟任用秦王子婴为相，大怒。于是接受了重要谋臣范增的建议，准备以武力击灭刘邦军。

刘邦得知这一消息，亲自往鸿门项羽帐下谢罪。在鸿门会面时，刘邦谦恭诚恳，又借助属下张良的机智和樊哙的刚勇，使项羽否定了范增当即击杀刘邦的谋策。

我们曾经把"楚汉春秋"这段历史中刘、项力量的消长和双方态势的转换，以"鸿门：刘邦的退却""鸿沟：刘项对抗""垓下决战"等主题予以概述（王子今：《秦汉史》，中信出版社 2017 年）。也曾经以"从'鸿门'到'鸿沟'：刘项智与力的较量"作为陈述主题（王子今：《中国政治通史：走向大一统的秦汉政治》，泰山出版社 2003 年）。"鸿门"，在刘、项激烈的角逐中，实际上已经具有政治文化符号的意义。

二、出自《史记》的"会鸿门"

贾谊《过秦论》已经说到"鸿门"。《史记·秦始皇本纪》引《过秦论》写道："陈涉以戍卒散乱之众数百，奋臂大呼，不用弓戟之兵，鉏櫌白梃，望屋而食，横行天下。秦人阻险不守，关梁不阖，长戟不刺，强弩不射。楚师深入，战于鸿门，曾无藩篱之艰。"说陈胜起义，大军曾经与秦人会战"鸿门"。《史记·李斯列传》也说："楚戍卒陈胜、吴广等乃作乱，起于山东，杰俊相立，自置为侯王，叛秦，兵至鸿门而却。"不过，《史记·秦始皇本纪》明确记载："陈涉所遣周章等将西至戏，兵数十万。"只说"戏"，并没有说"兵至鸿门""战于鸿门"的史事。

《史记》一共有八则记载说到"鸿门"。除前引二种外，都说秦王朝灭亡之后，项羽军入关中，屯军"鸿门"，并在"鸿门"会见刘邦的故事。《项羽本纪》："当是时，项羽兵四十万，在新丰鸿门"，"当是时，项王军在鸿门下，沛公军在霸上，相去四十里"。"沛公旦日从百余骑来见项王，至鸿门，谢曰：'臣与将军戮力而攻秦，将军战河北，臣战河南，然不自意能先入关破秦，得复见将军于此。今者有小人之言，令将军与臣有隙。'"《高祖本纪》："沛公从百余骑，驱之鸿门，……"《高祖功臣侯者年表》："汉王与项羽有隙于鸿门，项伯缠解难，……"《留侯世家》："项羽至鸿门下，欲击沛公，项伯乃夜驰入沛公军，私见张良，欲与俱去。"

对于刘邦"今者有小人之言，令将军与臣有隙"语，项羽说："此沛公左司马曹无伤言之；不然，籍何以至此。"随后，"项王即日因留沛公与饮"。刘、项在楚怀王指挥下作为友军共同作战时，应当多有"饮"的机会。而此次"鸿门"项王"留沛公与饮"，是他们最后一次对"饮"。

后人所谓"鸿门宴"的故事，即见于项羽"留沛公与饮"之后的记述。《史记·项羽本纪》的精彩史笔，历代史论多有赞美。归有光称颂其"雄伟笔力"（《归震川评点本史记》卷一），李晚芳写道："羽之神勇，千古无二；太史公以神勇之笔，写神勇之人，亦千古无二。"（《读史管见》卷一《项羽本纪》）尚镕也说："迁史才横绝千古，即《项羽本纪》可见。"（《史记辨证》卷一《项羽本纪》）吴见思说："项羽力拔山气盖世，何等英雄，何等力量，太史公亦以全神付之，成此英雄力量之文。"太史公对于几个历史情节的表述，受到特殊的肯定："如破秦军处，斩宋义处，谢鸿门处，分王诸侯处，会垓下处，精神笔力，直透纸背，静而听之，殷殷阗阗，如有百万之军，藏于隃糜汗青之中，令人神动。"（《史记论文》第一册《项羽本纪》）郭嵩焘认为，"巨鹿、鸿门、垓下三段，自是史公《项羽纪》中聚精会神，极得意文字"（《史记札记》卷一《项羽本纪》）。吴敏树说："此纪世之喜文字者，无不读而赞之。究其所喜者，起事一段，救赵一段，鸿门一段，垓下一段，其他所知者盖汉矣。"几位论者关于项羽最突出的"英雄力量"之表现，所说各"段"或三或四，有所不同，但大都看重"鸿门"故事。吴敏树强调繁简详略的"措置"，"略"与"铺陈"，可见"经营巧拙"。他注意到，有些历史情节"不涉一语"，然而"独沛公鸿门摹绘累纸，唯恐不尽"

（《史记别钞》卷下《项羽本纪》）。刘辰翁则明确指出，"（《项羽本纪》）叙楚汉会鸿门事，历历如目睹，无毫发渗漉，非十分笔力，模写不出"（《班马异同》卷一）。

我们注意到，刘辰翁说"楚汉会鸿门"，吴见思说"谢鸿门"，吴敏树说"沛公鸿门"，都肯定"鸿门一段"叙事之精彩，但是并没有出现称"鸿门宴"的文字。

与"楚汉会鸿门"的说法相关，后世也有"鸿门会"之说。

三、《史记》正文不用"宴"字

"鸿门宴"后来成为社会熟语。一些辞书列为词条。《现代汉语词典》记："【鸿门宴】公元前206年刘邦攻战秦都咸阳，派兵守函谷关。不久项羽率四十万大军攻入，进驻鸿门（今陕西临潼东），准备进攻刘邦。刘邦到鸿门跟项羽会见。酒宴中，项羽的谋士范增让项庄舞剑，想乘机杀死刘邦。刘邦在项伯、樊哙等人的护卫下乘隙脱逃（见于《史记·项羽本纪》）。后来用'鸿门宴'指暗藏杀机、阴谋加害客人的宴会。"[《现代汉语词典（第7版）》，商务印书馆2017年，第542页] 更早的版本写作："后来用'鸿门宴'指加害客人的宴会。"[《现代汉语词典（第4版）》，商务印书馆2002年，第524页] 未用"暗藏杀机""阴谋"语。《汉语大词典》"鸿门宴"词条与《现代汉语词典》有文字相近处："【鸿门宴】据《史记·项羽本纪》载：公元前206年刘邦攻战秦都咸阳后，派兵守函谷关。不久项羽率四十万大军攻入，进驻鸿门，准备进攻刘邦。经项羽叔父项伯调解，刘邦亲至鸿门会见项羽。项羽留饮。宴会上，范增命项庄舞剑，欲乘机刺杀刘邦，项伯也拔剑起舞，常以身掩护刘邦。最后樊哙带剑执盾闯入，刘邦始得乘隙脱险。后遂以'鸿门宴'指藏有杀机的宴会。"词条又列举了现代文学作品中使用"鸿门宴"一语的文例："罗广斌、杨益言《红岩》第十章：'徐云峰一时没有答话，除了徐鹏飞，这些人他都没有见过，可是一看这场面，特殊隆重的气氛，颇有几分鸿门宴的味道。'峻青《海啸》第三章：'他认为这是申天锡摆下的鸿门宴，有意对他进行谋杀。'"（《汉语大词典》第 12 卷，汉语大词典出版社 1993 年，第 1095 页）台湾三民书局《大辞典》没有"鸿门宴"条。在"鸿门"条写道："'楚''汉'之际，'刘邦'与'项羽'曾会宴于此。"（《大辞典》，三民书局 2000 年，第 5524 页）实际上也说到了"鸿门宴"。

其实，《史记》正文中原本没有出现"宴"字。我们只在注文中看到这个字。《史记·孔子世家》："《鹿鸣》为《小雅》始。"张守节《正义》："《小序》云：'《鹿鸣》，宴群臣嘉宾也。'"

《史记·刘敬叔孙通列传》："复置法酒。"司马贞《索隐》："文颖云：'作酒法令也。'姚氏云：'进酒有礼也。古人饮酒不过三爵，君臣百拜，终日宴不为之乱也。'"《史记·司马相如列传》："巴俞宋蔡，淮南于遮。"司马贞《索隐》引张揖曰："《礼·乐记》曰：'宋音宴女溺志。'"而"宴"字确实不见于《史记》正文。

《说文·宀部》有"宴"字："宴，安也。"段玉裁注："引伸为宴飨。经典多叚燕为之。"《说文·人部》："侒，宴也。"段玉裁注："《宀部》曰：宴，安也。"不过，《说文》成书要晚于《史记》很多年。

我们又看到"鸿门之会"的说法，见于东汉初樊宏之说。《后汉书·宗室四王三侯列传·齐武王縯传》："及罢会，伯升舅樊宏谓伯升曰：'昔鸿门之会，范增举玦以示项羽。'""鸿门之会"又见于《宋书·礼志五》。《陈书·高祖纪上》作"鸿门是会"。庾信《樊哙见项王赞》序文写道："《汉书》：'鸿门之会，樊哙闻事急，乃持盾撞入。'"今按《汉书》没有"鸿门之会"文字，这应当是庾信自己的说法。《白孔六帖》卷十二引《汉书》："鸿门会，项羽图危汉王，樊哙闻事急，刀裂裳苞盾戴以为冠而入。""鸿门会"之说，其实并不见于今本《汉书》，而较早在晋人傅玄《惟汉行》诗句中出现："危哉鸿门会，沛公几不还。

轻装入人军，投身汤火间。"（《乐府诗集》卷二七）

四、《史记》记载的"燕饮"

《史记》中虽然没有直接出现"宴"字，但是对于相近公众场合、相近人际活动、相近社交行为，当然是有所记述的。比如，《史记》中说到的"燕饮"，其实就是"宴饮"。我们看到《史记·吕太后本纪》："孝惠与齐王燕饮太后前。"《史记·齐悼惠王世家》："惠帝与齐王燕饮，亢礼如家人。""尝入侍高后燕饮，高后令朱虚侯刘章为酒吏。"《史记·梁孝王世家》："上与梁王燕饮，……"《史记·张丞相列传》："文帝尝燕饮通家……"《史记·魏其武安侯列传》："梁孝王朝，因昆弟燕饮。"

《说文·燕部》："燕，玄鸟也。……凡燕之属皆从燕。"段玉裁注："古多叚燕为宴安、宴享。""燕"可以假借为"宴"。《史记》大概体现了这一"叚燕为宴"的语言习惯。

太史公在《史记·鲁周公世家》中写道："齐襄公飨公，公醉，……"所谓"飨"，裴骃《集解》："服虔曰：'为公设享谯之礼。'"服虔所谓"谯"，即"燕"，也就是"宴"。

和"宴"类似的集体会饮场面，《史记》还有其他的记述方式。我们举刘邦发表《大风歌》的情形为例，"置酒沛宫，悉召故人父老子弟纵酒，发沛中儿得百二十人，教之歌。酒酣，高祖击筑，自为歌诗曰：'大风起兮云飞扬，威加海内兮归故乡，安得猛士兮守四方！'令儿皆和习之。高祖乃起舞，慷慨伤怀，泣数行下。谓沛父兄曰：'游子悲故乡。吾虽都关中，万岁后吾魂魄犹乐思沛。且朕自沛公以诛暴逆，遂有天下，其以沛为朕汤沐邑，复其民，世世无有所与。'沛父兄诸母故人日乐饮极欢，道旧故为笑乐。十余日，高祖欲去，沛父兄固请留高祖。高祖曰：'吾人众多，父兄不能给。'乃去。沛中空县皆之邑西献。高祖复留止，张饮三日"（《史记·高祖本纪》）。在司马迁笔下，使用"置酒""纵酒""张饮""酒酣""乐饮极欢"的文辞，其实这是很热烈的宴会场景。太史公虽然没有直接使用"宴"字，但其气氛之"酣""乐""欢"的形容，是非常真切生动的。

五、"鸿门宴"的由来

后来人们称"鸿门宴"之说，也见于正式的史论。清赵翼《陔余丛考》卷五《汉书》条写道："《史记》鸿门宴樊哙入卫沛公一事，叙在《项羽纪》，而哙本传转稍略。《班书》则详于《哙传》，而《羽传》从略。"同书卷二一《尚左尚右》："《史记》鸿门之宴，项王东向坐。""鸿门宴""鸿门之宴"的说法，当时应当已经广泛通行。

"鸿门宴"的说法，大约唐代已经初步流行。胡曾《咏史诗·鸿门》："项籍鹰扬六合晨，鸿门开宴贺亡秦。樽前若取谋臣计，岂作阴陵失路人。"使用"鸿门开宴"语。唐人王毂《鸿门醼》："寰海沸兮争战苦，风云愁兮会龙虎。四百年汉欲开基，项庄一剑何虚舞。殊不知，人心去暴秦，天意归真主。项王足底踏汉土，席上相看浑未悟。"（《唐文粹》卷一五上）诗题"鸿门醼"，就是"鸿门宴"。据明人陈全之《蓬窗日录》卷八《诗谈二》说，"《李贺集》中亦有《鸿门谯》一篇"，而宋末诗人谢翱《鸿门谯》超越李贺之作"远甚"。《石仓历代诗选》收录有元人吴师道《鸿门宴》，明陈伯康《鸿门宴》诗，陈颢《鸿门宴》诗。可知宋元以后，"鸿门宴"已经成为热爱历史的文人们热议的话题。

看来，诗文作品中较早出现了"鸿门宴"的文字。大约"鸿门宴"说法的出现和传播，与文学家对《史记》史学记述的理解、说明和宣传有关。

六、《史记》：文学艺术取材的宝库

顾颉刚《司马谈作史》写道："《史记》一书，其最精采及价值最高之部分有二，一为楚、汉之际，一为武帝之世。……若楚、汉之际，当为谈所集材。谈生文帝初叶，其时战国遗黎、汉初宿将犹有存者，故得就其口述，作为多方面之记述。此一时期史事之保存，惟谈为其首功。其笔力之健，亦复震撼一世，叱咤千古。"除了"生龙活虎，绘声绘色"，表现出"文学造诣之高"之外，"其史学见解之深辟又可知"。

看来，要追求"笔力之健"，似乎应当首先以"史学见解之深辟"为前提。但是"文学造诣之高"，也是对《史记》真确的评价。

对于《史记》的社会传播，司马迁自己曾经这样说，"藏之名山，副在京师，俟后世圣人君子"。又说："仆诚以著此书，藏之名山，传之其人通邑大都，则仆偿前辱之责，虽万被戮，岂有悔哉！"一说"藏"，一说"传"。后者体现了史书著者的期望。《史记》文化传播的普及，也借助其"文学造诣之高"，而文学家通过他们的文化视角的考察，他们的学术路径的介绍，也推助了这部史学名著得以更加深入人心。

李长之《司马迁的人格与风格》指出："因为司马迁的《史记》富有那末些传奇的材料之故，也成了后来戏曲家的宝库，……"庄一拂《古典戏曲存目汇考》所列"宋元阙名作品"中，《王陵》《周勃太尉》《孙武子》《淮阴记》《斩蛇起义》《楚昭王》《赵氏孤儿报冤记》的故事本原都应当出自《史记》。现存元剧中，多种取材于《史记》。李长之写道："正如唐人的传奇之作为元明剧作家的材料来源一样，也正如中世纪的传说之为莎士比亚所取资一样。司马迁的《史记》是成了宋明清的剧作家的探宝之地了。"

"鸿门宴"故事以戏曲形式实现了更广泛层面的普及，《中国剧目辞典》"鸿门宴"条是这样说的："鸿门宴，京剧目。1926 年周信芳编剧，有实文堂刊本；另有《京剧丛刊》《戏曲》等刊本。"又写道："本事见《西汉演义》第二十三回，情节基本相同。刘邦入咸阳后各种措施见《史记·高祖本纪》。鸿门宴事见史纪《项羽本纪》。昆曲本《楚汉春秋》第五本鸿门宴前后情节，已与京戏《鸿门宴》基本相同。系据明沈采《千金记》传奇第十三折改编。明佚名作者《赤松记》传奇亦有鸿门宴会，但刘、项二人相会情节简略，与《史记·项羽本纪》有关内容完全相同。麒麟章、马连良、吴铁庵等工此戏。川剧、汉剧、秦腔、同州梆子均有类此剧目。另有同名剧目，有马连良秘本，载《戏剧月刊》二卷二期。马连良饰范增，与周信芳本不同。与此为二本。"（王森然遗稿，《中国剧目辞典》扩编委员会扩编：《中国剧目辞典》，河北教育出版社 1997 年，第 978 页）"鸿门宴事见史纪《项羽本纪》"，史纪《项羽本纪》"应为"《史记·项羽本纪》"。从这段介绍看，"川剧、汉剧、秦腔、同州梆子"等较早都有与"鸿门宴"相关的剧目。

据庄一拂编著《古典戏曲存目汇考》，"元代作品（下）"中《兴刘灭项》、"明清阙名作品"中《楚汉春秋》，或许有与"鸿门"有关的情节。《中国剧目辞典》说到的"《千金记》传奇"，庄著说："《叙录》作《韩信筑坛拜将》，事本《汉书》本传。此戏虽以韩信为主，然写项羽处极有力。""远山堂《曲品》逸文云：'记楚、汉事甚豪畅，但所演皆英雄本色，闺阁处便觉寂寥。'今昆剧所演者，尚有《鸿门》《撇斗》《拜将》《别姬》《乌江》等出。"其中"《鸿门》《撇斗》"，应当都出自后来人们熟知的"鸿门宴"故事。所谓"撇斗"，可能表现了《史记·项羽本纪》所记刘邦自鸿门"脱身"，请张良转"与亚父""玉斗一双"时，范增处置"玉斗"的激烈态度："亚父受玉斗，置之地，拔剑撞而破之，曰：'唉！竖子不足与谋。夺项王天下者，必沛公也，吾属今为之虏矣。'"

而《古典戏曲存目汇考》"元明阙名作品"中又明确有《莽樊哙大闹鸿门宴》，赫然出现"鸿门宴"字样。作者写道："此剧未见著录。《宝文堂书目·乐府》著录此剧正名，题目未详。本事见《汉书》。佚。"

147

（上海古籍出版社1982年，第99—100页，第264页，第1663页，第603—604页）庄氏言"本事见《汉书》"，往往俱见《史记》《汉书》，只说"见《汉书》"，是因为"《汉书》学"形成的显赫文化影响所导致的习惯。

题唐李贺撰《协律钩玄》卷二《公莫舞歌》："《公莫舞歌》者，咏项伯翼蔽刘沛公也。"清陈本礼笺："前八句咏鸿门宴之事。"〔（唐）李贺撰，（清）陈本礼笺：《协律钩玄》〕应当说，由于《史记》早已被看作文学艺术的宝库，从中发掘衍生的创作，已经有千百年的渊源。"鸿门宴"，正是例证之一。"项伯翼蔽刘沛公"等表演，被早期乐舞吸收，后来进入诗歌词语，又见于戏曲作品，史学记述因此得以通过新鲜生动的方式加以传播，也得到有声有色的发挥，这是关心中国古代史学史、中国古代文学史和艺术史的朋友们应当注意的文化现象。

生命意识的觉醒：《史记》的长平"杀降"批判

秦国和赵国决战长平，秦军歼灭赵军主力，并坑杀赵军降卒四十余万人。这是中国古代战争史中大兵团作战的罕见记录，也是以最惨烈的形式最大规模"杀降"的典型事件。《史记》详尽记载了长平之战的发生背景、战役进程和胜负结局。白起、廉颇、赵括等著名将领的表现，司马迁也以生动的笔法为后人保留了历史的记忆。

关于长平之战的记载，《史记》可能依据《秦记》原始文献，应当是比较可靠的。而对白起"杀降"行为的批判，在太史公笔下有鲜明的表现。比照项羽新安"杀降"、刘邦不杀子婴事，以及李广对"杀降"的反省，《史记》的记录透露出自战国至秦汉时代生命意识的觉醒。

司马氏家族先祖司马靳从白起"坑赵长平军，还而与之俱赐死杜邮"的事迹，对于太史公有关长平战事史述与史论的形成，应当有特殊的意义。

一、长平悲剧："四十余万尽杀之"

秦昭襄王四十五年（前262），秦军猛攻韩国的野王（今河南沁阳）。野王守将被迫投降，于是韩国上党郡与国都郑（今河南新郑）之间的联系被切断。上党郡太守冯亭乃与百姓商议"归赵"，以促使"韩赵"合力"当秦"："郑道已绝，韩必不可得为民。秦兵日进，韩不能应，不如以上党归赵。赵若受我，秦怒，必攻赵。赵被兵，必亲韩。韩赵为一，则可以当秦。"冯亭使人报赵。赵孝成王与平阳君、平原君合计。平阳君说："不如勿受。受之，祸大于所得。"平原君则认为："无故得一郡，受之便。"赵国于是接受上党郡的归附，封冯亭为华阳君

（《史记·白起王翦列传》）。

随后，秦军攻克上党。上党民众纷纷流亡，逃奔到赵国。赵国在长平（今山西高平西北）屯据重兵，以护卫上党流民。秦昭襄王四十七年（前260）四月，王龁所部秦军进攻长平。秦赵长平之战爆发。秦虽"数败赵军"，但是不久就因赵军名将廉颇"固壁不战"、避其锐气的战术而受到阻滞。"秦数挑战，廉颇不肯。"为了战胜赵国老将廉颇，秦昭襄王任用名将白起为上将军，出任长平秦军的统帅。赵孝成王信"秦之间言"，即"秦之所恶，独畏马服君赵奢之子赵括为将耳"（《史记·廉颇蔺相如列传》），下令由赵括取代廉颇。

秦昭襄王四十七年，即赵孝成王六年（前260）九月，在长平山地，上将军白起指挥的秦军完成了对赵括属下四十余万赵军的全面包围。被围困的长平赵军，后勤补给已经完全断绝。秦昭襄王亲自前往河内，这是秦国国君巡幸秦国的国土到达最东端的历史记录。《史记·白起王翦列传》记载："秦王闻赵食道绝，王自之河内，赐民爵各一级，发年十五以上悉诣长平，遮绝赵救及粮食。"秦昭襄王进行了史上最高等级的军事动员。战局演进"至九月，赵卒不得食四十六日，皆内阴相杀食。来攻秦垒，欲出。为四队，四五复之，不能出"。赵军反复冲击，不能突破秦人的铁围，"其将军赵括出锐卒自搏战，秦军射杀赵括"。最终，"括军败，卒四十万人降武安君"。

战役的结局终于惨痛的杀戮。如《史记·秦本纪》所说，"秦使武安君白起击，大破赵于长平，四十余万尽杀之"。《史记·六国年表》记述赵"使廉颇拒秦于长平"，秦军击之，"白起破赵长平，杀卒四十五万"。

长平之战发生的时代，列强积极参与军事竞争，一时"海内争于战功"，"务在强兵并敌"（《史记·六国年表》），强者"追亡逐北"，"宰割天下"（《史记·陈涉世家》）。白起以杰出的军事才能于长平大胜，实现了"昭襄业帝"（《史记·太史公自序》）的战略优势。然而对赵军降卒的处置，白起采取了极端残酷的方式，"挟诈而尽坑杀之，遗其小者二百四十人归赵"（《史记·白起王翦列传》）。将数十万降卒全数坑杀，只留下二百四十名少年士兵，令其"归赵"，以炫耀秦的军威，实现战争恫吓的目的。考古学者在山西高平发掘的尸骨坑，可能是白起在长平古战场坑杀赵军降卒的现场遗存（山西省考古研究所、晋城市文化局、高平市博物馆：《长平之战遗址永录1号尸骨坑发掘简报》，《文物》1996年第6期）。

二、长平战役及"杀降"事件的反复记述

对于长平战后白起"杀降"，《史记》多篇予以重复记述。这样的笔法，一方面显现了战国时人就这一严重事件的悲切感受，另一方面表露了太史公内心对这一历史惨剧的特殊重视。

除了上文所引《史记·秦本纪》"秦使武安君白起击，大破赵于长平，四十余万尽杀之"，《史记·六国年表》"使廉颇拒秦于长平"，"白起破赵长平，杀卒四十五万"之外，还有《史记·燕召公世家》："秦败赵于长平四十余万"，"赵王壮者皆死长平……"《史记·赵世家》："廉颇将军军长平。""王悔不听赵豹之计，故有长平之祸焉。""赵氏壮者皆死长平……"《史记·韩世家》："秦拔赵上党，杀马服子卒四十余万于长平。"《史记·田敬仲完世家》："秦破赵于长平四十余万，遂围邯郸。"《史记·白起王翦列传》："（白起）曰：'我固当死。长平之战，赵卒降者数十万人，我诈而尽坑之，是足以死。'"《史记·平原君虞卿列传》："秦赵战于长平，赵不胜。""长平大败，遂围邯郸，为天下笑。""鄙语曰'利令智昏'，平原君贪冯亭邪说，使赵陷长平兵四十余万众，邯郸几亡。"《史记·魏公子列传》："魏安釐王二十年，秦昭王已破赵长平军，又进兵围邯郸。"《史记·春申君列传》："秦破赵之长平军四十余万。"《史记·廉颇蔺相如列传》："秦与赵兵相距长平。"《史记·鲁仲连

邹阳列传》："赵孝成王时，而秦王使白起破赵长平之军前后四十余万，秦兵遂东围邯郸。"对一起事件进行如此重叠繁复的记录，《史记》中是比较罕见的。顾炎武《日知录》卷二六"新唐书"条说："史家之文，例无重出。若不得已而重出，则当斟酌彼此，有详有略，斯谓之简。"《史记》有关长平之战之文的"重出"，其用意值得我们思考。

《史记·范雎蔡泽列传》中，又有情节特殊的记述："秦大破赵于长平，遂围邯郸。""越韩、魏而攻强赵，北坑马服，诛屠四十余万之众，尽之于长平之下，流血成川，沸声若雷，遂入围邯郸，使秦有帝业。"其叙说尤其具体，而"使秦有帝业"语，可以与《史记·太史公自序》"昭襄业帝"对应。所谓"流血成川，沸声若雷"，使用了生动的文学语言，读来令人印象深刻，足可以当梁启超"叙列之扼要而美妙"（《〈史记〉之题解及其读法》）的赞誉。

司马迁在《史记·太史公自序》中追述"司马氏"家世，曾经这样写道："自司马氏去周适晋，分散，或在卫，或在赵，或在秦。……在秦者名错，与张仪争论，于是惠王使错将伐蜀，遂拔，因而守之。错孙靳，事武安君白起。"司马错之孙司马靳曾经追随白起，在重要的历史关键点上有一致的表现。"靳与武安君坑赵长平军，还而与之俱赐死杜邮，葬于华池。"司马靳亲自参与白起坑杀赵军降卒事，"坑赵长平军"，后来与武安侯一起走向悲剧结局，一起"赐死杜邮"，又一起"葬于华池"，真正做到了生死与共。"（司马）靳与武安君坑赵长平军，还而与之俱赐死杜邮"的经历，很可能是太史公形成特殊而深刻的历史记忆的条件。

后人对长平之战的评论，主要基于《史记》的记录。以汉代史论而言，汉明帝就安定羌人颁布诏书，其中写道："夫长平之暴，非帝者之功。"《后汉书·冯衍传》载冯衍《显志》写道："疾兵革之浸滋兮，苦攻伐之萌生；沉孙武于五湖兮，斩白起于长平。"白起在长平的奇功，是被反战政论家作为反面典型的。《论衡》中说到"长平"凡十三次，例如："秦将白起坑赵降卒于长平之下，四十万众，同时皆死。""一长平之坑，同命俱死。""命当压死，故相积于长平。""长平之坑，老少并陷。""长平之坑，……一宿同填而死。"（《命义》）"（白起）曰：'……长平之战，赵卒降者数十万，我诈而尽坑之……'"（《祸虚》）"秦坑赵卒于长平之下，四十万众，同时俱陷。"（《变动》）"赵军为秦所坑于长平之下，四十万众，同时俱死。"（《辨祟》）人们对"长平之暴"的反省，受到了《史记》的启示。

三、白起"杜邮"感叹

《史记·白起王翦列传》写述了名将白起人生悲剧的结局，关于"赐死杜邮"的最后一幕，有细致的情节："秦王使王龁代陵将，八九月围邯郸，不能拔。"楚、魏援军抵达，战局转折，"楚使春申君及魏公子将兵数十万攻秦军，秦军多失亡"。白起就此发表的议论激怒了秦昭襄王。"武安君言曰：'秦不听臣计，今如何矣！'秦王闻之，怒，强起武安君，武安君遂称病笃。应侯请之，不起。"

白起强硬的态度，形成了与君王的直接对抗。"于是免武安君为士伍，迁之阴密。""迁"的处罚，看来并没有切实施行。"武安君病，未能行。"秦昭襄王有所容忍，或许是基于对白起以往军功的尊重，也可能另有其他考虑。然而战事不利，致使秦昭襄王恼羞成怒，又做出新的表态："居三月，诸侯攻秦军急，秦军数却，使者日至。秦王乃使人遣白起，不得留咸阳中。"

白起迫于"秦王"威逼，只得离开咸阳。"武安君既行，出咸阳西门十里，至杜邮。"然而秦昭襄王对于白起，竟然又予以严厉的追究。"秦昭王与应侯群臣议曰：'白起之迁，其意尚怏怏不服，有余言。'秦王乃使使者赐之剑，自裁。"白起自杀前，就自己的命运有所感慨："武安君引剑将自刭，曰：'我何罪于天而至此哉？'"他自认因长平"杀降"，"固当死""足以死"。"良久，曰：'我固当死。长平之战，赵卒降者数十万人，我诈而尽坑之，是足以死。'遂自杀。"

《史记》中还有另一则秦名将被迫自杀的史例，即蒙恬被秦二世、赵高等逼死的故事。《史记·蒙恬列传》写道，蒙恬也有"我何罪于天"的感慨："蒙恬喟然太息曰：'我何罪于天，无过而死乎？'"同样也有"固当死"的说法。"良久，徐曰：'恬罪固当死矣。起临洮属之辽东，城堑万余里，此其中不能无绝地脉哉？此乃恬之罪也。'乃吞药自杀。"所谓"我何罪于天"及"固当死"的句式，白起、蒙恬竟然完全相同，不免令人惊异。而秦代名相李斯狱中上书秦二世，也曾经说："若斯之为臣者，罪足以死固久矣。"（《史记·李斯列传》）"足以死"的说法和蒙恬是相同的。而"罪足以死固久矣"之说，其中"固"字的使用，也与白起、蒙恬临终语相同。

当然，三者相较，白起、蒙恬的境遇似乎有更多的接近。而据《史记·蒙恬列传》记载，太史公对于蒙恬"绝地脉"的说法，是发表了否定意见的："太史公曰：吾适北边，自直道归，行观蒙恬所为秦筑长城亭障，堑山堙谷，通直道，固轻百姓力矣。夫秦之初灭诸侯，天下之心未定，痍伤者未瘳，而恬为名将，不以此时强谏，振百姓之急，养老存孤，务修众庶之和，而阿意兴功，此其兄弟遇诛，不亦宜乎！何乃罪地脉哉？"（王子今：《蒙恬悲剧与大一统初期的"地脉"意识》，《首都师范大学学报》2016 年 4 期）对于蒙恬故事，太史公明确否定"绝地脉"说，指责蒙恬"阿意兴功"，以为"此其兄弟遇诛，不亦宜乎"，体现出站在"百姓"立场上的政治批判精神。对于白起所谓"我固当死。长平之战，赵卒降者数十万人，我诈而尽坑之，是足以死"，太史公则没有像对蒙恬那样发表这样的驳议。两相对照，似乎可以理解为这位史家对白起"长平之战，赵卒降者数十万人，我诈而尽坑之，是足以死"的自责没有否定性的意见，尽管由于司马靳的深度参与，太史公对于这一历史主题在某种层面上有比较复杂的心理。

顾炎武《日知录》卷二六"史记于序事中寓论断"条写道："古人作史，有不待论断而于序事之中即见其指者，惟太史公能之。"我们读长平战役"序事"来体会太史公之"指"，应当理解这种史学家的高明之处。

四、长平之坑与新安之坑的历史比照

《论衡·命义》写道："秦将白起坑赵降卒于长平之下，四十万众，同时皆死。"称之为"长平之坑"，言"长平之坑，同命俱死"，"长平之坑，老少并陷"。秦史又有"新安之坑"。《通典》卷七《食货七·历代盛衰户口》："（秦时）十余年间，百姓死没，相踵于路。陈、项又肆其酷烈，新安之坑，二十余万。"

《史记·项羽本纪》记载巨鹿之战后，项羽率领诸侯联军与章邯秦军投降部众"到新安"的情形。"诸侯吏卒异时故繇使屯戍过秦中，秦中吏卒遇之多无状，及秦军降诸侯，诸侯吏卒乘胜多奴虏使之，轻折辱秦吏卒。"于是秦军降吏卒私下疑议。"秦吏卒多窃言曰：'章将军等诈吾属降诸侯，今能入关破秦，大善；即不能，诸侯虏吾属而东，秦必尽诛吾父母妻子。'"诸侯部队首领"微闻其计，以告项羽"。项羽乃召黥布、蒲将军等商议："秦吏卒尚众，其心不服，至关中不听，事必危，不如击杀之。"战争史上又一起"杀降"惨剧随即发生："于是楚军夜击坑秦卒二十余万人新安城南。"《史记·秦楚之际月表》也记载："羽诈坑杀秦降卒二十万人于新安。"又《史记·黥布列传》："项籍之引兵西至新安，又使布等夜击坑章邯秦卒二十余万人。"《史记·淮阴侯列传》也写道："至新安，项王诈坑秦降卒二十余万。"

有诗人作《长平箭头歌同穆门》，有"坑赵坑秦同一例"句。以为新安之坑是长平之坑的一种"复仇"形式，称"偿尔新安一半魂"。明人王世贞《项王像赞》也有这样的文句："於乎！新安之坑，仅可半白

起之役；轵道之诛，未足酬六王之一。"

新安之坑是长平之坑的历史延续。《史记》记述新安之坑，三次使用"诈坑"一语，除了前引《史记·秦楚之际月表》《史记·淮阴侯列传》外，《史记·高祖本纪》也可见对"诈坑秦子弟新安二十万"的指责。所谓"诈坑"，与白起临终感叹"长平之战，赵卒降者数十万人，我诈而尽坑之，是足以死"的"诈而坑之"语意一致，是值得我们注意的。

五、刘邦"杀降""不祥"说

与项羽新安"杀降"形成强烈对比，刘邦进军关中，则有沿途受降并充实自己军事力量的史例。秦南阳守退保宛，刘邦接受"约降，封其守，因使止守"的建议，"乃以宛守为殷侯"，"引其甲卒与之西"。于是，一路"诸城未下者，闻声争开门而待"，"引兵西，无不下者"。

《史记·高祖本纪》记述了刘邦入关灭秦的情节："汉元年十月，沛公兵遂先诸侯至霸上。"秦最高执政者投降。"秦王子婴素车白马，系颈以组，封皇帝玺符节，降轵道旁。诸将或言诛秦王。沛公曰：'始怀王遣我，固以能宽容；且人已服降，又杀之，不祥。'乃以秦王属吏，遂西入咸阳。"秦王子婴投降，出于对秦王朝的仇恨，刘邦的战友或建议"诛秦王"。然而刘邦的表态不仅表现出"宽容"，还显示了处理战争中胜与降之合理方式的先进意识。"人已服降，又杀之，不祥"的理念，是开明的，正当的。这种主张，体现出当时人们生命意识的觉醒。

刘邦不杀秦王子婴，以致有"沛公欲王关中，使子婴为相，珍宝尽有之"的谣言传播。《史记·项羽本纪》和《史记·高祖本纪》都记载了这一激怒项羽的说法。

"秦降王子婴"后来被项羽杀害。《史记·项羽本纪》记载："项羽引兵西屠咸阳，杀秦降王子婴，烧秦宫室，火三月不灭；收其货宝妇女而东。"据《史记·高祖本纪》，刘邦率诸侯兵进击项羽，"临广武之间"，当面列数其十大罪状，其中包括："又强杀秦降王子婴，罪五。诈坑秦子弟新安二十万，王其将，罪六。"上文我们引了王世贞的话："新安之坑，仅可半白起之役；轵道之诛，未足酬六王之一"，也是将"强杀秦降王子婴"和"诈坑""新安二十万"两件"杀降"事件定为罪行，连在一起指斥的。刘邦"强杀""诈坑"的用语，其区别也值得玩味。

刘邦所谓"人已服降，又杀之，不祥"，后人或说"杀降不祥"。如《三国志·吴书·三嗣主传·孙晧传》裴松之注引干宝《晋纪》载张悌语。《资治通鉴》卷八一"晋武帝太康元年"采用此说。唐人王昌龄《吊轵道赋并序》写道："夫以战国之弊，天下创夷，又困于秦，使无所诉。罪在于政，而戮乎婴。呜呼！杀降不祥，项氏之不仁也。"赋文曰："五星夜聚，汉瑞秦亡。白马素车，降于道傍。非子婴之罪也，而杀身于项王。悲夫，以暴易乱，莫知其极。"（《全唐文》卷三三一）指出"项氏"杀"子婴"，就是"杀降不祥"的"不仁"行为。

六、李广的"大恨"与"祸莫大于杀已降"理念

司马迁对于李广深表同情。《史记·李将军列传》的写述是倾注了情感的，其中借汉文帝"子不遇时"语，或许表达了更深层次的心思。《艺文类聚》卷三〇载司马迁《悲士不遇赋》，或可参考。

《史记·李将军列传》篇末"太史公曰"有这样的说法："余睹李将军悛悛如鄙人，口不能道辞。及死之日，天下知与不知，皆为尽哀。彼其忠实心诚信于士大夫也？谚曰'桃李不言，下自成蹊'。此言虽小，可以谕大也。"《史记·太史公自序》又说："勇于当敌，仁爱士卒，号令不烦，师徒乡之。"其赞誉语重心长。

对于李广终不得封侯事的分析评议，《史记·李将军列传》中可以看到这样一段文字："初，广之从弟李蔡与广俱事孝文帝。景帝时，蔡

积功劳至二千石。孝武帝时，至代相。以元朔五年为轻车将军，从大将军击右贤王，有功中率，封为乐安侯。元狩二年中，代公孙弘为丞相。蔡为人在下中，名声出广下甚远，然广不得爵邑，官不过九卿，而蔡为列侯，位至三公。"李广和李蔡比较，"不遇"情状已经非常鲜明。而李广属下军官和士兵竟然也多有"封侯"者，即所谓"诸广之军吏及士卒或取封侯"。这一情形，尤其衬托出李广人生境遇的悲苦色调。就"不得封侯"的因由，李广曾经在与"望气王朔"闲谈时说道："自汉击匈奴而广未尝不在其中，而诸部校尉以下，才能不及中人，然以击胡军功取侯者数十人，而广不为后人，然无尺寸之功以得封邑者，何也？"李广问道："岂吾相不当侯邪？且固命也？"他这里所说的"相"，是说相貌，也就是汉代普遍流行的相人术的观察对象。王朔说："将军自念，岂尝有所恨乎？"李广回答：我曾经任陇西郡太守，羌人反叛，"吾诱而降，降者八百余人，吾诈而同日杀之"。至今心中的"大恨"，只有这件事。王朔说出了他的判断："祸莫大于杀已降。"这就是"将军所以不得侯"的原因了。

这位"望气王朔"不是等闲人物。《史记·天官书》说："夫自汉之为天数者，星则唐都，气则王朔，占岁则魏鲜。"又说："王朔所候，决于日旁。"大概这位"望气王朔"，在他的专业领域内，一时是"首席学术大家"。《史记·封禅书》和《史记·孝武本纪》都有"望气王朔"参与判定最高等级天文与人文对应关系的记载，涉及"封禅"决策："（元封元年）其秋，有星茀于东井。后十余日，有星茀于三能。望气王朔言：'候独见其星出如瓠，食顷复入焉。'有司言曰：'陛下建汉家封禅，天其报德星云。'"

司马迁记录"望气王朔"的"祸莫大于杀已降"的言论，其实也是有关杀降的政治文化和军事文化的判断和表态。《史记》自长平"杀降"至李广"大恨"的相关内容，可以联系起来体会。如清代赵翼所说，秦汉时期曾经发生"前此所未有"的历史演进，"盖秦汉间为天地一大变局"。又说："天意已另换新局。"考察"秦、汉间"的历史，应当关注此所谓"天之变局"（《廿二史札记》卷二《汉初布衣将相之局》）。对于生命意义、生命价值的逐步尊重，对于人本身的逐步尊重，是社会进化和文明成熟的表现之一。《史记》有关"杀降"批判的文字，可以说为我们打开了认识秦汉时期这一历史进步的一扇视窗。

李广说："吾尝为陇西守，羌尝反，吾诱而降，降者八百余人，吾诈而同日杀之。至今大恨独此耳。"他后来以为"大恨"的"杀降"行为，东汉晚期仍然存在类似历史迹象。《后汉书·皇甫规传》说："先是安定太守孙儁受取狼籍，属国都尉李翕、督军御史张禀多杀降羌，凉州刺史郭闳、汉阳太守赵熹并老弱不堪任职，而皆倚恃权贵，不遵法度。"董卓也有"杀降"行迹。《三国志·魏书·董卓传》记载："卓豫施帐幔饮，诱降北地反者数百人，于坐中先断其舌，或斩手足，或凿眼，或镬煮之，未死，偃转杯案间，会者皆战栗亡失匕箸，而卓饮食自若。"手段极其惨厉。应当注意到，"北地反者"有可能为羌胡异族，如李广诱杀叛羌，诈而杀之，以及李翕、张禀"多杀降羌"。此类情形，与长平之坑、新安之坑，从某种角度看，是有所不同的。

还应当注意到，羌人武装反叛，也曾经使用诈降手段。《后汉书·董卓传》李贤注引《献帝春秋》记述了这样的史事："凉州义从宋建、王国等反，诈金城郡降，求见凉州大人故新安令边允、从事韩约。约不见，太守陈懿劝之使往，国等便劫质约等数十人。"由西北民族战争史的复杂性可知，我们对于与"杀降"有关的边疆政策的理解和说明，应当取审慎的态度。但是司马迁所记录"祸莫大于杀已降"言论的发表，明显体现了社会意识的进步，这是可以肯定的。

贤圣英雄行迹 ：《史记》的交通史创制

我们讨论过司马迁的交通行为对于他的史学贡献的意义。司马迁作为特别重视走的历史学者，行旅生活使他对于历史背景的调查、历史现场的体验、历史记忆的搜求，均获得比较亲近、真切、具体、生动的收获。他的交通生涯，也是史学实践。王国维所谓"史公行迹殆遍宇内"，肯定了"行"对于司马迁文化贡献的意义。《史记》对交通史记述的重视，也体现出具有开创性意义的学术先觉。其中贤圣英雄行迹与文化成就和政治功业的关系，得到了肯定倾向非常鲜明的表达。看重交通之意义的开明理念，是符合人类文明进步的历史规律的。

一、交通能力与圣王资质

传说黄帝以"轩辕氏"为名号。《史记·五帝本纪》写道："黄帝者，少典之子，姓公孙，名曰轩辕。""轩辕"，原义其实是指高上的车辕。《说文·车部》："辕，辀也。""辀，辕也。""轩，曲辀藩车也。"段玉裁《说文解字注》解释，这是指"曲辀而有藩蔽之车"。"小车谓之辀，大车谓之辕。""于藩车上必云曲辀者，以辀穹曲而上，而后得言轩。凡轩举之义，引申于此。曲辀，所谓'轩辕'也。"以"曲辀"解释"轩辕"，大致符合通过考古学获得的早期高等级车辆"曲辀"形制的常识。"轩辕氏"以及所谓"轩皇""轩帝"，被用来作为后人心中中华民族始祖的著名帝王——黄帝的名号，暗示了交通方面的创制，很可能是这位传说时代部落领袖最显赫的功业之一。

《史记·五帝本纪》还说："轩辕之时，……抚万民，度四方，……天下有不顺者，黄帝从而征之，平者去之，披山通道，未尝宁居。东至于海，登丸山，及岱宗。西至于空桐，登鸡头。南至于江，登熊、湘。北逐荤粥，合符釜山，而邑于涿鹿之阿。"所谓"监于万国"，"万国和"局面的形成，是以交通活动为基本条件的。而"轩辕""迁徙往来无常处"的交通实践，无疑为早期国家的形成奠定了重要基础。黄帝不畏辛劳，游历四方，行程十分遥远。他曾经东行至海滨，登丸山与泰山；又西行至空桐山，登鸡头山；又南行至长江，登熊山、湘山；又用兵北方，驱逐游牧部族荤粥的势力。非常的交通经历，成为体现其执政能力的优越资质。

据司马迁记述，帝尧选用帝舜作为权力的继承人，首先注意到他的交通能力："尧使舜入山林川泽，暴风雷雨，舜行不迷。尧以为圣，召舜曰：'女谋事至而言可绩，三年矣。女登帝位。'""舜入于大麓，烈风雷雨不迷，尧乃知舜之足授天下。"（《史记·五帝本纪》）所谓"使舜入山林川泽"，"入于大麓"，我们今天可以理解为对于交通能力的实际测试。

二、"巡狩"事业

帝尧在位期间，已经令帝舜继承权位，主持行政。而舜履行行政职能，是以"巡狩"这种交通行为作为重要方式的："尧老，使舜摄行天子政，巡狩。"关于"巡狩"的具体形式，《史记·五帝本纪》有这样的记述："岁二月，东巡狩，至于岱宗，柴，望秩于山川。""五月，南巡狩；八月，西巡狩；十一月，北巡狩：皆如初。归，至于祖祢庙，用特牛礼。五岁一巡狩。"看来，"巡狩"是一种政治交通实践，先古圣王通过这样的交通行为，使天下四方真正可以归于一统。

舜的"巡狩"是有直接成效的。《史记·夏本纪》记载，禹被发现即在"巡狩"途中："舜登用，摄行天子之政，巡狩。行视鲧之治水无状，乃殛鲧于羽山以死。天下皆以舜之诛为是。于是舜举鲧子禹，而使续鲧之业。"舜"巡狩"而"行视……"，促成了影响"天下""下民"生存条件和国家安危形势的正确决策。

帝舜的生命，竟然在"巡狩"途中终结："践帝位三十九年，南巡狩，崩于苍梧之野。葬于江南九疑，是为零陵。"（《史记·五帝本纪》）

传说中，接受帝舜的委命"续鲧之业"的"鲧子禹"，其治水大业的成功，也与辛苦奔走的交通实践联系在一起。《史记·夏本纪》说，禹受命主持抗洪工程，"命诸侯百姓兴人徒以傅土，行山表木，定高山大川"。"乃劳身焦思，居外十三年，过家门不敢入。……陆行乘车，水行乘船，泥行乘橇，山行乘檋。左准绳，右规矩，载四时，以开九州，通九道，陂九泽，度九山。"这仅仅七十多字的文句中，体现交通行为的"过""开""通""度"诸字各出现一次，"乘"字出现四次，"行"字出现五次。这是高密度的交通实践记载。国家经济管理与行政控制的交通规划也因此成就："食少，调有余相给，以均诸侯。禹乃行相地宜所有以贡，及山川之便利。"通过司马迁留下的文字，我们或许可以说，早期国家的经济地理与行政地理格局的形成，也是以交通地理知识为基础的。

帝禹"行"的举动，《史记·夏本纪》引《禹贡》这样记述其路线："禹行自冀州始。冀州……；沇州，……；青州……；徐州……；扬州……；荆州……；豫州……；梁州……；雍州……""道九山"，"道九川"，"于是九州攸同，四奥既居，九山栞旅，九川涤原，九泽既陂，四海会同"。这些成就，首先有利于社会经济秩序与国家行政控制的稳定。而这一局面的实现，又得益于交通建设的保障。"东渐于海，西被于流沙，朔、南暨：声教讫于四海。于是帝锡禹玄圭，以告成功于天下。天下于是太平治。"政治的"成功"，"天下"的"太平治"，其基本条件是交通实践的努力。我们还注意到，"禹行"遵循的方向，大略与帝舜"摄行天子政，巡狩"时"东巡狩……；南巡狩……；西巡狩……；北巡狩……"的路线，即现今通常所谓顺时针的方向一致。

禹的功业与执政能力得到承认，主要在于他通过交通实践表现出来的辛劳勤恳。特别值得注意的是，禹也在"巡狩"的行程中结束了他的人生。《史记·夏本纪》记载："十年，帝禹东巡狩，至于会稽而崩。"这是明确言"帝禹""巡狩"的记录。

"崩"于"巡狩"途中的帝王，除了帝舜、帝禹外，后世还有。有关周天子"巡狩"途中去世的事，见于《史记·周本纪》的记载："昭王南巡狩不返，卒于江上。"

随后，我们注意到《左传·昭公十二年》中有关周穆王"周行天下"事迹的记载，司马迁有所采用。《史记·秦本纪》写道："造父以善御幸于周缪王，得骥、温骊、骅駵、騄耳之驷，西巡狩，乐而忘归。"《史记·赵世家》也记录："缪王使造父御，西巡狩，见西王母，乐之忘归。"都明确称"西巡狩"。这是现今许多学者关注的丝绸之路交通的历史先声。尽管对周穆王西征抵达的地点存在颇多争议，但是这位周天子曾经行历西域地方，是许多学者所认同的。不过，《史记》中《秦本纪》和《赵世家》虽说到这位帝王的"西巡狩"事迹，但在《周本纪》中却没有看到相关记载。

三、孔子"圣迹"："厄""行"与"发愤"

对于儒家创始人孔子的行旅实践，司马迁从史学家的视角出发，也有认真的观察和特别的提示。

《史记·孔子世家》以浓重笔墨记述了孔子的一次重要的出行经历。孔子的这次出行，在中国思想史和中国文化史上有特别值得纪念的意义。司马迁记述了比较具体的情节："鲁南宫敬叔言鲁君曰：'请与孔子适周。'鲁君与之一乘车，两马，一竖子俱，适周问礼，盖见老子云。"孔子是在得到鲁国执政集团最高权力者资助的条件下，完成这次重要出行实践的。"鲁君与之一乘车，两马，一竖子俱"，可见提供了交通工具、交通动力以及交通辅助服务方面的基本条件，使得孔子这次出行的等级在一般水准之上。

"孔子适周"的目的是"问礼"，最重要的交往行为是"见老子"。孔子"见老子"的思想交流虽然未见文献记述，但临别时，"老子送之"，史家保留了思想家老子以"仁人"身份送另一位思想家孔子"以言"的情形："辞去，而老子送之曰：'吾闻富贵者送人以财，仁人者送人以言。吾不能富贵，窃仁人之号，送子以言，……'"老子的临别赠言是关于人际交往的建议："聪明深察而近于死者，好议人者也。博辩广大危其身者，发人之恶者也。为人子者毋以有己，为人臣者毋以有己。"

根据司马迁《史记》的记述，以"适周问礼"的交通行为为基点，孔子在这一时期的文化形象，已经是一位辛苦的行旅者。战国秦汉时期逐渐形成了"孔子学于老聃""孔子师老聃"等说法。《史记》没有完整地记载老子和孔子所有的交谈，而"辞去"时，从老子的话语中可见有关"好议人""发人之恶"的言谈，其议论的主题是关于交往言行的规劝。《史记·孔子世家》接着写道："孔子自周反于鲁，弟子稍益进焉。"他的思想境界达到了新的高度，他的教育事业也得到了新的发展。"孔子适周"的收益，看来是明显的。

对于孔子"适周问礼"，与老子对话，又"自周反于鲁"的这次行旅与交往行为的意义，不仅司马迁予以高度重视，大概在汉代较宽社会层次的儒家学者中，也都普遍有所看重。"孔子见老子"于是成为汉代画像文物遗存中出现数量比较众多、频次比较密集的画面。这应当不是偶然的。

在司马迁笔下，"孔子适齐"，"孔子适卫""过曹"，"去曹适宋"，"孔子适郑"，又"至陈""去陈"，"孔子自陈迁于蔡"，"去叶，反于蔡"等行旅活动，《史记·孔子世家》均有记述。《史记·十二诸侯年表》记载了从"孔子生"到"孔子卒"的生平大事，包括"孔子相"，"孔子行"，"孔子来（卫）"，"孔子来（陈）"，"孔子过宋"，"孔子自陈来"，

"孔子归鲁"等行迹。"行""来""过""归",都是交通实践。我们看到,后世绘制孔子《圣迹图》中的许多画面,往往以津渡、道路为背景,以车辆、挽马为道具,这正表现了《吕氏春秋·孝行览·遇合》所谓"孔子周流海内",《淮南子·修务》所谓"孔子无黔突",《汉书·叙传上》所谓"孔席不煗"的形象。而这样的形象,与《史记》记述的孔子行为是高度一致的。

孔子试图通过他的艰苦出行,以儒学理念影响各国的执政集团。《史记·儒林列传》说"仲尼干七十余君"(《汉书·儒林传》作"奸七十余君")。《史记·十二诸侯年表》也说:"孔子明王道,干七十余君。"这样的说法,对孔子的交往幅面和交往范围都有所夸张。《史记·儒林列传》司马贞《索隐》指出:"案:后之记者失辞也。案《家语》等说,云孔子历聘诸国,莫能用,谓周、郑、齐、宋、曹、卫、陈、楚、杞、莒、匡等。纵历小国,亦无七十余国也。"然而这种夸张,体现了知识界对孔子交通行为的普遍看重,体现了儒家学派对孔子交通行为之文化意义的高度肯定。

《史记·孔子世家》所谓"累累若丧家之狗",就是对孔子出行艰苦经历的生动形容。《史记·太史公自序》对于撰作《史记》的动机有所交代。司马迁说,品质达到思想文化巅峰水准的经典,"大抵贤圣发愤之所为作也"。他列举《周易》《春秋》《离骚》《国语》、孙膑"兵法"、《吕览》、韩非的《说难》《孤愤》以及"《诗》三百篇"等名著。而"孔子厄陈蔡,作《春秋》"仅次于《周易》,位列第二。孔子"发愤""作《春秋》",是在"陈蔡"艰难的行旅途中成就的文化功绩。

四、秦始皇、秦二世出巡

秦始皇击灭六国,实现统一,继秦王政时代的三次出巡之后,又有五次出巡。《史记》有关秦史的记录中对此称"巡",称"行",称

"游"，而不称"巡狩"。这应是依据《秦记》的文字。

秦始皇出巡的直接目的，有"抚""览"，即视察慰问等多方面的考虑，但炫耀权力、强化行政也是重要动机。向被征服的地方展示"得意"，是"巡""行""游"的重要主题之一。

曾经作为秦中央政权主要决策者之一的左丞相李斯，被赵高拘执于狱中，上书自陈七项重要功绩，其中就包括"治驰道，兴游观，以见主之得意"（《史记·李斯列传》）。平民面对皇帝出巡以炫耀权力的反应，可见项羽所谓"彼可取而代也"（《史记·项羽本纪》），刘邦所谓"大丈夫当如此也"（《史记·高祖本纪》），都说明了这种炫耀帝王之"得意"的某种成功。还应该说到，秦始皇也是死在出巡途中的。秦始皇是第一个皇帝，也是走得很辛苦的皇帝。他的行迹得以保留在史籍中，全在于司马迁《史记》的贡献。

据司马迁记述，秦二世以为秦始皇出巡的目的是"示强"，以求"威服海内"。《史记·秦始皇本纪》记载："二世与赵高谋曰：'朕年少，初即位，黔首未集附。先帝巡行郡县，以示强，威服海内。今晏然不巡行，即见弱，毋以臣畜天下。'""巡行郡县"，有望实现"集附""黔首"，"威服海内"的政治效应。于是，"春，二世东行郡县"。秦二世的出巡，即试图仿效"先帝"，以"巡行"显示"强"和"威"，保障最高政治权力的顺利接替。不过，这种妄想最终不能实现。一次与交通有关的异象体现了上天的警告，"二世梦白虎啮其左骖马，杀之，心不乐"。秦二世后来试图"祠泾，沉四白马"以为补救。这一情形以及秦二世的继承者秦王子婴向刘邦投降时以交通条件为象征的表现，"子婴即系颈以组，白马素车，奉天子玺符，降轵道旁"，都被司马迁记录在《史记·秦始皇本纪》中。

《史记·高祖本纪》的相关文字是"秦王子婴素车白马，系颈以组，封皇帝玺符节，降轵道旁"。"车""马"和"道"这些交通元素在这里的特别组合，似乎也是有某种神秘意义的。

五、司马迁记述的"今上"行程

秦始皇出巡，还有重要的神学背景。《史记·封禅书》说："即帝位三年，东巡郡县，祠驺峄山，颂秦功业。于是征从齐鲁之儒生博士七十人，至乎泰山下。"秦始皇不用儒生之议，"而遂除车道，上自泰山阳至巅，立石颂秦始皇帝德，明其得封也。从阴道下，禅于梁父"。他的行迹甚至延伸至海上。"及至秦始皇并天下，至海上，则方士言之不可胜数。始皇自以为至海上而恐不及矣，使人乃赍童男女入海求之。船交海中，皆以风为解，曰未能至，望见之焉。其明年，始皇复游海上，至琅邪，过恒山，从上党归。后三年，游碣石，考入海方士，从上郡归。后五年，始皇南至湘山，遂登会稽，并海上，冀遇海中三神山之奇药。不得，还至沙丘崩。"

汉武帝的出巡，也见于《史记·封禅书》的记载。在"天子遂东，始立后土祠汾阴脽丘，……上亲望拜，如上帝礼"，随即"天子遂至荥阳而还，过洛阳"之后，"天子始巡郡县，侵寻于泰山矣"。此后，又有多次东行，亦频繁"东巡海上"。又"北巡朔方，勒兵十余万，还祭黄帝冢桥山，释兵须如"。而"浮江"，"并海上"，"临勃海"等行程，都极其辽远。《史记·封禅书》明确写道："太史公曰：余从巡祭天地诸神名山川而封禅焉。"《史记·蒙恬列传》也记载："太史公曰：吾适北边，自直道归，行观蒙恬所为秦筑长城亭障，堑山堙谷，通直道，固轻百姓力矣。"这应当也是随汉武帝出行的记录。司马迁因"从巡"体验而保留的纪行文字，是真实可信的。

历代史论评价《封禅书》，或指责其文"虚怪不足以示后世"（王观国：《学林》卷七），或批评"迁亦知其非，不能论止，反傅会之"，言"《封禅》最无据"（叶适：《习学记言序目》卷一九）。或说司马迁"意在讽时"，"读者高其文笔"（郝经：《史汉愚按》卷二），或说"是书文意尤深隐"（方苞：《望溪先生文集》卷二），或说"《封禅书》一篇讥讽文字"，"讥讽嘲笑"，"尽情极致"（牛运震：《史记评述》卷四）。然而吴见思对于《史记》中比较完整记录汉武帝事迹的这篇文字，却有比较高的评价。他说："《史记》一书，惟《封禅》为大。""如《封禅书》，初看叙事平直，再看则各有关合，细心读之，则一句一字之中，嬉笑怒骂，无所不有，正如大云一雨，大根小茎，各得其滋润，究竟我见有尽，意义无穷。吾愿善读书者，必细心读之，再三读之，莫轻易放过，幸甚幸甚。"（《史记论文》第三册）如果我们不简单视作"傅会""虚怪"或者"深隐""讥讽"，而"细心读之，再三读之"，发现其中的"无穷""意义"，是可以注意到作者提示的交通行迹与汉武帝文治武功的内在联系的。

六、交通史的初创

司马迁生活在交通事业空前发展的时代。他对于交通进步有益于社会文化繁荣的意义应当有直接的体会。正如孙毓棠所说："交通的便利，行旅安全的保障，商运的畅通，和驿传制度的方便，都使得汉代的人民得以免除固陋的地方之见，他们的见闻比较广阔，知识易于传达。汉代的官吏士大夫阶级的人多半走过很多的地方，对于'天下'知道得较清楚，对于统一的信念也较深。这一点不仅影响到当时人政治生活心理的健康，而且能够加强全国文化的统一性，这些都不能不归功于汉代交通的发达了。"

《史记》对于"交通"形式，有比较全面的记述。上文说到的"陆行乘车，水行乘船，泥行乘橇，山行乘樏"，《史记·河渠书》写作"陆行载车，水行载舟，泥行蹈毳，山行即桥"。除此之外，还有其他多种交通方式。以"水行"之水运交通而言，又有"漕"（《史记·河渠书》）、"船漕"（《史记·秦本纪》）、"漕转"（《史记·秦始皇本纪》）、"转漕"（《史记·项羽本纪》）、"河漕"（《史记·平准书》）、"行船漕"

（《史记·河渠书》）、"水通粮"（《史记·赵世家》）、"河渭漕輓"（《史记·留侯世家》）等说法。"汉并天下"的军事进程中，韩信佯攻临晋，却避开魏王豹专意设防的"河关"，自夏阳偷渡，奇袭魏军，大获全胜。韩信"渡军"使用了临时制作的浮渡工具"木罂缶"，在军事交通技术开发史上书写了特殊的一页。《史记·淮阴侯列传》有关韩信夏阳"木罂缶渡军"的文字，是对这一事件唯一的历史记录。

《史记》对于楚汉战争的记述最为生动精彩。顾颉刚说，关于"楚、汉之际"的写述，是《史记》"最精彩及价值最高部分"之一，"其笔力之健，亦复震撼一时，叱咤千古"。我们看到，刘邦建国史的初篇，有"丰西泽中"斩白蛇的交通史情节（《史记·高祖本纪》）。而项羽走向人生末路，也有垓下突围，"迷失道，问一田父，田父绐曰'左'"，于是"左，乃陷大泽中"的交通史情节（《史记·项羽本纪》）。"泽"是当时生态条件下的交通背景。《史记》中所见旅行衣物称"行装"（《南越列传》），出外视察称"行视"（《夏本纪》），巡阅部队称"行军"（《高祖本纪》），游牧部族称"行国"（《大宛列传》），与交通相关的行为如"行贾"（《货殖列传》）、"行猎"（《匈奴列传》）、"行盗"（《平津侯主父列传》）、"行剽"（《梁孝王世家》）等，都是文献中第一次出现。天子所在地方称"行在所"（《卫将军骠骑列传》）等，也都是《史记》的语文发明。

对于"交通"促成经济生活中"交易"的意义，司马迁多有正面的肯定。《史记·货殖列传》说，"富商大贾周流天下，交易之物莫不通，得其所欲"，是有益于市场活跃和社会进步的。《史记·淮南衡山列传》指出，"重装富贾，周流天下，道无不通，故交易之道行"，也促成了国势的强大。《史记·平准书》又以"太史公曰"的句式，强调"农工商交易之路通"，是"所从来久远"的文明发展的正当趋势。

七、文明史与交通史、交往史

交通与交往，在文明发生、发育的进程中有着非常积极的作用。在马克思主义的理论体系中，"交往"是具有重要地位的。马克思和恩格斯非常重视"生产"对于历史进步的意义。他们同时又突出强调"交往"的关键性作用。马克思、恩格斯认为："……而生产本身又是以个人之间的彼此交往〔Verkehr〕为前提的。这种交往的形式又是由生产决定的。"他们指出："各民族之间的相互关系取决于每一个民族的生产力、分工和内部交往的发展程度。这个原理是公认的。然而不仅一个民族与其他民族的关系，而且这个民族本身的整个内部结构都取决于自己的生产以及自己内部和外部的交往的发展程度。"（马克思、恩格斯：《德意志意识形态》，《马克思恩格斯选集》第 1 卷，人民出版社 2012年，第 147 页）他们在论说"生产力"和"交往"对于"全部文明的历史"的意义时，甚至曾经取用"交往和生产力"的表述方式（马克思、恩格斯：《德意志意识形态》，《马克思恩格斯全集》第 3 卷，人民出版社 1960 年，第 56 页）。"交往"竟然置于"生产力"之前。

"交往"与"交往史"应当是历史研究的重要主题。交往促进生产的发展、经济的流通、文化的融合。交往的规模可以决定文化圈的空间范围，交往的频次也影响着社会生活的节奏。交往史与政治的兴亡、经济的盛衰、文化的繁荣和没落都有着密切关系。

我们上文引录马克思、恩格斯《德意志意识形态》所见"交往"一语，有的中文译本直接写作"交通"。例如郭沫若译《德意志意识形态》1947 年版的译文，就采用这样的文字方式〔马克思、恩格斯合著，郭沫若译：《德意志意识形态》（郭沫若译文集之五），群联出版社 1947 年，第 63 页、第 105 页〕。

中国传统史学是有丰厚的文化基础和长远的文化渊源的。中华民族文化的优秀基因，往往可以在史学考察中发现。我们可以说，《史记》

是中国第一部对于交通史予以特殊重视的史学名著。

《史记》对交通史的专意记录，有特别重要的开创性意义。"交通""交往"对于文明进步的意义，《史记》已经有初步的揭示。这也是《史记》"成一家之言"的成就之一。注意到这一情形，我们就不能不对司马迁这位伟大史学家在当时条件下所表现出的开明思想和新锐理念，表示深深的崇敬。

《史记》与
秦汉经济运行

《史记》的"富贵"观

"富贵",曾经是秦汉社会普遍的追求。人们公开地表达这种心愿,而并不有所隐晦。《史记》客观地记述历史,对相关现象有所反映。面对儒学轻利重义的义利观,司马迁的态度似乎是有所保留的。他对于博取"富贵"的人生志向持宽容理解的态度。面对成就"富贵"的工商业者,《史记·货殖列传》使用了赞誉的语词。就"富贵"与道德修养的关系、"富贵"与政治权力的关系、"富贵"能否继世持久等问题,《史记》中又提出了若干立足于历史观察的清醒、开明的见解。有些认识,至今仍有启发意义。

一、"富贵"与"鸿鹄之志"

对于秦末农民起义领袖陈涉,《史记》以"世家"的"级别"记述了其功业。《史记·陈涉世家》写道,陈涉以"佣耕"的形式从事田间劳作,曾经"辍耕之垄上,怅恨久之",对同伴说:"苟富贵,无相忘。""佣耕"的农友笑着回应说:"若为庸耕,何富贵也?"陈涉感叹道:"嗟乎,燕雀安知鸿鹄之志哉!"对于陈涉"为庸耕"而期求"富贵"的心理表现,《史记》是予以赞赏的。"燕雀安知鸿鹄之志哉"于是成为千古名言。宋人綦崇礼撰《兵筹类要》,第一篇为《器识篇》,第二篇为《志气篇》。《志气篇》的第一条就写道:"陈胜曰:'燕雀安知鸿鹄之志。'"(《北海集》卷三八)陈涉的故事说明,博取"富贵"是当时社会之人的心理倾向。《史记》记录陈涉的言论并不多,而"苟富贵,无相忘"与"燕雀安知鸿鹄之志"成为其事迹的闪光点,历千百年依然有着辉煌的亮度。追求"富贵"与"鸿鹄之志"相联系,在某种意义上被看作英雄主义与进取精神的体现。

《史记·鲁仲连邹阳列传》记载："鲁连逃隐于海上，曰：'吾与富贵而诎于人，宁贫贱而轻世肆志焉。'"《史记·苏秦列传》记载，苏秦一时富贵，"行过洛阳，车骑辎重，诸侯各发使送之甚众。……周显王闻之恐惧，除道，使人郊劳"。苏秦的亲属"昆弟妻嫂"等"侧目不敢仰视，俯伏侍取食"。苏秦贫困时曾为其嫂歧视，于是"笑谓其嫂曰：'何前倨而后恭也？'"其嫂匍匐于地，恭敬致歉，说："见季子位高金多也。"苏秦感叹道："此一人之身，富贵则亲戚畏惧之，贫贱则轻易之，况众人乎！且使我有洛阳负郭田二顷，吾岂能佩六国相印乎！"苏秦指出了当时人面对"富贵"和"贫贱"的鲜明差异。《史记·张仪列传》记载，张仪投奔苏秦，苏秦羞辱之曰："以子之材能，乃自令困辱至此，吾宁不能言而富贵子，子不足收也。"《史记·季布栾布列传》记录栾布的话："穷困不能辱身下志，非人也；富贵不能快意，非贤也。""富贵"的反面是"困辱""穷困"，与"贫贱"语义相近。

对"富贵"的热切追求，是考察秦汉社会意识时不可忽略的现象。有学者注意到，秦汉时期"社会上渐有崇拜金钱财富的观念"，甚至于贫穷"即深为乡党所耻"（邹纪万《秦汉史》，众文图书股份有限公司1994年，第188页）。对于这种社会倾向，《史记》在理解的基础上进行了客观记录，并没有站在儒学正统义利观的立场上予以批评。对于谋求"富贵"获得成功的人士，《史记·货殖列传》多有表扬。由此所体现的经济理念、社会思想和历史意识，是有某种进步意义的。

二、追逐"财用""富厚"的成功者

解释《史记·货殖列传》之所谓"货殖"，司马贞《索隐》指出此语来自《论语》，又引孔安国注《尚书》云："殖，生也。生资货财利。"以为"殖"就是财富利润的增益。《货殖列传》总结齐国经济进步的历史时说道："管氏亦有三归，位在陪臣，富于列国之君。是以齐富强至于威、宣也。"接着指出："故曰：'仓廪实而知礼节，衣食足而知荣辱。'礼生于有而废于无。故君子富，好行其德；小人富，以适其力。渊深而鱼生之，山深而兽往之，人富而仁义附焉。富者得势益彰，失势则客无所之，以而不乐。夷狄益甚。谚曰：'千金之子，不死于市。'此非空言也。故曰：'天下熙熙，皆为利来；天下壤壤，皆为利往。'夫千乘之王，万家之侯，百室之君，尚犹患贫，而况匹夫编户之民乎！"认为对"富"的追求，对"利"的追求，是天经地义之事。司马迁又介绍了勾践辅臣计然重视流通的思想："以物相贸，易腐败而食之货勿留，无敢居贵。论其有余不足，则知贵贱。贵上极则反贱，贱下极则反贵。贵出如粪土，贱取如珠玉。财币欲其行如流水。"这里所谓的"贵"，体现了商业经营中的价值理念。《史记》对于范蠡"治产积居"，"十九年之中三致千金"的成功案例予以赞赏，称誉"此所谓富好行其德者也"，说"故言富者皆称陶朱公"。孔子弟子子贡"废著鬻财"，"最为饶益"，"结驷连骑，束帛之币以聘享诸侯，所至，国君无不分庭与之抗礼"，被认为是"富贵"的典型："夫使孔子名布扬于天下者，子贡先后之也。此所谓得势而益彰者乎？"

"天下言治生祖白圭"，"猗顿用盬盐起。而邯郸郭纵以铁冶成业，与王者埒富"。乌氏倮"畜至用谷量马牛"，在秦始皇时代得到特殊尊重，"秦始皇帝令倮比封君，以时与列臣朝请"。巴寡妇清"其先得丹穴，而擅其利数世，家亦不訾"，秦始皇"为筑女怀清台"。司马迁感叹："夫倮鄙人牧长，清穷乡寡妇，礼抗万乘，名显天下，岂非以富邪？"指出他们都是因"富"而"贵"。司马迁说："贤人深谋于廊庙，论议朝廷，守信死节隐居岩穴之士设为名高者安归乎？归于富厚也。是以廉吏久，久更富，廉贾归富。富者，人之情性，所不学而俱欲者也。"所谓"求富益货"，是正常的、自然的人生目标。财用富厚，是不同职业人的共同追求，即所谓"农工商贾畜长，固求富益货也"。

《货殖列传》还写道："游闲公子，饰冠剑，连车骑，亦为富贵容也。"明确使用了"富贵"一词，说到炫耀"富贵"的外在表现。不过，对于"富"的实现，司马迁认为还是有道德等级的，即所谓"本富为上，末富次之，奸富最下"。"无岩处奇士之行，而长贫贱，好语仁义，亦足羞也。"他认为，只是空谈"仁义"，却没有营生能力"而长贫贱"，其实"亦足羞也"。

司马迁表扬了"为权利以成富""其章章尤异者"，对于他们的成功道路，一方面指出"富者必用奇胜"，另一方面又说"此皆诚壹之所致"。基于社会学的观察，司马迁还指出追求"富贵"导致社会分化的情形。贫富差距的悬殊，致使阶级压迫现象的发生："凡编户之民，富相什则卑下之，伯则畏惮之，千则役，万则仆，物之理也。"《史记·太史公自序》写道："布衣匹夫之人，不害于政，不妨百姓，取与以时而息财富，智者有采焉。作《货殖列传》第六十九。"可知《货殖列传》的主题之一是表扬"息财富"的成功。《货殖列传》中所肯定的，多"布衣匹夫"之"富"，似与通常所谓的"贵"存在距离。不过，他们中有"礼抗万乘"者，有"饰冠剑，连车骑"者，其行为对"贵"的气派的模仿，也是很明显的。

三、关于"富贵不归故乡，如衣绣夜行"

《史记·项羽本纪》记载，项羽拒绝定都关中的建议，"心怀思欲东归，曰：'富贵不归故乡，如衣绣夜行，谁知之者！'"项羽的故事说明，"富贵"之后欲加以展示，是当时社会的一种心理。

关于"富贵不归故乡，如衣绣夜行"，又见于刘邦、范目的故事。《华阳国志·巴志》记载，刘邦"灭秦"之后"为汉王，王巴、蜀"："阆中人范目，有恩信方略，知帝必定天下，说帝，为募发賨人，要与共定秦。秦地既定，封目为长安建章乡侯。帝将讨关东，賨民皆思归；帝嘉其功而难伤其意，遂听还巴，谓目曰：'富贵不归故乡，如衣绣夜行耳。' 徙封阆中慈乡侯。" 刘邦安排范目回到家乡阆中，也说了这句话。又《后汉书·景丹传》写道，汉光武帝功臣栎阳人景丹，封栎阳侯。刘秀对景丹说："今关东故王国，虽数县，不过栎阳万户邑。夫'富贵不归故乡，如衣绣夜行'，故以封卿耳。"又如《三国志·魏书·徐晃传》裴松之注引《魏书》写道，魏文帝封朱灵鄃侯，"诏曰：……朕受天命，帝有海内，元功之将，社稷之臣，皆朕所与同福共庆，传之无穷者也。今封鄃侯。富贵不归故乡，如夜行衣绣"。

这种社会习用语最早见于《史记》，使我们不能不敬佩太史公对于社会现象的细致观察以及真切总结。还应当指出，他对于项羽基于虚荣的"富贵"炫耀，是持比较清醒的批评态度的。《项羽本纪》记载："项羽引兵西屠咸阳，杀秦降王子婴，烧秦宫室，火三月不灭；收其货宝妇女而东。人或说项王曰：'关中阻山河四塞，地肥饶，可都以霸。' 项王见秦宫室皆以烧残破，又心怀思欲东归，曰：'富贵不归故乡，如衣绣夜行，谁知之者！' 说者曰：'人言楚人沐猴而冠耳，果然。' 项王闻之，烹说者。"对于项羽言"富贵不归故乡，如衣绣夜行"前后的言行表现，太史公是以负面色彩的笔墨书写的。

四、"富贵"："人主之操柄"

在封建帝制背景下，个人能否"富贵"，最终是由政治权力掌控的。《史记·张丞相列传》中可以看到这样的说法："陛下爱幸臣，则富贵之。"事见丞相申屠嘉惩治汉文帝所"爱幸"的邓通的事迹："嘉为人廉直，门不受私谒。是时太中大夫邓通方隆爱幸，赏赐累巨万。文帝尝燕饮通家，其宠如是。是时丞相入朝，而通居上傍，有怠慢之礼。丞相奏事毕，因言曰：'陛下爱幸臣，则富贵之；至于朝廷之礼，不可以不肃！' 上曰：'君勿言，吾私之。' 罢朝坐府中，嘉为檄召邓通诣丞相府，不来，且斩通。"邓通虽然被汉文帝所营救，然而"顿首，首尽出血"。得救后，他向汉文帝哭诉："丞相几杀臣。"与"陛下爱幸臣，则富贵之"同样的意思，《汉书·申屠嘉传》写作："陛下幸爱群臣则富贵之。"指出决定臣下能否"富贵"的是帝王的政治权力。

《史记·魏其武安侯列传》记载，梁人高遂对魏其侯说："能富贵将军者，上也。"也说能够使臣下"富贵"的，是皇帝的意志。就汉史撰著而言，司马迁的继承者班固在《汉书·贾山传》中又记录了这样的言论："钱者，亡用器也，而可以易富贵。富贵者，人主之操柄也。"最高执政者有"富贵"臣下的权力。"富贵"，也是帝王政治控制和心理威慑的一种手段。《汉书·外戚传下·孝哀傅皇后》记载："天下自王者所有，亲戚何患不富贵？"《后汉书·桓谭传》说："君骄士，曰士非我无从富贵。"《昌言·理乱》论"王者"的心理："普天之下，赖我而得生育，由我而得富贵。"（《后汉书·仲长统传》）这些历史文化迹象，都反映了帝制时代皇权决定一切的事实。在这样的社会背景下，有人就会逢迎上意，"窃此富贵"（《汉书·叙传下》）。一般向往"富贵"者只能逢迎君主，"皆争顺指而避逆意"（《三国志·魏书·卫觊传》）。

《史记》的作者对于相关现象的透视，体现出对社会的深刻观察以及敏锐的历史眼光。而后人对相关认识的真实记录，也进一步丰富了《史记》政治史料的内涵。

在专制时代，最高执政者有"富贵"臣子的权力。"富贵"，也是帝王政治控制和心理威慑的一种手段。然而王符《潜夫论·思贤》则清醒地指出，帝王"欲无功之人而强富之，则是与天斗也"。

五、有关"富贵"的人生思考与历史发现

《史记》对于"富贵"的书写，多表现出深沉的思考和透彻的理解，其中富有人生智慧与历史真知。

（一）暴得富贵者不祥

陈胜举义后，反秦武装蜂起。陈婴被推举为王，陈婴的母亲提醒他："暴得大名，不祥。"陈婴于是"不敢为王"（《史记·项羽本纪》）。"暴得大名，不祥"，《汉书·叙传上》作"卒富贵不祥"，也就是"猝富贵不祥"。《后汉书·耿纯传》李贤注引《汉书》写作"暴得富贵者不祥也"。而《耿纯传》的对应文字是："宠禄暴兴，此智者之所忌也。""宠禄暴兴"就是"暴得富贵"。没有艰苦的努力，没有合理的基础，没有适当的积累而实现暴富暴贵，"智者"会视为"不祥"而在内心有"所忌"。《淮南子·人间》记载："无功而富贵者勿居也。"说的也是类似的道理。《论衡·问孔》写道："孔子曰：富与贵是人之所欲也，不以其道得之，不居也。"强调富贵皆"人之所欲"，但应当"以其道得之"，否则就不应当占有和享受。

（二）富贵极，物极则衰

"富贵"至于极点，会走向反面。《史记·李斯列传》记载，李斯正当权倾天下、炙手可热之时，曾经感叹道："嗟乎！吾闻之荀卿曰'物禁大盛'。夫斯乃上蔡布衣，闾巷之黔首，上不知其驽下，遂擢至此。当今人臣之位无居臣上者，可谓富贵极矣。物极则衰，吾未知所税驾也！"司马贞《索隐》："李斯言己今日富贵已极，然未知向后吉凶止泊在何处也。"李斯后来果然走向了悲剧结局。也许正是以"富贵极""物极则衰"的认识为基点，才出现了《后汉书·阴兴传》所见的"富贵有极，人当知足"这种有意义的人生格言。

（三）久乘富贵，祸积为祟

人们通过社会观察和历史思考发现，"富贵"其实往往会走向反面，导致祸祟。《史记·田叔列传》写道："夫月满则亏，物盛则衰，天地之常也。知进而不知退，久乘富贵，祸积为祟。"后世对这一认识的继承，如《后汉书·乐恢传》："近世外戚富贵，必有骄溢之败。"正是"盛""满"而导致"溢"。《后汉书·樊宏传》载录了樊宏经常告诫其子的话："富贵盈溢，未有能终者。吾非不喜荣势也，天道恶满而好谦，前世贵戚皆明戒也。保身全己，岂不乐哉！"所谓"富贵盈溢，未有能终者"，也是可以得到历史证明的带有规律性的认识。王符又说："哺乳多则生痫病，富贵盛而致骄疾。"王符以"婴儿有常病"比喻"贵臣有常祸"，所谓"富贵盛而致骄疾"，应当说是社会病理学的清醒判断。类似的说法又见于《后汉书·皇后纪上·明德马皇后》："常观富贵之家，禄位重叠，犹再实之木，其根必伤。""重叠""再实"，则伤其根，也指出了"富贵"超出常态的"盛""满"，势必带来危害。

（四）不敢以富贵骄人

《史记·魏公子列传》中有这样的话："不敢以其富贵骄士，士以此方数千里争往归之。"《史记·太史公自序》说："能以富贵下贫贱，贤能诎于不肖，唯信陵君为能行之。"《汉书·外戚传上·孝文窦皇后传》说："为退让君子，不敢以富贵骄人。"但是"以富贵骄人"大概是社会常态。《后汉书·崔骃传》记载："传曰：'生而富者骄，生而贵者傲。'生富贵而能不骄傲者，未之有也。"《后汉书·朱穆传》李贤注引邕论略曰："彼贞士者，贫贱不待夫富贵，富贵不骄乎贫贱，故可贵也。"富贵不骄，是"君子""贞士"的道德表现，然而却是一般人难以达到的。"富贵骄傲"，是说"富贵"容易导致修养的缺失和见识的浅薄。

（五）古者富贵而名摩灭，不可胜记

司马迁"夫使孔子名布扬于天下者，子贡先后之也"一语，体现了在其人生价值尺度上"名"与"富贵"的对比。司马迁有关"富贵"的最深刻的认识，发表于他人生最苦难的阶段。《汉书·司马迁传》所载《报任少卿书》写道："古者富贵而名摩灭，不可胜记，唯倜傥非常之人称焉。"司马迁说，"富贵"未必等同于人生真正的成功。"富贵"往往不能够留下历史文化印迹，而"倜傥非常之人"则多名垂青史。其实，如果评论历史文化贡献，也是前者无足道而后者多堪称不朽。对于所谓"倜傥非常之人"，司马迁又说："盖西伯拘而演《周易》；仲尼厄而

作《春秋》；屈原放逐，乃赋《离骚》；左丘失明，厥有《国语》；孙子膑脚，《兵法》修列；不韦迁蜀，世传《吕览》；韩非囚秦，《说难》《孤愤》；《诗》三百篇，大氐贤圣发愤之所为作也。"这段文字最精彩的内核，是陈说了"发愤"可以成就文化"大业"的道理。而"富贵"与"拘""厄""放逐"等人生境遇完全相反，是显而易见的。

六、"从吾所好"：面对"富贵"的"清士"操守

司马迁对于社会普遍的"富贵"追求予以理解，但是他的名言"古者富贵而名摩灭，不可胜记，唯倜傥非常之人称焉"，则表明了自己的人生志向。

《史记·伯夷列传》有这样一段文字，连续引录孔子之言："子曰'道不同不相为谋'，亦各从其志也。故曰'富贵如可求，虽执鞭之士，吾亦为之。如不可求，从吾所好'。'岁寒，然后知松柏之后凋。'举世混浊，清士乃见。岂以其重若彼，其轻若此哉？"其中"道不同不相为谋"，出自《论语·卫灵公》。"富贵如可求，虽执鞭之士，吾亦为之。如不可求，从吾所好"，《论语·述而》的原文是："子曰：'富而可求也，虽执鞭之士，吾亦为之。如不可求，从吾所好。'""岁寒，然后知松柏之后凋"，《论语·子罕》原文为："子曰：'岁寒，然后知松柏之后凋也。'"所谓"各从其志"，体现了宽容、开明，而又清醒、坚定的文化态度。

对于《史记·伯夷列传》中的这段话，裴骃《集解》说："郑玄曰：'富贵不可求而得之，当修德以得之。若于道可求而得之者，虽执鞭贱职，我亦为之。'"也许郑玄对孔子之说的理解有拔高的倾向，所谓"富贵如可求，虽执鞭之士，吾亦为之"的原意，未必涉及"修德"的主张。但是"松柏""清士"的说法，似乎透露出其"富贵"观的深义。对于所谓"岂以其重若彼，其轻若此哉"，司马贞《索隐》的解释是：

"操行不轨，富厚累代，是其重若彼；公正发愤而遇祸灾，是其轻若此也。"张守节《正义》则说："重谓盗跖等也。轻谓夷、齐、由、光等也。"司马迁对于"其重若彼"意存否定，而对于"其轻若此"所持的态度似乎也并非是简单的评判。

面对"富贵"，孔子说到"如可求""如不可求"的不同情形。"可求"和"不可求"，可能并非指完全由客观因素决定的"求"可得与"求"不可得，而是强调主观择定之"可"与"不可"。《盐铁论·贫富》是这样解释这句话的："君子求义，非苟富也。故刺子贡不受命而货殖焉。"而所谓"如不可求，从吾所好"，司马迁似乎更看重"从吾所好"四个字。这位伟大的史学家作为"倜傥非常之人"的高尚人格与鲜明个性，由此得以体现。

《史记》书写的秦工程史

帝尧时代，社会曾经面对严重的洪灾。"汤汤洪水滔天，浩浩怀山襄陵，下民其忧。"《史记》开篇的《五帝本纪》记录了帝尧因此而发的感叹，并寻求主持治水的合适人选的情形。"四岳"共同推荐鲧，"皆曰鲧可"，帝尧有所犹疑，但同意试用。然而"九岁，功用不成"，于是"殛鲧于羽山"。又任用禹，终于取得了成功。鲧、禹的治水工程，是中原地区迈上文明初阶的标志。夏王朝于是出现。

工程，是历史发展到一定阶段人文成就的表现。除了水利工程之外，城邑、仓储的修筑，宫室、陵墓的营造，道路、运河的开通，都通过工师的精心设计，匠人的辛苦操劳，役人的艰难和牺牲，实现了文明史的纪念。工程是农耕、畜牧、渔猎等生产形式之外，耗用颇多生产力、具有宏大格局的人类集体行为。在司马迁生活的时代，大规模工程的组织和施行，已经是非常醒目的行政史和社会史现象。

《史记》是最早对于工程史予以充分重视和认真记录的历史学文献。而秦兴作工程的表现，因太史公的记述得以明确记载，长久流传，并且能够与文物遗存相结合，共同成为人们体验历史、理解历史的宝贵材料。秦工程史与王朝兴替、经济盛衰、民生悲苦的密切关系，因《史记》的提示，而引起史家的注意。

一、秦穆公的"宫室积聚"

秦穆公时代实现了秦扩张史上的第一次辉煌。据《史记·秦本纪》记述，秦"益国十二，开地千里，遂霸西戎"，成为崛起于西北的霸主。秦穆公的成功，得到由余的协助。他最初结识由余，有着这样的故事。

由余作为戎王的使节到访秦国，秦穆公安排他参观"宫室、积聚"。富丽的宫殿和宏大的仓储令来自游牧地区的由余大为震惊。他感叹道："使鬼为之，则劳神矣。使人为之，亦苦民矣。"

秦穆公在位三十九年。在他之后，在位四十年的秦景公，虽然没有显赫的政绩，但其陵墓空前的工程量却使后世之人惊异。位于陕西凤翔南指挥村的秦公1号大墓，经发掘所获石磬文字得以确认，是秦景公墓。这座墓葬面积5334平方米，是迄今为止中国发掘的规模最大的古墓。虽然地面不起坟，但墓圹的土方量在中国考古发掘的古代墓葬中首屈一指。

秦王政时代，"韩闻秦之好兴事"，希望秦国发起工程，消耗民力，从而不会"东伐"威胁韩国的安全。于是派"水工郑国"策动秦启动"凿泾""注洛"的灌溉工程。《史记·河渠书》中关于"郑国渠"的记载，涉及工程起因的记述中明确说到"秦之好兴事"。所谓"好兴事"，就是喜欢发起大规模的工程。这是秦国管理者的执政风格，也表现出秦文化的某些特质。睡虎地秦墓竹简《日书》甲种中可见"兴土""兴土攻（功）""兴大事"简文，《日书》乙种也可见"筑兴土攻（功）"字样，应当都是说建筑工程的兴建。《为吏之道》写道："兴事不时。"又说："兴之必疾，夜以椄（接）日。"强调了"兴"的效率。《秦律十八种·徭律》中有关于"水雨，除兴"，以及"兴徒以斩（堑）垣离（篱）"，质量发生了问题，则"令县复兴徒为之"的文字。可见"兴徒"之频繁。而"徒"的征发，取"徭"的形式。秦国"兴土""兴土攻（功）""兴大事"的行政史现象，可以进行社会史分析。司马迁重视相关现象，用"秦之好兴事"来提示读史者，表现出他非常仔细的历史观察、非常敏锐的历史感觉和非常高明的历史见识。

二、水利工程：郑国渠·都江堰·灵渠

并不是所有的工程都会导致国力民力的损耗，即由余"劳神""苦民"之所谓"劳""苦"。组织积极的工程，可以提升社会的经济实力，实现国富民强。据《史记·河渠书》记载，"郑国间说秦"，"中作而觉，秦欲杀郑国"，可是因郑国"然渠成亦秦之利也"之说，"秦以为然，卒使就渠"。郑国应当是因为其工程理念的先进、技术经验的丰富和此前工作成绩的优秀，增强了"渠成亦秦之利"的说服力。果然，"渠就"，"于是关中为沃野，无凶年，秦以富强，卒并诸侯，因命曰'郑国渠'"。郑国渠从多方面体现了大型水利工程的高水平设计和施工。郑国所谓"为秦建万世之功"（《汉书·沟洫志》）的经济效用确实得以实现。郑国渠的灌溉效能使得原先开发有限的关中东部实现了农耕条件的进步，于是"关中为沃野，无凶年"，关中总体成为秦人东进的实力富足的战略基地。如司马迁的判断，郑国渠确实有利于秦的统一战争，"秦以富强，卒并诸侯"。

战国晚期的秦国大型水利建设，还有李冰主持的都江堰工程。都江堰水利工程使成都平原的农业发展大得其利。其实际效用据说至今依然在发挥。林剑鸣《秦史稿》在秦"农业生产的发展"一节分析了秦"大型水利工程的修建"作用："水利灌溉在战国末年的秦国发展很快，这个期间兴建了中国古代最有名的两个大型的水利工程：都江堰和郑国渠。"郑国渠主要用于灌溉，翦伯赞《秦汉史》称其为"运河"（翦伯赞：《秦汉史》，北京大学出版社1983年，第30页），是不妥的。杨宽《战国史》亦称郑国渠为"运河"，他在有关"运河开凿技术的进步"的讨论中，对郑国渠有所论说〔杨宽：《战国史》（增订本），上海人民出版社1998年，第65—67页〕。史籍未见郑国渠开通航运的记载，至少工程设计的目标是灌溉而非通航。李冰在成都平原的水利开发，则有便利于通航的考虑。《华阳国志·蜀志》："冰乃壅江作堋，穿郫江、简

江，别支流双过郡下，以行舟船。岷山多梓、柏、大竹，颓随水流，坐致材木，功省用饶。"岷山林产能够利用水运实现经济效益。

赵国上层讨论与秦的外交，赵豹警告赵王应避免与秦进行军事对抗。他强调，"秦以牛田，水通粮……，不可与战，王自图之！"(《战国策·赵策一》)所谓"以牛田，水通粮"，都是体现动力革命的表现。"水通粮"即有效开发水资源以为运输动力，是形成"不可与战"之优越国力的重要因素。灵渠工程主要是为便利航运。《史记·平津侯主父列传》保留了灵渠工程开发的宝贵史料："（秦始皇）使尉屠睢将楼船之士南攻百越，使监禄凿渠运粮，深入越，越人遁逃。"《淮南子·人间》有如下记述，"使尉屠睢发卒五十万，为五军"南下，"三年不解甲弛弩，使监禄无以转饷，又以卒凿渠而通粮道，以与越人战"。所谓"以卒凿渠而通粮道"，即灵渠工程的开通。《水经注》卷三八《漓水》记载，湘水、漓水之间，陆上的间隔，称作"始安峤"，宽度只有"百余步"。峤的北面，是湘水上源；峤的南面，是南流注漓的始安水。秦人正是巧妙地利用了"漓水与湘水，出一山而分源"，其"分流"处距离仅"百余步"的地理形势，"以卒凿渠"，沟通"湘、漓之间"，形成了畅通的"粮道"，为秦的南下远征军成功运送了军需物资。灵渠工程沟通了湘江水道和漓江水道，成为连贯湘桂的人工运河。在最合理的地方，以最便捷的方式，用最经济的成本，连接长江和珠江南北两大水系，实现了通航条件的完备。这真是天才的设计和天才的施工。灵渠规划奇妙，而它服务于军运的特点，也需要保证工程效率，特别是工程测量的精确度令人惊叹，于是成为千百年来彪炳于世界水利史册的著名工程。

三、"治驰道"

秦实现统一后，秦始皇于二十七年（前220）第一次出巡，宣布

"治驰道"。《史记·秦始皇本纪》记载了交通史上这一重要工程因最高执政者的决策而启动。驰道的修筑，是秦王朝交通建设事业中最具时代特色的成就。通过考察秦始皇和秦二世出巡的路线，可以知道当时的驰道已经结成全国陆路交通网的基本脉络。曾经作为秦中央政权主要决策者之一的左丞相李斯被赵高拘执，在狱中上书自陈，历数七项主要功绩，其中包括"治驰道，兴游观，以见主之得意"（《史记·李斯列传》）。可见，修治驰道是服务于皇帝的国家工程，是统治短暂的秦王朝行政活动的主要内容之一。

关于驰道的形制，西汉人贾山说："道广五十步，三丈而树，厚筑其外，隐以金椎，树以青松。为驰道之丽至于此，使其后世曾不得邪径而托足焉。"（《汉书·贾山传》）贾山关于"驰道之丽"的描述，有的学者认为其真实性可疑，"或有辩士夸饰之言"（劳榦：《论汉代之陆运与水运》，《劳榦学术论文集甲编》，艺文印书馆 1976 年）。"道广五十步"，相当于现今尺度 69 米左右。考古工作者曾在陕西咸阳窑店镇南的东龙村以东 150 米处，发现一条南北向古道路遗迹，路宽 50 米，筑于生土之上，两侧为汉代文化层。这条道路，北为秦都咸阳的宫殿区，向南正与汉长安城的横门相对。以秦宫布局"象天极"（《史记·秦始皇本纪》）的规划意图分析，应当是南北沟通咸阳宫与阿房宫的交通干道，当时自然应归入驰道交通系统之中。另外，秦咸阳宫附近发现的 1 号大道，从形制和规模来分析，可能也与驰道有关。近年在附近地方又有驰道遗存发现。

贾山说，秦"为驰道于天下，东穷燕齐，南极吴楚，江湖之上，濒海之观毕至"（《汉书·贾山传》），指出驰道交通网连通各地。据《史记·平准书》记载，汉武帝得宝鼎，立后土、太一祠，公卿开始讨论封禅事宜，于是"天下郡国皆豫治道桥，缮故宫，及当驰道县，县治官储，设供具，而望以待幸"。汉武帝时期的驰道，几乎遍达"天下郡国"。史籍中明确可见的各地驰道，有邺地驰道；又有《史记·绛侯周勃世家》中击臧荼易下，"所将卒当驰道为多"；击匈奴平城下，"所将卒当驰道为多"。司马贞《索隐》："或以驰道为秦之驰道。"驰道伸展，直至北边。许多迹象表明，秦"治驰道"，形成了联系全国各主要区域的交通干线网络，成为后来统一帝国的基本行政条件。

四、长城与"直道"

司马迁说，秦始皇"使蒙恬北筑长城而守藩篱，却匈奴七百余里，胡人不敢南下而牧马，士不敢弯弓而报怨"（《史记·秦始皇本纪》）。《史记·六国年表》写道："西北取戎为三十四县。筑长城河上，蒙恬将三十万。"这是规模空前的军事工程。秦始皇时修建的长城不仅连接燕长城、赵长城，而且将秦昭襄王时的长城向北移。《史记·蒙恬列传》有这样的记载："秦已并天下，乃使蒙恬将三十万众北逐戎狄，收河南。筑长城，因地形，用制险塞，起临洮，至辽东，延袤万余里。于是渡河，据阳山，逶蛇而北。暴师于外十余年，居上郡。是时蒙恬威振匈奴。"长城向东西延伸，形成"延袤万余里"的规模。而向北的推进，使得中原农耕民族与草原游牧民族之间的界防，呈现出新的局面。

与长城工程相关，秦始皇令蒙恬主持修筑九原抵云阳的高规格道路，"三十五年，除道，道九原抵云阳，堑山堙谷，直通之"（《史记·秦始皇本纪》）。《史记·六国年表》记载："（秦始皇）三十五（年），为直道，道九原，通甘泉。""三十七（年）十月，帝之会稽、琅邪，还至沙丘崩。子胡亥立，为二世皇帝。杀蒙恬。道九原入。"关于"道九原入"，《秦始皇本纪》的记载是："行从直道至咸阳，发丧。太子胡亥袭位，为二世皇帝。"可知直道主体工程的大致完成，工期只有两年左右的时间。直道工程宏大，按照《史记·蒙恬列传》的说法，"始皇欲游天下，道九原，直抵甘泉，乃使蒙恬通道，自九原抵甘泉，堑山堙谷，千八百里。道未就"。直道虽说"道未就"，但已经具备了帝王车队通行的规格。不仅秦始皇未发丧的车队经直道回到咸阳，秦二世"东行郡县"，"到碣石，并海，南至会稽"，"遂至辽东而还"（《史记·秦始皇本纪》），应当也经行直道。

虽然古人关于直道的修筑有"始皇欲游天下，道九原，直抵甘泉"的说法，但直道修筑的主要动机，并不仅仅是为了满足帝王巡游的私人欲望。司马迁"自直道归，行观蒙恬所为秦筑长城亭障"的行程记录（《史记·蒙恬列传》），说明了直道和长城边防的关系。而《史记·匈奴列传》又明确写道："后秦灭六国，而始皇帝使蒙恬将十万之众北击胡，悉收河南地。因河为塞，筑四十四县城临河，徙适戍以充之。而通直道，自九原至云阳，因边山险堑溪谷可缮者治之，起临洮至辽东万余里。又度河据阳山北假中。"开通直道的作用，与"塞""戍""据"等长城防务建设直接相关，也与"北击胡"，"度河"攻伐匈奴的作战行动直接相关。直道是服务于国防的军事道路。

长城和直道工程，可以看作秦政的反映。这些工程造成了"赋敛愈重，戍徭无已"，民众承受了深重的苦痛。但是另一方面，它又标志着建筑规划和工程组织、劳动管理和行政效率的历史性进步。

五、丽山工程与阿房宫工程

在中国历代帝王陵墓中，秦始皇陵是规模最为宏大、建筑最为奢华、埋藏最为丰厚的。秦始皇陵的修建，是对国家安全和社会经济没有直接积极意义的工程。陵墓建设并不直接产生经济效益，但对于当时国家权威的维护和宗法秩序的保障，有着重要作用。

《史记·秦始皇本纪》记载："始皇初即位，穿治郦山，及并天下，天下徒送诣七十余万人，穿三泉，下铜而致椁，宫观百官奇器珍怪徙臧满之。"又说："徒刑者七十余万人，乃分作阿房宫，或作丽山。"秦始皇陵是否"始皇初即位"就开始"穿治"，学界存在不同意见。许多学者认为，秦始皇陵主体工程的全面启动和大规模施工，是短时期内进行的。

秦始皇陵工程用工人数是否达到"七十余万"，是秦史研究中非常重要的学术问题。我们可以测知秦始皇陵封土的大致土方量。《史记》记述秦始皇入葬时间及秦二世宣布"郦山事大毕"，提示了秦始皇陵复土工程的工期。根据《九章算术·商功》所说，"土功"包括"穿地""为坚""负土往来"，也就是劳作人员挖掘、夯筑、运送土方量的定额"程"，由此可以得知，秦始皇陵复土工程大致用工人数在70万左右（王子今：《秦始皇陵复土工程用工人数论证》，《文博》1987年第1期）。秦二世说："先帝为咸阳朝廷小，故营阿房宫为室堂。未就，会上崩，罢其作者，复土郦山。郦山事大毕，今释阿房宫弗就，则是章先帝举事过也。"于是，"复作阿房宫"。看来，阿房宫工程和丽山工程都是秦始皇时代调用劳役人员数以十万计的重大工程。

阿房宫是秦始皇新的宫廷建设体系中的一部分。秦始皇三十五年（前212），"始皇以为咸阳人多，先王之宫廷小"，于是在"渭南"规划新的宫殿区，"营作朝宫渭南上林苑中"。阿房宫是最先营建的主要宫殿。"先作前殿阿房，东西五百步，南北五十丈，上可以坐万人，下可以建五丈旗。周驰为阁道，自殿下直抵南山。表南山之颠以为阙。为复道，自阿房渡渭，属之咸阳，以象天极阁道绝汉抵营室也。"司马迁明确记载："阿房宫未成。"指出"前殿阿房"的建造并没有完工。《史记·秦始皇本纪》还写道："隐宫徒刑者七十余万人，乃分作阿房宫，或作丽山。"也指出这两大工程形成组合的事实。此外，"发北山石椁，乃写蜀、荆地材皆至"。石材和木材都是远道调运。又组织移民"三万家丽邑，五万家云阳"，都享受十年不向政府承担赋役的优遇。这也是与帝陵和宫殿建设配套的政策。秦的皇家宫殿，据说"关中计宫三百，关外四百余"。相关遗存，见于多种地理书和方志资料，考古调查和发掘所获得的信息，都证明《史记》的记录准确真实。

陈涉起义，反秦农民军数十万深入关中，秦王朝来不及调集军队抗御。章邯建议："郦山徒多，请赦之，授兵以击之。"于是使章邯统率这支临时编成的部队。章邯军击破入关反秦军，又杀陈涉，破项梁，成为秦朝最后阶段的主力部队。为什么"郦山徒""授兵"，就可以迅速集结作战，并很快显现出惊人的战斗力，成功破敌，击杀"天下响应"的反秦领袖陈涉和楚名将项梁呢？可以推想，这些劳役人员在施工时，很可能就是以军事化方式组织管理的。这样的推测可以得到西汉历史的证明。西汉陵墓入葬后，指挥施工的长官称"复土将军"，所统领的劳作者的身份就是"卒"。负责汉文帝霸陵入葬事务的郎中令张武号"复土将军"的记载，见于《史记·孝文本纪》和《史记·汉兴以来将相名臣年表》。前者还明确写道："发近县见卒万六千人，发内史卒万五千人，藏郭穿复土属将军武。"

六、"兴功""苦民"情状

司马迁进行了民生视角的工程史考察。他注意到，大规模工程导致的民众苦难及牺牲，情状是非常惨痛的。西汉政论家有关于北边长城工程的追述，主父偃说："发天下丁男以守北河。暴兵露师十有余年，死者不可胜数，终不能逾河而北。"（《史记·平津侯主父列传》）伍被说："遣蒙恬筑长城，东西数千里，暴兵露师常数十万，死者不可胜数，僵尸千里，流血顷亩，百姓力竭，欲为乱者十家而五。"（《史记·淮南衡山列传》）主父偃称"死者不可胜数"，伍被亦用此语，又以"僵尸千里，流血顷亩"对具体情状做了更富感染力的描述。司马迁引录这些话，真切地指出兴起宏大工程，在创造帝国强盛史的另一面，导致了民众的苦难史。

前引由余所谓"使人为之，亦苦民矣"，已经曲折表现了《史记》的作者对工程劳作人员承受苦难的情感倾向。关于长城和直道工程建设中民众的沉重负担，司马迁在《史记·蒙恬列传》中发表了非常明确和直接的史家问责："太史公曰：吾适北边，自直道归，行观蒙恬所为秦筑长城亭障，堑山堙谷，通直道，固轻百姓力矣。"蒙恬冤死，临终"喟然太息"，感叹道："我何罪于天，无过而死乎？"随后又有如下言说："恬罪固当死矣。起临洮属之辽东，城堑万余里，此其中不能无绝地脉哉？此乃恬之罪也。"于是"吞药自杀"。对此，司马迁有这样的表态："夫秦之初灭诸侯，天下之心未定，痍伤者未瘳，而恬为名将，不以此时强谏，振百姓之急，养老存孤，务修众庶之和，而阿意兴功，此其兄弟遇诛，不亦宜乎！何乃罪地脉哉？"批评他在"初灭诸侯"之时，"天下之心未定，痍伤者未瘳"，在亟需休养生息的情境下，不能强谏，明智地停止工程，减轻对民众造成的压力，反而"阿意兴功"。司马迁说，"此其兄弟遇诛，不亦宜乎"，和"地脉"其实没有什么关系，并认为"其兄弟"走上人生绝路，是适宜的。所谓"遇诛""亦宜"，表达了相当严厉的历史批判和道德谴责。

在关于秦始皇陵地宫的记述中，司马迁说到"机弩矢"的设计，说到"以水银为百川江河大海，机相灌输"，涉及最先进的机械发明在陵墓工程中的应用。在相关文字中，司马迁又一次说到"机"："葬既已下，或言工匠为机，臧皆知之，臧重即泄。大事毕，已臧，闭中羡，下外羡门，尽闭工匠臧者，无复出者。"对于为了防止盗掘，担心"臧皆知之"的劳役人员泄露地宫形制和随葬品的形式数量，以致残杀工匠的行为，司马迁予以直接揭露。虽然笔墨不多，但我们可以体会到在伟大历史学家司马迁的心底，于"宫观百官奇器珍怪徙臧满之"（《史记·秦始皇本纪》）的豪华富丽的另一面，隐隐有"郦山徒"凄切的悲号。至于秦始皇陵工程中因劳苦致死的工徒们的人生终点，则定格于考古工作者发现的赵背户村等修陵劳役人员墓地简陋的葬式中。

七、"内兴功作"与"海内愁怨，遂用溃畔"

据《史记·李斯列传》记载，秦"作阿房之宫"以及"治直道、驰道"等工程，甚至直接导致了秦王朝统治的危机。秦二世时代，"法令诛罚日益刻深，群臣人人自危，欲畔者众。又作阿房之宫，治直道、驰道，赋敛愈重，戍徭无已。于是楚戍卒陈胜、吴广等乃作乱，起于山东，杰俊相立，自置为侯王，叛秦"。大型工程的连续进行，使得民众无从休息，正常的农耕生产秩序也被打乱，"赋敛"的日益沉重和"戍徭"的持久无期，终于导致天下"叛秦"。贾谊《过秦论》说，秦二世即位，没有把握好调整政策的历史机遇，"而重之以无道"，"更始作阿房宫"，"吏治刻深"，"赋敛无度"，使得社会危机更为严重，于是"天下苦之"，"是以陈涉不用汤武之贤，不藉公侯之尊，奋臂于大泽而天下响应者，其民危也"。这是直接将"作阿房宫"看作秦末社会危机的起因之一。司马迁在《史记·秦始皇本纪》中大段引录贾谊的话，并赞叹道："善哉乎贾生推言之也！"显然，他对"贾生"有关"作阿房宫"等工程与"天下苦之""天下响应"的历史逻辑推理，是表示赞同的。

伍被回顾秦史，指出其执政失败的原因："往者秦为无道，残贼天下。兴万乘之驾，作阿房之宫，收太半之赋，发闾左之戍，父不宁子，兄不便弟，政苛刑峻，天下熬然若焦，民皆引领而望，倾耳而听，悲号仰天，叩心而怨上，故陈胜大呼，天下响应。"（《史记·淮南衡山列传》）也沿袭了同样的历史理念，表达了同样的历史认识。《汉书·食货志上》中关于秦的覆亡有这样的总结："至于始皇，遂并天下，内兴功作，外攘夷狄，收泰半之赋，发闾左之戍。男子力耕不足粮饷，女子纺绩不足衣服。竭天下之资财以奉其政，犹未足以澹其欲也。海内愁怨，遂用溃畔。"特别指出"内兴功作"与秦王朝最终"溃畔"的关系。《汉书·刘向传》更直接的说法是"天下苦其役而反之"。这样的认识，起初来自《史记》，并为后世多数史家所普遍认可。

《史记》"大疫""天下疫"记录

在中国古代，"疫"通常指流行性传染病。《说文·疒部》记载："疫，民皆疾也。""疾疫""疠疫"即急性传染病的较大规模发生与传播，往往导致民生苦难、社会危机。

对于"疾疫"的发生，历朝政治史文献中往往予以郑重记载。《汉书·五行志》写道："《公羊传》曰，大灾，疫也。"回顾先秦历史，《左传·昭公元年》载录"晋侯有疾"时子产的话："山川之神，则水旱疠疫之灾于是乎禜之；日月星辰之神，则雪霜风雨之不时，于是乎禜之。"所谓"疠疫之灾"很早就和严重危害农耕的"水旱"等自然灾害一样，影响着正常的社会生产与生活。《吕氏春秋》说："（孟春）行秋令，则民大疫。""（季春）行夏令，则民多疾疫。""（仲夏）行秋令，则……民殃于疫。""（仲冬）发盖藏，起大众，地气且泄，是谓发天地之房。诸蛰则死，民多疾疫，又随以丧。"《礼记·月令》中有大致相同的记载。它们都强调了违背自然规律行事，会导致"疫""疾疫"，甚至"大疫"。《续汉书·五行志》专列"疫"条。后世史籍也多有关于"疫"的专门记述。然而，我们可以看到，史家记录"疫"的表现和危害，最早始于《史记》。

《史记》中对"民疫""大疫""天下疫"的记录是有明确时间与空间的，这对于研究流行病史、医学史、卫生史具有开创意义。《史记》中有关"疫"的记录，也体现了太史公对于健康的重视，对于生命的尊重，对于民众生存条件的关心。而社会生活史的记叙方式的创始，这也是重要标志之一。

一、秦献公十六年"民大疫"

《史记》有关于秦国灾异的记录。从自然史、经济史和社会史的角度发掘相关记载内的文化含义，对于我们深入认识秦史以及理解秦文化，都有着一定的积极意义。《史记·六国年表》记载：秦献公十六年（前369），"民大疫。日蚀"。这一史事未见于其他史籍，应当看作非常宝贵的历史信息（参见王子今：《秦史的灾异记录》，《秦俑秦文化研究——秦俑学第五届学术讨论会论文集》，陕西人民出版社2000年）。其资料来源，应当出自《秦记》。

《史记·秦始皇本纪》可见关于"焚书"的记载，丞相李斯在严禁私学的建议中明确说道："臣请史官非《秦记》皆烧之。"同样的说法还见于《史记·李斯列传》。所谓"史官非《秦记》皆烧之"，就是各国历史记载悉数毁弃，只保留秦国的史籍。《史记·六国年表》痛惜诸侯史记之不存，又说："独有《秦记》，又不载日月，其文略不具。"虽然《秦记》自有缺失，但就战国至秦代的社会演变进程而言，其所载录的历史事件具有真实性，是可取的。司马迁由此还认为，因"见秦在帝位日浅"而产生鄙视秦人历史文化的偏见，是不应该的。

司马迁说："秦始小国僻远，诸夏宾之，比于戎翟，至献公之后常雄诸侯。"秦献公时代，秦史出现了重要转折。清代《史记》学者程馀庆称之为秦"由弱而强"（《历代名家评注史记集说》，三秦出版社2011年，第237页）的历史阶段。而经历"民大疫"的生命史、社会史历程，以及行政处理的成败得失，虽记载"略不具"，却有着非常宝贵的有关史学研究的提示意义。《史记·六国年表》有关秦献公十六年"民大疫"的文字，是中国正史文献中第一次有关"大疫"的正式记载，这对于中国医学史和中国史学史都具有特殊价值。

《秦记》虽然"不载日月，其文略不具"，也就是说其中的史事系年大致明确，却没有"日月"标识，且文字简略而未能具体，但是关于年度历史记载，依然是可取的。至于其"日月"，有些可以参照其他文献予以推定，如秦王政四年（前243）"天下疫"之事。

二、秦王政四年"天下疫"

秦王政四年发生的灾情，《史记·秦始皇本纪》有所记述："十月庚寅，蝗虫从东方来，蔽天。天下疫。""蝗虫从东方来，蔽天"，《史记·六国年表》写作"蝗蔽天下"；而所谓"天下疫"，则是《史记·六国年表》没有记载的灾异。蝗灾和疫情这两起灾难，不知是否有某种关联。由灾情发生于"十月庚寅"之后，可以推知"天下疫"应当是在冬季。

这一记载很可能也是根据《秦记》的记录。这里虽然说"天下疫"，且当时有"唯秦雄天下"（《史记·鲁仲连邹阳列传》）、"秦地半天下"（《史记·张仪列传》）之说，秦昭襄王时"秦自置为西帝"（《史记·赵世家》），《史记·太史公自序》亦言"昭襄业帝"，但是，此时秦人距离全面实现兼并"天下"的事业尚有很大距离。

这里所谓"天下疫"之"天下"，其空间指向大概不宜简单理解为与《史记·秦始皇本纪》"二十六年，尽并天下""秦方以天下为事""秦王得志于天下""徙天下豪富""聚天下兵器"，以及琅邪刻石"秦王兼有天下""天下和平"，之罘刻石"经纬天下""阐并天下"，碣石刻石"天下咸抚"，会稽刻石"天下承风"中"天下"的概念完全一致。

对于秦王政四年"天下疫"中"天下"的规模，应当注意当时东方"六国"皆强势存在的史实。或许可以参考"秦地半天下"之说来理解当时"天下疫"的疫区，可能大致包括现今区域地理观之所谓西部地区，也可能涉及部分原"六国"的地方。

三、局部地区的"民疫""大疫"

读《史记·赵世家》,可以看到其中对于赵惠文王二十二年(前277)发生疾疫的记录:"二十二年,大疫。"虽然史称"大疫",而发生疫情的区域规模其实是有限的。或许类似于四年前,即《赵世家》记载赵惠文王十八年(前281)事:"十八年,秦拔我石城。王再之卫东阳,决河水,伐魏氏。大潦,漳水出。""决河水"导致"大潦",经由"漳水"排溢。"大疫"与"大潦"语句对应,疫区很可能只限于赵国境内,也可能稍波及邻国。

《史记》记录的另一起局部地区的疫情,发生在汉景帝时代。太史公在《史记·孝景本纪》中记述,汉景帝后二年(前142)十月,"大旱。衡山国、河东、云中郡民疫"。这次"民疫"所波及的地区,据张守节《正义》的解释:"衡山国,今衡州。河东,今蒲州。云中郡,今胜州。"按照周振鹤对于汉初衡山国政区地理的考论(《西汉政区地理》,人民出版社1987年,第47—48页)与谭其骧主编《中国历史地图集》(中国地图出版社1982年,第2册第22—23页,第24—25页,第15—16页,第17—18页)的标示,疫区包括今安徽、湖北、河南、山西和内蒙古部分地区。大致形成了南北纵向传播的趋势。

此次疫情发生在"十月",也是冬季,同样值得我们注意。

汉景帝后二年发生在局部地区的这次"民疫",《史记》有"十月"的明确标示,与《秦记》"不载日月"的记述方式有所不同,应当完全出自太史公笔下。

四、岭南"暑湿"与"士卒大疫"

《史记》使用"大疫"一词对疫情进行记述,除前引《史记·赵世家》一例外,又见于《史记·南越列传》。在吕后专政时代隆虑侯周灶率军进击南越国的记述中："高后时，有司请禁南越关市铁器。佗曰：'高帝立我，通使物，今高后听谗臣，别异蛮夷，隔绝器物，此必长沙王计也，欲倚中国，击灭南越而并王之，自为功也。'"于是赵佗自号"南越武帝"，宣示不再臣服于汉王朝，又发兵进攻长沙边邑，侵扰数县。吕后派遣将军隆虑侯周灶征伐南越，然而，"会暑湿，士卒大疫，兵不能逾岭"。一年多以后，吕后崩，于是"罢兵"。汉王朝远征南越国的部队"会暑湿，士卒大疫，兵不能逾岭"，是生态条件影响战争进程的特殊记录。

《南越列传》篇末以"太史公曰"的形式说到此次战事："隆虑离湿疫，佗得以益骄。"所谓"会暑湿，士卒大疫"，这里直接称作"湿疫"。"湿疫"之说，"二十四史"中仅此一例。

汉初政论家在回顾秦对南越战争的艰难时，有这样的描述："杨粤之地少阴多阳，其人疏理，鸟兽希毛，其性能暑。秦之戍卒不能其水土，戍者死于边，输者偾于道。秦民见行，如往弃市，因以谪发之，名曰'谪戍'。"(《汉书·晁错传》) 按照颜师古的解释，"能"应当读作"耐"，"能暑"就是"耐暑"，"不能其水土"，就是"不耐其水土"。也就是说，北方军人不能耐受以"暑"为突出特征的当地气候条件。岭南"暑湿"，是所谓"湿疫"发生的环境条件。中原居民对岭南"暑湿"气候的严重不适应，导致了可以称为"疫"的病理现象。这种情形的发生，可以影响战争的胜负。史家称之为"士卒大疫"，强调了事态的严重性。后来，汉末的赤壁之战，曹操一方也曾经以"遭离疫气""以避恶地"来解释战败的原因〔(汉) 阮瑀：《为曹公作书与孙权》〕。

据《史记·南越列传》记载，汉文帝时代，汉王朝与南越国的关系有所缓和，陆贾再一次出使南越，南越王赵佗"甚恐，为书谢"，放弃"武帝"名号，自称"蛮夷大长老夫臣佗"，解释"前日高后隔异南越，窃疑长沙王谗臣，又遥闻高后尽诛佗宗族，掘烧先人冢，以故自弃，犯长沙边境"的情形，又说："且南方卑湿，蛮夷中间，其东闽越千人众号称王，其西瓯骆裸国亦称王。老臣妄窃帝号，聊以自娱，岂敢以闻天王哉！"宣布"愿长为藩臣，奉贡职"。《汉书·南粤传》的记载大意略同，只是更为详细，其中也有"南方卑湿"语。

"卑湿"作为评价地理条件，屡见于两汉史籍。较为著名的有"长沙卑湿"（《史记·屈原贾生列传》）、"江南卑湿"（《史记·货殖列传》）、"南方卑湿"（《史记·南越列传》）等。在汉武帝对南越用兵之前，淮南王刘安曾立足于反战立场，言"南方地形"即战区环境的不利，也说："南方暑湿，近夏瘅热，暴露水居，蝮蛇蠚生，疾疠多作，兵未血刃而病死者什二三，虽举越国而虏之，不足以偿所亡。"（《汉书·严助传》）对于所谓"近夏瘅热"，王先谦《汉书补注》引王念孙的解释："'瘅热'即盛热，言南方暑湿之地，近夏则盛热。"其实，"瘅"字从"疒"，似不应解为"盛"。所谓"瘅热"，当是指"南方"湿热之疾，很可能与前说"会暑湿，士卒大疫"的情形接近。《素问·脉要精微论》："风成为寒热，瘅成为消中。"王冰注："瘅，为湿热也。"刘安所谓"瘅热"，很可能是说湿热之疾流行。下文"疾疠多作，兵未血刃而病死者什二三"的警告，正是以吕后时"会暑湿，士卒大疫，兵不能逾岭"的战史作为教训的。这种军中"大疫"，又有东汉初年马援南征，"会暑甚。士卒多疫死，援亦中病，遂困"（《后汉书·马援传》）。这可能反映了北方居民对南土环境的不适应，即《后汉书·南蛮传》所谓"南州水土温暑，加有瘴气，致死亡者十必四五"，这与我们讨论的急性流行性传染病的危害有所不同（参见王子今：《汉晋时代的"瘴气之害"》，《中国历史地理论丛》2006 年第 3 期）。而太史公在《史记·南越列传》中最早保留的"会暑湿，士卒大疫，兵不能逾岭"的历史记载，作为生态环境史及区域开发史的重要资料，是值得我们珍视的。

五、"民不疾疫""民毋疾疫"与"民疾疫无疾""民疾疫无死"

战国时期，社会上对"民不疾疫"的愿望，已见诸《史记》。

《史记·赵世家》载录"苏厉为齐遗赵王书"，其中说："甘露降，时雨至，年谷丰孰，民不疾疫，众人善之，然而贤主图之。"和"民不疾疫"类同的文字表现形式，是《史记·龟策列传》中所谓的"民毋疾疫"。

梁玉绳《史记志疑》评价《史记·龟策列传》，以为"史公此《传》亡，褚生补之"。刘知幾《史通·叙事》以为其内容"无所取"，司马贞《索隐》、张守节《正义》有"烦芜鄙陋"的批评。不过，褚少孙的生存年代距司马迁不远，"褚生补"《史记》的内容，也可以从一个侧面透露出当时的社会生活和社会意识。《史记·龟策列传》中有关"疾疫"的文字或许有值得学者关注的价值。我们看到，"病""疫"是求问"灵龟卜祝"的主要内容。除"卜占病者祝曰""卜病者祟曰"很可能是针对个别病患外，"卜岁中民疫不疫"，则是在卜问较大规模的"疫"是否会发生及其危害程度。有关"卜"命的字句中，涉及"疫"的文例，"民疫"一见，"民病疫"一见，"岁中有疾疫"一见，"民疾疫"十五见。看来当时社会对于"疫""疾疫""民疾疫"的担忧，成了较为宽广的心理关注点。而"民毋疾疫"二见，与前引《史记·赵世家》"民不疾疫"相同，可以看作对于不发生"疾疫"的期盼。又"民疾疫少"一见，"民疾疫有而少"二见，体现了对减少"疾疫"发生次数的愿望。而"民疾疫多病"一见，"民疾疫有病甚"一见，是疫情严重的反映。相反，又有"民疾疫无疾"一见，"民疾疫无死"一见，表达了对即使"疾疫"发生，但疫情并不严重，不至于损害民众生命的希望。

"民不疾疫""民毋疾疫""民疾疫无疾""民疾疫无死"等卜问和期待，说明当时"疾疫"对于百姓生活的威胁是比较严重的。而"民不疾疫""民毋疾疫"以及"无疾""无死"意念的表达，也体现了人们生命意识的觉醒。战国秦汉时人命名，或用"无伤""去病""去疾""病已"等词汇，虽然只是个体，但也可以与大面积发生、可能导致严重社会危机的"疾疫"联系起来分析。

六、"疾疫"考察与"天人之际"探求

人类活动应当顺应自然规律。《史记》中提出，这样做方能避免"疫"的危害。《史记·历书》追忆帝尧时代的理想政治："明时正度，则阴阳调，风雨节，茂气至，民无夭疫。"这在自然与人的关系方面，是非常清醒的认识和理念。"民无夭疫"，也就是"毋疾疫"。

《史记·天官书》说到"天一"星，张守节《正义》写道："太一一星次天一南，亦天帝之神，主使十六神，知风雨、水旱、兵革、饥馑、疾疫。""疾疫"是和"风雨、水旱"一样的自然灾异，由"天帝之神"主管。《天官书》又说"亢"星"主疾"，"氐"星"主疫"。司马贞《索隐》引宋均说："疫，病也。"认为"主疫"就是"主疾疫"。还说到当时的"八风""占候"，风从"东南"来，"民有疾疫，岁恶"。

对于"疾疫"的发生，秦汉时人多有在巫术思想及数术文化影响下的解释。如东汉蔡邕《独断》有"疫神""瘟鬼"之说。他在《月令问答》中写道："著《令》者，豫设水旱、疫疠，当祷祈。"这一说法，也可以帮助我们理解《吕氏春秋》和《礼记·月令》中有关"疫"的内容。不过，太史公也敏锐地注意到自然条件与"疾疫"的关系。《史记·乐书》采用了《乐记·乐施》的说法："天地之道，寒暑不时则疾。"张守节《正义》解释说："寒暑，天地之气也。若寒暑不时，则民多疾疫也。"这样的认识也是有悠久渊源的。《诗·小雅·节南山》："天方荐瘥，丧乱弘多。"郑玄笺："天气方今又重以疫病，长幼相乱而死丧甚大多也。""天""天气""天地之气"是自然因素，都会影响"疾疫""疫病"的发生及其危害程度。而"疾疫""瘥""丧"的破坏是否

严重，则与社会秩序是否"乱"有一定关系。

司马迁在《史记·天官书》的篇末以"太史公曰"的方式，提出了应当高度尊崇"天"之"日月"与"地"之"阴阳"的原则："自初生民以来，世主曷尝不历日月星辰？及至五家、三代，绍而明之，内冠带，外夷狄，分中国为十有二州，仰则观象于天，俯则法类于地。天则有日月，地则有阴阳。天有五星，地有五行。天则有列宿，地则有州域。三光者，阴阳之精，气本在地，而圣人统理之。"他说，自文明初期以来，黄帝、颛顼、帝喾、唐尧、虞舜乃至夏、殷、周，都继承了崇拜尊重日月、阴阳的传统，因此获得成功者就是所谓"圣人"。他认为，对于"天数""天运""天变""天道命"的探索，是文明史进步的重要主题，也是史家的责任。"太史公推古天变，未有可考于今者。"《春秋》中有关于天文与人文相对应的论说。而战国以来，"争于攻取，兵革更起，城邑数屠，因以饥馑疾疫焦苦，臣主共忧患，其察禨祥候星气尤急"。这种考察是艰难的文化工程，而"疾疫"则是探索的重要对象之一。"太史公曰"还有这样的文句："夫天运，三十岁一小变，百年中变，五百载大变；三大变一纪，三纪而大备：此其大数也。为国者必贵三五。上下各千岁，然后天人之际续备。"这里涉及长时段的历史文化思考。可以说，司马迁将阐述"疾疫"等历史现象所体现的"天人"关系，看作自己"究天人之际"的一个光荣的文化使命。

《史记·天官书》"太史公曰"还写道："夫常星之变希见，而三光之占亟用。日月晕适，云风，此天之客气，其发见亦有大运。然其与政事俯仰，最近天人之符。"在其他场合，司马迁还说过："礼乐损益，律历改易，兵权山川鬼神，天人之际，承敝通变，作八书。"(《史记·太史公自序》) 对于自然与人文的关系，即所谓"天人之际"的思考，是司马迁史学追求的一个方向，也是他伟大的史学贡献的重要内容。而他的这一文化探索，是包括对"疾疫"的特别关注的。

还应当注意到，对于"天人"关系的说明，是司马迁生活时代中许多执政者、政论家与诸多文化人共同探求的主题。如汉武帝曾说："朕垂问乎天人之应，上嘉唐虞，下悼桀纣，寖微寖灭寖明寖昌之道。"（《汉书·董仲舒传》）他征询诸儒"天文地理人事之纪"："敢问子大夫，天人之道，何所本始？""天命之符，废兴何如？"（《汉书·公孙弘传》）董仲舒对曰："天人之征，古今之道也。"（《汉书·董仲舒传》）司马相如的文章中也有"披艺观之，天人之际已交，上下相发允答"之句（《史记·司马相如列传》）。尽管如此，其他人讨论"天人"关系，或出自"兴"的行政追求，或通过"艺"的文学视角，它们与司马迁视野宽阔的文明史考察和叙说不可同日而语。而司马迁"究天人之际，通古今之变，成一家之言"（《汉书·司马迁传》）的伟大，表现之一就是在历史学与社会学上对"疾疫""大疫""天下疫"有较早、较直接的关切。

《史记》最早记录了蝗灾

《史记·秦始皇本纪》和《史记·六国年表》关于秦王政四年（前243）"蝗虫从东方来，蔽天"及"蝗蔽天下"的记载，是正史中关于蝗灾的最早历史记录，也可能是所有文献资料中最早记载的形成一定危害规模的蝗灾史料。《史记》所见蝗灾的记录，对于中国古代史学史以及世界史学史都有重要的学术价值，对于农业史、灾荒史、生态环境史以及昆虫学史的研究均意义重大。

一、《秦始皇本纪》："蝗虫从东方来，蔽天"

《史记·秦始皇本纪》关于秦王政四年的历史记录，内容其实并不多，但是涉及了军事史、外交史及灾异史；同时还记载了"内粟""拜爵"措施的推行，可以看作是行政史的记述。太史公写道："四年，拔畼、有诡。三月，军罢。秦质子归自赵，赵太子出归国。十月庚寅，蝗虫从东方来，蔽天。天下疫。百姓内粟千石，拜爵一级。"

明代史学家程一枝研究《史记》的专著《史诠》指出，今本《史记》"七"作"十"，是错误的。清人梁玉绳《史记志疑》也以为"十月"当作"七月"。汉代简帛文字"七"与"十"字形相近，很难辨识（陈建贡、徐敏编：《简牍帛书字典》，上海书画出版社1991年，第2—3页，第109—111页），容易出现错误。同一历史事实，《史记·六国年表》就写作"七月"。泷川资言《史记会注考证》沿袭了《史记志疑》的意见，同时引用了黄式三的说法："十月无蝗。"

十月通常不会发生蝗灾，所谓"十月无蝗"，确实是符合昆虫学知识的。明代科学家徐光启《除蝗疏》通过统计资料总结了早期蝗灾的常态时间分布，"十月"是蝗灾发生的空白期。他指出："（蝗灾）最盛于夏秋之间，……为害最广。"农史学家游修龄指出："徐光启的这个统计与1920年代江苏省与浙江省昆虫局研究全国各地蝗虫的发生季节非常吻合。"〔《中国蝗灾历史和治蝗观》，《华南农业大学学报（社会科学版）》2003年第2期〕根据昆虫学研究者的专业介绍，"东亚飞蝗〔Locusta migratoria manilensis（Meyen）〕是蝗虫灾害中发生最严重的种类。其大发生时，遮天蔽日，所到之处，禾草一空"。发生的时间，夏蝗"4月底至5月中旬越冬卵孵化，5月上中旬为盛期"，"6月中旬至7月上旬羽化"。"（秋蝻）于8月中旬至9月上旬羽化为秋蝗，盛期为8月中下旬"〔袁锋主编：《农业昆虫学》（第三版），中国农业出版社2001年，第190页〕。"十月无蝗"的认识，与这一判断是相吻合的。

由"十月无蝗"校正《秦始皇本纪》的误字，使其与《六国年表》一致。这一信息，可以看作是中国蝗灾史上最早、最明确的文字记录，很可能也是世界蝗灾史上最早的记录。

二、《六国年表》："蝗蔽天下"

《史记·六国年表》记载的蝗灾，在"秦"栏下"始皇帝"四年，中华书局标点本注出公元前243年："七月，蝗蔽天下。百姓纳粟千石，拜爵一级。"关于"纳粟""拜爵"之事，这里明确了具体的交换条件，即"纳粟千石，拜爵一级"，爵级的实际价位是明朗的，与《秦始皇本纪》彼此一致，只是"内粟"写作"纳粟"。

《秦始皇本纪》："十〔七〕月庚寅，蝗虫从东方来，蔽天。天下疫。"《六国年表》："七月，蝗蔽天下。"对照理解两条灾情史料，可以大致了解这次蝗灾的实际情形。

《六国年表》"蝗蔽天下"，梁玉绳说"或解此《表》曰'蝗虫蔽天而下也'"，所谓"蝗蔽天下"或"蝗虫蔽天而下"，与《秦始皇本纪》

"蝗虫从东方来，蔽天"有怎样的关系，也是值得思考的。《资治通鉴》记录此事，避开了"蔽天""蔽天下"的文字歧异。

对于《秦始皇本纪》《六国年表》记述的异同，《资治通鉴》卷八"始皇帝四年"的处理方式是，对灾情的记录只取"蝗"字，不采录"从东方来，蔽天"及"蔽天下"诸语，然而又将"蝗"与"疫"相联系："七月，蝗，疫。令百姓纳粟千石，拜爵一级。"胡三省对"蝗"与"蝗子"即"蝗"的幼虫"蝝"有所解说："蝗子始生曰蝝，翅成而飞曰蝗，以食苗为灾。疫，札瘥瘟也。"关于"蝗"和"蝗子""蝝"，《说文·虫部》已经在当时昆虫学知识的基础上进行了文字学的说明。其中引董仲舒说："蝝，蝗子也。"许慎引董仲舒的解释，很明确地指出"蝝"是"蝗"的幼虫。胡三省注"蝗子始生曰蝝，翅成而飞曰蝗"，即采用董仲舒之说，这也体现了与司马迁同时代的学者在昆虫学方面的认知。当然，胡三省也可能是参考了董仲舒之后学者的看法。

司马光和胡三省对于《史记》中"蝗"史的记录都采取重视的态度。他们对《秦始皇本纪》和《六国年表》相关文字的处理，也体现了史家对早期"蝗"的历史之观察和理解，是相当审慎和认真的。

三、《史记》"蝗"灾与《春秋》及三传"螽""蝝"灾情的对照

《春秋》中关于"螽"的文字，不少学者理解为"蝗"。而《左传》《公羊传》《穀梁传》的相关文字，更是受到昆虫学史研究者的重视。《左传·宣公十五年》中有关于"螽"和"蝝"的历史记录。时在公元前594年："秋，螽。……初税亩。冬，蝝生，饥。"灾情是否与"初税亩"这种土地制度的变革有关，也是存在争议的。而我们在这里只讨论害虫导致的农耕经济危机。

事涉"螽""蝝"，这一记载应当理解为有关农业生产面临虫灾的早期史料。关于"蝝生"，杜预注："螽子以冬生，遇寒而死，故不成

螽。……刘歆云：蚍蜉子也。董仲舒云：蝗子。"关于"饥"，杜预的解释是："风雨不和，五稼不丰。"（《春秋左传集解》，上海人民出版社1977年，第614—615页）

《公羊传·宣公十五年》和《穀梁传·宣公十五年》也有相关的记录。

董仲舒关于"螽""蝗子"的说法，体现了与《史记》成书年代相近的生物学知识。

严格来说，《春秋》及三传记载的有关"螽""蝝"等虫害所造成灾情的文字，还不能说是明确涉及蝗灾的灾害史记录。《春秋》及三传的相关记录，作为儒家经典，司马迁不会看不到，也不会不予以必要的重视。然而，《史记》并不简单沿承"螽""蝝"等说法，而是使用了"蝗""蝗虫"这种新的称谓，司马迁应当是有深刻思考的。这一名物史现象，或许体现了昆虫学认识的时代进步。

《史记·秦始皇本纪》"蝗虫从东方来，蔽天"，以及《史记·六国年表》"蝗蔽天下"，是史籍文献关于蝗灾最早的明确记载。特别是对于灾情危害严重性的记述，如"蔽天""蔽天下"等语，保留了非常重要且值得珍视的历史记忆。这都是《春秋》及三传未曾涉及的信息。《史记》记录蝗灾"蔽天""蔽天下"等文字，对于农业史、灾荒史、生态环境史以及昆虫学史，都有非常重要的学术价值。

四、《吕氏春秋》"虫蝗为败"

《史记·吕不韦列传》记载，吕不韦组织门客合著《吕氏春秋》，"使其客人人著所闻，集论以为八览、六论、十二纪，二十余万言"。"集论"二字指出这部著作能够综合诸学，博采众说，"集"百家之"论"。《吕氏春秋》于是被归为"杂家"。其优长在于"兼""合""贯综"（《汉书·艺文志》）。

《史记》最早记录了蝗灾

《吕氏春秋》对于农学遗产的总结和继承，是众所周知的。正如有的农史论著所说：《吕氏春秋》体现了"我国农业生产知识开始系统化和理论化"的历史性进步〔中国农业科学院、南京农学院中国农业遗产研究室编著：《中国农学史（初稿）》（上册），科学出版社1959年，第77页〕。《吕氏春秋》中有关"蝗"的内容，是值得我们特别注意的。

《吕氏春秋·孟夏纪》写道："孟夏之月，……行春令，则虫蝗为败，暴风来格，秀草不实。"高诱解释说："是月当继长增高，助阳长养，而行春启蛰之令，故有虫蝗之败。"《吕氏春秋·不屈》中有关政论的表述，也曾以"蝗螟"这样的害虫为喻："匡章谓惠子于魏王之前曰：'蝗螟，农夫得而杀之，奚故？为其害稼也。今公行，多者数百乘，步者数百人；少者数十乘，步者数十人。此无耕而食者，其害稼亦甚矣。'"高诱注："蝗，螽也。食心曰螟，食叶曰螣。今兖州谓蝗为螣。"因为"害稼"，所以"农夫得而杀之"。捕杀"蝗"，似乎已经成为"农夫"们田间管理的日常行为。

《吕氏春秋·审时》强调把握农时的重要性："得时之麻，必芒以长，疏节而色阳，小本而茎坚，厚枲以均，后熟多荣，日夜分复生，如此者不蝗。"说"得时之麻""不蝗"。高诱注："蝗虫不食麻节也。"陈奇猷说："'不蝗'谓不生蝗虫。高说未允。"（陈奇猷校释：《吕氏春秋校释》，学林出版社1984年，第1781页、第1800页）其实，"麻"作为经济作物的价值，主要在于对"节""茎"纤维的提取上。"蝗虫不食麻节"，也就保全了"麻"的收成。对于具有迁飞习性、对所"食"作物部位选择能力甚强的蝗虫来说，高注的理解较"'不蝗'谓不生蝗虫"可能更具合理性。

当然，我们读《吕氏春秋》有关"蝗"的文字，首先关注的是"蝗螟""害稼"，导致"虫蝗为败"的情形，这是农家时刻警惕的耕作危机。而"不蝗"，则是"农夫"田作经营的理想。

对农学知识的总结尤为重视的《吕氏春秋》一书，较早确定了

"蝗"的名义，并用以说明农耕的实践经验，应当看作战国时期农学进步的标志性表现之一。《吕氏春秋》成书于秦地，其相关记载是可以与《史记》采用《秦记》蝗灾史料联系起来关注的文献学现象。

《礼记·月令》也出现了"蝗虫"字样。如关于"孟夏""仲冬"季节的内容："孟夏……行春令，则蝗虫为灾。""仲冬……行春令，则蝗虫为败。"《礼记》的成书年代，是至今未能明确的比较复杂的文献学难题。虽然有《月令》成于周公之手的说法，如"蔡伯喈、王肃云周公所作"〔（唐）陆德明撰，黄焯汇校：《经典释文汇校》，中华书局2006年，第377页〕，但是东汉经学大师郑玄则指出："本《吕氏春秋》十二月纪之首章，《礼》家好事抄合之，其中官名、时、事，多不合周法。"（孙希旦撰，沈啸寰、王星贤点校：《礼记集解》，中华书局1989年，第399页）陆德明《经典释文》也认为："此是《吕氏春秋》十二纪之首，后人删合为此。"〔（唐）陆德明撰，黄焯汇校：《经典释文汇校》，第377页〕清人朱彬《礼记训纂》明确赞同郑玄之说，又"申郑旨释之"，列举"四证"〔（清）朱彬撰，饶钦农点校：《礼记训纂》，中华书局1996年，第213页〕。孙希旦《礼记集解》引孔氏曰《月令》"官名不合周法""时不合周法""事不合周法"，继而表达了自己的意见："愚谓是篇虽祖述先王之遗，其中多杂秦制，又博采战国杂家之说，不可尽以三代之制通之。"（孙希旦撰，沈啸寰、王星贤点校：《礼记集解》，第399页）《说文·虫部》段玉裁注也说到《月令》著作权人的问题："……是以《春秋》书'螽'，《月令》再言'蝗虫'。《月令》，吕不韦所作。"在有关"蝗"的论说中强调"《月令》，吕不韦所作"，态度是非常明确的。

五、《史记》"蝗灾"记录的生态史与灾异史意义

在史学文献中，《史记》最早记载了"蝗"这一昆虫学、农耕经验、灾异记录和史学史等多个学科都必须注意的生物现象。此后，"蝗"作

为习用的文字符号，含义逐渐明朗。《说文·虫部》："蝗，螽也。"段玉裁注："《蚰部》曰：'螽，蝗也。'是为转注。《汉书·五行传》曰：介虫之孽者，谓小虫有甲发扬之类。阳气所生也。于《春秋》为'螽'，今谓之'蝗'。按螽、蝗古今语也。"而《说文·蚰部》写道："蚰，虫之总名也。从二虫。凡蚰之属皆从蚰。读若昆。""螽"字条下则说："螽，蝗也。"段玉裁注："'蝗'下曰：'螽也。'是为转注。按《尔雅》有皇螽、草螽、蜇螽、蟹螽、土螽，皆所谓螽丑也。蜇螽，《诗》作斯螽，亦云螽斯，毛、许皆训以蚣蝑。皆螽类，而非螽也。惟《春秋》所书者为'螽'。"所谓各种"螽丑"，"皆螽类，而非螽也"，有可能是指不同生长阶段的"螽"，也可能是指许慎《说文解字叙》中所说的在实现大一统之前尚不能"书同文字"（《史记·秦始皇本纪》）时代，"言语异声，文字异形"的情况。

对于蝗灾史的回顾，已经有不少学者进行了认真而有成效的研究。有的学术论著将有关"蝗"的知识的最初发生确定在了非常早的时代，若干论点或许尚待补充论据来加以确证。比如，有学者说"在中国古代甲骨文中，已有蝗虫成群"，"中国最古老的典籍《山海经》中"，"山东、江苏地区有蝗螽"，"中国古老诗歌总集《诗经》中《豳风·七月》记录"五月""蝗虫跳跃"，"鲁国史籍《春秋》记录山东等地发生蝗虫十二次，迁飞一次"等（郭郛：《昆虫学进展史》，郭郛、钱燕文、马建章主编：《中国动物学发展史》，东北林业大学出版社2004年，第118页）。有的学者考察了殷商时代有关蝗虫的历史文化信息，然后写道："蝗灾最早记录，是公元前707年，见《春秋》：'桓公五年、螽。'"（周尧：《中国昆虫学史》，昆虫分类学报社1980年，第56页）也有学者注意到安阳殷墟妇好墓出土了玉雕蝗虫的模型，甲骨文中也有关于蝗虫出现的卜问告祭的记录，并且指出："我国古代文献有确切时间记载的蝗灾是在西周时期，《春秋》记载，桓公五年（公元前707年），'秋，……螽'。"（倪根金：《中国历史上的蝗灾及治蝗》，《历史教学》

1998 年第 6 期）据昆虫学家的统计资料，自公元前 707 年至 1935 年，全国有确切记载的蝗灾约 796 次（陈家祥：《中国历代蝗之记录》，浙江省昆虫局年刊，1935 年）。有学者在以"世界生物学史"为学术主题的论著中这样写道："昆虫是整个生物界中最大的类群，它们形体虽小，却极大地关联着人类的生产和生活活动。中国历代人民在益虫研究利用和害虫防治方面都取得了显著的成绩。"关于"害虫防治"特别是"与蝗虫的斗争"这一学术问题，研究者写道："据中国历史记载统计，从公元前 707 年到公元 1911 年的两千多年中，大蝗灾发生约 538 次，平均每三四年就要发生一次，给人们造成很大损失。"（汪子春、田洺、易华编著：《世界生物学史》，吉林教育出版社 2009 年，第 51 页，第 55—56 页）或说："据史料记载，我国自公元前 707 年至 1949 年的 2656 年间，发生东亚飞蝗灾害的年份达 804 年，平均每三年就大发生一次。"〔袁锋主编：《农业昆虫学》（第三版），第 187 页〕公元前 707 年即鲁桓公五年。"从公元前 707 年"就开始"与蝗虫斗争"之说，都是把《春秋·桓公五年》"螽"的记录认定为"有确切记载的蝗灾"。这可能是不妥当的。而"大蝗灾"以及"给人们造成很大损失"等说法，更没有文献记载的确定依据。

一些研究者把《春秋·桓公五年》有关"螽"的文字，看作最早"有确切记载的蝗灾"，但也有注重实证的农史学者指出："因秦以前古籍都称蝗为螽或蝝，到《史记》的《秦始皇本纪》'蝗从东方来'，《孝文帝本纪》'天下旱，蝗'，《孝武帝本纪》'西戎大宛，蝗大起'等，才是历史上最早可信的蝗虫记载。"对于许多学者往往引为重要蝗灾史料的《诗·小雅·大田》"去其螟螣，及其蟊贼，无害我田稺"，论者指出："螣可以包括蝗虫在内，当然不能等同于蝗虫，所以螣不是严格意义上的蝗虫专称。"〔游修龄：《中国蝗灾历史和治蝗观》，《华南农业大学学报（社会科学版）》2003 年第 2 期〕认定《史记·秦始皇本纪》"蝗从东方来"，"才是历史上最早可信的蝗虫记载"的意见，是科学的判断。然而，论者对于下文"蔽天"字样似乎并未注意，对于《史记·六国年表》"蝗蔽天下"的记录也没有予以必要的重视，不免令人遗憾。

有的昆虫学史论著还写道："蝗虫发生数量的惊人与为害的严重，古书中也有详细的记载。如《汉书》记载公元前218年十月'蝗虫从东方来，蔽天'……"（周尧：《中国昆虫学史》，第57页）这应当是对《史记·秦始皇本纪》记载的内容与年代的双重错误理解。《史记》误作《汉书》；而发生"蝗虫从东方来，蔽天"灾情的秦王政四年，是公元前243年，较公元前218年要早二十五年。而"十月"的误解，我们在上文已经有所辨析。

有学者在专门研究秦汉时期"农业生产中的虫灾害"的论文中指出，"秦汉是我国农业生产中虫灾害的第一个高发期"。然而，论者在总结"秦汉虫灾情况"，进行"秦汉时期蝗灾、螟灾统计"时，竟然没有注意到《史记》的《秦始皇本纪》和《六国年表》所记录的这两则非常重要的蝗灾史料（王飞：《秦汉时期农业生产中的虫灾及治理研究》，《陇东学院学报》2019年第1期）。这也是不该发生的缺憾。

《史记》是普及程度相当高的史学典籍。其中许多人物和故事，大家都非常熟悉。而且，《史记》中看似平易的字句，可能蕴涵着丰富的信息。认真阅读《史记》，深刻理解其内涵，可以使我们在许多方面增进对历史文化的认识。

太史公笔下的"蚕"

　　说到近几年学界关注的丝绸之路史研究，人们会很自然地想到"蚕"。新近考古发现告诉我们，早在新石器时代，黄河流域早期文明的创造者已经开始利用"蚕"这种生物的生存特性来织造丝绸。考古学者发现了蚕茧的遗存，以"蚕"为表现对象的工艺制品也有了实物发现。比较精美的鎏金铜蚕，出土于汉代遗址。汉代是丝绸业取得历史性进步的时期。丝绸之路的正式开通，正是中原文化向域外传播的标志性事件。到了西汉中晚期，丝织品在这一东西文化交流通道的重要路段——河西地区，已经以"禄帛""禄布"的形式表现出一般等价物的特点。这说明当地丝绸市场的成熟。太史公作为历史学者，已经敏锐地觉察到若干历史迹象。《史记》作为百科全书式的文化成就，对于这一历史进程也有所记述。太史公笔下的"蚕"，既反映了生产史和贸易史的进步，也是研究昆虫史的珍贵资料。

一、"蚕食"：秦扩张史比喻

　　春秋战国时期，秦崛起于西北。《史记》用"蚕食"语，说明秦国军事扩张的形势。《史记·秦楚之际月表》记载："秦起襄公，章于文、缪、献、孝之后，稍以蚕食六国，百有余载，至始皇乃能并冠带之伦。"所谓"稍以蚕食六国"，指出了秦向东进取的趋势。《史记·秦始皇本纪》以"太史公曰"的语式回顾秦史，也说道："自缪公以来，稍蚕食诸侯，竟成始皇。"司马贞《索隐》："言其兵蚕食天下。"也就是说，秦统一的历史进程，是秦在国力强盛的条件下逐步向东所导致的。《史记·赵世家》记载，赵人商议对秦战略，平阳君赵豹说："夫秦蚕食韩氏地，中绝不令相通。"张守节《正义》："秦蚕食韩氏，国中断不通。"
赵豹评价秦的强势国力，又有"且夫秦以牛田之水通粮蚕食，上乘倍战
者，裂上国之地，其政行，不可与为难"的说法，也使用了"蚕食"一
语。怎样理解所谓的"蚕食"呢？张守节《正义》的解释是："蚕食桑
叶，渐进必尽也。"以"蚕食"形容军事形势，体现出对"蚕"习性的
细致观察，这是以蚕桑业经营经验为知识基础的。

我们看到，"蚕食"在"二十四史"中唯《史记》出现得最为频繁，
然而"蚕食"或许并非司马迁个人的习用语汇。大概战国时政论家言秦
国的扩张，已多使用"蚕食"一语。《史记·苏秦列传》载苏秦对赵王
言"大王与秦"的国力对比与战略宜忌，也说到秦对"韩、魏"的"蚕
食"："韩、魏，赵之南蔽也。秦之攻韩、魏也，无有名山大川之限，稍
蚕食之，傅国都而止。韩、魏不能支秦，必入臣于秦。秦无韩、魏之
规，则祸必中于赵矣。"《史记·穰侯列传》载"大夫须贾说穰侯"语，
提到"魏之长吏谓魏王"："秦，贪戾之国也，而毋亲。蚕食魏氏，又尽
晋国，战胜暴子，割八县，地未毕入，兵复出矣。夫秦何厌之有哉！"
其中"蚕食魏氏，又尽晋国"，司马贞《索隐》的解释是："河东、河
西、河内并是魏地，即故晋国。今言秦蚕食魏氏，尽晋国之地也。"又
《史记·李斯列传》载李斯《谏逐客书》："昭王得范雎，废穰侯，逐华
阳，强公室，杜私门，蚕食诸侯，使秦成帝业。"关于"蚕食"，司马贞
《索隐》："高诱注《淮南子》云：'蚕食，尽无余也。'"所谓"蚕食"，
一言其逐步而进，一言其必"尽无余"，也就是"渐进必尽"的意思。

大约汉人的政论，也常用"蚕食天下"一语来回顾秦的发展。如主
父偃说："昔秦皇帝任战胜之威，蚕食天下，并吞战国，海内为一，功
齐三代。"又说："及至秦王，蚕食天下，并吞战国，称号曰皇帝，主海
内之政，坏诸侯之城，销其兵，铸以为钟虡，示不复用。"（《史记·平
津侯主父列传》）

秦军"蚕食"魏国的说法，又见于《史记·魏公子列传》："（秦）

使蒙骜攻魏，拔二十城，初置东郡。其后秦稍蚕食魏，十八岁而虏魏王，屠大梁。"《史记·刺客列传》说燕太子丹指使荆轲刺秦王的动机，在于秦扩张之势的猛烈："……秦日出兵山东以伐齐、楚、三晋，稍蚕食诸侯，且至于燕，燕君臣皆恐祸之至。"关于秦与北方"戎翟"的关系，《史记·匈奴列传》说："赵有代、句注之北，魏有河西、上郡，以与戎界边。其后义渠之戎筑城郭以自守，而秦稍蚕食，至于惠王，遂拔义渠二十五城。"前引《秦楚之际月表》《秦始皇本纪》及此《魏公子列传》《刺客列传》《匈奴列传》等所见"蚕食"，都显现了太史公的笔意。

《匈奴列传》又可见汉王朝势力向北推进的历史记述，同样使用了"蚕食"语："是后匈奴远遁，而幕南无王庭。汉度河自朔方以西至令居，往往通渠置田，官吏卒五六万人，稍蚕食，地接匈奴以北。"张守节《正义》："匈奴旧以幕为王庭。今远徙幕北，更蚕食之，汉境连接匈奴旧地以北也。"汉军向北推进"稍蚕食"文例，也应出自太史公的历史记录。

二、关于"蚕"的昆虫学知识和丝绸生产史经验

所谓"蚕食，尽无余也"，或者"蚕食桑叶，渐进必尽也"，应是汉代以来人们积累的有关"蚕"的习性的知识。

对于"蚕"的昆虫学观察，来自蚕桑业的生产实践。《史记·夏本纪》引《禹贡》关于"沇州"的形势，说到早期蚕桑生产的繁荣："桑土既蚕，于是民得下丘居土。""其贡漆丝，其篚织文。"裴骃《集解》引孔安国曰："大水去，民下丘居平土，就桑蚕。"又引孔安国的说法："地宜漆林，又宜桑蚕。织文，锦绮之属，盛之筐筐而贡焉。"关于"青州"的形势，说："厥贡盐絺，海物维错，岱畎丝、枲、铅、松、怪石，莱夷为牧，其篚檿丝。"裴骃《集解》引孔安国说："絺，细葛。""檿桑蚕丝中琴瑟弦。"司马贞《索隐》："《尔雅》云'檿，山桑'，是蚕食檿

之丝也。"也涉及蚕丝生产的经验。

《史记·天官书》写道："正月上甲，风从东方，宜蚕。"这当然可以看作直接的蚕桑业史料记录。

《史记·齐太公世家》中有关于齐桓公丧葬事的记述。张守节《正义》引《括地志》提到齐桓公墓在晋永嘉年间被盗掘的情形："齐桓公墓在临菑县南二十一里牛山上，亦名鼎足山，一名牛首堈，一所二坟。晋永嘉末，人发之，初得版，次得水银池，有气不得入，经数日，乃牵犬入中，得金蚕数十薄，珠襦、玉匣、缯彩、军器不可胜数。又以人殉葬，骸骨狼藉也。"其中所说"金蚕数十薄"，指出了王公的厚葬，除"珠襦""缯彩"等豪贵衣饰及精美织料外，还以数十张承载金蚕的竹席或苇席入葬，以示丝绸生产能力随入地下，使墓主享用华衣的欲望可以永远得到满足。陕西石泉征集的汉代鎏金铜蚕、西北大学博物馆收藏的鎏金铜蚕，可能都是这种所谓的"金蚕"。刘邦发起反秦起义，跟随者大多出身贫寒，赵翼《廿二史札记》卷二"汉初布衣将相之局"对此有所分析。《史记·绛侯周勃世家》说，名将周勃原本"以织薄曲为生"，司马贞《索隐》："谓勃本以织蚕薄为生业也。韦昭云'北方谓薄为曲'。许慎注《淮南》云'曲，苇薄也'。"周勃和他的同行"以织蚕薄为生业"，说明他们生活的地区蚕桑业是较为发达的。

关于《历书》的写作，司马迁在《史记·太史公自序》中有这样的说明："律居阴而治阳，历居阳而治阴，律历更相治，间不容翾忽。"关于"翾忽"，司马贞《索隐》："案：忽者，总文之微也。翾者，轻也。言律历穷阴阳之妙，其间不容丝忽也。言'翾'，恐衍字耳。"张守节《正义》："翾，……字当作'秒'。秒，禾芒表也。忽，一蚕口出丝也。言律历相治之间，不容比微细之物也。"这是将有关"蚕口出丝"的知识，应用于"律历"学说的论述中。"蚕""丝"出现于史家自然的思想路径和文字言说，也反映出蚕桑业生产知识是当时社会的普及常识。

三、"嫘祖"记忆与黄帝"淳化虫蛾"成就

对于蚕桑业生产的起源，太史公是有关注的。《史记·五帝本纪》记载："嫘祖为黄帝正妃。"司马迁以"太史公曰"的形式说，"百家言黄帝，其文不雅驯，荐绅先生难言之"，称"择其言尤雅者"作为《史记》的开篇文字，"著为'本纪'书首"。也就是说，他以"雅""雅驯"作为可靠性的标尺，以此对传说性质的文献做出选择，保留了接近历史真实的记忆。其中有关"嫘祖"事迹的内容值得我们重视。张守节《正义》说，嫘，"一作傫"。其字又写作"累""纍""絫""縲""纅"，字皆从"糸"。《说文·糸部》："糸，细丝也。象束丝之形。凡糸之属，皆从糸。"段玉裁注："丝者，蚕所吐也。细者，微也。细丝曰糸。糸之言蔑也，蔑之言无也。"分析"嫘"的字义，注意"细丝曰糸"之说，可以追溯蚕桑业的早期历史。考察与"嫘祖"有关的传说，有助于对早期生产史中"织作"技术的发明有更深入的认识。黄帝轩辕氏的功业，包括"淳化虫蛾"这一成就。所谓"嫘祖好远游"，"因以为行神"，或许暗示着嫘祖的贡献包括丝绸成品的流通与丝织技术的传播。

考古发现的桑蚕茧和早期丝织品遗存，为"淳化虫蛾"的伟大发明提供了文物实证。"仰韶文化中期约公元前 3800 年的山西夏县西阴村遗址，出土有经人工割裂的半个蚕茧，可能是食桑叶的野蚕结茧。"研究者认为："参考中国民族志资料，在未掌握缫丝抽取茧丝长纤维之前（今按：似应言"在未掌握缫丝抽取茧丝长纤维的技术之前"，或"在未能缫丝抽取茧丝长纤维之前"），对茧丝的简单利用方式中，就是要剪开蚕茧，或直接利用其丝絮，或经撕松捻丝打线以供绣花边、织腰带之用。西阴村出土茧壳经人割裂当非偶然所为，可能正反映了先民在早期阶段对桑蚕丝的一种原始利用的方式。"（中国社会科学院考古研究所编著：《中国考古学·新石器时代卷》，中国社会科学出版社 2010 年，第 789 页）

纺织史学者曾指出考古资料所见最早的育蚕技术。"一九二六年

在山西夏县西阴村出土的仰韶遗存中，曾发现有半个人工割裂的茧壳（原注：详见李济著《西阴村史前的遗存》），这说明当时已懂得育蚕。一九五八年在浙江吴兴钱山漾新石器时代文化遗存中发现的丝织品，包括绢片、丝带和丝线等，经过鉴定，原料是家蚕丝。作为丝的表征是经、纬粗细相仿，纤维表面有茸毛状和微粒状结晶体，呈灰白色或白色透明状。成为线的由十多根粗细均匀的单丝紧紧绞捻在一起，保存的织品有尚未碳化而呈黄褐色绢片和虽已碳化仍保有一定韧性的丝带和线绒。绢片是平纹组织，经纬密度每厘米四十八根（原注：浙江省文物管理委员会：《吴兴钱山漾遗址第一、二次发掘报告》，《考古学报》1960年第2期）。这些事例证明，我们的祖先约在五千年前就已在我国黄河流域和长江流域养蚕织绸了。"（李仁溥：《中国古代纺织史稿》，岳麓书社1983年，第4—7页）西阴村的发现"表明五千多年前，我们的祖先已经知道利用蚕茧"，钱山漾出土"一匹四千七百年前的丝织品"，"表明当时的丝织技术已有一定水平"（田自秉：《中国染织史》，上海人民出版社1986年，第1页）。

可靠的考古资料还有，"至仰韶文化晚期约公元前3500年的河南荥阳青台遗址，发现有碳化蚕桑丝织物，是经缫丝形成的长丝束织造出平纹组织的'纱'（纨）和绞经组织的'罗'两种织品，后者还经染成绛色。这是中国目前发现年代最早的丝织品实物遗存，表现出缫、织、染三者具备的丝织工艺已达到较高的技术水平"（张松林、高汉玉：《荥阳青台遗址出土丝麻织品观察与研究》，《中原文物》1999年第3期）。研究者这样的判断应当说是准确的，继麻织品的应用后，"考古发现了桑蚕茧和丝织物遗存，可见先民还懂得利用昆虫的吐丝纤维以制成较高级的产品。中国丝织品的出现，是史前纺织领域的重大创新成果，也是一项具有世界意义的伟大发明"（中国社会科学院考古研究所编著：《中国考古学·新石器时代卷》，第789页）。借助相关信息理解司马迁《五帝本纪》中有关黄帝"淳化虫蛾"的记载，可以获得更真切的历史认识。

四、社会经济史中的"蚕"与"事蚕"

太史公对"蚕"业的一些记载可以看作经济史的经典段落。如《史记·伍子胥列传》写道:"楚平王以其边邑钟离与吴边邑卑梁氏俱蚕,两女子争桑相攻,乃大怒,至于两国举兵相伐。"吴国和楚国的经济生活中都有"蚕"业经营,边邑女子因为"争桑"导致边境争端,最终竟引发战争,导致"两国举兵相伐"。这是经济史与外交史、战争史相交结的实例,而吴、楚地方"俱蚕",是说它们都以"蚕"业为主体经济形式,并且均重视"桑"的资源,这是值得我们特别注意的历史记录。由"俱蚕""争桑"引发国家之间的"举兵相伐",体现了经营"蚕""桑"在吴、楚两国社会经济生活中的地位。

《史记·货殖列传》记述了当时各地的经济状况,其中涉及蚕丝生产区域的分布。全国大势,分为"山西""山东""江南""龙门、碣石北"四个基本经济区,其中"山东多鱼、盐、漆、丝、声色","丝"被列入其中。所谓"齐冠带衣履天下",也是对纺织业提升齐地经济地位的肯定性评断。又,计然为越王勾践分析经济策略,有"财币欲其行如流水"之语,这里的"币"就是"帛"。关于成功的经营者,有"子贡结驷连骑,束帛之币以聘享诸侯","束帛之币"是财力的典型体现。而白圭"夫岁孰取谷,予之丝漆;茧出取帛絮,予之食"。又有"乌氏倮畜牧,及众,斥卖,求奇缯物,间献遗戎王。戎王什倍其偿,与之畜,畜至用谷量马牛",是以"奇缯物"与"戎王"交换"畜"。关于区域经济,文中说道:"(齐地)人民多文彩布帛鱼盐。""邹、鲁……颇有桑麻之业。""沂、泗水以北,宜五谷桑麻六畜。""燕、代田畜而事蚕。"还说拥有"齐、鲁千亩桑麻"者,"此其人皆与千户侯等";而富有者"其帛絮细布千钧,文采千匹,榻布皮革千石","此亦比千乘之家"。"桑麻""帛絮"的经营者成功后,能够得到社会的承认,进入较高的阶层。

《史记》中有关"蚕"与"事蚕"以及"桑麻""帛絮"生产的记

载，是宝贵的经济史资料。

五、丝绸之路贸易史迹

前文讲过，"乌氏倮"以"奇缯物"与"戎王"交换"马牛"，其实是前张骞时代早期丝绸之路贸易的形式。而张骞"凿空"，正式开通了中原与西域乃至与中亚和西亚的交往路径。《史记》中关于丝绸之路的历史，保留了蚕桑业产品向西北输送的记录。《史记·匈奴列传》说，"汉与匈奴邻国之敌，匈奴处北地，寒，杀气早降，故诏吏遗单于秫蘖金帛丝絮佗物岁有数"。这是丝绸输出至西北的形式之一。

回顾汉王朝与西域的交往史，也可以看到通过输送丝绸以结好各国的事例。《史记·大宛列传》记载张骞第二次出使西域的情形，其动机即利用"蛮夷俗贪汉财物"，计划"厚币赂乌孙，招以益东，居故浑邪之地，与汉结昆弟"，以求"断匈奴右臂"。于是，"（天子）拜骞为中郎将，将三百人，马各二匹，牛羊以万数，赍金币帛直数千巨万，多持节副使，道可使，使遗之他旁国"。所谓"厚币"，应该是数量可观的"帛"。在外交活动中，汉朝使团"赍金币帛"远行，是当时通常的做法。霍去病以军事强势控制河西之后，"汉始筑令居以西，初置酒泉郡以通西北国。因益发使抵安息、奄蔡、黎轩、条枝、身毒国。而天子好宛马，使者相望于道。诸使外国一辈大者数百，少者百余人，人所赍操大放博望侯时。其后益习而衰少焉。汉率一岁中使多者十余，少者五六辈，远者八九岁，近者数岁而反"。频繁派出的使团，"人所赍操大放博望侯时"，即按照张骞出使时的规格，携带相当数量的"金币帛"，很可能也"直数千巨万"。以"金币帛"交换优良马种及其他物资，是丝绸之路物质文化交往的重要方式。

汉王朝派遣到匈奴的使节也携带了大量的丝绸。苏武出使时有这样的情形："汉遣中郎将苏武厚币赂遗单于。"（《史记·匈奴列传》）匈奴得到超过其部族消费需求的丝绸，很可能利用草原交通便利及自身行进机动性的优势，将其转输至更遥远的地方。而西域"胡商""胡贾"的努力，也是丝绸贸易繁荣的重要因素。

中原人辛勤"事蚕"的收获，传送到西北方的远国，影响了西亚乃至欧洲上层社会的消费生活。

六、"织女"神话

"织女"作为从事纺织业的劳动妇女的代表，能够进入天界，成为社会仰望并崇拜的对象，是以"桑麻"及"事蚕"劳作的盛起，以及"帛絮"织造丰收的情势为条件的。

《史记》保留了相关历史记忆。《史记·天官书》中有较早的关于"织女"的记载："婺女，其北织女。织女，天女孙也。"关于"婺女"，司马贞《索隐》解释说："务女。《广雅》云'须女谓之务女'是也。一作'婺'。"张守节《正义》写道："须女四星，亦婺女，天少府也。南斗、牵牛、须女皆为星纪，于辰在丑，越之分野，而斗牛为吴之分野也。须女，贱妾之称，妇职之卑者，主布帛裁制嫁娶。占：水守之，万物不成；火守，布帛贵，人多死；土守，有女丧；金守，兵起也。"对于"婺女"的解释，有"务女""须女"之说，大概是承担底层劳作的"贱妾"，即"妇职之卑者"，而"主布帛裁制"，其实是与"织女"承担的"妇职"相当的。

然而"织女，天女孙也"之说，则显现出其地位的尊贵。司马贞《索隐》写道："织女，天孙也。案：《荆州占》云：'织女，一名天女，天子女也。'"这正与民间传说中"织女"的特殊身份相一致。张守节《正义》对于"织女，天女孙也"有这样的解释："织女三星，在河北天纪东，天女也。主果蓏丝帛珍宝。"其职掌，也是通常所谓的"妇职"。所"主""丝帛"，特别值得我们注意。张守节《正义》还写道："占：王者至孝于神明，则三星俱明；不然，则暗而微，天下女工废；明，则理；大星怒而角，布帛涌贵；不见，则兵起。""织女"星的"明""暗"，与"天下女工"的兴废及"布帛"价格的浮动有着直接关系。

《诗·小雅·大东》中可见有关天汉"织女"的诗句："维天有汉，监亦有光。跂彼织女，终日七襄。"这当然是更早的有关"织女"的文字记录。不过，《史记·天官书》对于"织女"有更明朗的信息，这是正史中第一次明确出现有关"织女"的文字，大概汉代的星空，"织女"有较为光明的亮度。《淮南子·俶真》述说"真人"的境界："臣雷公，役夸父，妾宓妃，妻织女，天地之间，何足以留其志！"看来，与"织女"有亲密关系，可以成就"真人"。而在秦始皇时代，"真人"就是方术之士诱惑这位帝王的神秘主题。《史记·秦始皇本纪》写道："卢生说始皇曰：'臣等求芝奇药仙者常弗遇，类物有害之者。方中，人主时为微行以辟恶鬼，恶鬼辟，真人至。……'"于是，秦始皇说："吾慕真人，自谓'真人'，不称'朕'。"又使博士作"仙真人诗"。

《诗·小雅·大东》在"跂彼织女，终日七襄"句后又说："虽则七襄，不成报章。睆彼牵牛，不以服箱。""织女"与"牵牛"并见。班固《西都赋》也可见"织女""牵牛"的组合："临乎昆明之池，左牵牛而右织女。"汉武帝营建昆明池，确实在水畔立有"织女""牵牛"的石像。有意思的是，传说开通丝绸之路的功臣张骞曾受命探索河源，"浮槎"而上，竟然来到天河，见到了"织女""牵牛"，"织女"以"支机石"相赠。蜀中方士严君平识得此石，并根据天象观测某年某月曾有客星犯牵牛，对其天河之行予以确认。起初，《荆楚岁时记》和《博物志》说到这一故事，但"浮槎"人没有著录姓名。而唐人赵璘所撰《因话录》卷五《征部》则将此事与张骞相联系，又说"前辈诗往往有用'张骞槎'者"，可知张骞"浮槎"见"织女"得"支机石"的传说，在唐代以前已经形成影响。宋之问的诗《明河篇》确实写道："明河可望不可亲，愿得乘槎一问津。更将织女支机石，还访成都卖卜人。"（《全唐诗》卷五一）宋人吴曾《能改斋漫录》卷一八《神仙鬼怪》"蚕吐丝成段"条引"星河牛女支机石"诗句，也提到这一故事。

这一将张骞神化，使其与"织女"相联系的说法，可以作为历史人类学的研究对象。虽然在《史记》的记述中，我们没有直接看到秦地"事蚕"的信息，但是"陌上桑"罗敷的故事，以及"秦氏有好女，自名为罗敷。罗敷喜蚕桑，采桑城南隅"的诗句却已深入人心（《宋书·乐志三》题《艳歌罗敷行》）。"罗敷"故事或与《关中胜迹图志》卷一〇"罗敷谷"有关。《（雍正）陕西通志》又有"罗敷山""罗敷水""罗敷桥"及"罗敷真人蜕化"处。《太平御览》卷一二引《氾胜之书》说："取雪汁渍原蚕屎，五六日待泽，手挼之，和谷种之。能御旱。故谓雪为五谷之精也。""原蚕屎"用于浸种，也是体现汉代关中"事蚕"的资料。而发现汉代鎏金铜蚕的陕西石泉，距离张骞的家乡南郑不远，又西北大学博物馆藏鎏金铜蚕，相传出土于关中。这些迹象，都是我们在思考相关问题时应当予以注意的。

"鲁缟""蜀布"：《史记》所见纺织业地方品牌

李斯《谏逐客书》中说到战国时期各地交往的密切及物产的流通，使得"僻在雍州，不与中国诸侯之会盟，夷翟遇之"（《史记·秦本纪》）的秦国君王热切追求各地高等级生活消费品的情形。其中可见"宛珠""阿缟"等标志地方优势的商品品牌。作为纺织业产品，战国秦汉时期还有"鲁缟""齐纨""蜀锦""襄絮"等名闻天下。《史记》所见"蜀布"远销至西域的情形，是丝绸之路史研究者应当珍视的重要信息。地方品牌较为密集地出现，可以理解为生产史、交通史、商业史进入较成熟阶段的标志。在新的交通条件和文化背景下，地方名牌产品的经济作用和民生影响，值得秦汉史及中国古代经济史研究者瞩目。所有关心中国历史文化的人，也应该对这种现象有所注意。而《史记》保留了反映相关历史变化的重要文化信息，体现出太史公对经济与民生的关心；《史记》从多方位反映社会生产与生活的史学价值和文化意义，也因此而有所体现。

一、李斯《谏逐客书》所谓"阿缟"

以记述秦名相李斯事迹为主题的《史记·李斯列传》，对于秦史研究具有重要的史料价值。明代学者茅坤曾评价"此是太史公极用意文，极得大体处"（《史记钞》卷五五）。其中李斯所作名篇《谏逐客书》，或有"先秦文章"第一，"绝工之文也"的赞誉〔（明）陈仁锡：《陈评史记》卷八七〕。此文收入《古文观止》，成为历代散文写作的标范。清人方濬颐感叹其"善于辞令，援古证今，竟能歆动祖龙"（《书李斯〈谏逐客书〉后》，《二知轩文存》卷三）。

据司马迁记述，李斯至秦，任为客卿。因韩国人郑国策动秦发起郑国渠工程的阴谋败露，也受到即将被驱逐的威胁。"会韩人郑国来间秦，以作注溉渠，已而觉。秦宗室大臣皆言秦王曰：'诸侯人来事秦者，大抵为其主游间于秦耳，请一切逐客。'李斯议亦在逐中。"于是上书提出异议，言"臣闻吏议逐客，窃以为过矣"，指出"使秦成帝业"者，"皆以客之功"。其中一段生动的文字，说到物质消费方面秦王对"不产于秦"者的需求："今陛下致昆山之玉，有随、和之宝，垂明月之珠，服太阿之剑，乘纤离之马，建翠凤之旗，树灵鼍之鼓。此数宝者，秦不生一焉，而陛下说之，何也？必秦国之所生然后可，则是夜光之璧不饰朝廷，犀象之器不为玩好，郑、卫之女不充后宫，而骏良駃騠不实外厩，江南金锡不为用，西蜀丹青不为采。所以饰后宫充下陈娱心意说耳目者，必出于秦然后可，则是宛珠之簪，傅玑之珥，阿缟之衣，锦绣之饰不进于前，而随俗雅化佳冶窈窕赵女不立于侧也。夫击瓮叩缶弹筝搏髀，而歌呼呜呜快耳者，真秦之声也；《郑》《卫》《桑间》《昭》《虞》《武》《象》者，异国之乐也。今弃击瓮叩缶而就《郑》《卫》，退弹筝而取《昭》《虞》，若是者何也？快意当前，适观而已矣。"李斯随即批评"逐客"决策的不合理。他指出："今取人则不然。不问可否，不论曲直，非秦者去，为客者逐。然则是所重者在乎色乐珠玉，而所轻者在乎人民也。此非所以跨海内制诸侯之术也。"以为如此将影响秦强国克敌、制胜"海内"的大业。

除去"色乐"，则言"珠玉"，都是秦国君王直接的物质消费需求。秦王"快意当前"之"宝"，"翠凤之旗""灵鼍之鼓""犀象之器"等，应出自南国；"纤离之马""骏良駃騠"等，则应出自北边；"昆山之玉""江南金锡""西蜀丹青"等矿业资源，虽明示产地，但地域指向比较宽广。而"随、和之宝"之"随"，是具体的出产地点。所谓"宛珠之簪，傅玑之珥，阿缟之衣，锦绣之饰"，形成了堪称"绝工"的对仗语式。后者"阿缟之衣，锦绣之饰"，则体现了东方丝绸纺织生产的杰出成就。

关于"阿缟"的理解，古来就有不同的意见。裴骃《集解》引徐广的解说，认为"阿缟"因出自"东阿"而得名："齐之东阿县，缯帛所出。"然而另一种意见，则将"阿"解释为细缯。王念孙《读书杂志·史记杂志》发表了这样的判断："徐以上文云'江南金锡、西蜀丹青'，故以'阿缟'为'东阿'所出之'缟'也。今按：'阿缟之衣'与'锦绣之饰'相对为文，则'阿'为'细缯'之名，非谓'东阿'也。"他认为，"阿"可能指"练"。"'阿'字或作'系阿'，《广雅》曰：'系阿'，练也。"《读书杂志·余编》又写道："阿，细缯也。"后来也有学者指出，王夫之《楚辞通释》卷九写道："阿锡，轻縠也。"断定"'阿缟之衣'的'阿'字，不是指'东阿'，而是指'细缯'"（严修：《释'阿缟之衣'和'越葛钱绢'》，《学术月刊》1989年第10期）。

《水经注》卷五《河水》说到"东阿县"的地理人文条件："河水又东北与邓里渠合，水上承大河于东阿县西，东径东阿县故城北，故卫邑也。应仲瑗曰：有西，故称东。魏封曹植为王国。大城北门内西侧，皋上有大井，其巨若轮，深六七丈，岁尝煮胶，以贡天府。《本草》所谓阿胶也。故世俗有阿井之名。县出佳缯缣，故《史记》云：秦昭王服太阿之剑，阿缟之衣也。"通过"阿胶"名义的理解，则"阿"即"东阿"是当然的判定。郦道元同时说"（东阿）县出佳缯缣"，并且明确联系到"《史记》云：秦昭王服太阿之剑，阿缟之衣也"，以为"阿缟"之"阿"即"东阿"，这个态度是非常明朗的。

二、"'阿缟'为'东阿'所出"的可信度

对于李斯《谏逐客书》所谓"阿缟"究竟是否与"东阿"有关，肯定的意见似乎是占上风的。如《太平御览》卷一六〇引《图经》曰："东阿，春秋时齐之柯地也。"又引《郡国志》曰："其地出缯缣，故秦

王服阿缟。"

李斯《谏逐客书》，《文选》卷三九载录，题"李斯《上书秦始皇》"。注家就其中的"阿缟之衣"有不同解释。张铣注是这样说的："以宛珠饰簪，傅玑饰珥。珥，珰也。缟，缯帛也，出阿县。"李善则写道："徐广曰：'齐之东阿县，缯帛所出者也。'此解'阿'义，与《子虚》不同。各依其说而留之，旧注既少不足称。臣以别之，他皆类此。"所谓"《子虚》"所说，即《文选》卷七司马相如《子虚赋》："被阿緆，揄纻缟。"李善注："张揖曰：'阿，细缯也。緆，细布也。揄，曳也。'司马彪曰：'缟，细缯也。'善曰：'《列子》曰：郑卫之处子衣阿緆。'《战国策》：鲁连曰：君后宫皆衣纻缟。緆与锡古字通。"张铣曰："阿緆，细布投空引也。缟，缯也。"看来，将"阿缟"之"阿"作地名理解或作织品理解，两种意见的分歧很早就已存在。或许可以存异，"各依其说而留之"的态度是正确的。

然而不容忽视的是，"齐之东阿县"确实是"缯帛所出者也"。简单地判定"'阿缟之衣'与'锦绣之饰'相对为文，则'阿'为'细缯'之名，非谓'东阿'也"，似显生硬。如以为李斯前句"宛珠之簪，傅玑之珥"亦"相对为文"，也是缺乏说服力的。如理解"宛珠"与"阿缟"是"相对为文"，或许合理，则"阿"适宜解释为地名。

此外，《金匮要略》"阿胶"一词凡二十四见，《伤寒论》"阿胶"六见，作为著名药材品牌的"阿胶"已经为社会所熟知，也说明当时是可以用"阿"字作为标识符号代表"东阿"地名的。

前引王夫之解释《楚辞》"阿锡"，有"阿锡，轻縠也"的说法，也许可以参考《列子·周穆王》"衣阿锡，曳齐纨"，杨伯峻所谓"阿緆与齐纨对文"，"阿确指东阿"的意见。也就是说，"阿緆"的"阿"和"齐纨"的"齐"，都是质量优异的丝织品的出产地点。

三、"阿缟"作为纺织业名牌的意义

或许可以得出这样的判断，《史记》记录的李斯《谏逐客书》中的"阿缟"，是较早出现的明确标识地方纺织业生产优势的商品名号。

将"阿缟"理解为"东阿"地方出产"缯帛"的代号，是有其合理性，也具备一定说服力的。"阿缟"作为纺织业品牌，于民生尤其体现出重要意义，可以看作战国晚期手工业生产、交通效能与商品流通达到较高水准的标志。

"阿缟"作为"东阿"纺织品的影响，与齐地盛产丝绸的地方经济优势有密切关系。《汉书·元帝纪》记载罢"齐三服官"事，颜师古注引如淳曰："《地理志》曰齐冠带天下。胡公曰服官主作文绣，以给衮龙之服。"《汉书·哀帝纪》说"齐三服官、诸官织绮绣，难成，害女红之物，皆止，无作输"，如淳注引胡公曰"服官主作文绣，以给衮龙之服"，也记录了同样的事实。从《后汉书·章帝纪》中"诏齐相省冰纨、方空縠、吹纶絮"可见，到了东汉，齐地长期是高等级丝织业生产的重心（王子今：《西汉"齐三服官"辨正》，《中国史研究》2005 年第 3 期）。如淳所谓"《地理志》曰齐冠带天下"，见于《汉书·地理志下》："（齐地）号为冠带衣履天下。"颜师古注："言天下之人冠带衣履，皆仰齐地。"说"齐地"纺织业产品流通"天下"，可以全面满足各地"冠带衣履"的需求。其实，这一说法在《史记》中已经出现。《史记·货殖列传》写道："齐冠带衣履天下，海岱之间敛袂而往朝焉。"司马贞《索隐》："言齐既富饶，能冠带天下，丰厚被于他邦，故海岱之间敛衽而朝齐，言趋利者也。"指出齐地"冠带衣履"生产，以"趋利"文化，改变了礼俗传统，也强化了区域经济实力，同时能够"丰厚被于他邦"，带动了其他地方消费生活水准的提升。

《史记》中十一次出现"冠带"一语，密度是不低的。在司马迁笔下，"冠带"有时象征中原地方较高的文明程度，如《史记·天官书》

"内冠带，外夷狄"。"冠带"有时又指代东方国家较为发达的经济、文化，如《史记·秦楚之际月表》说秦史："秦起襄公，章于文、缪，献、孝之后，稍以蚕食六国，百有余载，至始皇乃能并冠带之伦。"

战国时期显现社会进步的"交通的发达"与"市场的扩展"（吴慧主编：《中国商业通史》第 1 卷，中国财政经济出版社 2004 年，第 203—207 页），成为促进统一的历史条件。而统一局面的实现，又进一步开拓了经济发展的路径。《史记》记录了相关重要的经济史动向。《史记》的这一特点，体现了太史公细致的经济观察眼光和先进的史学学术理念。

四、大一统条件下经济流通的形势

实现统一后，在所谓"天下和平"，"黔首安宁，不用兵革"，"各安其宇"的政治格局中，交通建设行为如"堕坏城郭，决通川防，夷去险阻"，度量衡管理所谓"器械一量"，更有益于真正实现"远迩同度"这种有利于经济流通的社会生产与社会生活条件。

秦帝国的执政集团本来应当像自己公开的政治宣传所表示的那样，限制行政干扰，发展社会经济，培育民间产业，切实爱护民生，如秦始皇《泰山刻石》所谓"治道运行，诸产得宜，皆有法式"；《琅邪刻石》所谓"兴利致福"，"节事以时，诸产繁殖"；《碣石刻石》所谓"男乐其畴，女修其业，事各有序。惠被诸产，久并来田，莫不安所"（《史记·秦始皇本纪》）。然而，秦王朝以极权推行暴政，推行严刑酷法，特别是频繁地大规模调发劳役，致使正常的经济秩序受到严重冲击，所谓"惠被诸产"如同空话，所谓"诸产得宜""诸产繁殖"也成为梦想。秦时的历史记忆告诉人们，当时社会生产力所受到的摧残性破坏在交通中有显著表现，即《史记·平津侯主父列传》所谓"使天下蜚刍挽粟，起于黄、腄、琅邪负海之郡，转输北河，率三十钟而致一石"，"百姓靡

敝，孤寡老弱不能相养，道路死者相望"，"使蒙恬将兵以北攻胡，辟地
进境，戍于北河，蜚刍挽粟以随其后。又使尉屠睢将楼船之士南攻百
越，使监禄凿渠运粮，深入越"，"行十余年，丁男被甲，丁女转输，苦
不聊生，自经于道树，死者相望"。高等级的交通条件，没有实现服务
商品经济的基本效能。

秦代空前完备的交通体系因秦政严苛与秦祚短暂，没有来得及对社
会经济生活产生积极作用。汉初"复驰商贾之律"，"网疏而民富"，经
济逐步得到恢复，"国家无事，非遇水旱之灾，民则人给家足，都鄙廪
庾皆满，而府库余货财"（《史记·平准书》）。比较完善的交通设施，比
较高效的运输能力，集中服务于民间商运，促成了空前繁荣的物资流
通。富商之家"连车骑，游诸侯，因通商贾之利"，"俯有拾，仰有取，
赁贷行贾遍郡国"，"连车骑，交守相"，"起富数千万"，"转毂以百数，
贾郡国，无所不至"，一时形成所谓"天下熙熙，皆为利来；天下壤壤，
皆为利往"的风尚（《史记·货殖列传》）。

汉代大一统背景下经济流通可以作为时代推进的标志，重要原因是
丝绸之路的正式开通。丝绸产品成为汉文化面向世界的代表性物质生产
成就。实际上，在以"汉"为标志的经济实体中，纺织生产成就了异常
繁荣的产业，也对社会生活形成了全面的积极影响。

五、"强弩""鲁缟"比喻

区域生产的优势，因"重装富贾，周流天下，道无不通"（《史
记·淮南衡山列传》），"富商大贾周流天下，交易之物莫不通，得其所
欲"，"转毂以百数，贾郡国，无所不至"（《史记·货殖列传》）的作用，
使纺织业的若干著名品牌得以形成并产生明显的社会文化影响。如"阿
锡""鲁缟""齐纨""蜀锦"等，均在历史文献中反复出现。

"鲁缟"，见于《史记·韩长孺列传》的记载。匈奴请求和亲，汉武

帝让群臣商议对策。王恢主张"勿许",建议"兴兵击之"。韩安国则赞同与匈奴和亲。他说:"千里而战,兵不获利。今匈奴负戎马之足,怀禽兽之心,迁徙鸟举,难得而制也。得其地不足以为广,有其众不足以为强,自上古不属为人。汉数千里争利,则人马罢,虏以全制其敝。且强弩之极,矢不能穿鲁缟;冲风之末,力不能漂鸿毛。非初不劲,末力衰也。击之不便,不如和亲。"对于"强弩之极,矢不能穿鲁缟",裴骃《集解》:"许慎曰:'鲁之缟尤薄。'"

韩安国口中"强弩""鲁缟"的比喻,《汉书·韩安国传》写作"强弩之末,力不能入鲁缟",颜师古解释说:"缟,素也。曲阜之地,俗善作之,尤为轻细,故以取喻也。"

"尤薄""尤为轻细",是"鲁"地出产的"缟"的质量特点。与《史记》成书时代大致相近的《淮南子》中,也两次出现矢"入鲁缟"的比喻形式。《淮南子·说山》有"矢之于十步贯兕甲,于三百步不能入鲁缟"的说法,而《淮南子·说林》则写作:"矢之于十步贯兕甲,及其极不能入鲁缟。"高诱解释说:"言势有极。"所谓"及其极不能入鲁缟"的"极",对应《淮南子·说山》的"矢之于……三百步"。是说到了射程之末,离弦之初可以击穿兕革制成的甲衣的"矢",其飞行速度已经减慢到极限,竟然连"鲁缟"都不能穿透了。

年代稍晚的一些文献,仍然继承了《史记》的语言风格。《新序·善谋》也说:"夫冲风之衰也,不能起毛羽;强弩之末,力不能入鲁缟。盛之有衰也,犹朝之必暮也。"《论衡·效力》又写道:"干将之刃,人不推顿,苪弧不能伤;筱簵之箭,机不能动发,鲁缟不能穿。非无干将、筱簵之才也,无推顿、发动之主,苪弧、鲁缟不穿伤,焉望斩旗穿革之功乎?"《三国志·蜀书·诸葛亮传》记载诸葛亮对军事形势的分析:"曹操之众,远来疲弊,闻追豫州,轻骑一日一夜行三百余里。此所谓'强弩之末,势不能穿鲁缟'者也。故兵法忌之,曰'必蹶上将军'。"这里"强弩之末,势不能穿鲁缟",可以看作《史记·韩长孺列传》记载韩安国"强弩之极，矢不能穿鲁缟"之说的沿袭。

关于"鲁缟"，《太平御览》卷六八引班固《与窦宪笺》又有这样的说法："以鲁缟之质，被服鸾凤之彩饰。"所谓"鲁缟之质"，通常理解包括这种织品"尤薄""尤为轻细"的特征。

以箭、矢"穿鲁缟"是一种比喻，而《北堂书钞》卷一一七引曹洪《与魏文帝书》"若骇鲸之突细网，奔兕之触鲁缟"，则是另一种借用"鲁缟"的比喻。

看来，鲁缟之质"尤薄""尤为轻细"，已是秦汉社会的通行知识。《史记》记录这些语言，保留了珍贵的纺织业史和商品流通史的信息。

汉代还有"齐纨""蜀锦""嶀布""襄絮"等反映纺织业发展的地方商品名牌信息（王子今：《宛珠·齐纨·穰橙·邓橘：战国秦汉商品地方品牌的经济史考察》，《中国经济史研究》2019 年第 3 期；《试说居延简文"鲁絮""襄絮""堵絮""彭城糸絮"——汉代衣装史与纺织品消费史的考察》，《东西人文》第 12 号，庆北大学校人文学术院 2019 年版）。《淮南子·修务》说"齐纨"是美人美服："今夫毛嫱、西施，天下之美人，若使之衔腐鼠，蒙猬皮，衣豹裘，带死蛇，则布衣韦带之人过者，莫不左右睥睨而掩鼻。"但如果"尝试使之"美妆华饰，"衣阿锡，曳齐纨"，"粉白黛黑，佩玉环，揄步，杂芝若，笼蒙目视，冶由笑，目流眺，口曾挠，奇牙出，靥酺摇，则虽王公大人，有严志颉颃之行者，无不惮悇痒心而悦其色矣。"高诱注解释"齐纨"："纨，素，齐所出。"这样的文字，记录了与《史记》成书大致同时的和纺织史密切相关的社会生活史知识。

六、"蜀布"与丝绸之路史

司马迁笔下还出现了另一种"布"的名称，这就是"蜀布"。有关"蜀布"的记述，涉及丝绸之路史。

司马迁在《史记·西南夷列传》中说到张骞开通西域道路时的意外发现："及元狩元年，博望侯张骞使大夏来，言居大夏时见蜀布、邛竹杖，使问所从来，曰：'从东南身毒国，可数千里，得蜀贾人市。'"据张骞在大夏国的见闻，"蜀布"是"蜀贾人市"经身毒国转售至大夏国的织品。张骞西域考察的报告，启动了汉武帝发起的对另一条西域通道的探索（王子今：《汉武帝"西夷西"道路与向家坝汉文化遗存》，《四川文物》2014年第5期）。"蜀布"名号，显示出这种"布"的产地在"蜀"。"蜀布"这种名称由于并非形成于国内市场，应当说与"鲁缟""齐纨""蜀锦"有所不同。

此外，《三国志·魏书·乌丸鲜卑东夷传》裴松之注引《魏略》记述"大秦国"国情，说到当地也出产质量精美的纺织品："国出细絺。""有织成细布，言用水羊毳，名曰海西布。此国六畜皆出水，或云非独用羊毛也，亦用木皮或野茧丝作，织成氍毹、毾㲪、罽帐之属皆好，其色又鲜于海东诸国所作也。又常利得中国丝，解以为胡绫，故数与安息诸国交市于海中。"这里所谓"海西布""中国丝"和"胡绫"，语词形式与"鲁缟""齐纨""蜀布"颇为近似，然而具体情形并不相同。汉代时，与"胡绫"类似，即标识族名字样以指示纺织品出产地的著名品牌，还有"賨布"（《后汉书·南蛮传》）。

由"海西布"等称谓，可知提示出产地的名称，似乎已经成为当时重要商品名号的生成惯例。这一社会习俗的形成，在《史记》中留下了历史记忆。

《史记》中以地名作为商品标识的情形，又体现于"笮马、僰僮""僰婢"等称谓的通行。据《史记·西南夷列传》记载，汉代初期，西南方向交通形势出现了新的局面："巴蜀民或窃出商贾，取其笮马、僰僮、髦牛，以此巴蜀殷富。"司马贞《索隐》："韦昭云：'僰属犍为，音蒲北反。'服虔云：'旧京师有僰婢。'"张守节《正义》："今益州南戎州北临大江，古僰国。"《史记·货殖列传》："南御滇僰，僰僮。西近邛笮，笮马、旄牛。""僮"与"马""牛"同样可以买卖，在当时的社会意识中，是将其看作商品的。出自"古僰国"的"僰僮""僰婢"等被奴役之人，在奴隶市场上也是以出身地方标识其身份的。《史记·货殖列传》中"僮手指千"与"马蹄蹏千，牛千足，羊彘千双"并说，可知在那个时代，"僮"与"马""牛""羊"及其他多种物质产品形成了地位大致同等的关系。

秦汉时期大一统政治格局为商业的发展和民生的进步提供了比较好的基础。交通建设对经济流通的积极作用尤其显著。但秦代行政管理的方式未能促成民间商业物流的畅通。汉代因"以富乐民为功"（贾谊《新书·大政上》），"为富安天下"（贾谊《新书·无蓄》，《汉书·食货志上》）政策的影响，使得经济生活中流通的意义显现出空前的推进力。商品的地方名牌较多出现，领域覆盖愈益广泛，甚至庶人的生活消费品也出现了"广汉八稷布"这样的地方织品品牌（王子今：《汉代河西的蜀地织品——以"广汉八稷布"为标本的丝绸之路史考察》，《四川文物》2017 年第 3 期）。这些现象，都应当看作经济与民生进步的表现。《史记》中存留的信息，体现出在适宜的条件下，民间经济生活与民生条件发展之自然和自由的风格对推进生产与流通的作用，这是值得我们重视的。

《史记》"丝路酒香"

司马迁予以突出记载的"张骞凿空"(《史记·大宛列传》),成为丝绸之路史富有纪念意义的符号标志。其实,在前张骞时代,中原文化与中亚、西亚地方文化之间,已经通过草原、绿洲、沙漠、戈壁实现了长久的联系。但是,汉武帝时代由张骞出使西域开创的汉王朝与西北方向诸多政治实体和文化实体之间正式与密集的外交往来、经济沟通和文化融汇,使世界交往史的意义得以明朗显现。

《史记》对汉代丝绸之路的开拓与通行的过程和意义有着生动具体的记述。其情节,为军事史、外交史及民族关系史的研究提供了重要资料。而涉及"酒"的内容,则反映了丝绸之路交通线上,在战争和经济竞争的另一面,也有休闲生活的雅趣、情感体验的温馨、精神意境的陶醉。丝绸之路沿途美好的文化风景,可以在体味酒香的同时加以欣赏。丝路的酒,丰富了当时人们饮食生活的消费内容,也沁入了人们精神生活的较深层次。丝绸之路美酒的醇厚和热烈,正体现了这一历史时期中华民族宽宏、豪迈、开放、进取的时代精神。

一、大宛、安息的"蒲陶酒"

张骞出使西域,回到长安,向汉武帝报告西行见闻,包括沿途考察西域国家地理、人文、物产等多方面的信息。据《史记·大宛列传》记载:"(张)骞身所至者大宛、大月氏、大夏、康居,而传闻其旁大国五六,具为天子言之。"张骞的西域考察报告分两个层次,一是"身所至者"诸国,二是"传闻其旁大国"。

关于"大宛"国情,张骞说:"大宛在匈奴西南,在汉正西,去汉

237

《史记》「丝路酒香」

可万里。其俗土著，耕田，田稻麦。有蒲陶酒。多善马，马汗血，其先天马子也。有城郭屋室。其属邑大小七十余城，众可数十万。其兵弓矛骑射。"大宛的地理形势，"其北则康居，西则大月氏，西南则大夏，东北则乌孙，东则扜罙、于窴。于窴之西，则水皆西流，注西海；其东水东流，注盐泽。盐泽潜行地下，其南则河源出焉。多玉石，河注中国。而楼兰、姑师邑有城郭，临盐泽。盐泽去长安可五千里。匈奴右方居盐泽以东，至陇西长城，南接羌，鬲汉道焉"。张骞关于大宛自然条件、经济生活、军事实力及外交关系的报告，在陈述其生产方式后，明确说到其国"有蒲陶酒"。

这是中国历史文献中关于"蒲陶酒"的最早记载。

汉武帝对大宛国最为关注，甚至不惜派遣数以十万计的大军远征，夺取的是"多善马，马汗血，其先天马子也"。在司马迁笔下，大宛"有蒲陶酒"的记载，竟然在"多善马"之前。可知太史公对于这一信息的高度重视。

关于安息的介绍，《史记·大宛列传》写道："安息在大月氏西可数千里。其俗土著，耕田，田稻麦，蒲陶酒。"司马迁又说到安息国情的其他方面，"城邑如大宛。其属小大数百城，地方数千里，最为大国。临妫水，有市，民商贾用车及船，行旁国或数千里。以银为钱，钱如其王面，王死辄更钱，效王面焉。画革旁行以为书记。其西则条枝，北有奄蔡、黎轩"。《史记》记述大宛国情所谓"有蒲陶酒"，是"（张）骞身所至者"的直接体会。关于安息的"蒲陶酒"，则应当来自"传闻"。

安息国有稳定的货币体系。所谓"有市"，说明商品经济比较成熟。而所谓"民商贾用车及船，行旁国或数千里"，则体现了商运的发达。"蒲陶酒"在社会经济生活中的意义，应当是重要的，可能仅次于"稻麦"。商贾"行旁国或数千里"的交通条件，无疑可以保障"蒲陶酒"的远销。

二、西域："以蒲陶为酒，富人藏酒至万余石"

《史记·大宛列传》记载，"蒲陶酒"是西域多个地方的特产。而当地民俗传统中，"嗜酒"是显著标志。司马迁写道："宛左右以蒲陶为酒，富人藏酒至万余石，久者数十岁不败。俗嗜酒，……"这里所谓"宛左右"，《汉书·西域传上》"大宛国"条写作"大宛左右"。据《史记·大宛列传》，大宛民间礼俗传统是"嗜酒"。所谓"富人藏酒至万余石，久者数十岁不败"，说明"蒲陶酒"储藏技术的成熟，也说明"蒲陶酒"经济价值的重要。

"蒲陶"，是西域普遍栽培的、主要因可以酿酒而具有重要经济意义的藤本植物。《汉书·西域传上》"难兜国"条和"罽宾国"条都说，当地"种五谷、蒲陶诸果"。《晋书·四夷传》"康居国"条也说，其国"地和暖，饶桐柳蒲陶"。"以蒲陶为酒"，很可能是种"蒲陶"的主要经营目的。

"蒲陶酒"应当是中原上层社会喜爱的饮品。《后汉书·宦者传·张让传》记录了官场腐败的一起典型案例。中常侍张让"交通货赂，威形喧赫"。扶风人孟佗"资产饶赡"，与张让奴"朋结"，愿求一拜。"时宾客求谒让者，车恒数百千两，佗时诣让，后至，不得进，监奴乃率诸仓头迎拜于路，遂共舆车入门。"于是，"宾客咸惊，谓佗善于让，皆争以珍玩赂之。佗分以遗让，让大喜，遂以佗为凉州刺史"。李贤注引《三辅决录注》的记述涉及"蒲陶酒"："（孟佗）以蒲陶酒一斗遗让，让即拜佗为凉州刺史。"可知当时洛阳地方对"蒲陶酒"的看重。这一故事，又见于《三国志·魏书·明帝纪》裴松之注引《三辅决录注》："……（孟）他又以蒲桃酒一斛遗让，即拜凉州刺史。""孟他"即"孟佗"。"蒲桃酒"就是"蒲陶酒"。"蒲陶酒一斗"和"蒲桃酒一斛"的差异，应是传闻失真。《晋书·山遐传》中也可以看到对这一政治腐恶现象的批评："自东京丧乱，吏曹湮灭，西园有三公之钱，蒲陶有一州之任，贪饕方驾，寺署斯满。"以"蒲陶酒一斗"贿赂当权宦官，竟然可以换得"凉州刺史"的官位，即所谓"一州之任"。

三、中土肥饶地始种"蒲陶"及"蒲陶宫"名义

在丝绸之路物种引入史中，"蒲陶"是众所周知的引种对象。司马迁在《史记·大宛列传》中记录了汉王朝引种西域经济作物的情形："宛左右以蒲陶为酒，富人藏酒至万余石，久者数十岁不败。俗嗜酒，马嗜苜蓿。汉使取其实来，于是天子始种苜蓿、蒲陶肥饶地。"丝路交通的繁荣，使得这两种经济作物的栽植有了更大的规模。"及天马多，外国使来众，则离宫别观旁尽种蒲萄、苜蓿极望。"司马迁所谓"天子始种苜蓿、蒲陶肥饶地"，是丝绸之路正式开通后，物种引入的著名记录。

《史记·司马相如列传》载录司马相如歌颂极端"巨丽"的"天子之上林"的赋作，有这样的文句："于是乎卢橘夏孰，黄甘橙楱，枇杷橪柿，樿柰厚朴，樗枣杨梅，樱桃蒲陶，隐夫郁棣，楂梸荔枝，罗乎后宫，列乎北园。"可知上林苑中栽植了"蒲陶"。关于"蒲陶"，裴骃《集解》引郭璞的解释："蒲陶似燕薁，可作酒也。"大概宫苑中"蒲陶"的栽培，主要目的应当是用以"作酒"。大概长安宫苑管理者已经能够学习"宛左右"地方的酿酒技术，"以蒲陶为酒"了。

西汉长安上林苑有"蒲陶宫"。《汉书·匈奴传下》记载："元寿二年，单于来朝，上以太岁厌胜所在，舍之上林苑蒲陶宫。告之以加敬于单于，单于知之。"匈奴单于"来朝"，汉哀帝出于"以太岁厌胜所在"的考虑，安排停宿于"上林苑蒲陶宫"。《资治通鉴》卷三五"汉哀帝元寿二年"记述此事。关于"太岁厌胜所在"，胡三省注："是年太岁在申。"关于"蒲陶宫"，胡三省注："蒲陶，本出大宛。武帝伐大宛，采蒲陶种植之离宫。宫由此得名。"我们这里不讨论"厌胜"的巫术意识

背景，以及"太岁在申"的神秘内涵，只是提示大家注意"蒲陶宫"的营造。"蒲陶宫"，可能是最初"采蒲陶种植之离宫"所在，或者是栽植"蒲陶"比较集中的地方。

前引司马迁《史记·大宛列传》说："（大宛）俗嗜酒，马嗜苜蓿。"汉家使节于是引入，"汉使取其实来，于是天子始种苜蓿、蒲陶肥饶地。及天马多，外国使来众，则离宫别观旁尽种蒲陶、苜蓿极望"。《史记》记载，一说"苜蓿、蒲陶"，一说"蒲陶、苜蓿"，《汉书·西域传上》"大宛国"条则都写作"蒲陶、目宿"，"蒲陶"均列名于前。值得我们注意的是，河西汉简资料中，"苜蓿"都作"目宿"。"目宿"，可能体现了汉代文字的书写习惯。"蒲陶、苜蓿"是同时引入的富有经济价值的物种，但是河西汉简仅见"目宿"而不见"蒲陶"。《汉书·西域传上》与《史记·大宛列传》同样的记载，写作"益种蒲陶、目宿离宫馆旁，极望焉"。颜师古注："今北道诸州旧安定、北地之境往往有目宿者，皆汉时所种也。"指出唐代丝绸之路沿线苜蓿的种植沿承了"汉时所种"的植被形势。

有可能"蒲陶"的移种，其空间范围主要集中在"离宫别观旁"，即前引司马相如《上林赋》所谓"罗乎后宫，列乎北园"。

对于汉武帝时代的开放、开拓与开发，《汉书·西域传下》篇末的"赞曰"这样总结道："遭值文、景玄默，养民五世，天下殷富，财力有余，士马强盛。"由于继承了文景时代的经济成就，所以能够有多方面的进取，"故能睹犀布、玳瑁则建珠崖七郡，感枸酱、竹杖则开牂柯、越嶲，闻天马、蒲陶则通大宛、安息。自是之后，明珠、文甲、通犀、翠羽之珍盈于后宫，蒲梢、龙文、鱼目、汗血之马充于黄门，巨象、师子、猛犬、大雀之群食于外囿。殊方异物，四面而至"。而宫苑生活因此具有外来文明的色彩。"于是广开上林，穿昆明池，营千门万户之宫，立神明通天之台，兴造甲乙之帐，落以随珠和璧，天子负黼依，袭翠被，冯玉几，而处其中。设酒池肉林以飨四夷之客，作巴俞都卢、海中砀极、漫衍鱼龙、角抵之戏以观视之。"所谓"闻天马、蒲陶则通大宛、安息"，指出西域进取致使直接的物种引入。应当注意到，汉武帝时代以积极的态度促进汉文化的外扩，以致"殊方异物，四面而至"，其意义绝不限于"天子"个人物质生活等级的提升，而有更大的文化意义，更长久的历史影响。

四、置郡"酒泉"的象征意义

东周时期，已经有"酒泉"的地名。《史记·周本纪》记载：周襄王十三年（前639），"郑文公怨惠王之入不与厉公爵，……"张守节《正义》引录《左传》的记载："庄公二十一年，王巡虢狩，虢公为王宫于蚌，王与之酒泉，郑伯之享王，王以后之鞶鉴与之。虢公请器，王与之爵。郑伯由是怨王也。"又引杜预的解说："酒泉，周邑。"这里所说的"酒泉"是"周邑"。汉武帝时设置的"酒泉郡"，则远在西北。

郭声波《史记地名族名词典》有"酒泉"条："酒泉，郡都名。"又有"酒泉郡"条："酒泉郡，郡都名。汉武帝元狩二年（前121，一说元鼎六年），取匈奴浑（一作昆）邪王、休屠王地置酒泉郡，治酒泉县（今甘肃省酒泉市肃州区），因以为名，境域约当今甘肃省河西地区及内蒙古自治区阿拉善盟西部一带。元鼎六年（前111），析东境置张掖郡，西境置敦煌郡。"（商务印书馆2020年，第213页）

《穆天子传》前卷记载周穆王西巡狩见西王母的事迹。周穆王乘造父所驾八骏之车从镐京出发进入犬戎地区，又溯黄河登昆仑，抵达西王母之邦。西王母所居，有说在青藏高原，有说在帕米尔高原，有人还考证远至中亚地区甚至在波斯或欧洲（参看顾实：《穆天子传西征讲疏》，中国书店1990年；岑仲勉：《中外史地考证》，中华书局1962年）。这部书虽多浪漫色彩，然而又有一定的历史事实为根据。

《左传·昭公十二年》记载，周穆王曾"欲肆其心，周行天下"。《史记·秦本纪》说，"造父以善御幸于周缪王，得骥、温骊、骅骝、騄耳之驷，西巡狩，乐而忘归"。周穆王见西王母的传说，《史记》注家的解说与"酒泉"相联系。裴骃《集解》："郭璞曰：'《纪年》云穆王十七年，西征于昆仑丘，见西王母。'"张守节《正义》："《括地志》云：'昆仑山在肃州酒泉县南八十里。《十六国春秋》云前凉张骏酒泉守马岌上言，酒泉南山即昆仑之丘也，周穆王见西王母，乐而忘归，即谓此山。有石室王母堂，珠玑镂饰，焕若神宫。'按：肃州在京西北二千九百六十里，即小昆仑也，非河源出处者。""酒泉"是中原前往西北远国通行道路上的重要地理坐标，因此与"周穆王见西王母"的神话相联系。

酒泉，应当是汉王朝得到河西地方之后最早设置的郡。《史记·卫将军骠骑列传》说："最骠骑将军去病，凡六出击匈奴，其四出以将军，斩捕首虏十一万余级。及浑邪王以众降数万，遂开河西酒泉之地，西方益少胡寇。"张守节《正义》："河谓陇右兰州之西河也。酒泉谓凉、肃等州。《汉书·西域传》云骠骑将军击破匈奴右地，置酒泉郡，后分置武威、张掖、敦煌等郡。"据《史记·匈奴列传》记载："汉使杨信于匈奴。是时汉东拔秽貉、朝鲜以为郡，而西置酒泉郡以鬲绝胡与羌通之路。汉又西通月氏、大夏，又以公主妻乌孙王，以分匈奴西方之援国。"酒泉置郡，是汉武帝强化北边军事的重要战略行动。

《史记·大宛列传》说："初置酒泉郡以通西北国。"又有"北道酒泉抵大夏，使者既多，而外国益厌汉币，不贵其物"的说法。汉武帝举兵伐宛，"益发戍甲卒十八万酒泉、张掖北，置居延、休屠以卫酒泉"，裴骃《集解》引如淳的解释："立二县以卫边也。或曰置二部都尉，以卫酒泉。"《史记》原文明确说"置居延、休屠以卫酒泉"。当然，"卫酒泉"也就是"卫边"。"酒泉"在河西地方东西往来主要通道上"通西北国"的重要交通枢纽与西境边防关钥的地位明朗地显现出来。《史记·河渠书》记述边地水利开发成就："朔方、西河、河西、酒泉皆引河及川谷以溉田。""酒泉"竟然与"河西"并列。也可能"河西、酒泉"不宜分断，应当读作"河西酒泉"，如《史记·卫将军骠骑列传》所谓"遂开河西酒泉之地"。无论怎样，"酒泉"曾在"河西"地方居于首要地位，这是明显的事实。

"酒泉"地名，自然与"酒"有关。《汉书·地理志下》："酒泉郡，武帝太初元年开。"颜师古注："应劭曰：'其水若酒，故曰酒泉也。'师古曰：'旧俗传云城下有金泉，泉味如酒。'"《太平御览》卷七〇引应劭《汉官仪》曰："酒泉城，城下有金泉，味如酒，故曰酒泉郡。"又引《三秦记》曰："酒泉郡中有井，味如酒也。"

《汉书·西域传上》记载："初置酒泉郡，后稍发徙民充实之，分置武威、张掖、敦煌，列四郡，据两关焉。"这与前引《史记·卫将军骠骑列传》"及浑邪王以众降数万，遂开河西酒泉之地"的说法相合。然而《汉书·武帝纪》说："（元狩二年）秋，匈奴昆邪王杀休屠王，并将其众合四万余人来降，置五属国以处之。以其地为武威、酒泉郡。""（元鼎六年）乃分武威、酒泉地置张掖、敦煌郡，徙民以实之。"如果说武威、酒泉同时置郡，则"酒泉"郡名与"武威"完全不同，它体现出一种温和美好的气氛，这与丝绸之路史长时段和平友好交往关系的主流相一致。

五、河西的"清酒""浓酒"

虽然《史记》最初记载"酒泉"郡名洋溢着浓重的酒香，但关于汉代河西地方"酒"的生产、流通与消费的信息，则不见于《史记》。仅有与霍去病军旅饮食生活相关的一则记录，即《史记·卫将军骠骑列传》："其从军，天子为遣太官赍数十乘，既还，重车余弃粱肉，而士有饥者。"批评其不恤士卒，未得基本军粮供应，竟然"重车余弃粱肉"。

但是并没有说到"酒"。

不过,河西汉代简牍资料多有涉及"酒""麴"的简文。"孝信到上亭饮酒",似乎暗示当时边塞军营中可能存在专门经营酒业的机构。"出百卅沽酒一石三斗",可知酒价为一斗十钱。这是相当珍贵的经济史料。在军营中,有平民"持酒来过候饮"的情形,看来饮酒风习相当普遍。"●甲日初禁酤酒群饮者☐"以及"☐隧私为酒醪各亭☐"简文,说明虽然政府有"禁酤酒"的法令,但实际上民间酒业的经营仍然难以禁止,甚至存在军事单位违抗禁令有组织地从事酿酒的情形。我们还看到书写制酒工艺程序的汉简,如"☐☐掌酒者秫稻必斋麴蘖必时湛饎必絜水泉香陶器必良火齐必得兼六物大酉"(王子今:《试论居延"酒""麴"简:汉代河西社会生活的一个侧面》,《简帛研究》第3辑,广西教育出版社1998年)。

肩水金关汉简出现了"清酒"的简文。彭卫曾经在关于秦汉饮食史的专门论著中讨论了汉代的酒,指出:"文献和文物数据所记录的汉代酒类有如下十八种:……"即(1)酎酒。(2)酘酒。(3)助酒或肋酒。(4)米酒。(5)白酒。(6)黍酒。(7)稻酒。(8)秫酒。(9)稗米酒。(10)金浆。(11)青酒。(12)菊花酒。(13)桂酒。(14)百末旨酒。(15)椒酒。(16)柏叶酒。(17)马酒。(18)葡萄酒。论说时涉及汉代文献所录酒的名号,还有温酒、盎酒、醪、醴、醇醪、甘醪酒、鄦白酒、缥酒等。他指出,出自《西京杂记》,未可确认是汉代信息的还有恬酒、甘醴、旨酒、香酒等。彭卫说:"汉代酒的类型大致根据三个原则命名:其一,酿酒的原料,如黍酒、稻酒、柏酒等;其二,酿酒的时间和方法,如酎酒、酘酒等;其三,酒的色味,如白酒、旨酒等。"(彭卫:《秦汉时期的饮食》,《中国饮食史》卷二第六编,华夏出版社1999年,第466—469页)说到"青酒"而未言"清酒"。关于"蒲陶"和"蒲陶酒",在河西简牍资料中都没有发现。居延汉简可见"醇酒"。关于酒的质量,居延汉简有"薄酒",肩水金关简文"薄酒五钱浓酒十……"涉及"薄酒"和"浓酒"的对应关系，两者的价格或许相差一倍（王子今：《说肩水金关"清酒"简文》，《出土文献》第 4 辑，中西书局 2013 年）。

悬泉置出土汉简《过长罗侯费用簿》中记录接待长罗侯常惠的饮食消费，有"羊""翠（羔）""鱼""鸡""牛肉""粟""米""豉"等，另外还有"酒"："入酒二石，受县。""出酒十八石，以过军吏年，斥候五人，凡七十人。""凡酒廿。其二石受县，十八石置所自治酒。""凡出酒廿石。"（胡平生、张德芳编撰：《敦煌悬泉汉简释粹》，上海古籍出版社 2002 年，第 148 页）汉王朝与草原民族和亲，有"岁奉匈奴絮缯酒米食物各有数"（《史记·匈奴列传》）的传统。悬泉置汉简可见接待"沙车使者一人、罽宾使者二人、祭越使者一人""沽酒一石六升"的记录（张德芳：《悬泉汉简中的中西文化交流》，《光明日报》2016 年 10 月 13 日第 11 版）。正如研究者所指出的："从汉简资料看，接待外国使者和朝廷出使西域（广义的西域包括中亚、西亚和南亚地区）的官员，除了米、粟、麦等日常饭食外，还必须要有酒肉。而每饭提供酒肉，这在当时的生活条件下，是一种特殊的礼遇。"这当然也是对"俗嗜酒"风习的一种迁就。具体的简例有："出米四升，肉二斤，酒半升，以食乌孙贵姑代一食西"，"疏勒肉少四百廿七斤直千……酒少十三石直……□（A）且末酒少一石直……"，"使者廿三人再食，用米石八斗四升，用肉百一十五斤，用酒四石六斗"等（张德芳：《从出土汉简看敦煌太守在两汉丝绸之路上的特殊作用》，《丝绸之路研究集刊》第 1 辑，商务印书馆 2017 年）。

在河西"酒泉"，军民们对"酒"的深切热爱，是对得起这个地名的。可能司马迁对河西地理人文稍显生疏，致使相关文化信息在《史记》中少有记录。司马迁没有到过河西，成为丝路沿线地方史研究的遗憾。正如王国维所说："史公足迹殆遍宇内，所未至者，朝鲜、河西、岭南诸初郡耳。"（《王国维遗书》，上海古籍书店据商务印书馆 1940 年

版影印，《观堂集林》卷一一，第 4 页）

六、丝路草原宴饮

《史记·匈奴列传》关于匈奴的礼俗制度，有"其攻战，斩首虏赐一卮酒，而所得卤获因以予之，得人以为奴婢"的说法。"赐一卮酒"，是对军功的嘉奖形式。草原民族"俗嗜酒"的史例，还有《史记·大宛列传》的记载："匈奴破月氏王，以其头为饮器。"裴骃《集解》："韦昭曰：'饮器，椑榼也。单于以月氏王头为饮器。'晋灼曰：'饮器，虎子之属也。或曰饮酒器也。'"这件"饮器"在汉元帝时韩昌、张猛与匈奴盟会中曾经使用。张守节《正义》："《汉书·匈奴传》云：'元帝遣车骑都尉韩昌、光禄大夫张猛与匈奴盟，以老上单于所破月氏王头为饮器者，共饮血盟。'"此"饮器"就是"饮酒器"。

汉与匈奴的战争中，曾经有这样的战例。汉武帝任命卫青为大将军，统率六将军，十余万人，出朔方、高阙击匈奴。"右贤王以为汉兵不能至，饮酒醉，汉兵出塞六七百里，夜围右贤王。右贤王大惊，脱身逃走，诸精骑往往随后去。"汉军俘虏右贤王部众男女万五千人以及"裨小王十余人"（《史记·匈奴列传》）。匈奴右贤王"饮酒醉"导致大败的战事，在司马迁笔下成为酒史与军事史的生动记录。

上文说到汉与匈奴和亲，"岁奉匈奴絮缯酒米食物各有数"。《史记·匈奴列传》还说：匈奴喜好汉地出产的"缯絮食物"，也就是物质生活资料中最基本的衣物饮食。投降匈奴的汉人中行说警告说，匈奴人口不能与汉之一郡相当，之所以强盛，是因为与中原衣食不同，"无仰于汉也"。现今匈奴领袖改变传统习俗而喜好"汉物"，则汉地物资不过付出十分之二，"则匈奴尽归于汉矣"。他建议："得汉食物皆去之，以示不如湩酪之便美也。"匈奴所"好"汉地"食物"，推想应当包括"酒米食物"中的"酒"。中行说所谓"汉物"中的"汉食物"，与"湩酪"

相对应，可知"汉食物"应当有"酒"类饮品。中行说对"汉使"说："（匈奴）以其肥美饮食壮健者"，而"汉俗屯戍从军当发者，其老亲岂有不自脱温厚肥美以赍送饮食行戍乎？"说到"肥美饮食"，无疑应当包括饮品。司马迁记载，汉文帝派遣使者送给匈奴的书信中说："匈奴处北地，寒，杀气早降，故诏吏遗单于秫糵金帛丝絮佗物岁有数。"提供给匈奴的所谓"秫糵"，一般理解为制酒用的糯黍和曲，即前引居延简文所谓"秫稻""麹糵"。明人王立道《泉释》写道："夫嘉宾良燕，非酒弗交。于是酌清流之芳澜，汲深涧之春涛。酝以秫糵，醇酎清缥。仪狄奏盎，杜康挫糟。"（《具茨文集》卷六《杂著》）所谓"酝以秫糵"，语意是非常明白的。

《史记·建元以来侯者年表》褚少孙补述说到傅介子出使外国，刺杀楼兰王，以功封侯之事。傅介子杀楼兰王的具体场景，是在宴饮中。其具体情节见于《汉书·傅介子传》："王贪汉物，来见使者。介子与坐饮，陈物示之。饮酒皆醉，介子谓王曰：'天子使我私报王。'王起随介子入帐中，屏语，壮士二人从后刺之，刃交胸，立死。"后来汉元帝建昭年间，陈汤、甘延寿出西域击匈奴郅支单于，也就是此后发表"犯强汉者，虽远必诛"壮言的那次战役，是与康居结为军事同盟然后取得胜绩的。《汉书·陈汤传》记载："入康居东界，令军不得为寇。间呼其贵人屠墨见之，谕以威信，与饮盟，遣去。"康居人的配合，使得陈汤军"具知郅支情"。而郅支单于"疑康居怨己，为汉内应"，已接近绝望。"时康居兵万余骑分为十余处，四面环城，亦与相应和。""平明，四面火起，吏士喜，大呼乘之，钲鼓声动地。康居兵引却。汉兵四面推卤楯，并入土城中。"战役进程体现了康居人与汉军的全面配合，而这种合作关系的结成，是以"酒"为媒介的"与饮盟"。

这些史例的发生，都在《史记》成书之后，或许可以看作司马迁有关草原民族"好酒""俗嗜酒"之记述的历史余音。

我们增进关于丝绸之路历史文化的认识，通过阅读文献和考古发现，可以获得多方面的感受。丝绸实物遗存有悦目的绚丽色彩，而读《史记》的相关文字，可以体味沁人心脾的芬郁酒香。因此，我们应当感谢丝路上往来的各民族使者、商旅、征人和辛苦屯戍劳作的男女，也应当感谢真实记录社会历史的伟大史学家司马迁。

缓急之间：《史记》论历史节奏和文化节奏

节奏，是历史文化进程中的重要特点。或急或缓，各有表现。

《史记》作为历史学名著，注意到了历史节奏与文化节奏的问题。司马迁对于自己生活时代的社会生活节奏的急骤特征有所记述，有所肯定。对于不同民族的节奏风格，不同地区的节奏传统，也有所发现，有所揭示。节奏急缓的合理调整所体现出的人生智慧，《史记》也给予了肯定。

一、战国秦汉社会生活节奏的特征

战国秦汉时期，是中国历史的"英雄时代"，也是一个节奏急进的时代。

《史记·李斯列传》记载：李斯"欲西入秦"时，"辞于荀卿曰：'……今秦王欲吞天下，称帝而治，此布衣驰骛之时而游说者之秋也。'"这里使用的"驰骛"一语，表现了当时士人努力奋斗、积极进取的节奏特点。"驰骛"在《史记》中的又一次出现，是《史记·司马相如列传》载录司马相如赋作中对长安附近水系的描述："左苍梧，右西极，丹水更其南，紫渊径其北；终始霸浐，出入泾渭；酆鄗潦潏，纡余委蛇，经营乎其内。荡荡兮八川分流，相背而异态。东西南北，驰骛往来，出乎椒丘之阙，行乎洲淤之浦，径乎桂林之中，过乎泱莽之野。汩乎浑流，顺阿而下，赴隘陕之口。触穹石，激堆埼，沸乎暴怒，汹涌滂湃，滭浡滵汩，湢测泌瀄，横流逆折，转腾潎洌，澎濞沆瀣，穹隆云挠，蜿灗胶盭，逾波趋浥，莅莅下濑，批壧冲壅，犇扬滞沛，临坻注壑，瀺灂霣坠，湛湛隐隐，砰磅訇礚，潏潏淈淈，湁潗鼎沸，驰波跳沫，……"所谓"八川分流"这种生动的水文现象，得到跳动着激情珠沫的生动描写。其中"暴怒""汹涌""滂濞""横流"等语，形容诸水"荡荡兮"的形势。"滂濞"，司马贞《索隐》及所引司马彪云皆作"澎湃"，后世依然沿用。而"转腾潎冽"，司马贞《索隐》："苏林曰：'流轻疾也。'"所谓"犇扬"，《汉书·司马相如传上》写作"奔扬"。应当说，"驰骛"作为描绘水资源自然形态、记述河流水文形势视觉反应的语汇，也是激切节奏的表现。对于作者此时与皇家宫苑气派相一致的乐观心境的表达，其文字影响力也可以说是"鼎沸""驰波"，以生机勃勃的活跃气象，使读者体会到其自在的节奏感。

李斯关于所处时代所谓"此布衣驰骛之时而游说者之秋也"，司马贞《索隐》："言万乘争雄之时，游说者可以立功成名，当得典主事务也。"张守节《正义》："言秋时万物成熟，今争强时，亦说士成熟时。"《史记》关于春秋战国以来的社会发展进程，用语强调其节奏的急进。各国君主在外交与军事方面的共同表现，是奋力"争强"。《史记·太史公自序》张守节《正义》说："周失其道，至秦之时，诸侯力事乎争强。"《晋世家》记载，"（晋）成公与楚庄王争强"。"晋楚争强"也见于《孔子世家》。又越"与中国争强"，"与吴争强"（《越王句践世家》），"三晋争强"（《田敬仲完世家》），齐"与吴争强"（《仲尼弟子列传》），"秦楚争强"（《樗里子甘茂列传》），秦"与齐湣王争强为帝"（《鲁仲连邹阳列传》）等，文例都接近。《史记·太史公自序》还说"三桓争强，鲁乃不昌"，则涉及豪门贵族的"争强"。当时的时代风貌，即《史记·李斯列传》对于各种政治势力"争强"导致的战争，《史记》经典性的记述文字是"海内争于战功"，"务在强兵并敌"（《六国年表》），"追亡逐北"，"宰割天下"（《秦始皇本纪》《陈涉世家》引录贾谊《过秦论》）。

青年时的毛泽东在《〈伦理学原理〉批注》中谈到读史的个人情趣倾向："吾人揽〈览〉史，恒赞叹战国之时，刘项相争之时，汉武与匈奴竞争之时，三国竞争之时，事态百变，人才辈出，令人喜读。至若承平时代，则殊厌弃之，非好乱也，安逸宁静之境，不能长处，非人生之所能堪，而变化倏忽，乃人性之所善也。"对于战国秦汉时期的历史节奏，毛泽东称"事态百变，人才辈出，令人喜读"。而"变化倏忽"，也是其典型的特点。其时代断限是"战国"至"三国竞争之时"，其实概括了从战国到东汉末年的历史。所谓"相争""竞争"，语义接近《史记》的"争强"。

《史记·乐书》讲述音乐表现的天象地形，说到"奋之以风雨"。裴骃《集解》："郑玄曰：'奋，迅也。'"张守节《正义》："万物皆以风雨奋迅而出。"《史记·历书》张守节《正义》："李巡云：'阳气奋迅万物而起，无不若其性……'"关于文化节奏之"奋迅"的形容，也是体现出时代特征的。

二、战争与社会文化节奏

"节奏"这一语汇，其实和高等级、深层次的文化品位有密切联系。起初似乎应用于音乐理论。《史记·乐书》有"广其节奏，省其文采"之说。又说："文采节奏，声之饰也。"裴骃《集解》引郑玄说："广，增习之也。省犹审也。文采谓节奏合也。"司马迁认为："乐者，审一以定和，比物以饰节，节奏合以成文，……""节奏合"才可以成就"文采"。我们今天通常所说的"节奏"，已经适用于社会生活的各个领域，以及文化结构的各个层面。而"海内争于战功"，"务在强兵并敌"时代对迅疾节奏的追求，在一定意义上体现出战争对社会文化的激励。

韩非关于人才任用的言论，称"宽则宠名誉之人，急则用介胄之士"。这一表述被司马迁载入《史记·老子韩非列传》。这样的意见提示了重要的节奏观，也告知人们，战争是高度讲究"急"这一节奏风格的。或许司马迁对这一观点有所理解。克劳塞维茨在《战争论》中强调"时间"因素的军事意义:"空间和时间的计算,即便在任何场合都是最基本的,在战略上日常需要的。"战争中力争快的节奏的表现,包括"敢于在一段时间内仅以少数兵力同敌人对峙的冒险精神,进行强行军的毅力,迅速进行袭击的胆量"等。克劳塞维茨还专门撰述了《紧张与平静——战争的力学定律》一章。他认为,"同样的措施在紧张的状态中,其重要性就越大"。在中国古代军事学著作中,"紧张与平静"被总结为"刚柔""轻重""动静"以及"疾""徐"。《孙子·军争》:"其疾如风,其徐如林,侵掠如火,不动如山。"《尉缭子·战威》:"止如堵墙,动如风雨。"《淮南子·兵略》:"止如丘山,发如风雨。"这些都表达了对于"紧张与平静"的辩证思考。《史记》类同的认识,在《天官书》中的表述是"疾胜徐"。

对于战争中时机的及时利用,《史记·张耳陈余列传》记载了这样的建议:"将军毋失时,时间不容息。"司马贞《索隐》解释:"以言举事不可失时,时几之迅速,其间不容一喘息顷也。"军事学"时间不容息""不可失时"的理念,在与《史记》成书年代相当的《淮南子》之《兵略》篇中的表达,是接近《史记·天官书》所谓"疾胜徐"的"以疾掩迟"。又如:"发如雷霆,疾如风雨","疾如锥矢,合如雷电","卒如雷霆,疾如风雨","气厉青云,疾如驰骛"等,"疾"得到了突出强调。而"疾如驰骛"的"驰骛",上文已经指出,见于《史记》的《李斯列传》和《司马相如列传》。后来这样的观点被总结为"兵贵神速"(《三国志·魏书·郭嘉传》),为人们所熟知。而"神速"的说法,已见于《史记·酷吏列传》。

对于军事生活中时间因素的重要性,《史记·司马穰苴列传》讲述了一个故事。齐国受到晋国侵犯,而在抗击燕国入侵时,"齐师败绩"。晏婴向齐景公推荐军事家司马穰苴"将兵扞燕晋之师"。穰苴以"臣素卑贱,君擢之闾伍之中",威望不足,请求"愿得君之宠臣,国之所尊,以监军"。于是景公使庄贾往。司马穰苴与庄贾约定"旦日日中会于军门"。"穰苴先驰至军，立表下漏待贾。贾素骄贵，以为将己之军而己为监，不甚急；亲戚左右送之，留饮。日中而贾不至。穰苴则仆表决漏，入，行军勒兵，申明约束。约束既定，夕时，庄贾乃至。穰苴曰：'何后期为？'贾谢曰：'不佞大夫亲戚送之，故留。'穰苴曰：'将受命之日则忘其家，临军约束则忘其亲，援枹鼓之急则忘其身。今敌国深侵，邦内骚动，士卒暴露于境，君寝不安席，食不甘味，百姓之命皆悬于君，何谓相送乎！'召军正问曰：'军法期而后至者云何？'对曰：'当斩。'庄贾惧，使人驰报景公，请救。既往，未及反，于是遂斩庄贾以徇三军。三军之士皆振慄。久之，景公遣使者持节赦贾，驰入军中。穰苴曰：'将在军，君令有所不受。'问军正曰：'驰三军法何？'正曰：'当斩。'使者大惧。穰苴曰：'君之使不可杀之。'乃斩其仆，车之左驸，马之左骖，以徇三军。遣使者还报，然后行。"这是著名的军法期而后至当斩的史例。庄贾获死罪，正在于"不甚急"。

《史记》另一"失期法当斩"的史例，是人们熟悉的《陈涉世家》的记载："会天大雨，道不通，度已失期。失期，法皆斩。"陈涉鼓动起事，说："公等遇雨，皆已失期，失期当斩。""失期，法皆斩"，《汉书·陈胜传》写作"失期法斩"。有学者据睡虎地秦墓出土竹简《徭律》有关"水雨，除兴"等内容，对《史记》有关陈胜等因"失期，法当斩"而奋起反秦的历史记录提出质疑，并由"丹书""鱼腹""篝火狐鸣"及"诈称公子扶苏、项燕"等，推想"失期，法皆斩"也是陈胜等宣传鼓动的策略（于敬民：《"失期，法皆斩"质疑》，《中国史研究》1998 年第 1 期）。然而考察相关史事，可知秦代"徭"与"兴戍"不同。许多史例可以证明，对于军事行为"失期"的惩处，由于关系到战争胜负，从战国至汉代都是严厉的。《史记》有关秦代制度"失期，法皆斩"的记录真确可信，无可置疑。后世虽然可见"失期""毋斩"事，但是也有处罚更为残酷的情形（王子今：《〈史记〉"失期，法皆斩"辨疑——关于陈胜暴动起因的史学史考察》，《兰州大学学报》2020 年第 4 期）。

三、四方民俗的"轻重""缓急"

《史记·货殖列传》叙说各地经济、文化，注意分析民俗风格，其中也涉及生活节奏。例如，"（关中）其民犹有先王之遗风，好稼穑，殖五谷，地重，重为邪"。司马贞《索隐》说，"地重"，"言重耕稼也"。"重者，难也。畏罪不敢为奸邪。"张守节《正义》："言关中地重厚，民亦重难不为邪恶。"另外说到"地重"的，是"齐"地，"其俗宽缓阔达，而足智，好议论，地重，难动摇，怯于众斗，勇于持刺，故多劫人者，大国之风也"。"重"字的使用，似乎有彼此相近的意思。"郑、卫俗与赵相类，然近梁、鲁，微重而矜节。""梁、宋"地方，"其俗犹有先王遗风，重厚多君子，好稼穑，虽无山川之饶，能恶衣食，致其蓄藏"。所谓"重"，包括对悠久农耕传统的继承，即"重耕稼""好稼穑"，在农耕生活秩序比较安定的基础上，形成了比较稳重的民俗风格。

与"重"形成鲜明对比的，是民俗的"轻"。楚俗"轻利"，见于《史记》。《史记·礼书》："（楚人）轻利剽遫，卒如熛风。"张守节《正义》："剽遫，疾也。""熛风，疾也。"《史记·绛侯周勃世家》言"楚兵剽轻"。《史记·吴王濞列传》："楚人，轻悍"，"楚兵轻"。《史记·淮南衡山列传》："荆楚僄勇轻悍，好作乱，乃自古记之矣。"《史记·太史公自序》："越荆剽轻。"这些都体现出楚地文化风貌的节奏特征。

《史记》形容东方若干地区民俗特色时说到"宽缓阔达"，值得重视。齐地文化风貌所谓"其俗宽缓阔达"以及"其民阔达多匿知，其天性也"（《史记·齐太公世家》），形成了鲜明的区域文化风格。"缓"字的使用，明确指出了其节奏特征。

与"秦、夏、梁、鲁好农而重民"中所谓"重"相反的节奏特点是"轻"。而"轻"又与"薄"形成组合。司马迁写道："越、楚则有三俗。夫自淮北沛、陈、汝南、南郡，此西楚也。其俗剽轻，易发怒，地薄，寡于积聚。"《货殖列传》另一处说到"地薄"的，是"中山地薄人众，犹有沙丘纣淫地余民，民俗懁急，仰机利而食"。通过民俗"剽轻"与"懁急"的表述，可知"轻"与"急"的接近。

《汉书·艺文志》："自孝武立乐府而采歌谣，于是有代赵之讴，秦楚之风，皆感于哀乐，缘事而发，亦可以观风俗，知薄厚云。"可知与节奏相关的"风俗""薄厚"，是社会文化构成的重要元素。

班固的《汉书·地理志下》在"成帝时刘向略言其地分，丞相张禹使属颍川朱赣条其风俗"的基础上"辑而论之"，论述了不同地区的文化地理特征，完成了最早的比较完备的全国风俗地理总论。其内容以《史记·货殖列传》为本，分析、总结，又有所超越。班固写道："凡民函五常之性，而其刚柔缓急，音声不同，系水土之风气，故谓之风；好恶取舍，动静亡常，随君上之情欲，故谓之俗。"所谓"缓急"明确是说文化节奏；而"刚柔""动静"，也与节奏相关。

四、民族文化的节奏比较

自上古时代起，边地少数民族就参与了中华文明的建设，也表现出各自的文化个性。中原人因与"诸夏""内""外"对应，称之为"夷狄"。《史记》亦可见"北胡"（《太史公自序》）、"东夷"（《五帝本纪》《楚世家》）、"西戎"（《五帝本纪》《夏本纪》《秦本纪》）、"南藩"（《太史公自序》）、"远蛮"（《太史公自序》）的称谓形式。《史记》的"列传"中，有《匈奴列传》《南越列传》《东越列传》《朝鲜列传》《西南夷列传》《大宛列传》，均以中原以外的民族历史文化作为记述主题。这在史学撰述方式中，是重要的创新。翦伯赞指出，"司马迁不朽"，不仅在于他开创了《史记》这种历史学的方法，"而且在于他具有远大的历史见识"。"他的见识之远大，首先表现在他的眼光能够投射到中国以外的世界，即以世界规模研究中国历史，例如他在《史记》中，已经注意到中国境内的少数民族，如匈奴、西南夷、东越、南越、朝鲜；并且注意到中国以外的世界，如大宛、乌孙、康居、奄蔡、大月氏、安息等中亚细亚诸国。"（《中国历史学的开创者司马迁》，《中国青年》1951 年总第 51 期）郑鹤声说："关于国内外部族间的关系，他亦是非常注意的。""他尊崇各部族本身的历史，曾大量地撰述了各部族的历史，例如'朝鲜''匈奴''大宛'以及'西南夷''南越''东越'等列传，来记录他们的生活情况，与中原地区的关系。""因为这些部族的逐渐加入于汉族人民的生活范围，曾使他们政治的经济的组织向前发展了一步。这些列传的撰述，为我们追溯和探究中华各民族融合的历史过程，提供了重要的历史资料。"（《司马迁生平及其在历史学上的伟大贡献》，《山东大学学报》1955 年第 2 期）白寿彝在肯定《史记》的史学史地位时特别强调《史记》"写少数民族"的意义："《史记》不仅写汉族，还写少数民族。他写了南越、东越、西南夷、匈奴等列传，并且不是把少数民族放在末尾，而是和别的列传穿插起来，按历史顺序编排。"《史记》记述的对象包括"少数民族"，被认为"确是一部前无古人的巨著，是后来史家的楷模"（《〈史记〉新论》，求实出版社 1981 年版，第 74—75 页）。

我们分析《史记》对于民族文化的历史学考察，可以发现他对民族节奏风格的关注。《史记·匈奴列传》可见涉及相关现象的记述。司马迁写道：匈奴"其战，人人自为趣利，善为诱兵以冒敌"，"其见敌则逐利，如鸟之集；其困败，则瓦解云散矣"。《盐铁论·备胡》相关的描述是"戎马之足轻利，其势易骚动"，其机动性之强，如"风合而云解"。《盐铁论·世务》也写道："匈奴贪狼，因时而动，乘可而发，飙举电至。""云散""风合""飙举电至"，准确地形容了其"轻利"的节奏。

《史记·匈奴列传》载录中行说关于匈奴与汉节奏特征的比较："匈奴之俗"，"其急则人习骑射，宽则人乐无事，其约束轻，易行也"；而"中国"，"夫力耕桑以求衣食，筑城郭以自备，故其民急则不习战功，缓则罢于作业"。站在中行说的立场上，"中国"无论"急"与"缓"，表现出来的只是无能与怠惰。然而司马迁对于农耕民族文化节奏的肯定，以"好稼穑，殖五谷，地重，重为邪"，"重厚多君子，好稼穑"的形式进行了表述。

五、"兢兢""不倦"与"用法严急"

《史记·殷本纪》说到"九主"。伊尹对汤"言素王及九主之事"。裴骃《集解》解释"九主"："刘向《别录》曰：'九主者，有法君、专君、授君、劳君、等君、寄君、破君、国君、三岁社君，凡九品，图画其形。'"司马贞《索隐》解释"法君"和"劳君"："法君，谓用法严急之君，若秦孝公及始皇等也。劳君，谓勤劳天下，若禹、稷等也。"这里说到两种君主的节奏风格。

《史记》中多次以正面语义出现"使民不倦""使人不倦"的说法。如《史记·平准书》："汤武承弊易变，使民不倦，各兢兢所以为治，……"《史记·高祖本纪》："汉兴，承敝易变，使人不倦，得天统矣。"这是一种积极的行政风格。"各兢兢所以为治"，可以实现较高的效率。"兢兢""不倦"又是一种人生态度。《史记·楚世家》所谓"好学不倦"，《史记·孔子世家》所谓"学道不倦"，《史记·游侠列传》所谓"弟子志之不倦"，都是类似的表现。

前引"劳君""勤劳天下"，言"禹、稷等"君主的说法，将"始皇等"归列为"法君"即"用法严急之君"。然而秦始皇二十八年（前219）琅邪刻石称"皇帝之功，勤劳本事"。秦二世言其闻韩子曰："禹凿龙门，通大夏，决河亭水，放之海，身自持筑臿，胫毋毛，臣虏之劳不烈于此矣。"张守节《正义》："烈，美也。言臣虏之劳，犹不美于此矣。又烈，酷也。禹凿龙门，通大夏，道决黄河洪水放之海，身持锹杵，使膝胫无毛，贱臣奴虏之勤劳，不酷烈于此辛苦矣。"（《史记·秦始皇本纪》）可知"用法严急之君"如秦始皇、秦二世，也是肯定"勤劳""辛苦"这一行政节奏的。而《史记·商君列传》裴骃《集解》："夫商君极身无二虑，尽公不顾私，使民内急耕织之业以富国，外重战伐之赏以劝戎士，法令必行，内不阿贵宠，外不偏疏远，是以令行而禁止，法出而奸息。"所谓"使民内急耕织之业以富国"涉及"急"的节奏风格，是说"商君"这样的法家政治人物，极力调动"民"的积极性，以提高社会经济主体"耕织"的生产效率。

帝王的"勤劳本事"，如秦始皇"至以衡石量书，日夜有呈，不中呈不得休息"的工作风格，《史记·秦始皇本纪》是以"侯生卢生"语客观记述，归之于"贪于权势"实例的。对于有的有为君主积极的勤政精神，司马迁则予以明确的赞美。如《史记·孝文本纪》载录汉文帝诏："今朕夙兴夜寐，勤劳天下，忧苦万民，为之恫惕不安，未尝一日忘于心，故遣使者冠盖相望，结轶于道，以谕朕意……"，又以太史公曰的形式称颂其"仁""善"，还说："汉兴，至孝文四十有余载，德至盛也。"

《史记·曹相国世家》："参为汉相国，清静极言合道。然百姓离秦之酷后，参与休息无为，故天下俱称其美矣。"这里说到了行政节奏由"秦""酷"而"清静""休息无为"的历史性转换。所谓"秦之酷"，其实指出了秦世"用法严急"节奏特征的危害。《史记·商君列传》"刻薄"，《史记·秦始皇本纪》"急法"，《史记·李斯列传》"严威酷刑"，都可以作这样的理解。所谓"刚毅戾深，事皆决于法，刻削毋仁恩和义"，司马贞《索隐》的解释称"急法刻削"。而秦二世时"用法益刻深"，贾谊《过秦论》以为"繁刑严诛，吏治刻深"，是导致秦亡的因素。这样的认识，司马迁是予以赞同的。他明确表示："善哉乎贾生推言之也！"（《史记·秦始皇本纪》）

《史记·酷吏列传》体现出"急""烈"节奏风格的所谓"深刻""严酷""暴酷""酷急""酷烈""惨酷"诸种表现，司马迁分别指出其罪恶，并且说："何足数哉！何足数哉！"以反复的句型加重了语气。

然而，对于"酷吏"行政的"急""酷"，其实也可以进行表里与先后的具体分析。如杜周"重迟，外宽，内深次骨"，裴骃《集解》和司马贞《索隐》引李奇的解释是"其用罪深刻至骨"，"其用法刻至骨"。"（赵）禹酷急，至晚节，事益多，吏务为严峻，而禹治加缓，而名为平。"有"急""缓"的变化。可见"酷吏"也许未必"一切严削"（《史记·太史公自序》）。赵禹起初"酷急"而后"治加缓"，这种执法节奏的调整，或许是出于某种行政智慧的考虑。

六、"迟速有命"

贾谊《鵩鸟赋》说到对历史人生规律的感悟。据《史记·屈原贾生列传》载录："万物变化兮，固无休息。斡流而迁兮，或推而还。形气转续兮，变化而嬗。沕穆无穷兮，胡可胜言！"其说也涉及节奏问题："水激则旱兮，矢激则远。万物回薄兮，振荡相转。"司马贞《索隐》："此乃《淮南子》及《鹖冠子》文也。彼作'水激则悍'。而《吕氏春秋》作'疾'，以言水激疾则去疾，不能浸润；矢激疾则去远也。《说文》'旱'与'悍'同音，以言水矢流飞，本以无碍为通利，今遇物触之，则激怒，更劲疾而远悍，犹人或因祸致福，倚伏无常也。""激疾""劲疾"，都说节奏。贾谊又感叹道："迟数有命兮，恶识其时？"

"迟数"又作"迟速"。"迟速"，就是说节奏。《左传·昭公二十年》说"先王""合五声"："清浊、小大，短长、疾徐，哀乐、刚柔，迟速、高下，出入、周疏，以相济也。""疾徐""迟速"，意思是相近的。《艺文类聚》卷四四引魏阮瑀《筝赋》也说"不疾不徐，迟速合度"。贾谊"迟速有命"的理念，司马迁应当是赞同的。虽说运命神秘，无所得知，然而在贾谊、司马迁著书的时代，对于节奏的文化特点和历史规律的认识,《史记》已经达到相当高明的境界了。

这里还可以讲一个《史记》中涉及"徐行""疾行"的有关节奏观的故事。《史记·项羽本纪》记载,宋义因项梁"有骄色",警告其"将骄卒惰"的危险。"项梁弗听"。宋义使齐,道遇齐使者,预言项梁军败:"臣论武信君军必败。公徐行即免死,疾行则及祸。"果然定陶决战,章邯军大破楚军,项梁死。《史记》中"徐行"出现九次,"疾行"出现三次,又"急行"出现一次。行进速度体现的节奏差别,在宋义口中将导致"免死"与"及祸"两种完全不同的前景,体现出"疾""徐"节奏的微妙关系。《史记》保留的珍贵信息,为我们考察并理解当时有关历史节奏和文化节奏的意识史、观念史,提供了重要资料。

《史记》与秦汉民间生活

《史记》描绘的儿童生活画面

《史记》是全方位考察社会历史的史学名著。太史公对社会生活的观察是多视角的。《史记》关于儿童生活的记述,是成就这部伟大史学经典的重要因素之一。研究儿童的生活,可以通过一个特殊的观察角度,更真实地了解当时社会关系的原生形态。由此将有助于我们对当时的社会生活情状及社会文化风貌有全面详细的了解。可以说,《史记》中描绘的生动真切的儿童生活画面,是值得珍视的历史文化信息。

一、"幼弱"生命的悲剧

秦汉时期基于神秘主义信仰的民间礼俗,导致"生子不举"和弃婴行为的频繁发生。物质生活与精神生活兼有的贫苦,是使初生婴儿的生存权利受到严重侵害的主要社会原因。儿童的生命悲剧,成为司马迁庄重记述的主题。

《史记·周本纪》写道,周人先祖弃,起初就因为其生不祥,成为弃婴:"姜原出野,见巨人迹,心忻然说,欲践之,践之而身动如孕者。居期而生子,以为不祥",于是"弃之隘巷",又"徙置之林中",再"弃渠中冰上",后来终得"收养长之"。因为"初欲弃之",所以"名曰'弃'"。弃婴"弃"即"后稷"。这样的故事在秦汉时期流传于民间,又得以在司马迁笔下加以记录,应当是有社会意识背景的。传播者或许通过对这种圣贤神迹的宣扬,表达了对弃婴行为的曲折批判。《史记·孟尝君列传》记述了孟尝君也曾经因为当时的礼俗迷信在出生之初就险些丧失生存权的故事:"初,田婴有子四十余人。其贱妾有子名文,文以五月五日生。婴告其母曰:'勿举也。'其母窃举生之。"司马贞《索隐》："按：《风俗通》云'俗说五月五日生子，男害父，女害母'。"至于人们为什么会以为当日生子会"害父""害母"，根据现有资料，我们还不能提供详尽的说明。

战乱是残酷的社会灾难。这种灾难导致的儿童生活悲剧，为太史公所重视。《史记》中四次出现"易子而食"的记录。这是历史文献中频繁出现"易子而食"之事的少有的例证。我们看到，在司马迁笔下，"易子而食"悲剧的发生，均在先秦时期的战乱之中。而《史记》的沉痛追忆，则体现了史家的和平意识和生命意识。对于未成年人保护意识的曲折表现，我们从中也可以有所体会。

《史记》"易子而食"记载，其一即《史记·宋微子世家》："楚以围宋五月不解，宋城中急，无食"，以致"析骨而炊，易子而食"；其二即《史记·楚世家》："（楚庄王）二十年，围宋，……围宋五月，城中食尽，易子而食，析骨而炊。"其三即《史记·赵世家》："三国攻晋阳，岁余，引汾水灌其城，城不浸者三版。城中悬釜而炊，易子而食。"其四即《史记·平原君虞卿列传》："秦急围邯郸，邯郸急，且降，平原君甚患之。……李同曰：'邯郸之民，炊骨易子而食，可谓急矣。'"

现在看来，《史记》是上古史籍中对"易子而食"之事记述最为集中的文献。阅读和理解《史记》，会涉及这一问题（黄伯宁：《谈关于"易子而食"的理解》，《化石》2008 年第 4 期）。司马迁笔下对"易子而食"历史现象的关注，也值得我们注意。秦赵之战，"邯郸之民，炊骨易子而食"，或说"可谓急矣"，或说"可谓至困"（《说苑·复恩》），都强调战争之残酷，以至于民生极端困苦。

司马迁对于儿童生活的关注，还体现于对汉朝救济"孤儿"制度与政策的记录上。当时社会追求"宜子孙""子孙蕃昌""宜百子""百斯男"的多种表现，在《史记》中也有所透露。《史记·天官书》即见"子孙蕃昌"语。《史记·孝文本纪》记载缇萦故事："齐太仓令淳于公有罪当刑，诏狱逮徙系长安。太仓公无男，有女五人，太仓公将行会逮，骂其女曰：'生子不生男，有缓急非有益也！'"《史记·扁鹊仓公列传》又作"缓急无可使者"！所谓"生子不生男，有缓急非有益也""缓急无可使者"，应体现了当时社会性别观的普遍倾向。《史记·外戚世家》记载卫子夫为皇后，卫氏权势上升："贵震天下。天下歌之曰：'生男无喜，生女无怒，独不见卫子夫霸天下！'"也说明通常情形下"生男"与"生女"的情感差异。这也是中国古代社会生活史研究者应当注意的。彭卫、杨振红指出，"战国末年，家庭溺杀的婴儿大都是女性"，"这种情形在秦汉时也应具有普遍性"（彭卫、杨振红：《中国风俗通史·秦汉卷》，上海文艺出版社2002年版，第360页）。溺杀女婴，有性别歧视的观念背景，这是应该批判的。

二、扁鹊"为小儿医"

儿童因疾病遭受苦痛乃至夭折的情形，是儿童史常见的现象。《史记·扁鹊仓公列传》记载了名医扁鹊为适应社会需要，对"小儿医"的进步有所贡献的事迹："扁鹊名闻天下。过邯郸，闻贵妇人，即为带下医；过洛阳，闻周人爱老人，即为耳目痹医；来入咸阳，闻秦人爱小儿，即为小儿医；随俗为变。"名医的参与，自然会使医学的"小儿医"门类取得比较大的进步。

关于司马迁记述的扁鹊事迹，崔适以为"多系寓言，此无关于信史"，从时代判断，"皆非事实明甚"（崔适：《史记探源》，中华书局1986年，第206页）。也有学者指出，在周秦时代，"扁鹊"是良医的共同代号，良医全都被称为扁鹊（陈邦贤：《中国医学史》，商务印书馆1937年，第23页）。也有学者说，"儿科无疑是最早分化的专科领域"，"战国到了末期，在大城市也肯定有某种程度的专科化进展"，但是在扁鹊的时代，是否已经诞生了"小儿医"这样的"专科医"，"颇有怀疑"。于是认为，"《扁鹊传》中所见医学知识，不是扁鹊之时代，而是司马迁之时代的医学"。也有学者说，如"小儿医"这样的"专科分化"，"是在进入西汉时期之后渐渐明确起来的"〔（日）山田庆儿：《中国古代医学的形成》，廖育群、李建民编译，东大图书公司 2003 年，第 355 页、第 399 页〕。从"扁鹊之时代"到"司马迁之时代"，时代距离其实比较短暂。而"小儿医""专科分化"的"渐渐明确"，因《史记》的记述体现了进步的历程。

当然，可能确实如有的学者所说，"从殷商到汉末三国之间，虽有不少关于小儿疾病与医疗的记载，以及医者治疗小儿的实例，固然能呈现古代医者救疗小儿的部分实况，但却不足以代表当时小儿医学的全貌或者普遍情况"。论者这样的意见我们是大体同意的，"此一时期，医者多兼治成人与小儿的疾病，医疗分科尚未泾渭分明，医学专业的界线或边际亦非楚河汉界，遂无小儿医学专科之名。不过，正因为如此，使得医者在行医时多能随机应变，大、小、男、女同治，病人的来源较为多样"（张嘉凤：《变化的身体——晋唐之间的小儿变蒸理论》，李建民主编：《从医疗看中国史》，联经出版事业股份有限公司 2008 年，第 78 页）。其实，"医者多兼治成人与小儿的疾病"之情形，在现世依然普遍存在，但这也许并不妨碍"医疗分科"的实现。要考察和理解秦汉时期"小儿医学的全貌或者普遍情况"，有待于出土资料的发现以及医史研究的深入。但是，我们不应当在因相关信息和研究进程多所未知的情况下，就断言战国秦汉尚未进入"儿科专门化"的初始年代。

《史记·扁鹊仓公列传》记录了名医淳于意的事迹。"意家居，诏召问所为治病死生验者几何人也，主名为谁。"司马迁写道："诏问故太仓长臣意：'方伎所长，及所能治病者？有其书无有？皆安受学？受学几何岁？尝有所验，何县里人也？何病？医药已，其病之状皆何如？具悉而对。'"淳于意的回答，涉及二十多个病例，其中包括儿童。如"齐王中子诸婴儿小子病，召臣意诊切其脉"。淳于意关于"所以知小子之病者"的解说，体现出当时"小儿医"的医疗经验。

三、"项橐""甘罗"故事

一些杰出儿童的故事,《史记》中保留了闪光的记录。

《史记·樗里子甘茂列传》说:"大项橐生七岁为孔子师。"大致同样成书于汉武帝时代的《淮南子·修务》写道:"夫项托七岁为孔子师。"《淮南子·说林》也说:"吕望使老者奋,项托使婴儿矜,以类相慕。"项托即项橐。《战国策·秦策五》:"夫项橐生七岁而为孔子师。""大项橐"应是"夫项橐"之字误。项橐形象在汉代画像中高密度出现,说明当时社会保留了相当深刻的相关历史记忆。

《战国策·秦策五》可见甘罗"生十二岁"为秦立功的故事。《史记·樗里子甘茂列传》也有关于甘罗事迹的记载。甘罗说服吕不韦,"始皇召见,使甘罗于赵"。"赵王立自割五城以广河间。秦归燕太子。赵攻燕,得上谷三十城,令秦有十一。"甘罗因此封"以为上卿,复以始甘茂田宅赐之"。太史公曰:"甘罗年少,然出一奇计,声称后世。"甘罗少年立功的故事在后世有久远的影响。"太史公曰"又有"方秦之强时,天下尤趋谋诈哉"语。甘罗故事即"战国之策士"的故事,体现于外交活动中"谋诈"策略的优胜。

马非百《秦集史》中《人物传》有关于甘罗事迹的内容,以为"惟甘罗以髫龄之年,竟能使于四方不辱君命,而秦廷君臣亦居然信任之而不疑,未免近于神话。姑存疑于此,俾后之君子有所考证云"(马非百:《秦集史》,中华书局1982年,第173页)。甘罗事迹有可疑处,但司马迁的记述则体现了当时社会对优秀儿童的尊重。

四、《史记》记录的儿童劳动

《史记·高祖本纪》记录刘邦微时的故事,有善相者预言吕后及其子女人生前景的情节:"高祖为亭长时,常告归之田。吕后与两子居田中耨，有一老父过请饮，吕后因餔之。老父相吕后曰：'夫人天下贵人。'令相两子，见孝惠，曰：'夫人所以贵者，乃此男也。'相鲁元，亦皆贵。"刘邦的儿女被称作"婴儿"，却可以"居田中耨"，即已经能够直接参与田间劳动。

据《史记·田叔列传》褚少孙补述："（任安）少孤贫困，为人将车之长安。"翦伯赞曾指出："这里所谓'为人将车'就是受人之雇为人赶车。"（翦伯赞：《两汉时期的雇佣劳动》，《北京大学学报》1959 年第 1 期）"受人之雇为人赶车"，体现了雇佣形式的生产关系。"将车"不仅技术要求较高，而且也是辛苦的劳作形式。

《史记·司马相如列传》所谓"幼孤为奴，系累号泣"者，则体现了儿童被奴役的情形。儿童被人"略卖"，被迫"为其主"辛苦劳作的情形明确见于《史记》的记载。《史记·外戚世家》记录了窦皇后弟窦少君的特殊经历。窦少君"年四五岁时"，"为人所略卖"，"传十余家"，曾经从事"入山作炭"的劳作，经历过生死劫难。这种儿童被"略卖"，转手"十余家"，惨遭奴役的情形，在社会秩序不稳定的时期，可能并不罕见。而司马迁的史学视点聚焦于这种个人苦难生活实例，是应当为后世史家所敬佩的。

"奴婢"又称作"僮"。段玉裁《说文解字》注："'僮'，今之'童'字。"《史记·货殖列传》"僮手指千"，裴骃《集解》引《汉书音义》："奴婢也。"汉代画像资料多见贵族豪富身边未成年服务人员的形象，所表现的身份职任，应当就是"僮"。《史记·西南夷列传》记载："巴蜀民或窃出商贾，取其筰马、僰僮、髦牛，以此巴蜀殷富。"《史记·货殖列传》概括巴蜀经济地理形势时说道："（巴蜀）南御滇僰，僰僮。"四川屏山福延镇汉代画像石棺墓出土陶俑（M1：22），据发掘简报介绍，"墓主人应该是汉人，而非少数夷"，而陶俑"从外形看，似乎并非汉族"（四川省文物考古研究院、宜宾市博物院、屏山县文物保护管理所：《四川屏山县斑竹林遗址 M1 汉代画像石棺墓发掘简报》，《四川文物》

2012 年第 5 期），体现出不同民族间特殊的人身依附关系。如果我们推想这件陶俑表现的是"僰僮"身份，或许是有一定道理的。

五、"童男女"异能与神秘的童谣

通过若干秦汉历史文化信息可以得知，传统社会往往赋予"小儿"以某种特殊的异能。《史记》中的记述体现了相关文化迹象。

《史记·秦始皇本纪》记载："齐人徐市等上书，言海中有三神山，名曰'蓬莱''方丈''瀛洲'，仙人居之。请得斋戒，与童男女求之。于是遣徐市发童男女数千人，入海求仙人。"《史记·淮南衡山列传》也写道："秦皇帝大说，遣振男女三千人，资之五谷种种百工而行。"所谓"振男女"也就是"童男女"。

当时的社会意识，"童男女"具有某种特殊的神秘主义品性，或许可以与上天、与神灵更为接近。

《史记·乐书》记载"高祖过沛诗《三侯之章》，令小儿歌之"事。《汉书·礼乐志》云："初，高祖既定天下，过沛，与故人父老相乐，醉酒欢哀，作'风起'之诗，令沛中僮儿百二十人习而歌之。至孝惠时，以沛宫为原庙，皆令歌儿习吹以相和，常以百二十人为员。"《太平御览》卷五引《史记·天官书》："汉武帝以正月上辛祠太一甘泉，夜祠到明，忽有流星至于祠坛上，使童男女七十人俱歌《十九章》之歌。""僮儿""童男女"的合唱，在当时的信仰世界中具有神学意义。

童谣作为社会批评形式，有《史记·魏其武安侯列传》记载的儿歌："颍水清，灌氏宁；颍水浊，灌氏族。"儿歌，成为一种社会舆论的表现方式。《汉书·灌夫传》颜师古注："深怨嫉之，故为此言也。"而《史记·秦始皇本纪》记载："惠文王生十九年而立。立二年，初行钱。有新生婴儿曰'秦且王'。"这是"新生婴儿"竟然能够进行政治演出的奇闻。"新生婴儿"的语言被视为政治预言。《七国考》卷一三《秦灾异》有"新生婴儿言"条，其中写道："《秦别纪》：孝公十六年，有新生婴儿曰：'秦且王。'秦史笔之，以为祯祥，然不恒为妖，故附庸于《灾异》。"缪文远《七国考订补》写作："〔《史记》卷六《秦始皇本纪》附〕《秦别纪》：惠文王二年，有新生婴儿曰：'秦且王。'秦史笔之，以为祯祥，然不恒为妖，故附庸于《灾异》。"徐复《秦会要订补》卷一三《历数下》"人妖"题下引《始皇本纪》："惠文王二年，有新生婴儿曰：'秦且王。'"同书卷一二《历数上》"符瑞"题下引《秦本纪》"文公十九年，得陈宝"事，涉及与"童子"有关的神秘故事。又引"《正义》引《晋太康地志》"："秦文公时，陈仓人猎得兽若彘，不知名，牵以献之。逢二童子，童子曰：'此名为媪，常在地中食死人脑。'即欲杀之，拍捶其首。媪亦语曰：'二童子名陈宝，得雄者王，得雌者霸。'陈仓人乃逐二童子，化为雉，雌上陈仓北阪，为石，秦祠之。"〔徐复：《秦会要订补》，群联出版社1955年，第188页、第176页；（清）孙楷撰、徐复订补：《秦会要订补》，中华书局1959年，第188页、第178页〕其书卷一三《历数下》有关于"童谣"的内容，也是研究未成年人生活应当重视的史料。

六、关于"儿戏"

喜好游戏玩乐，是儿童生活的主要特点。于是《史记·律书》说"年六七十翁"恬然逸乐，有"游敖嬉戏如小儿状"语。

据司马迁记述，当时人已使用"儿戏"一语。他在《史记·绛侯周勃世家》中记载，"文帝之后六年，匈奴大入边"。汉文帝为防备匈奴进犯关中近畿地方，进行了特别的军事部署。设置了三处军事基地，"军霸上"，"军棘门"，"军细柳"。汉文帝亲自劳军，先至霸上和棘门，来到周亚夫屯驻的细柳营地时，对于其严明军纪、适应实战的风格有不平常的体验，于是感叹道："嗟乎，此真将军矣！曩者霸上、棘门军，若儿戏耳。"所谓"儿戏"，就是"小儿"的"游敖嬉戏"。

具体的儿童游戏形式"博"，见于《史记·吴王濞列传》的记载：
"孝文时，吴太子入见，得侍皇太子饮博。吴太子师傅皆楚人，轻悍，
又素骄，博，争道，不恭，皇太子引博局提吴太子，杀之。"皇太子即
后来的汉景帝刘启，他和吴太子刘贤的生死博局，反映了皇家幼童游戏
时"骄""悍"相争的情形。刘启被立为太子时，只是一个九岁的儿童。
吴楚七国之乱爆发时，少时曾以博局掷击吴太子致死的汉景帝年三十四
岁，时吴王刘濞已"不能朝请二十余年"，可知吴太子因博戏"争道"
而致死时，刘启和刘贤两位太子均是未成年儿童。皇太子刘启因游戏时
的争执竟然出手伤人，致死人命，是中国古代宫廷史中引人注目的一则
史例。这位后来成为一代明君的历史人物，在少年时期形成的性格特
征，也通过这一故事有所透露。

司马迁在《史记·周本纪》中记述了周人领袖"弃"儿时游戏的形
式以及后来成为农学专家的情形："弃为儿时，屹如巨人之志。其游戏，
好种树麻、菽，麻、菽美。及为成人，遂好耕农，相地之宜，宜谷者稼
穑焉，民皆法则之。帝尧闻之，举弃为农师，天下得其利，有功。"又
《史记·孔子世家》："孔子为儿嬉戏，常陈俎豆，设礼容。"古来圣王和
圣人在儿时所谓的"种树为戏"和"俎豆之弄"，对于他们后来"及为
成人""长大就成"的历史文化功业，是有重要意义的演习。汉代人的
这种观点，也反映了当时社会对于儿童游戏的一种认识。由此我们可以
体会"儿戏"作为学习实践形式与后来成年事业发展的关系。

类似情形，又有《史记·酷吏列传》所记述的张汤事迹："其父为
长安丞，出，汤为儿守舍。还而鼠盗肉，其父怒，笞汤。汤掘窟得盗鼠
及余肉，劾鼠掠治，传爰书，讯鞫论报，并取鼠与肉，具狱磔堂下。其
父见之，视其文辞如老狱吏，大惊，遂使书狱。"张汤审讯"盗肉"之
鼠，程序文辞一如"老狱吏"，其实也反映了儿童游戏模仿成人言行活
动的情形。张汤审鼠的程序，劾—掠治—传爰书—讯鞫—论报—具狱磔

堂下，符合人们对秦汉审判程序的认知。

《史记·晋世家》又有儿童游戏终竟演成政治现实的故事："成王与叔虞戏，削桐叶为珪以与叔虞，曰：'以此封若。'史佚因请择日立叔虞。成王曰：'吾与之戏耳。'史佚曰：'天子无戏言。言则史书之，礼成之，乐歌之。'于是遂封叔虞于唐。"

幼时游戏也是对成人谋生方式的一种学习，对此后从业手段的一种演练。基本的生活习惯和生产能力，往往因此而逐步形成。《史记·匈奴列传》中所谓"儿能骑羊，引弓射鸟鼠；少长则射狐兔，用为食。士力能毋弓，尽为甲骑"，可以看作一个实例。

七、童年司马迁的"耕牧"体验

司马迁生活的时代，是童蒙教育走向成熟的历史阶段。当时，教育程式已经比较正规，学制和教材比较确定。"学书"，是当时启蒙教育的初阶。项羽最初的学习就是"学书"。据《史记·项羽本纪》记载："项籍少时，学书不成，去学剑，又不成。项梁怒之。籍曰：'书足以记名姓而已。剑一人敌，不足学，学万人敌。'于是项梁乃教籍兵法。""学书"是最基本的识字过程，项羽"书足以记名姓而已"的消极态度，可能使他始终无法真正进入"小学"的学习阶段。于是后人对他有"元来不读书"〔（唐）章碣《焚书坑》〕的评价。

司马迁对于自身经历的回顾，也提供了关于儿童生活的宝贵史料。他在《史记·太史公自序》中追述自己的早年经历："迁生龙门，耕牧河山之阳。年十岁则诵古文。二十而南游江、淮……"司马迁"二十"出游之前，"年十岁则诵古文"，形成了早期较高等级的文化资质。而"年十岁"之前，则有"耕牧"生活的劳动实践。所谓"耕牧河山之阳"，可以看作司马迁学术人生、文化人生的重要出发点。

颜师古曾指出，"司马子长撰《史记》，其《自序》一卷总历自道作书本义"（《匡谬正俗》卷五）。《史记》中有关司马迁"耕牧"这一体力劳动经历的文字，绝不会是他随心、无意义的行为。储欣《史记选》这样评价《太史公自序》："耕牧壮游，磊落奇迈，想见其为人。"指出童年司马迁"耕牧"生活与后来"壮游"经历和"其为人"即成就为文化巨匠的重要关系。这样的说法，体现出非常透彻的历史文化洞察力。桓谭说："通才著书以百数，惟太史公为广大，余皆丛残小论。"（《太平御览》卷六〇二引《新论》）王充也指出，"汉作书者多"，司马子长"河汉也"，而"其余泾渭也"（《论衡·案书》）。司马迁对于"田农""田畜"等经济行为非常重视。梁启超曾经写道，"西士讲富国学"，"太史公最达此义"（《史记货殖列传今义》）。也有学者强调，通过对"农"包括农耕方式、农村景况、农业地位、农人生活的看重，可知司马迁"相信经济的力量对于国家与伦理有莫大的影响，最为深刻"（周容：《史学通论》）。也有学者指出，"历史思想及于经济，是书（《史记》）盖为创举"（杨启高：《史记通论》）。

应该说，司马迁对经济生产、经济活动以及经济史，乃至经济规律的理解，以及《史记》中那些有卓越识见与明晰判断的文字，是与他早年的"耕牧"体验分不开的，这种体验为其提供了必要的知识基础和思想准备。而《史记》能够"详察社会，精言民事"（朱希祖：《中国史学通论》），"一扫封建上下等级"（徐浩：《廿五史论纲》），特别是面向底层社会，关注平民疾苦的立场，以及运用有的学者所称颂的"社会眼光"（蔡尚思：《中国历史新研究法》），体现出有的学者所肯定的"自然主义"（李长之：《司马迁之人格与风格》）等种种文化表现，很可能与他幼年就已经形成的与劳动者的亲近情感有某种关系。

《史记》说"汗"

　　自"五帝"之黄帝时代至汉武帝执政时期司马迁亲身经历的历史，是《史记》的记述对象。《史记》对这一长久历史进程中的多种文化现象进行了全方位的观察和说明，除了人文现象，还包括自然现象，其中多有其他史学论著不予关注的信息。例如，先秦两汉文献已经出现关于人和其他动物皮肤汗腺分泌液体——"汗"的相关知识的记载。《史记》有关"汗"的文字，也是生理史、劳作史和盐史的宝贵资料。《尚书》《春秋》和《春秋》三传以及《国语》等先秦史籍均未见"汗"字，《逸周书·太子晋》有"汝声清汗"之语，研究者多以为"汗"字衍讹（黄怀信、张懋镕、田旭东撰，黄怀信修订，李学勤审定：《逸周书汇校集注》，上海古籍出版社 2007 年，第 1031 页）。即使"汗"字不误，也与我们这里讨论的"汗"明显不同；而与《史记》大致同时成书的多数汉代文献也并未出现"汗"字。比照这一情形，可以认识司马迁考察历史的视角和理解历史的心怀。

一、"汗马之劳"和"马汗之力"

　　在正常情况下，"汗"是辛苦劳作的身体表现。《史记·晋世家》有这样的记述，晋文公重耳流亡时始终追随他的"贱臣壶叔"，在晋文公执政后颁赏功臣时有所抱怨："君三行赏，赏不及臣，敢请罪。"晋文公回答道："夫导我以仁义，防我以德惠，此受上赏。辅我以行，卒以成立，此受次赏。矢石之难，汗马之劳，此复受次赏。若以力事我而无补吾缺者，此复受次赏。三赏之后，故且及子。"其中说到根据功劳"受上赏""受次赏""复受次赏"等的等级差异。所谓"矢石之难，汗马之劳"，是"以力事我"即为效忠君主而付出艰辛的表现。这里虽然"汗马"连说，但一如通常语言习惯，所谓"汗马之劳"是说大臣"以力事我"的艰苦付出。

汉代"功劳"制度，规定了"上赏""次赏""复次赏"的标尺。《史记·萧相国世家》中有关于汉初刘邦与其战友和属下分享胜利果实的故事。"论功行封"，同时又出现"争功"的现象。"高祖以萧何功最盛，封为酂侯，所食邑多。"于是引起了刘邦属下的普遍不满。"功臣皆曰：'臣等身被坚执锐，多者百余战，少者数十合，攻城略地，大小各有差。今萧何未尝有汗马之劳，徒持文墨议论，不战，顾反居臣等上，何也？'"刘邦于是有"猎狗""猎人"的比喻："今诸君徒能得走兽耳，功狗也。至如萧何，发踪指示，功人也。"这里，"汗马之劳"是诸将自以为"被坚执锐，多者百余战，少者数十合，攻城略地"，其"功"在"上"的依据，然而开明的政治家则认为"汗马之劳"只相当于"复受次赏"的等级。

公孙弘病重，"自以为无功而封，位至丞相"，有"佐明主填抚国家"，促使人们遵循"臣子之道"的责任，然而时遇淮南王、衡山王谋反，认为"宰相奉职不称"，如果病死，"无以塞责"，于是上书请求辞职。《史记·平津侯主父列传》记述了公孙弘如下一段话："今臣弘罢驽之质，无汗马之劳，陛下过意擢臣弘卒伍之中，封为列侯，致位三公。臣弘行能不足以称，素有负薪之病，恐先狗马填沟壑，终无以报德塞责。"这里所谓"汗马之劳"，也被看作"擢""封"的基本条件。

与"汗马之劳"语义相近，司马迁笔下又有所谓"马汗之力"。《史记·越王句践世家》记载，越北伐齐，西伐楚，与中原之国争锋。"当楚威王之时，越北伐齐"，面对越国的威胁，齐威王使人说越王，希望越军"转攻楚"，建议策动韩国和魏国合力攻楚："二晋之事越也，不至于覆军杀将，马汗之力不效。"又说："王所待于晋者，非有马汗之力也，又非可与合军连和也，将待之以分楚众也。"

"马汗之力"与"汗马之劳"相同，虽然有醒目的"马"字，但只是借"马"为喻，其实说的都是军人们克服艰险而付出的辛劳。

二、"流汗相属"：底层士卒的艰险苦难

起初，唐蒙经营西南夷，政策颇有严酷偏执之失，引起了巴蜀地方民众的恐慌。汉武帝令司马相如前往解释，告知是地方行政失误，并非朝廷本意。《史记·司马相如列传》记载了"喻告巴蜀民"的文字内容，其中写道："夫边郡之士，闻烽举燧燔，皆摄弓而驰，荷兵而走，流汗相属，唯恐居后，触白刃，冒流矢，义不反顾，计不旋踵，人怀怒心，如报私仇。彼岂乐死恶生，非编列之民，而与巴蜀异主哉？计深虑远，急国家之难，而乐尽人臣之道也。"司马相如的文句生动，说处于战争紧张局势下的"边郡"军人，遇有敌情则奋勇赴敌，"皆摄弓而驰，荷兵而走，流汗相属，唯恐居后"。其中"流汗"二字，读来平易，却具体而细致地形容了底层士卒艰险苦难的生活。司马迁《史记》的引录保留了"流汗"字样，成为中国文献典籍中出现"流汗"一语的最早实例。这是史家保留的在战争环境中底层士兵生活场景和个人表现的极其真切的文化记忆。

曾有史家高度肯定司马迁《史记》的"国民思想"和"人民性"。尚钺写道：司马迁"在少年时代""就接触了广大人民群众"，"他注意到社会的发展和下层人物的动态"，"体会到了人民群众的痛苦及其对历史的巨大作用"（《尚氏中国古代通史》，高等教育出版社1991年，第287页）。翦伯赞说，"他的眼光能够投射到历史上的社会的每一个侧面"，"投射到社会的每一个阶级"（《中国历史学的开创者司马迁》，《中国青年》1951年总第57期）。侯外庐指出："司马迁在他的著作中，大量地记录了普通人民的生活，这正表现了司马迁是把人民的生活作为历史主体和研究对象的。这是一个史无前例的贡献。"（《司马迁著作中的

思想性和人民性》,《人民日报》1955 年 12 月 31 日）有关"边郡之士"面对敌情奋勇赴战之英雄主义精神的表现，所谓"流汗相属"的形容，也可以理解为对"下层人物""普通"士兵生活的关注，虽用司马相如语，亦可体现司马迁的社会"眼光"和史学著作"史无前例的贡献"。

读《史记》中载录的司马相如"喻告巴蜀民"的文字，应当注意司马迁也曾奉命前往西南方向行进，深入"边郡"多民族杂居地区的经历，即"仕为郎中，奉使西征巴、蜀以南，南略邛、笮、昆明，还报命"（《史记·太史公自序》）。司马迁有"巴、蜀以南"和"邛、笮、昆明"的行旅实践，以及"接触了广大人民群众"的社会体验，对于司马相如笔下有关这一地方民众生活的文字记录，应当是有切身感受的。

三、"汗出"的异常表现之一：心理学现象

由于受高度紧张等精神因素的影响，神经冲动从大脑皮层通过交感神经传递到身体的各部位，从而促进汗腺分泌活动的增强，往往也会有"汗出"的表现。

据《史记·陈丞相世家》记载："孝文皇帝既益明习国家事，朝而问右丞相勃曰：'天下一岁决狱几何？'勃谢曰：'不知。'问：'天下一岁钱谷出入几何？'勃又谢不知，汗出沾背，愧不能对。"周勃由于对于司法和财政事务的生疏，不能回答汉文帝的询问，作为丞相，不知"天下一岁决狱几何"，不知"天下一岁钱谷出入几何"，于是心怀"愧"意，以致"汗出沾背"。

《史记》中的"汗出沾背"，是对紧张惶恐状态的真实而生动的描绘。"汗出沾背"作为心理学观察的表象，《史记》的记述可能是最早的。

古代文献所见和"汗出沾背"相关的表现，有《韩诗外传》卷一〇："孟尝君赧然，汗出至踵。"而与所谓"汗出沾背"颇为接近的

279

体征表现，后世史书或写作"汗流浃背"。这一说法仍然存留在现代汉语中。《后汉书·皇后纪下·献帝伏皇后》写道：曹操专权，议郎赵彦只因曾为汉献帝分析时政，即被杀害，"其余内外，多见诛戮"。有一次，曹操因事入见汉献帝。"帝不任其愤，因曰：'君若能相辅，则厚；不尔，幸垂恩相舍。'"面对这一直率的表态，曹操大惊"失色"，恭敬辞退。汉家制度，三公如领兵朝见，"令虎贲执刃挟之"。曹操退下，"顾左右，汗流浃背，自后不敢复朝请"。"汗流浃背"一语，又见于《隋书·卢思道传》《五代史阙文》《旧五代史·唐书·武皇纪下》《宋史·丰稷传》等。

有必要说明的是，《后汉书》中曹操面对危机"顾左右，汗流浃背"的情节，不见于《三国志》。

四、"汗出"的异常表现之二：病理学现象

《史记·扁鹊仓公列传》中有关于诊疗病历的记录。其中具体病理的表现，多有涉及"汗"者。

如"齐王太后病"，"病得之流汗出滫。滫者，去衣而汗晞也"。又如，"得之汗出伏地"，"汗出伏地者，切其脉，气阴"，"病得之流汗数出"，"蹴鞠，要蹶寒，汗出多，即呕血"等。这里所谓的"流汗""汗出"，都是患者症状的记录。

齐国中御府一位名叫信的长官患病，症状包括与"暑汗"有关的现象。而医家在治疗过程中，也有与"汗"相关的现象发生："齐中御府长信病，臣意入诊其脉，告曰：'热病气也。然暑汗，脉少衰，不死。'曰：'此病得之当浴流水而寒甚，已则热。'信曰：'唯，然！往冬时，为王使于楚，至莒县阳周水，而莒桥梁颇坏，信则揽车辕未欲渡也，马惊，即堕，信身入水中，几死，吏即来救信，出之水中，衣尽濡，有间而身寒，已热如火，至今不可以见寒。'臣意即为之液汤火齐逐热，一

饮汗尽，再饮热去，三饮病已。"淳于意诊断，"暑汗，脉少衰"病状的原因是"当浴流水而寒甚"。果然，"齐中御府长信"，"冬时"渡河，"马惊"车堕，"身入水中"，险些溺死，致使"身寒，已热如火"。于是淳于意"为之液汤火齐逐热"，疗效显著，"一饮汗尽"，再饮即退烧，三饮则病愈。

"齐中御府长信病"的因由是交通事故，"莒桥梁颇坏"，"马惊，即堕，信身入水中，几死"。病状包括"暑汗"，治疗中可见"一饮汗尽"。在发病与痊愈诸现象中，都有与"汗"相关的记录。

《扁鹊仓公列传》中有关"太仓公"的部分，有学者认为是褚少孙补述的。但即便如此，也可以反映汉时的医学理念。据《史记会注考证》泷惟寅引《素问》："黄帝问曰：有病温者，汗出，辄复热，而脉躁疾，不为汗衰，不能食，病名为何？岐伯曰：病名阴阳交，交者死也。"可见，"汗"是判断病症的重要体征。

五、"汗血马"的故事

上文说到"汗马之劳"和"马汗之力"语言的使用情况，体现出了古人对"汗马""马汗"的熟悉。这使我们想到《战国策·楚策四》记载的汗明与春申君的对话，其中说到盐运程序中骥"服盐车"，"白汗交流"的情形："夫骥之齿至矣，服盐车而上太行。蹄申膝折，尾湛胕溃，漉汁洒地，白汗交流，中阪迁延，负辕不能上。"借骥"服盐车"比喻"士不遇"者，又见于《韩诗外传》卷七、贾谊《吊屈原赋》、《盐铁论·讼贤》《盐铁论·利议》《说苑·杂言》、《焦氏易林》之《夬·井》和《艮·夬》、《论衡·状留》等。称骥"服盐车""挽盐车""引盐车"，或骥"罢盐车""疲盐车""穷盐车"。

《史记·乐书》中有关于西域宝马的记述："沾赤汗兮沫流赭。"这里说的是产于西域大宛的"汗血马"。"神马""赤汗"，体现了对马匹

"赤汗"的特殊关注。

关于大宛"汗血马"的早期信息，可能来自张骞对西域国家自然地理与人文地理的观察。《史记·大宛列传》写道："大宛在匈奴西南，在汉正西，去汉可万里。其俗土著，耕田，田稻麦。有蒲陶酒。多善马，马汗血，其先天马子也。"裴骃《集解》："《汉书音义》曰：'大宛国有高山，其上有马，不可得，因取五色母马置其下，与交，生驹汗血，因号曰天马子。'"据《大宛列传》记述，丝绸之路的开通和维护其实和汉武帝谋求西北优良马种有关。"初，天子发书《易》，云'神马当从西北来'。得乌孙马好，名曰'天马'。及得大宛汗血马，益壮，更名乌孙马曰'西极'，名大宛马曰'天马'云。而汉始筑令居以西，初置酒泉郡以通西北国。因益发使抵安息、奄蔡、黎轩、条枝、身毒国。而天子好宛马，使者相望于道。诸使外国一辈大者数百，少者百余人，人所赍操大放博望侯时。"有关特殊"马"种之特殊"汗"色的信息，令汉朝的最高统治者瞩目"西北"。"天马"西来，所谓"径千里，循东道"（《汉书·礼乐志》），所经行的正是张骞使团"凿空"（《史记·大宛列传》）的路径。追求"天马"与开发草原战争的交通动力直接相关，而"天马"远来的汉武帝时代，也正是当政者积极开拓中西交通并取得空前成功的历史时期。当时，据说"殊方异物，四面而至"，"赂遗赠送，万里相奉"（《汉书·西域传下》）。新疆罗布泊地区出土的汉代锦绣图案中有"登高明望四海"的文字，这正体现了当时汉文化面对世界的雄阔胸襟。"天马"实际上已经成为体现这一时代中西交通取得历史性进步的一种标志性符号。三国魏人阮籍的《咏怀》诗："天马出西北，由来从东道。"唐人王维的《送刘司直赴安西》诗："苜蓿随天马，蒲桃逐汉臣。"清人黄遵宪的《香港感怀》诗："指北黄龙饮，从西天马来。""汗血""天马"作为一种文化象征，体现着以英雄主义为主题的，志向高远、视界雄阔的时代精神。

汉与匈奴军事战局的变化，在一定意义上影响了世界的政治格局。

正如陈序经《匈奴史稿》所说："欧洲有些学者曾经指出，中国的建筑长城是罗马帝国衰亡的一个主要原因。他们以为中国建筑长城，使匈奴不能向南方发展，后来乃向西方发展。在公元四、五世纪的时候，匈奴有一部分人到了欧洲，攻击哥特人，攻击罗马帝国，使罗马帝国趋于衰亡。""长城的主要作用是防守，当然，做好了防守同时也为进攻做好准备。长城不一定是罗马帝国衰亡的一个主因，然长城之于罗马帝国的衰亡，也不能说是完全没有关系的。""天马来兮从西极"（《史记·乐书》），这一影响世界史走向的马种引进，作为中国畜牧业进步的表现，通过《史记》的记述，可知与人们对马的汗腺的观察有密切关系。这也是生物发展进程中很有意思的迹象。

《史记》中所谓"大宛""千里马""沾赤汗兮沫流赭"，裴骃《集解》引录应劭的解释说："大宛马汗血沾濡也，流沫如赭。""大宛旧有天马种，踏石汗血，汗从前肩膊出，如血，号一日千里。"所谓"沾濡""流沫""汗从前肩膊出，如血"，都是通过细致观察而获得的知识。有英国学者说，"在佛尔哈那地方自古产有英译亦称'汗血'的马种"。谢成侠说："汗血英译名为 Sweated blood。"又指出，英译"汗血"之说"还是根据中国历史才有这样的论据"〔谢成侠：《中国养马史》（修订版），农业出版社 1991 年，第 73 页〕，而"中国历史"最早的记述，来自司马迁的《史记》。

六、"挥汗成雨"：城市史的记忆

战国时期，城市的发展已经成为社会经济和文化进步的突出表现。《史记·苏秦列传》记载苏秦说齐王语，涉及齐都临淄的繁荣："临淄之中七万户，臣窃度之，不下户三男子，三七二十一万，不待发于远县，而临淄之卒固已二十一万矣。临淄甚富而实，其民无不吹竽鼓瑟，弹琴击筑，斗鸡走狗，六博蹋鞠者。临淄之途，车毂击，人肩摩，连衽成帷，举袂成幕，挥汗成雨，家殷人足，志高气扬。"这是关于战国城市史的一段非常著名的记述。

大致相同的记载又见于《战国策·齐策一》。杨宽《战国史》（增订本）写道："在各国的国都中，以齐国都临淄（今山东临淄北）规模为最大，也最繁华。"又说，"有人曾这样描写临淄的繁荣情况……"，随后引了"连衽成帷，举袂成幕，挥汗成雨"这段话。关于"挥汗如雨"，杨宽写道："大家一挥汗就好像下雨一般。"引文的出处，杨宽注为"《战国策·齐策一》《史记·苏秦列传》"〔杨宽：《战国史》（增订本），上海人民出版社 1998 年，第 120 页〕。王育民《中国人口史》也采取了这种方式注明这段引文的来源（王育民：《中国人口史》，江苏人民出版社 1995 年，第 64 页）看来，他们并不因有人认为《战国策》的成书早于《史记》，就否认司马谈和司马迁对这段文字的著作权。

关于《战国策》和《史记》的关系，金德建说："班固说司马迁作《史记》时曾采《战国策》，但是《史记》中却并没有提起过所谓《战国策》的名目。《史记》中记述了许多司马迁所见过的书，何况这是曾经采用过的呢！"他又指出："不过《战国策》的名称乃刘向所定（见刘向《战国策序》），在较前的《史记》时候，当然还没有产生。"他还分析道："如是便得发生一个问题：司马迁所见过的《战国策》，在当时叫什么名称？依我的假设，即《蒯通书》。"金德建进而指出："蒯通齐国人，所以《战国策》中纪事亦以齐为多。"（金德建：《司马迁所见书考》，上海人民出版社 1963 年，第 328 页、第 331 页）现在看来，无论金德建的"假设"——《战国策》为《蒯通书》，或者《战国策》另有作者是否成立，如果我们承认司马迁"拾遗补蓺，成一家之言"（《史记·太史公自序》）的创造性功绩，如果我们注意到他对于苏秦事迹的态度："世言苏秦多异"，"吾故列其行事，次其时序，毋令独蒙恶声焉"（《史记·苏秦列传》），即强调撰写《苏秦列传》时进行过梳理甄别的工作，这在一定意义上可以看作是再创作，那么，我们将《史记》中"挥汗成雨"之说看作司马迁对于"汗"的历史记忆的重视，想来是有一定合理性的。

《史记》"鼠"故事

云梦睡虎地和天水放马滩出土的秦代简牍文书中，都有民间日常选择时日吉凶的书——《日书》。而且，睡虎地秦简《日书》和放马滩秦简《日书》中都可以看到用以纪时和占卜的十二种动物。这十二种动物有时与十二地支对应，类同后来的十二生肖。有人认为，这或许可以看作后世十二生肖的雏形。其实，两种《日书》中的十二种动物和后来的十二生肖并不完全相同，但是都有"鼠"与地支"子"相互对应（李菁叶：《睡虎地秦简与放马滩秦简〈日书〉中的十二兽探析》，《南都学坛》2011 年第 5 期）。也就是说，在《史记》成书之前，"鼠"已经进入社会纪年的方式之中。作为博闻多识的历史学者，司马迁当然熟悉相关知识。

由于司马迁的生卒年学界存在争议，我们现在还不能确定他的整个生命中经历了几个"鼠"年。但是，我们读《史记》，体味其中有关"鼠"的故事，也是很有意思的。

一、地名记忆："鸟鼠""鸟鼠山""区鼠"

《史记》的第二篇《夏本纪》中引录了中国早期地理学文献《禹贡》。《禹贡》标榜夏禹，论说天下人口分布、物产资源与入贡中央的交通路径。《禹贡》列入《尚书》中，被看作儒学经典。据史念海先生考察，《禹贡》成书于战国时代，应是当时魏国学者的著述，体现了梁惠王（即魏惠王）追求霸业的雄心。表现出的理念，是"要像夏禹那样协和万邦，四海会同"，这当然也与实现大一统的理想有关（史念海：《论〈禹贡〉的著作年代》，《河山集》二集，生活·读书·新知三联书店

1981 年）。《禹贡》说到雍州地形，其山脉有"西倾、朱圉、鸟鼠，至于太华"。汉代学者孔安国解释："西倾、朱圉，在积石以东。鸟鼠，渭水所出，在陇西之西。"关于"朱圉"，李学勤先生经实地考察，发表了《清华简关于秦人始源的重要发现》（《光明日报》2011 年 9 月 8 日）一文，有精彩的论述。"鸟鼠"，是西北地方常见的野生动物。《史记·匈奴列传》介绍匈奴儿童的生存能力训练"儿能骑羊，引弓射鸟鼠"，就体现了这一情形。对于《史记·夏本纪》中所说的"西倾、朱圉、鸟鼠，至于太华"，注家有很多解释。其中可以看到有关"鸟鼠""鸟鼠山""鸟鼠同穴""鸟鼠同穴之山"的文字。孔安国说："鸟鼠共为雄雌同穴处，此山遂名曰鸟鼠，渭水出焉。"张守节《正义》引《括地志》说，《山海经》已经出现"鸟鼠同穴之山"的说法。而郭璞《山海经图》有《飞鼠赞》，说到会飞翔的"鼠"："或以尾翔，或以髯凌。飞鼠鼓翰，倏然背腾。用无常所，惟神是冯（同"凭"）。"《史记》中说到"鸟鼠""鸟鼠同穴"，会使我们联想到近期大家都关心的一种野生动物"蝙蝠"。《初学记》卷二九关于"鼠"的主题之下，说到"鼺鼠夷由"："似蝙蝠，肉翅，飞且乳。"指出这是一种会飞翔的哺乳动物。又引郑氏《玄中记》说："百岁之鼠，化为蝙蝠。"

大概当时人们的动物学知识中，有关"鼠"和"蝙蝠"的关系并不十分明了，于是就有了"百岁之鼠""惟神是冯"的理解。但秦汉社会生活中"鼠"的多种形式，在《史记》中是有反映的。

地名往往可以保留丰富的历史文化信息。以"鼠"字作为地方标志性的符号，应该有特殊的含义。除"鸟鼠"外，《史记》中还可以看到"区鼠"地名。《史记·六国年表》："（赵）与韩会区鼠。"《史记·赵世家》："与韩会于区鼠。"《史记·韩世家》："与赵会区鼠。""魏会区鼠。"看来，"区鼠"应是三晋地方。这一地名中"鼠"字的意义，我们已经不能清楚地解说出来。《战国策·齐策三》出现了"淄鼠"地名，高诱注以为"赵邑"。民国学者金正炜《战国策补释》卷三写道："'淄鼠'疑即'区鼠'。""'区''淄'音近而歧。"这样的意见，可以参考。不过，无论是"区鼠"还是"淄鼠"，《中国历史地图集》和《中国历史地名大辞典》中都没有著录，其空间位置不能知晓，地名由来也难以探究。

二、"鱼鳖鸟鼠，观其所处"

《史记·天官书》中有一段话讲天地万象的自然演进和生息变迁："天开县物，地动坼绝。山崩及徙，川塞溪垠；水澹地长，泽竭见象。城郭门闾，闺臬槁枯；宫庙邸第，人民所次。谣俗车服，观民饮食。五谷草木，观其所属。仓府厩库，四通之路。六畜禽兽，所产去就；鱼鳖鸟鼠，观其所处。鬼哭若呼，其人逢啎。"

地貌形态和气候变化等环境条件，社会文化和经济生活等世态风景，生产与经营，情感与信仰，都在天人之际的复杂关系之中生成与变易。其中"六畜禽兽，所产去就；鱼鳖鸟鼠，观其所处"，说的是与人类生产生活相关的动物。"禽兽"和"鱼鳖鸟鼠"，大致可以理解为是说野生动物。这里应当说明，"动物"这一生物学概念，《史记》已经使用。《史记》第一篇《五帝本纪》说"黄帝之孙"，帝颛顼高阳"治气以教化"，同时"絜诚以祭祀"，取得了成功，"北至于幽陵，南至于交阯，西至于流沙，东至于蟠木。动静之物，大小之神，日月所照，莫不砥属"。其中所谓"动静之物"，张守节《正义》解释说："动物谓鸟兽之类，静物谓草木之类。"前者我们今天仍然称"动物"，后者则称"植物"。其实，《周礼·地官司徒·大司徒》已经使用了"动物"和"植物"这样的语汇："以土会之法辨五地之物生。一曰山林，其动物宜毛物，其植物宜皂物，其民毛而方。二曰川泽，其动物宜鳞物，其植物宜膏物，其民黑而津。三曰丘陵，其动物宜羽物，其植物宜覈物，其民专而长。四曰坟衍，其动物宜介物，其植物宜荚物，其民皙而瘠。五曰原隰，其动物宜羸物，其植物宜丛物，其民丰肉而痺。"我们在这里不讨论"五地"即五种不同地理条件下具体的野生动物分布、植被形态以及居民的生性，而主要关注与现今生物学术语一致的"动物""植物"概念的最初生成。正史使用"动物""植物"语汇，最早见于《后汉书·马融传》载录马融的《广成颂》。而"动物""植物"统说的，则见于《宋书·符瑞志上》："（圣人）能君四海而役万物，使动植之类，莫不各得其所。"但是，许多迹象表明，在司马迁的知识结构中，已经有对"动植之类"即前引《史记·天官书》中所说的"六畜禽兽"和"五谷草木"的分别关注。所谓"鱼鳖鸟鼠"中的"鼠"，因为有与人类社会生产和消费密切相关的活跃表现，自然早已进入这位史学家的视野。

《史记·刘敬叔孙通列传》说，叔孙通曾经以"鼠窃狗盗"蔑称反秦的民众，可知"鼠"在日常生活中造成的危害，是人们都熟悉的。广州汉墓出土的陶灶模型，有鼠在灶台附近活动的形象。四川崖墓发现的石刻画像，有蹲坐的犬口中衔鼠的画面，有人称作"狗咬耗子"。内蒙古汉墓出土的陶仓，多以彩绘或堆塑的方式制作成鸮的形象。有人认为这是欲借鼠的天敌的威慑力来镇伏鼠患对粮食储备的危害。河西汉墓出土的木雕动物形象，有人称作"木虎"，有人称作"木猫"，虎也是猫科动物。这种文物遗存也许有助于探讨猫的驯宠历史。汉代遗址中猫骨的出土，也为此提供了有意义的启示（王子今：《北京大葆台汉墓出土猫骨及相关问题》，《考古》2010年第2期）。《艺文类聚》卷九三引《东方朔传》有这样一段文字，说骠骑将军霍去病责难诸博士，东方朔机智地回答："干将莫耶，天下之利剑也，水断鹄雁，陆断马牛，将以补履，曾不如一钱之锥。骐骥騄耳，天下之良马也，将以捕鼠于深堂，曾不如跛猫。"如果这一记载可信，那么，在司马迁生活的时代，已经有了以猫捕鼠来克服鼠患的方式。

三、赵奢的比喻："两鼠斗于穴中"

对于战国时期的军事史记录，《史记》中多有生动的文字传世。赵国名将赵奢论战，曾经以"鼠"作比喻。《史记·廉颇蔺相如列传》写道："秦伐韩，军于阏与。王召廉颇而问曰：'可救不？'对曰：'道远险狭，难救。'又召乐乘而问焉，乐乘对如廉颇言。又召问赵奢，奢对曰：'其道远险狭，譬之犹两鼠斗于穴中，将勇者胜。'王乃令赵奢将，救之。"赵奢是在面对勇悍的秦军，于临战的形势下说出这番话的，所谓"其道远险狭，譬之犹两鼠斗于穴中，将勇者胜"，体现了决战决胜的英雄主义气概。

对这次战役的记述，《史记·秦本纪》写道："（秦昭襄王）三十八年，中更胡阳攻赵阏与，不能取。"《史记·赵世家》记载："赵使赵奢将，击秦，大破秦军阏与下，赐号为马服君。"《史记·廉颇蔺相如列传》也说："赵奢破秦军阏与下。"

战国时期的天下形势，如《史记·平津侯主父列传》所记述，"强国务攻，弱国备守，合从连横，驰车击毂，介胄生虮虱，民无所告愬"；又如《史记·秦始皇本纪》引贾谊《过秦论》所说，"伏尸百万，流血漂卤"。所谓"诸侯争强，战国并起，甲兵不休"（《盐铁论·未通》），强调了当时战争的激烈。赵奢以"譬之犹两鼠斗于穴中"比喻战场形势。"两鼠斗于穴中"，生动地形容了"道远险狭"，作战艰难。《史记》中保留了一个勇敢军人身上体现出的"战国构兵，更相吞灭，专以争强攻取为务"（《中论·历数》）的时代精神，这种生动鲜活的语言史料，值得我们珍视。而其中有关"鼠"的文字，说明对话双方赵奢、赵惠文王，以及太史公本人，对这种动物的习性都是熟悉的。人们对"鼠"的特点的了解，还体现于《史记·魏其武安侯列传》记述的"首鼠两端"。

我们在汉代数学名著《九章算术》的《盈不足》部分看到这样一道计算题："今有垣厚五尺，两鼠对穿。大鼠日一尺，小鼠亦日一尺。大鼠日自倍，小鼠日自半。问几何日相逢？各穿几何？答曰：二日、十七分日之二。大鼠穿三尺四寸、十七分寸之十二，小鼠穿一尺五寸、十七分寸之五。术曰：假令二日，不足五寸。令之三日，有余三尺七寸半。"说两只老鼠迎向穿穴，要打通厚五尺的墙垣。"大鼠"的进度是一天一尺，第二天速度会增倍；"小鼠"的进度也是一天一尺，但是效率会逐日减半。问：多少天两只老鼠会相遇，各自掘进的尺度是多少。答曰：二日又十七分之二日两只老鼠可以会师。届时"大鼠"穿三尺四又十七分之十二寸，"小鼠"穿一尺五又十七分之五寸。这一题的设定，体现了当时人们对"鼠穿垣"这一情形的熟悉程度。所谓"大鼠日自倍，小鼠日自半"，说明人们对"鼠穿垣"能力的观察是非常细致的。而"垣厚五尺，两鼠对穿"，在穴中"相逢"的时刻，和赵奢所说"两鼠斗于穴中"的场景，也是有几分相似的。

四、李斯的人生启示："厕中鼠"与"仓中鼠"

秦朝名相李斯，是为秦的统一以及秦帝国的行政建设做出不少贡献的政治家。他在狱中上书秦二世，自陈"臣为丞相，治民三十余年矣"，有"罪七"，实际上自述了七个方面"有功"的政治表现。其中第一条就是"兼六国"，"立秦为天子"。李贽曾经评价李斯和秦始皇共同设计的秦的政体："此等皆是应运豪杰、因时大臣，圣人复起，不能易也。""始皇出世，李斯相之，天崩地坼，掀翻一个世界。"(《史纲评要》卷四) 他所力倡的中央直接管理郡县的行政格局，按照王夫之的说法："郡县之制，垂二千年而弗能改矣，合古今上下皆安之，势之所趋，岂非理而能然哉？"(《读通鉴论》卷一)

李斯走向成功的人生道路，起步时竟然有与"鼠"相关的故事。《史记·李斯列传》开篇就记载了他早年的励志故事："李斯者，楚上蔡人也。年少时，为郡小吏，见吏舍厕中鼠食不洁，近人犬，数惊恐之。

斯入仓，观仓中鼠，食积粟，居大庑之下，不见人犬之忧。于是李斯乃叹曰：'人之贤不肖譬如鼠矣，在所自处耳！'"这里说"为郡小吏"，按照司马贞《索隐》的解释，只是"乡小吏"，引"刘氏云'掌乡文书'"。李斯少年时，身份为底层小吏，看到住处的"厕中鼠"，食用的是不清洁的物品，活动地点离人和狗都比较近，经常因此而惊恐。李斯进入粮仓，又看到"仓中鼠"，吃的是数量充足的"积粟"，居住空间宽敞高大，又不会频繁受到人和狗的侵扰。李斯想，同样都是"鼠"，却有这样鲜明的差别。于是感叹道：人的境遇高显或卑下，人的事业成功或失败，就像"鼠"一样，全在自己选择的位置。

李斯于是追随荀卿学"帝王之术"。他学成于楚国，但是判断"楚王不足事"，又看到"六国皆弱"，发现"今秦王欲吞天下，称帝而治，此布衣驰骛之时而游说者之秋也"，决心"西入秦"，后来成了有作为的政治家。《史记·李斯列传》的《索隐述赞》写道"鼠在所居，人固择地"，也突出强调了李斯"观仓中鼠"故事的意义，用以启示《史记》的读者。

顾炎武诗作《有叹》涉及李斯言行："少小事荀卿，占毕更寒暑。慨然青云志，一旦从羁旅。西游到咸阳，上书寤英主。……复有金石辞，粲烂垂千古。如何壮士怀，但慕仓中鼠。"（《顾亭林诗笺释》卷四）李斯"慨然""粲烂"的"壮士怀"，竟然因"慕仓中鼠"而得以激发，确实是古代人才史、人才思想史、个人奋斗史中非常有意思的情节。《史记》保留了这样难得的心理记录，我们应当感谢司马迁。

五、丝路"火山国"知识："白鼠皮""火浣布"

司马迁撰作《史记》的时代，是中华民族发展进程中多有进取的时代。其中一项非常重要的成就，是经张骞出使西域，正式打通了中原与西北地区经济文化往来的通道。《史记》最早记录了这一对于世界文明史具有特殊意义的重大事件，称之为"张骞凿空"（《史记·大宛列传》）。

"骞身所至者大宛、大月氏、大夏、康居，而传闻其旁大国五六，具为天子言之。"张骞将"身所至"即亲自考察和得自"传闻"的关于中亚世界的地理与人文知识带到长安，丰富了中原人对于天下的认识。

《史记·大宛列传》记述了关于"安息"的信息："安息在大月氏西可数千里。其俗土著，耕田，田稻麦，蒲陶酒。城邑如大宛。其属小大数百城，地方数千里，最为大国。临妫水，有市，民商贾用车及船，行旁国或数千里。以银为钱，钱如其王面，王死辄更钱，效王面焉。画革旁行以为书记。其西则条枝，北有奄蔡、黎轩。"对于这段话的解释，张守节《正义》引《后汉书》说到"在西海之西"的"黎轩"（或称"犁靬"），也就是"大秦"的物产："大秦一名犁靬，在西海之西，东西南北各数千里。有城四百余所。土多金银奇宝，有夜光璧、明月珠、骇鸡犀、火浣布、珊瑚、琥珀、琉璃、琅玕、朱丹、青碧，珍怪之物，率出大秦。""大秦"，是汉晋时对罗马帝国的称呼。张守节《正义》引录的三段文字都说到"火浣布"。除了《后汉书》外，还有万震《南州志》云："海中斯调洲上有木，冬月往剥取其皮，绩以为布，极细，手巾齐数匹，与麻焦布无异，色小青黑，若垢污欲浣之，则入火中，便更精洁，世谓之火浣布。"又《括地志》云："火山国在扶风南东大湖海中。其国中山皆火，然火中有白鼠皮及树皮，绩为火浣布。""火浣布"，就是石棉织品。《列子·汤问》说到"火浣布"："火浣之布，浣之必投于火；布则火色，垢则布色；出火而振之，皓然疑乎雪。"张湛注："火浣布"，"事实之言""无虚妄"。卢重玄解："火山之鼠得火而生"，"布名与中国等，火与鼠毛同，此复何足为怪也？"《汉书·艺文志》著录"《列子》八篇"，但据说已经散失，现在我们看到的《列子》，多以为伪书。但马叙伦《列子伪书考》说，其中也有早期文献的内容："盖《列子》晚出而早亡，魏、晋以来好事之徒聚敛《管子》《晏子》《论语》

《山海经》《墨子》《庄子》《尸佼》《韩非》《吕氏春秋》《韩诗外传》《淮南》《说苑》《新序》《新论》之言，附益晚说，假为向序以见重。"杨伯峻赞同这一论断，进而指出，其中所"聚敛"的原始材料，"除了马氏所列举之外，还有一些当时所能看到而今已亡佚的古籍，例如《汤问》《说符》的某些章节，既不见于今日所传先秦、两汉之书，也不是魏晋人思想的反映，而且还经魏晋人文辞中用为典故，所以只能说作伪《列子》者袭用了别的古书的某些段落"（《列子集释·前言》，中华书局 1979 年，第 3—4 页）。《汤问》可能"袭用"了较早"古书的某些段落"的看法，值得重视。我们还看到，另一种年代存在疑问的文献《孔丛子》，引据《周书》，同样说到"火浣布"，也应当注意。

《史记》虽然没有直接记述"火浣布"的文字，但司马迁时代的人们或许已经从张骞收集的"传闻"中对"火浣布"有所了解。而稍后的文献中所见相关知识的由来，也与《史记·大宛列传》对于"西海之西"和"海西"的考察有关。涉及"火浣布"和"白鼠皮""鼠毛"的神秘传说，也是我们讨论"鼠"的问题时应当关心的。

六、张汤"劾鼠"

汉武帝时代著名的酷吏张汤，对于当时法律建设和司法风格的形成有着重要影响。《史记·酷吏列传》有这样的评价："张汤以知阴阳，人主与俱上下，时数辩当否，国家赖其便。"司马迁记述了张汤未成年时因"鼠盗肉"而设廷讯审问"鼠"的故事："张汤者，杜人也。其父为长安丞，出，汤为儿守舍。还而鼠盗肉，其父怒，笞汤。汤掘窟得盗鼠及余肉，劾鼠掠治，传爰书，讯鞫论报，并取鼠与肉，具狱磔堂下。其父见之，视其文辞如老狱吏，大惊，遂使书狱。"少年张汤"守舍"疏失，因"鼠盗肉"而受到父亲责打，于是掘开鼠洞，捕得"盗鼠"，严刑审讯。其"劾鼠"形式，"掠治，传爰书，讯鞫论报"，直至处刑，

"具狱磔堂下"，程式一如正规法庭，"文辞如老狱吏"。其父因此"大惊"，于是后来安排他参与司法的学习和实践。

关于张汤捕得"盗鼠"的方式，《史记·酷吏列传》说"汤掘窟得盗鼠及余肉"，《艺文类聚》卷九五引《史记》作"汤掘，遂得盗鼠及余肉"。《汉书·张汤传》说："汤掘熏得鼠及余肉。"采用了"熏"的方式，与《史记》不同。《太平御览》卷五一八引《汉书》作"汤掘地熏鼠得余肉"，卷六四三引《汉书》作"汤掘熏得鼠及余肉"，也都说到"熏"；卷八六三引《汉书》作"汤掘室得鼠及余肉"。

"劾鼠"故事，对于张汤来说，影响了他的人生方向；对于汉帝国来说，实现了一位司法大臣事业的启程；对于中国法律史来说，则是一位法学人才成功的起跑线。

张汤"为儿"时"劾鼠"的事迹，后来成为历代诗文习用之典。如唐人骆宾王"磔鼠谢其严明"（《上齐州张司马启》，《骆临海集》卷七）诗句。金人李俊民诗"书爱换鹅功不到，狱因劾鼠法先知"（《又用济之韵赠子昂》，《庄靖集》卷二），也说到张汤"劾鼠"事。宋人李流谦诗"对客颇能嗔字父。劾鼠狱词老吏服"（《观小儿瓮戏》，《澹斋集》卷三），则以儿童生活的视角回顾"劾鼠"的故事。

宋人刘克庄曾撰《劾鼠赋》，文辞生动，值得一读。他就鼠啮而造成珍爱的图书损坏一事，表达了伤心和愤恨："余悯黄卷兮，惧白蟫之害，颇整比其散乱兮，又补完其破碎。手自肩镯兮，若巾袭于珍贝。虽稍辟夫蠹类兮，曾不虞以鼠辈。"警惕书蠹的危害，却疏忽了鼠患。"偶一夕之慵兮，遗数帙其外，明发起视兮遭毒喙，皮壳无恙兮残腹背。余意不怡兮朝食废。"书籍残破，心情不好，以致不思饮食。于是想到张汤"劾鼠"之事："思古事兮发深慨，彼盗肉兮汝常态，尚熏掘而诛磔兮，矧灭籍之罪大。余非刀笔吏兮，莫鞫讯而捕逮，始诘汝以理兮，具以臆对。"他说，我家"余廪有菽粟兮园有果菜"，且"库有醯醪兮庖有脯醢"，并责问鼠辈"汝出没其间兮且攫且嘬"，通常"每择取其甘鲜"，而只留给我残败。刘克庄又愤然斥问："汝于此兮夫岂不快？书于汝兮曾微纤芥。"如此还不满足，竟然损坏对你没有什么诱惑力的图书！难道你"前身"是从事"剽窃"的"盗儒"吗？他表示自己"嗜书"超过饮食美味，"虽无万卷兮寸纸亦爱"，遂严词警告鼠辈："犯前数条兮原其罪，惟啮余书兮不姑贷。求良猫兮设毒械，如永某氏之为兮汝毋悔。"最终，"鼠默然失辞兮，叩头而退"（《后村集》卷四九）。

张汤墓位于陕西西安长安区郭杜附近，近年被发掘。出土有"张汤"字样的印章，从而帮助考古学者确定了墓主的身份。有意思的是，墓葬遗址就在西北政法大学南校区。一代司法名臣安葬的地方，两千年后竟然是培养法学精英的高等学府。这是张汤不会想到的，当然也是记述张汤事迹的司马迁没有想到的。

《史记》记"卧"：司马迁笔下的几种"躺平"

"卧"是人体的基本姿态之一，在《现代汉语词典》中的第一种释义是"躺下"。"卧"通常被看作一种休息状态的表现。历史进程中的人物活动千姿百态，《史记》作为社会史论著的经典，对于历史人物的体态动作多有细致的观察和详尽的记述。对于"卧"这种今人或称作"躺""躺平"的姿势，太史公有不同的叙说。我们观察和理解历史，通过这些文字或许可以得到若干启示。

一、"高枕而卧""安枕而卧"

张仪劝说魏王顺从强势的秦国。他说："为大王计，莫如事秦。事秦则楚、韩必不敢动；无楚、韩之患，则大王高枕而卧，国必无忧矣。"（《史记·张仪列传》）"高枕而卧"是人体动作表现，其精神状态或者说心境，是"无忧"。

《史记·李斯列传》记载，"二世燕居，乃召高与谋事"，赵高提出了强化刑罚，以酷刑推行强权统治的建议："严法而刻刑，令有罪者相坐诛，至收族，灭大臣而远骨肉；贫者富之，贱者贵之。尽除去先帝之故臣，更置陛下之所亲信者近之。此则阴德归陛下，害除而奸谋塞，群臣莫不被润泽，蒙厚德，陛下则高枕肆志宠乐矣。计莫出于此。"这里说到的"高枕肆志宠乐"，正与"二世燕居"之所谓"燕居"相一致。《史记·万石张叔列传》："子孙胜冠者在侧，虽燕居必冠，申申如也。"司马贞《索隐》："燕谓闲燕之时。燕，安也。"

汉高祖刘邦派刘敬出使匈奴。"刘敬从匈奴来，因言'匈奴河南白羊、楼烦王，去长安近者七百里，轻骑一日一夜可以至秦中。秦中新破，少民，地肥饶，可益实。夫诸侯初起时，非齐诸田，楚昭、屈、景莫能兴。今陛下虽都关中，实少人。北近胡寇，东有六国之族，宗强，一日有变，陛下亦未得高枕而卧也'。"于是提出移民的建议："'臣愿陛下徙诸田，楚昭、屈、景、燕、赵、韩、魏后，及豪桀名家居关中。无事，可以备胡；诸侯有变，亦足率以东伐。此强本弱末之术也'。上曰：'善。'乃使刘敬徙所言关中十余万口。"（《史记·刘敬叔孙通列传》）刘敬分析了"北近胡寇，东有六国之族，宗强"两个方面的国家安全威胁，警告"陛下亦未得高枕而卧也"。刘敬的危机意识对刘邦产生了积极的影响，于是采取了相应的措施。

汉并天下之初，刘邦曾经有意另立所宠爱的戚夫人之子赵王如意为太子。太子刘盈的地位受到威胁，吕后恐慌，求助于张良。《史记·留侯世家》记载："吕后乃使建成侯吕泽劫留侯，曰：'君常为上谋臣，今上欲易太子，君安得高枕而卧乎？'"所谓"高枕而卧"，是形容悠然安闲的情形。张良提出了有效的建议，吕后得以借助四皓的影响力，使刘邦不得不感叹："我欲易之，彼四人辅之，羽翼已成，难动矣。吕后真而主矣。"太史公分析："竟不易太子者，留侯本招此四人之力也。"因为吕后集团以"君安得高枕而卧乎"一语相激，使张良参与了是否"易太子"的政治继承权位的高层竞争，后来使吕太后和汉惠帝执政的局面形成。当然，张良的言行也是出自对汉王朝政治安全的考虑，与"大臣多谏争"的态度是一致的。

吕后去世，汉王朝又经历了一次政治动荡。反对吕氏集团的老臣们设法取得控制长安的军事指挥权，让郦寄劝说吕禄："高帝与吕后共定天下，刘氏所立九王，吕氏所立三王，皆大臣之议，事已布告诸侯，诸侯皆以为宜。今太后崩，帝少，而足下佩赵王印，不急之国守藩，乃为上将，将兵留此，为大臣诸侯所疑。足下何不归将印，以兵属太尉？请梁王归相国印，与大臣盟而之国，齐兵必罢，大臣得安，足下高枕而王千里，此万世之利也。"（《史记·吕太后本纪》）说到"高枕而王千里"。

与"高枕而卧"近义，《史记》又可见"安枕而卧"。《史记·黥布列传》记述，因韩信、彭越被诛，黥布"因大恐，阴令人部聚兵，候伺旁郡警急"。与黥布有私仇者贲赫举报黥布"谋反有端"，黥布"发兵反"。薛公为刘邦分析形势："布反不足怪也。使布出于上计，山东非汉之有也；出于中计，胜败之数未可知也；出于下计，陛下安枕而卧矣。"刘邦问："何谓下计？"薛公答道："东取吴，西取下蔡，归重于越，身归长沙，陛下安枕而卧，汉无事矣。"还有"高枕安卧"的说法，不过未见于《史记》。《论衡·顺鼓》说到"人君高枕安卧"，依然体现了最高权力者的执政理想，往往以稳定为直接期望。《史记》虽然未见"高枕安卧"，却有"安卧"字样出现。《史记·扁鹊仓公列传》记载："《脉法》曰：'年二十脉气当趋，年三十当疾步，年四十当安坐，年五十当安卧，年六十已上气当大董。'"按照裴骃《集解》引徐广的解释："董谓深藏之。一作'蕫'。"这里所说"年五十当安卧"，或可看作考察古代养生观念的史料。

二、"醉卧"史例

《史记·高祖本纪》说刘邦起兵反秦之前的生活，"好酒及色。常从王媪、武负贳酒，醉卧，武负、王媪见其上常有龙，怪之。高祖每酤留饮，酒雠数倍。及见怪，岁竟，此两家常折券弃责"。刘邦"醉卧"时的异常，竟然使得"王媪、武负"两家放弃债权。释放押送的"徒"，乘醉斩白蛇于丰西泽中，是汉王朝建国史中的重要情节。刘邦"拔剑击斩蛇"之后，"行数里，醉，因卧"。出现"赤帝子"杀"白帝子"的传说："后人来至蛇所，有一老妪夜哭。人问何哭，妪曰：'人杀吾子，故哭之。'人曰：'妪子何为见杀？'妪曰：'吾子，白帝子也，化为蛇，当道，今为赤帝子斩之，故哭。'人乃以妪为不诚，欲告之，妪因忽不见。后人至，高祖觉。后人告高祖，高祖乃心独喜，自负。诸从者日益畏之。"刘邦政治威望的最初形成，是由于"醉卧"时刻发生的舆论宣传和权威造势。

孔融反对曹操的禁酒政策，论说"酒之为德"史例多种。《后汉书·孔融传》李贤注引"《融集》与操书"中，在"高祖非醉斩白蛇，无以畅其灵；景帝非醉幸唐姬，无以开中兴"之后，又说："袁盎非醇醪之力，无以脱其命。""高祖""景帝"的"醉"，也都有"醉卧"情节，在拙文《〈史记〉说"醉"》（见《月读》2021年第11期）中已经有所讨论，然而未及"袁盎"事。这里不妨简单说说"袁盎"的特别境遇。他的死生，竟然与"醉卧"相关。吴楚七国之乱时，太常袁盎出使吴国。吴王刘濞"欲使将"，遭到拒绝，于是"欲杀之"。刘濞"使一都尉以五百人围守盎军中"。早先袁盎任吴相时，有从史与袁盎侍女发生情爱关系。袁盎知晓后，并不表露知情，仍然"遇之如故"。有人告知从史："君知尔与侍者通。"从者畏惧逃亡，袁盎亲自追回，以侍女赐从史，令其任职如故。此次袁盎被吴军监禁时，过去身边这位从史恰好任羁押袁盎的校尉司马，于是，"悉以其装赍置二石醇醪，会天寒，士卒饥渴，饮酒醉，西南陬卒皆卧，司马夜引袁盎起，曰：'君可以去矣，吴王期旦日斩君。'"袁盎因此逃生。故事还有"道从醉卒隧直出，司马与分背"的情节（《史记·袁盎晁错列传》）。五百军士"醉卧"，使得袁盎"脱其命"的故事，在司马迁笔下与情爱恩仇相纠结，成为酒史中的趣闻。

三、军中"卧"的故事：韩信和周亚夫

上文所说曾经受恩袁盎的校尉司马纵其脱逃的故事中，重要的情节是"使一都尉以五百人围守盎军中"，而"会天寒，士卒饥渴，饮酒醉，西南陬卒皆卧"。"卧"的空间背景正在"军中"。

在主将"卧"的情势下，军情发生变化的史例，有《史记·淮阴

侯列传》这样的记载："楚数使奇兵渡河击赵，赵王耳、韩信往来救赵，因行定赵城邑，发兵诣汉。楚方急围汉王于荥阳，汉王南出，之宛、叶间，得黥布，走入成皋，楚又复急围之。六月，汉王出成皋，东渡河，独与滕公俱，从张耳军修武。至，宿传舍。晨自称汉使，驰入赵壁。张耳、韩信未起，即其卧内上夺其印符，以麾召诸将，易置之。信、耳起，乃知汉王来，大惊。汉王夺两人军，即令张耳备守赵地。拜韩信为相国，收赵兵未发者击齐。"楚汉争夺激烈，刘邦处于劣势时，晨时驰入军营，在张耳、韩信"未起"时，"即其卧内上夺其印符"，取得了军事指挥权。

有一种特殊的"军中"之"卧"，体现出安然镇定。周亚夫平定吴楚七国之乱，有这样的战例："太尉既会兵荥阳，吴方攻梁，梁急，请救。太尉引兵东北走昌邑，深壁而守。梁日使使请太尉，太尉守便宜，不肯往。梁上书言景帝，景帝使使诏救梁。太尉不奉诏，坚壁不出，而使轻骑兵弓高侯等绝吴楚兵后食道。吴兵乏粮，饥，数欲挑战，终不出。"甚至军营中发生变乱，仍然"卧"而"不起"。"夜，军中惊，内相攻击扰乱，至于太尉帐下。太尉终卧不起。顷之，复定。后吴奔壁东南陬，太尉使备西北。已而其精兵果奔西北，不得入。吴兵既饿，乃引而去。太尉出精兵追击，大破之。"汉文帝经细柳营考察，对周亚夫得出"嗟乎，此真将军矣"的判断（《史记·绛侯周勃世家》）。这位"真将军"的优异资质，通过"军中惊，内相攻击扰乱，至于太尉帐下"，仍"终卧不起"，又得以表现。

战争史资料中特殊的"卧"，有两例见于《史记·李将军列传》。当敌我力量悬殊时，为了迷惑对方，"李广上马与十余骑奔射杀胡白马将，而复还至其骑中，解鞍，令士皆纵马卧"，使得匈奴骑兵军团不敢攻击。而李广被俘，也被置于两马间"络"中："胡骑得广，广时伤病，置广两马间，络而盛卧广。行十余里，广详死，睨其旁有一胡儿骑善马，广暂腾而上胡儿马，因推堕儿，取其弓，鞭马南驰数十里，复得其余军，因引而入塞。匈奴捕者骑数百追之，广行取胡儿弓，射杀追骑，以故得脱。"后人评价《李将军列传》，称"有无限景仰爱重"（牛运震《史记评注》卷一〇），"今看其传，英风如在"（黄震《黄氏日钞》卷四七）。两处"卧"字，一言智谋，一言勇武，都是非常精彩的记述。

四、宫中"卧"的故事："婉佞贵幸""入卧后宫"批判

"卧"，是后宫生活的惯常情景。著名的窃符救赵的故事中，"晋鄙之兵符常在王卧内，而如姬最幸，出入王卧内，力能窃之"的分析（《史记·魏公子列传》），正说明了"卧内"私爱弥漫的环境。"卧内"一语，又见于《史记·韩信卢绾列传》："从东击项籍，以太尉常从，出入卧内，衣被饮食赏赐，群臣莫敢望，虽萧曹等，特以事见礼，至其亲幸，莫及卢绾。"此所谓"出入卧内"，言关系特别亲近，但并不涉及情爱。《史记·万石张叔列传》所谓"景帝入卧内，于后宫秘戏"，提示了"卧内"和"后宫"的关系。而上文引孔融文字所谓景帝"醉幸唐姬"，其原始记录也见于《史记》，应是通常人们理解的"卧内""后宫"的私密生活。

我们在这里所说的宫中"卧"的故事，要提示大家注意司马迁着力记叙的"婉佞贵幸""入卧后宫"这种比较特别的"后宫"之"卧"。

楚灵王在内乱外患交集时失去权位，狼狈流亡，以致饥困至极。司马迁的相关记述，有"饥弗能起"的情节，这是很特殊的"卧"。《史记·楚世家》写道："灵王于是独傍偟山中，野人莫敢入王。王行遇其故锏人，谓曰：'为我求食，我已不食三日矣。'锏人曰：'新王下法，有敢饷王从王者，罪及三族，且又无所得食。'王因枕其股而卧。锏人又以土自代，逃去。王觉而弗见，遂饥弗能起。"楚灵王饥困至极，求食不得。过去身边的工作人员"故锏人"畏惧"罪及三族"的严厉处罚，也不敢"饷王从王"。楚灵王短暂休息，"枕其股而卧"，"故锏人"

也设法"逃去"。这里所谓"王因枕其股而卧",是极度困乏的表现。衡山王太子刘爽因王后"数恶己","欲与乱以止其口"。于是,"王后饮,太子前为寿,因据王后股,求与王后卧"(《史记·淮南衡山列传》)。这是说男女间暧昧之事,我们可以据此了解"据"其"股""与卧"的亲昵情景。

我们还看到司马迁关于帝王与身边服务者亲近而"卧"的其他记录。

据《史记·樊郦滕灌列传》记述,刘邦"病甚","枕""宦者"而"卧",形态似乎类同楚灵王"枕""故铅人""其股而卧":"先黥布反时,高祖尝病甚,恶见人,卧禁中,诏户者无得入群臣。群臣绛、灌等莫敢入。十余日,哙乃排闼直入,大臣随之。上独枕一宦者卧。哙等见上流涕曰:'始陛下与臣等起丰沛,定天下,何其壮也!今天下已定,又何惫也!且陛下病甚,大臣震恐,不见臣等计事,顾独与一宦者绝乎?且陛下独不见赵高之事乎?'高帝笑而起。"

《史记·佞幸列传》写道:"谚曰'力田不如逢年,善仕不如遇合',固无虚言。非独女以色媚,而士宦亦有之。"司马迁说,过去这样的情形很多,汉初就有这样的实例:"昔以色幸者多矣。至汉兴,高祖至暴抗也,然籍孺以佞幸;孝惠时有闳孺。此两人非有材能,徒以婉佞贵幸,与上卧起,公卿皆因关说。故孝惠时郎侍中皆冠鵔鸃,贝带,傅脂粉,化闳、籍之属也。"汉高祖时的"籍孺",汉惠帝时的"闳孺",都曾经"与上卧起"。汉文帝时邓通受宠。"文帝赏赐通巨万以十数,官至上大夫。文帝时时如邓通家游戏。然邓通无他能,不能有所荐士,独自谨其身以媚上而已。""文帝尝病痈,邓通常为帝唶吮之。"可知二人关系亲密异常,甚至超过父子之情。汉武帝时又有韩嫣备受宠爱。"今天子中宠臣,士人则韩王孙嫣,宦者则李延年。嫣者,弓高侯孽孙也。今上为胶东王时,嫣与上学书相爱。及上为太子,愈益亲嫣。嫣善骑射,善佞。上即位,欲事伐匈奴,而嫣先习胡兵,以故益尊贵,官至上大夫，赏赐拟于邓通。时嫣常与上卧起。""相爱""愈益亲"，典型的表现就是"常与上卧起"。而关于李延年，《史记》也有"与上卧起"的记录。"李延年，中山人也。父母及身兄弟及女，皆故倡也。延年坐法腐，给事狗中。而平阳公主言延年女弟善舞，上见，心说之，及入永巷，而召贵延年。延年善歌，为变新声，而上方兴天地祠，欲造乐诗歌弦之。延年善承意，弦次初诗。""延年佩二千石印，号协声律。与上卧起，甚贵幸，埒如韩嫣也。"

在《史记·佞幸列传》中，司马迁三次说到"与上卧起"，足见对这种行为表现的关注。

理解当时平民生活中性取向异常的情形，《史记·田叔列传》褚少孙补述所谓"田仁故与任安相善"，俱为"卫将军舍人"，"同心相爱"，"两人同床卧"的情形，或许也可以看作有参考意义的信息。

五、"卧病""病卧"与"病卧""强起"

《史记·封禅书》记载："秦缪公立，病卧五日不寤；寤，乃言梦见上帝，上帝命缪公平晋乱。史书而记藏之府。而后世皆曰秦缪公上天。"这是《史记》不多见的记述梦境的文字，而秦穆公"病卧五日不寤"，也是值得重视的疾病史记录。

上文说到《史记·樊郦滕灌列传》"高祖尝病甚，恶见人，卧禁中，诏户者无得入群臣"，正是比较严重的"病卧"情形。

《史记·酷吏列传》说张汤事迹，涉及"汤有所爱史鲁谒居"："谒居病卧闾里主人，汤自往视疾，为谒居摩足。"有人据此上书："汤，大臣也，史谒居有病，汤至为摩足，疑与为大奸。"而谒居弟"使人上书告汤与谒居谋"。又因为其他多种因素的作用，致使张汤自杀。张汤在"谒居病卧闾里主人"时的特殊表现，发生在探望"病卧"亲近者时。

楚汉战争期间，刘邦阵前被项羽"伏弩射中"，胸部受伤。"汉王病创卧，张良强请汉王起行劳军，以安士卒，毋令楚乘胜于汉。"（《史记·高祖本纪》）这是为了不影响士气，虽"病创卧"，仍"强""起行劳军，以安士卒"的史例。

《史记·留侯世家》又记载了另一则刘邦"病卧"强起的故事："汉十一年，黥布反，上病，欲使太子将，往击之。"四皓以为"太子将兵，事危矣"。于是建议建成侯吕泽："君何不急请吕后承间为上泣言：'黥布，天下猛将也，善用兵，今诸将皆陛下故等夷，乃令太子将此属，无异使羊将狼，莫肯为用，且使布闻之，则鼓行而西耳。上虽病，强载辎车，卧而护之，诸将不敢不尽力。上虽苦，为妻子自强。'于是吕泽立夜见吕后，吕后承间为上泣涕而言，如四人意。"刘邦"虽病，强载辎车，卧而护之"。而张良带病送行，也是"强起"。"于是上自将兵而东，群臣居守，皆送至灞上。留侯病，自强起，至曲邮，见上曰：'臣宜从，病甚。楚人剽疾，愿上无与楚人争锋。'"又建议刘邦任太子军职，掌控关中军权："因说上曰：'令太子为将军，监关中兵。'"刘邦听从了张良的意见，故事的后续情节，可见刘邦对张良又提出了扶病辅佐支持太子的要求："上曰：'子房虽病，强卧而傅太子。'"当时叔孙通为太傅，张良行少傅事，确实有"傅太子"的责任。刘邦"强载辎车，卧而护之"远征黥布，张良"病，自强起，至曲邮"相送，刘邦又嘱托"子房虽病，强卧而傅太子"。"强载""强起""强卧"，构成了同样表现的连环情节。

"虽病，强卧"，是虽"病卧"，但仍然坚持履行职任。汲黯拜为淮阳太守，"黯伏谢不受印，诏数强予，然后奉诏"。他向汉武帝解释说："臣常有狗马病，力不能任郡事。"汉武帝说："君薄淮阳邪？吾今召君矣。顾淮阳吏民不相得，吾徒得君之重，卧而治之。"（《史记·汲郑列传》）汉武帝"吾徒得君之重，卧而治之"的期待，其实与刘邦言"子房虽病，强卧而傅太子"的意思是比较相近的。

六、卧薪尝胆：太史公的励志文字

以"卧"表现艰苦奋斗精神的文字，有《史记·孙子吴起列传》："卧不设席，行不骑乘，亲裹赢粮，与士卒分劳苦。"强调保持"居安思危"的忧患意识者，则有《史记·苏秦列传》所谓"卧不安席，食不甘味，心摇摇然如县旌而无所终薄"。"居安思危"一语，见于《晋书·段灼传》，其说曰："……然臣之悾悾，亦窃愿陛下居安思危，无曰高高在上，常念临深之义，不忘履冰之戒。"所用乃《左传·襄公十一年》魏绛对晋侯语："抑臣愿君安其乐而思其终也。""《书》曰：'居安思危。'思则有备，有备无患。敢以此规。"据杜预注，"居安思危"语出"逸《书》"，应是渊源久远的思想遗产。《史记》中是可以看到"居安思危"理念的。上文引吕泽劝说张良所谓"君安得高枕而卧乎"，就反映了这样的意识。《史记·田叔列传》亦见"食不甘味，卧不安席"语，是说心神不定，忧思重重。语意也有相近之处。

越王勾践被吴国所败，困于会稽；后来得以归国，立志复仇。《史记·越王句践世家》写道："吴既赦越，越王句践反国，乃苦身焦思，置胆于坐，坐卧即仰胆，饮食亦尝胆也。曰：'女忘会稽之耻邪？'身自耕作，夫人自织，食不加肉，衣不重采，折节下贤人，厚遇宾客，振贫吊死，与百姓同其劳。"后来终于打败吴国。"尝胆"，成为奋发图强的标志性符号，史书可见此历代习用之典。

后来人们以"卧薪尝胆"肯定英雄主义精神和艰苦奋斗意志。但稍早的时代如《史记·越王句践世家》所谓"置胆于坐，坐卧即仰胆，饮食亦尝胆也"，虽然说到"卧"，但是没有出现反映"卧薪"形式的文字。如《宋书·王僧达传》依然只说"尝胆"。《旧唐书·代宗纪》"猛士尝胆，忠臣痛心"，《旧五代史·汉书·隐帝纪中》"尝胆履冰"，也是如此。

《宋书·二凶传·元凶劭传》可见"枕戈尝胆"的说法。《梁书·元帝纪》有"横剑泣血，枕戈尝胆"，以及"泣血治兵，尝胆誓众"语。《梁书·敬帝纪》则说"抚剑尝胆，枕戈泣血"。《梁书·高祖三王传·邵陵王纶传》"剖心尝胆，泣血枕戈"，《陈书·高祖纪上》"枕戈尝胆，提剑拊心"，也都表达了相近的精神。"枕戈尝胆"，又见于《宋史·李纲传上》《明史·聊让传》。"尝胆枕戈"，则见于《宋史·曾几传》。另外，我们看到《梁书·武陵王纪传》"尝胆待旦"，《隋书·于仲文传》"尝胆枕戈"。"枕戈""待旦"，其内涵有"卧"的意思。《宋史·宗泽传》所谓"侧身尝胆"，似乎也暗示"卧"的体态姿势。

《史记·越王句践世家》说勾践"置胆于坐，坐卧即仰胆，……"与此"坐卧"对应，后来史籍文献也有"坐薪""卧薪"的不同说法。

《宋史·富弼传》"坐薪尝胆"，《宋史·萧燧传》"卧薪尝胆"，《宋史·赵必愿传》《宋史·赵范传》《宋史·李韶传》《宋史·儒林传·胡宏传》《辽史·后妃传·天祚德妃萧氏传》《金史·赤盏尉忻传》《元史·张桢传》《明史·周叙传》《明史·文震孟传》《明史·沈宸荃传》《明史·文苑列传一·危素传》《明史·外国列传一·朝鲜列传》等，都作"卧薪尝胆"。"卧薪尝胆"作为成语，可能已经通行。《明史·史可法传》《明史·袁继咸传》写作"尝胆卧薪"，意思是一样的。

《汉语大词典》第8卷"卧薪尝胆"条，指出"尝胆"事"见《史记·越王句践世家》、汉赵晔《吴越春秋·勾践归国外传》"。而关于"卧薪"，则说"卧薪事不知所出"。"卧薪尝胆"作为语义完整的成语，大概宋代已经广泛使用。戴溪《春秋讲义》卷二上："宋襄被执之后归反其国，当痛自循省，为卧薪尝胆之计。"胡宏《与高抑崇书》（《五峰集》卷二《书》）、《朱子语类》卷一一一也都使用"卧薪尝胆"一语。除了前引《宋史》外，《建炎以来系年要录》卷七二和卷一九三两见"卧薪尝胆"，可见史籍屡用此语。刘克庄《春夜温故六言二十首》之十七："图霸卧薪尝胆，为农拾穗行歌。"（《后村集》卷二五）说明"卧薪尝胆"已经成为普及性很强的文学语言。

"卧薪尝胆"成为刻苦自励的典型行为。后来还有益为凝聚的"胆薪"之说。如《清史稿·张煌言传》："圣贤学问，故每毡雪自甘，胆薪深厉，而卒以成事。""胆薪深厉"出自《史记》予以肯定的勾践事迹；"毡雪自甘"则是《史记·匈奴列传》记载"汉遣中郎将苏武厚币赂遗单于"之后发生的故事，具体的记述见《汉书·苏武传》："天雨雪，武卧啮雪与旃毛并咽之，数日不死。"这里同样出现了"卧"字，也是很有意思的事。

《史记》有关"卧"的文字，表现了形态纷异的社会历史风貌。对于"卧"的历史表象的记述是多样的。然而其深层透见的史家文化意念，可以使我们体会到积极的态度和进取的精神。比如勾践事迹所谓"置胆于坐，坐卧即仰胆，饮食亦尝胆也"，就长久闪耀着夺目的历史光辉。

《史记》说"蜂"与秦汉社会的甜蜜追求

《史记》中多次出现有关"蜂"的文字。形容秦始皇相貌，有"蜂准"之说。说商臣，则言"蠭目"，"蠭"就是"蜂"。对规模宏大、形势混乱的群体性社会运动现象的形容，如现今语言中所谓"蜂聚""蜂拥"等，《史记》中使用了"蠭起""蠭出""蠭午"的说法。可知当时人对于"蜂"的形貌和习性有细致的观察。而具备与"蜂"有关的知识，应当不会不关心"蜜"的取得，不会不尝试"蜜"的滋味，不会不体验"蜜"的食用。

秦汉社会饮食生活中"蜜"的消费，《史记》中只有间接的信息。但是参考其他相关历史文化现象，能够得知秦汉人饮食中对甜蜜的追求，是当时社会物质生活方面值得重视的现象。

一、秦始皇"蜂准"

大梁人尉缭来到秦国，向秦王建议以财物贿赂六国"豪臣"，以击灭诸侯。《史记·秦始皇本纪》写道："大梁人尉缭来，说秦王曰：'以秦之强，诸侯譬如郡县之君，臣但恐诸侯合从，翕而出不意，此乃智伯、夫差、湣王之所以亡也。愿大王毋爱财物，赂其豪臣，以乱其谋，不过亡三十万金，则诸侯可尽。'"秦王赞同这样的策略，对尉缭给予了充分的尊重，其衣食待遇享受与自己同样的等级："秦王从其计，见尉缭亢礼，衣服食饮与缭同。"不过，尉缭以为难以与秦王长期融洽相处，亲密合作，于是离去："缭曰：'秦王为人，蜂准，长目，挚鸟膺，豺声，少恩而虎狼心，居约易出人下，得志亦轻食人。我布衣，然见我常身自下我。诚使秦王得志于天下，天下皆为虏矣。不可与久游。'乃亡去。"秦王强行挽留尉缭，任为最高军事长官，并且采纳他的"计策"：
"秦王觉，固止，以为秦国尉，卒用其计策。"

尉缭形容秦王形貌音声之所谓"蜂准，长目，挚鸟膺，豺声"，依
照当时的相术，判断其品性"少恩而虎狼心"。其中所谓的"蜂准"，值
得我们注意。

裴骃《集解》说，"蜂"也写作"隆"。张守节《正义》说："蜂，
虿也，高鼻也。"认为"蜂准"是形容"高鼻"。《史记》"蜂准"的说
法，后世文献有的写作"隆准"，如《论衡·骨相》、唐赵蕤《长短经》
卷一、《太平御览》卷三八八引《秦始皇世家》、明陈耀文《天中记》卷
四一引《论衡》等。虽然《太平御览》卷三八八引《秦始皇世家》作
"隆准"，但《太平御览》卷八六引《史记》、《太平御览》卷七二九引
《史记》均作"蜂准"。

有学者研究"秦始皇形貌"，指出"今人多以'蜂准'为正字"（王
泽：《秦始皇形貌考——相人术视角下的考察》，《秦汉研究》2020 年）。

二、"商臣蠭目"

关于秦始皇鼻子的形状特点，《史记·秦始皇本纪》说"蜂准"，但
是也有"蜂目"的说法。《史记·高祖本纪》记载，刘邦相貌有"隆准"
的特征。司马贞《索隐》引录李斐的解释："准，鼻也。始皇蜂目长准，
盖鼻高起。"前引《史记·秦始皇本纪》秦始皇"蜂准"，这里写作"蜂
目"。《汉书·高帝纪上》："高祖为人，隆准而龙颜，……"颜师古注引
晋灼曰："《史记》：秦始皇蜂目长准。"也说"蜂目"。沈家本《诸史琐
言》卷四讨论"《高纪》隆准"时，也说到"《史记》：始皇蜂目长准"。
晋灼"《史记》：秦始皇蜂目长准"的说法，王念孙《广雅疏证》、王先
谦《汉书补注》都曾引用，并没有对《史记·秦始皇本纪》"蜂准"说
予以澄清。

采纳晋灼"《史记》：秦始皇蜂目长准"说的，还有宋人王洙《分门集注杜工部诗》卷九《哀王孙》"高帝子孙尽高准，龙种自与常人殊"注。又清人黄师宪诗句："忆昔秦皇混四海，蜂目豺声犹有为。赵鹿李鼠未猖狂，可与为善返盛时。"（《怀潘章辰先生》，《梦泽堂诗文集》卷一）又清人黄钊诗句"秦皇蜂目毒天下，气折琅琊卖药者。阜乡亭畔玉舄飞，玩弄愚儿已鹿马"（《登浴云楼观安期生像作》，《读白华草堂诗二集》卷一），也承袭了"秦皇蜂目"的说法。"赵鹿李鼠"指赵高指鹿为马和李斯仓中鼠厕中鼠故事。"鹿马"指赵高指鹿为马，言秦帝国面临崩溃时的故事。而"琅琊卖药人"即《史记·孝武本纪》司马贞《索隐》引《列仙传》所谓"琅邪人，卖药东海边，时人皆言千岁也"的仙人安期生。明人高出诗句"追及徐市驾，男女皆相邀。安期麾白云，翩翩来见招。遂乘赤玉舄，飞渡始皇桥"（《镜山庵集》卷二〇），说他"麾白云"，"翩翩"飞升登仙，远离了尘世乱局。

其实，《史记》中明确的"蜂目"，所说另有其人。《史记·楚世家》说商臣相貌与心性的特点："商臣蜂目而豺声，忍人也。"所谓"豺声"，和尉缭对秦始皇音声的形容是一样的。《汉书·王莽传中》："是时有用方技待诏黄门者，或问以莽形貌，待诏曰：'莽所谓鸱目虎吻豺狼之声者也，故能食人，亦当为人所食。'"《南史·贼臣传·侯景传》写道："景长不满七尺，长上短下，眉目疏秀，广颡高颧，色赤少鬓，低视屡顾，声散，识者曰：'此谓豺狼之声，故能食人，亦当为人所食。'"都说到"豺声"。《世说新语·识鉴》："潘阳仲见王敦小时，谓曰：'君蜂目已露，但豺声未振耳。必能食人，亦当为人所食。'"注家引《春秋传》曰："楚令尹子上谓世子商臣蜂目而豺声。"可知《史记》所说商臣的故事是有长久影响的。

《史记》中"蜂目"的相貌形容和"蜂准"同样，借"蜂"这种昆虫比喻人的面容特点，体现出当时人对"蜂"的形貌的熟悉。而"蜂准""蜂目"被看作"少恩而虎狼心"之"忍人"的容貌，应当与"蜂"

怀有戒备之心的情感背景有一定关系。

三、"蠭起""蠭午""蠭出"："蜂"的习性观察

在司马迁生活的时代，人们对于"蜂"往往群聚群飞的特点也是了解的。《史记·项羽本纪》说秦末形势："夫秦失其政，陈涉首难，豪杰蠭起，相与并争，不可胜数。"《汉书·项籍传》的说法是："夫秦失其政，陈涉首难，豪桀蜂起，相与并争，不可胜数。""豪杰蠭起"和"豪桀蜂起"，意思是一样的。《后汉书·安帝纪》载汉安帝诏，检讨自己执政有失，"朕以不德，奉郊庙，承大业，不能兴和降善，为人祈福"，以致"灾异蜂起"。这里的"蜂起"也是密集发生的意思。《后汉书·刘盆子传》说："时青、徐大饥，寇贼蜂起，众盗以崇勇猛，皆附之，一岁间至万余人。"《后汉书·岑彭传》："今赤眉入关，更始危殆，权臣放纵，矫称诏制，道路阻塞，四方蜂起，群雄竞逐，百姓无所归命。"《后汉书·冯衍传》："众强之党，横击于外，百僚之臣，贪残于内，元元无聊，饥寒并臻，父子流亡，夫妇离散，庐落丘墟，田畴芜秽，疾疫大兴，灾异蜂起。"《后汉书·谢弼传》："方今边境日蹙，兵革蜂起，自非孝道，何以济之。"《后汉书·董卓传》李贤注引《典略》载卓表所谓"变气上蒸，妖贼蜂起"，《后汉书·袁绍传》所谓"是时豪杰既多附绍，且感其家祸，人思为报，州郡蜂起"，《后汉书·西羌传》所谓"永初之间，群种蜂起"，都可以说明汉代社会语言习惯中已经通行"蜂起"之说。

同样是说秦末民众起义的发生，各地纷纷起兵，范增为项梁分析形势，有这样的说法："今陈胜首事，不立楚后而自立，其势不长。今君起江东，楚蠭午之将皆争附君者，以君世世楚将，为能复立楚之后也。"范增所谓"楚蠭午之将皆争附君"，裴骃《集解》："如淳曰：'蠭午犹言蠭起也。众蠭飞起，交横若午，言其多也。'"司马贞《索隐》："凡物交

横为午，言蠭之起交横屯聚也。故《刘向传》注云‘蠭午，杂沓也’。又郑玄曰‘一纵一横为午’。”

《汉书·刘向传》：“水、旱、饥，蝝、螽、螟蠭午并起。”颜师古注：“如淳曰：‘蠭午犹杂沓也。’”《汉书·霍光传》说刘贺行为：“受玺以来二十七日，使者旁午，持节诏诸官署征发，凡千一百二十七事。”所谓“旁午”，颜师古注也解释说：“如淳曰：‘旁午，分布也。’师古曰：‘一从一横为旁午，犹言交横也。’”大约所谓“蠭午”语意，也说如蜂群飞舞一般密集纷乱。

《史记·六国年表》指出战国时期政治军事竞争激烈，“信”的政治“约束”遭到破坏，而“谋诈”时兴。太史公这样写道：“矫称蠭出，誓盟不信，虽置质剖符犹不能约束也。”这里所说的“蠭出”，也以“蜂”的群飞态势，形容“矫称”这种欺诈行为频繁发生，密度很大。

范增所谓“皆争附君者”的“争”，或许是人们观察“蜂”群飞时情形的真实感觉。

“蜂起”“蜂午”“蜂出”的说法，见于史论和政论用语。如范增这样的智士，如汉安帝这样的帝王，都曾使用，可知当时社会对于“蜂”的活动方式与飞行习惯是相当熟识的。用以形容人类社会的活动形态，“蜂起”“蜂午”“蜂出”等言辞，大概已经是民间习用的熟语。《三国志·吴书·三嗣主传·孙皓传》裴松之注引陆机著《辨亡论》有“群雄蜂骇，义兵四合”的说法。所谓“蜂骇”，是后世语言的变化，但是借“蜂”为喻，却继承了原来的传统。

人们既然熟悉“蜂”的习性，不大可能不知道蜂巢中“蜂蜜”的存在。很可能是因发现并取用“蜂蜜”时惊动了“蜂”群，才导致“众蜂飞起”，形成“蜂起”“蜂午”“蜂出”的情形。

四、"蜂虿"比喻和"蜂与锋同"

"蜂"的自卫方式，即以尾部的毒针以螫刺方式报复敌害。《史记·礼书》称之为"蜂虿"。

蒯通劝说韩信面对政治危急形势时要果敢决断，有所行动。《史记·淮阴侯列传》载录了蒯通的话语："夫听者事之候也，计者事之机也，听过计失而能久安者，鲜矣。听不失一二者，不可乱以言；计不失本末者，不可纷以辞。夫随厮养之役者，失万乘之权；守儋石之禄者，阙卿相之位。故知者决之断也，疑者事之害也，审豪氂之小计，遗天下之大数，智诚知之，决弗敢行者，百事之祸也。故曰'猛虎之犹豫，不若蜂虿之致螫；骐骥之跼躅，不如驽马之安步；孟贲之狐疑，不如庸夫之必至也；虽有舜禹之智，吟而不言，不如瘖聋之指麾也'。此言贵能行之。夫功者难成而易败，时者难得而易失也。时乎时，不再来。愿足下详察之。"蒯通所谓"故曰'猛虎之犹豫，不若蜂虿之致螫；骐骥之跼躅，不如驽马之安步；孟贲之狐疑，不如庸夫之必至也；虽有舜禹之智，吟而不言，不如喑聋之指麾也'"，应是引用当时人们普遍认可的语言。"猛虎"的攻击力度远远超过"蜂虿"，然而"猛虎之犹豫，不若蜂虿之致螫"。立即行动，则可以切实有效地进击敌害。《史记·淮阴侯列传》"猛虎之犹豫，不若蜂虿之致螫"，《汉书·蒯通传》写作"猛虎之犹与，不如蜂虿之致蠚"。

《史记·礼书》有这样一段话，形容"楚人"军势的强劲："楚人鲛革犀兕，所以为甲，坚如金石；宛之巨铁施，钻如蜂虿，轻利剽遨，卒如熛风。"司马贞《索隐》解释"钻"："钻谓矛刃及矢镞也。"其兵器制作能力之优胜，可以"钻如蠤（蜂）虿（虿）"。《说文·虫部》："虿，毒虫也。象形。"段玉裁注："《左传》曰：蠤虿有毒。《诗》曰：卷发如虿。《通俗文》曰：虿长尾谓之蝎。蝎毒伤人曰蛆。蛆，张列反。或作蜇。旦声。非旦声也。""按不曰从虫象形而但曰象形者，虫篆有尾，象其尾也。蝎之毒在尾。《诗笺》云：虿，螫虫也。尾末捷然。似妇人发末上曲卷然。其字上本不从萬，以苗象其身首之形。俗作萬，非。且与牡蛎（蛎）字混。"蛆"指以"毒伤人"的"蝎"。"蜂蛆"，蜂蝎连称。但是"蜂"也是"螫虫"。形容兵器"镵如蜂蛆"，言其锋利并富有杀伤力。前引删通语"蜂蛆之致螫"，也强调其尾针"螫"的刺伤毒害能力。

《史记·龟策列传》说："羿名善射，不如雄渠、蠭门。"裴骃《集解》："《淮南子》曰：'射者重以逢门子之巧。'刘歆《七略》有《蠭门射法》也。"今本《汉书·艺文志》可见"《逢门射法》二篇"，而裴骃看到的本子，写作"《蠭门射法》"。《逢门射法》，应当源自"射者重以逢门子之巧"的说法。"逢门子"见于《汉书·古今人表》。《汉书·王褒传》："逢门子弯乌号。"颜师古注："逢门，善射者，即逢蒙也。乌号，弓名也。并解在前也。"但是"逢门""逢门子"的名号，也不能说和"蜂"完全没有关系。《荀子·王霸》《荀子·正论》和《吕氏春秋·听言》都写作"蠭门"。《史记》应当沿袭了较早的说法。

以"蜂"形容兵锋，是汉代语言习惯。《释名·释兵》写道："刀，到也，以斩伐到其所，乃击之也。其末曰'锋'，言若锋刺之毒利也。""锋刺"之"锋"，许多研究者校正为"蜂"。《释名疏证》写作"蠭"，说："'蠭刺'，今本讹作'锋刺'，盖俗'蠭'作'蜂'，故又转相误也。"

王莽执政末年，连续发生蝗灾，《后汉书·光武帝纪上》说当时的形势："寇盗锋起。"李贤注："言贼锋锐竞起。字或作'蜂'，喻多也。"说"蜂起"如上文讨论有"喻多"的文意外，还可以直接理解为"锋锐竞起"。这样的解释又见于《汉书·项籍传》颜师古注："蠭，古蜂字。蠭起，如蠭之起，言其众也。一说蠭与锋同，言锋锐而起者。"《汉书·韩王信传》："士卒皆山东人，竦而望归，及其蠭东乡，可以争天下。"颜师古注："蠭与锋同。"《汉书·艺文志》颜师古注："蠭与锋同。"《汉书·景十三王传·中山靖王刘胜》："谗言之徒蠭生。"颜师古注；"蠭生，言众多也。一曰蠭与锋同。"颜师古所谓"蜂与锋同"，又见于《汉书·赵广汉传》注、《汉书·扬雄传下》注。《汉书·赵广汉传》："专厉强壮蠭气。"颜师古注："蠭与锋同，言锋锐之气。"《汉书·扬雄传下》："猋腾波流，机骇蠭轶。"颜师古注："猋，疾风也。腾，举也。蠭与锋同。"所谓"蠭与锋同"，说兵锋犀利，以"蜂"尾刺的"毒利"作比喻。

五、《司马相如列传》间接说"蜜"

有学者讨论"汉代《说文解字》中的动物学"，注意到"虫类部首"中"与昆虫类有关的字"，写道："蜜，mi honey 蜜蜂所酿造的汁液。"关于"蜂""蠭"，则写道："蜂、蠭 fēng bee 蜜蜂（honeybee Apis），胡蜂（hornet Vespa）。"〔郭郛、（英）李约瑟、成庆泰著：《中国古代动物学史》，科学出版社 1999 年，第 127 页〕其实，"蜜"字，在《说文·䖵部》中，是写作"䖂"的。其字排列在"蠭"字之后："䖂，蠭甘饴也。"段玉裁注："饴者，米糵煎也。蠭作食甘如之。凡蠭皆有䖂。《方言》蠭大而蜜者，谓之壶蠭。郭云：今黑蠭穿竹木作孔，亦有有蜜者。是则蠭饴名䖂，不主谓今之蜜蠭也。"

长沙马王堆 3 号汉墓出土帛书《五十二病方》可见"蜂卵"入药，又明确有体现使用"蜜"的文字。看来当时人们对"蜜"的食用价值是非常熟悉的。以"蜜"来"合药"的记载，见于《后汉书·朱祐传》李贤注引《东观记》："上在长安时，尝与祐共买蜜合药。上追念之，赐祐白蜜一石，问：'何如在长安时共买蜜乎？'其亲厚如此。"这是刘秀在太学读书时的故事。"买蜜"经历，体现了西汉长安"蜜"已经进入市场交易的情形。在东汉洛阳，作为商品的"蜜"能够以"石"为计量单位，可知当时社会消费数量颇为可观。《后汉书·李恂传》李贤注引《袁山松书》说"西域出诸香、石蜜"，则是远方输入的"蜜"。《后汉书·西域传》明确说"天竺"特产有"诸香、石蜜"。"蜜"的远程运输，说明社会需求的热切。

《史记》正文中没有直接说到"蜜"。但是《史记·司马相如列传》载《上林赋》记述皇家苑囿栽植的林木，有"留落胥余，仁频并闾"。司马贞《索隐》引司马彪云："胥邪，树高十寻，叶在其末。"又引《异物志》："实大如瓠，系在颠，若挂物。实外有皮，中有核，如胡桃。核里有肤，厚半寸，如猪膏。里有汁斗余，清如水，味美于蜜。"说椰树类果实"里有汁""味美"，并以"蜜"作为参照。这是对于"蜜"的食用体验的曲折记述。

《汉书·南粤传》记载，南粤王致书汉文帝，表示放弃帝号："复故号，通使汉如故。""因使者"所献诸物，有"桂蠹一器"。颜师古注："应劭曰：'桂树中蝎虫也。'苏林曰：'汉旧常以献陵庙，载以赤毂小车。'师古曰：'此虫食桂，故味辛，而渍之以蜜食之也。'"这也是一则以"蜜"加工食品的例证。

六、甜蜜：秦汉人的味觉幸福

秦汉人追求的甜蜜味觉，在文献中的直接文字表现似乎是"甘"。《论衡·超奇》说到"甘甜"的感觉，与"辛苦"相对应。

"食"则"甘味"，是人正常的味觉体验。《史记》频繁出现"食不甘味"的文字，形容心思紊乱，饮食失常。如《史记·司马穰苴列传》："今敌国深侵，邦内骚动，士卒暴露于境，君寝不安席，食不甘味。"《史记·孙子吴起列传》："寡人非此二姬，食不甘味，愿勿斩也。"《史记·苏秦列传》："寡人卧不安席，食不甘味，心摇摇然如县旌而无所终薄。"《史记·田叔列传》："太后食不甘味，卧不安席，此忧在陛下也。"但是这里所说的"甘"，似乎并不是简单的"甜"，所以《史记·礼书》有"口甘五味，为之庶羞酸咸以致其美"的说法。又《史记·宋微子世家》裴骃《集解》引孔安国说："甘味生于百谷。"这里的"甘"，大概是指食品的自然滋味。但是也有以"甘"为甜美的。司马相如赋作言及的一些果品，注家多有"甘"或"甘美"的形容。如《上林赋》"卢橘夏孰"，司马贞《索隐》引《吴录》云"建安有橘，冬月树上覆裹，明年夏色变青黑，其味甚甘美"。关于"杨梅"，司马贞《索隐》引《荆杨异物志》："其实外肉著核，熟时正赤，味甘酸。"关于"荔枝"，司马贞《索隐》引晋灼曰："离支大如鸡子，皮粗，剥去皮，肌如鸡子中黄，其味甘多酢少。""甘"也用来命名果品。如司马贞《索隐》引《广州记》云"卢橘皮厚，大小如甘"。"甘"可能即现今所言"柑"。司马相如笔下还出现了一种含糖量极高的经济作物——"诸蔗"，《史记》有所载录。裴骃《集解》引《汉书音义》的解释是"诸蔗，甘柘也"。司马贞《索隐》："诸柘，张揖云'诸柘，甘柘也'。""甘柘"，也就是现今所说的甘蔗。《文选》卷四张衡《南都赋》说到南阳民间"园圃"栽植"薯蔗"。五臣注《文选》写作"薯柘"。《文选》卷四左思《三都赋》："其圃则有蒟蒻茱萸，瓜畴芋区，甘蔗辛姜，阳蓝阴蒉。"虽然写作年代稍晚，仍可与《南都赋》"园圃""薯蔗"相参照。南朝宋人谢惠连《祭古冢文》说到一座古墓被破坏的情形："东府掘城北堑，入丈余，得古冢。上无封域，不用砖甓，以木为椁。中有二棺，正方，两头无和。明器之属，材瓦铜漆，有数十种，多异形，不可尽识。刻木为人，长三尺，可有二十余头。初开见，悉是人形，以物桩拨之，应手灰灭。棺上有五铢钱百余枚。水中有甘蔗节，及梅李核瓜瓣，皆浮出，不甚烂坏。铭志不存，世代不可得而知也。公命城者改埋于东冈，祭之以豚酒，既不知其名字远近，故假为之号曰'冥漠君'云尔。"作者撰作的祭文写道："元嘉七年九月十四日，司徒御属领直兵令史统、作城录事临漳令亭侯朱林，具豚醪之祭敬荐冥漠君之灵，恭总徒旅，版筑是司，穷泉为堑，聚壤成基。一椁既启，双棺在兹。舍畚凄怆，纵锸涟而。匀灵已毁，涂车既摧。几筵糜腐，俎豆倾低。盘或梅李，盆或醯醢。蔗传余节，瓜表遗犀。追惟夫子，生自何代。曜质几年，潜灵几载。为寿为夭，宁显宁晦。铭志湮灭，姓字不传。今谁子后，曩谁子先。……"（《文选》卷六〇）墓室中随葬"甘蔗节，及梅李核瓜瓣"的情形，即祭文所谓"盘或梅李"以及"蔗传余节，瓜表遗犀"，提示"甘蔗节"与其他果品同样为墓主所珍爱，这是特别值得注意之处。从墓葬形制及"明器之属，材瓦铜漆"，"刻木为人"二十余件看，其"世代"可以推知大致是汉时。特别是"棺上有五铢钱百余枚"，可以作为汉代人食用"甘蔗节"的判断基准。

当然，各种果品提供的"甘美"，都比不上《说文·䖵部》所谓"蠭甘饴"——"䗊"，也就是"蜜"。

汉代人的饮食生活中，"蜜"其实已经有所介入。

前引《汉书》及颜注说"桂蠹"，"渍之以蜜食之也"，就是实例。《三国志·吴书·三嗣主传·孙亮传》裴松之注引《吴历》写道，孙亮出西苑，食用"生梅"即新鲜梅子，"使黄门至中藏取蜜渍梅"，准备用"蜜"现场加工"生梅"以求味道的改良。然而发现"蜜中有鼠矢"，于是"召问藏吏"，"藏吏"惊恐"叩头"。孙亮问道：黄门曾经向你索要"蜜"吗？藏吏回答：曾经索求，"实不敢与"。黄门不服"蜜"中置"鼠矢"之罪。侍中刁玄、张邠建议："黄门、藏吏辞语不同，请付狱推尽。"孙亮却说："此易知耳。"于是"令破鼠矢"，发现鼠屎内里干燥。孙亮大笑着对刁玄、张邠说"若矢先在蜜中，中外当俱湿，今外湿里燥，必是黄门所为。"黄门不得不认罪，左右"莫不惊悚"，叹服孙亮的智慧。黄门"求蜜"不得，置蜜中"鼠矢"陷害"藏吏"，为孙亮识破。这一故事体现了孙亮在对"蜜"的性质熟识的基础上所表现出的聪敏，也说明"蜜渍生梅"的宫廷食用习惯。而中官"求蜜"未得之情形，也透露出"蜜"可能相当贵重。以"蜜"调味，又见于《释名·释饮食》："脯炙，以饧蜜豉汁淹之，脯脯然也。"

《三国志·魏书·袁术传》裴松之注引《吴书》记述袁术政治末

路之窘迫，可以看到比较具体的情节描写："时盛暑，欲得蜜浆，又无蜜。"所谓"蜜浆"，大概是富贵之家通常的暑期饮料。

关于西域出"石蜜"，除前说《后汉书·李恂传》李贤注引《袁山松书》外，《后汉书·西域传》也说天竺出产"诸香、石蜜、胡椒、姜、黑盐"。《后汉书·西南夷传》："白马氐者，武帝元鼎六年开，分广汉西部，合以为武都。土地险阻，有麻田，出名马、牛、羊、漆、蜜。"也说到"蜜"的出产地包括武都地方。山区多产蜜，应当是通常情形。后世史书记载如《新唐书·地理志七下》"石蜜山"，《清史稿·地理志三·吉林》"蜂蜜山"等，皆可为证。

通过许多迹象可以了解，汉代社会的饮食生活中已经有享受甘甜的幸福感觉。"蜜"丰富了汉代人的味觉体验。而《史记》中虽然没有看到饮食中用"蜜"的明确记载，却有颇多有关"蜂"的文字，从而提供了多方面的信息，堪称生动具体，这让两千多年之后的《史记》读者认识到中国古代饮食生活史中对昆虫资源的有效开发情形。

《史记》秦人酒事记述

　　《史记》中多有关于社会生活的细致记述。酒的生产与消费，与酒有关的文化体验，以及酒作为神秘象征沟通天地神人的特殊作用，在《史记》这部全方位记述历史进程的名著中都有所体现。读《史记》里秦史记录中涉及酒的文字，可以丰富对秦史与秦文化的认识，也可以深化对于酒史与酒文化的理解。秦人社会生活史的表现，也因此显得生动而真切。

一、祠祀"俎豆醴进"及"醴泉"地名

　　上古礼俗，祠祀活动要使用好酒来进献。《史记·封禅书》写道："上遂郊雍，至陇西，西登崆峒，幸甘泉。令祠官宽舒等具太一祠坛，祠坛放薄忌太一坛，坛三垓。五帝坛环居其下，各如其方，黄帝西南，除八通鬼道。太一，其所用如雍一畤物，而加醴枣脯之属，杀一狸牛以为俎豆牢具。而五帝独有俎豆醴进。其下四方地，为醊食群神从者及北斗云。""雍""陇西""崆峒""甘泉"，都是秦人早期经营的地方，神学气氛浓厚。汉武帝行祠礼，使用"醴"。这一行为是继承秦时雍地时的礼祀传统的，也有可能受到"陇西"秦人早期崛起之地信仰的影响。从"太一"之祠所谓"其所用如雍一畤物，而加醴枣脯之属"看，似乎是说汉武帝时方才进献"醴"。其实，由"五帝独有俎豆醴进"可知并非如此。祠祀"五帝"的"畤"的制度，原本就是有"俎豆醴进"的。

　　秦地"醴泉"地名的出现，应当与这种神学传统有关。《史记·司马相如列传》："醴泉涌于清室，通川过乎中庭。"《史记·大宛列传》写道："太史公曰：《禹本纪》言'河出昆仑。昆仑其高二千五百余里，日

月所相避隐为光明也。其上有醴泉、瑶池'。"醴泉"的出现，是获得理想政治成就的表现。《史记·乐书》："礼乐顺天地之诚，达神明之德，降兴上下之神，而凝是精粗之体，领父子君臣之节。"张守节《正义》："达，通也。礼乐不失，则天降甘露，地出醴泉，是通于神明之德也。""醴泉"地方，正在秦地。《史记·范雎蔡泽列传》张守节《正义》："《郊祀志》公孙卿言黄帝得仙寒门，寒门者，谷口也。按：九峻山西谓之谷口，即古寒门也。在雍州醴泉县东北四十里。"《史记·淮南衡山列传》张守节《正义》："《括地志》云：'谷口故城在雍州醴泉县东北四十里，汉谷口县也。'"《汉书·地理志上》说："谷口，九峻山在西。"这些信息都说明"醴泉"的神学地理空间定位与秦文化有相当密切的关系。

湖北云梦睡虎地秦简《日书》甲种"马禖"题下可见："今日良日，肥豚清酒美白粱，到主君所。"（一五七背）这是民间祠祀活动进献"清酒"的实例。可知秦人风习中的神祀行为是看重"酒"的。

二、秦穆公失马"赐酒"及"三良"因酒殉身故事

《史记·秦本纪》记载了秦穆公十五年（前645）与晋国的战争。"十五年，（晋）兴兵将攻秦。缪公发兵，使丕豹将，自往击之。九月壬戌，与晋惠公夷吾合战于韩地。"（缪公即穆公）然而，晋惠公阵前竟然有非常举动。"晋君弃其军，与秦争利，还而马骛。"秦君和晋君在前线直接交锋。"缪公与麾下驰追之，不能得晋君，反为晋军所围。"后来战事的演变，使秦穆公陷于极不利的境地。"晋击缪公，缪公伤。"然而，当秦军处于明显劣势，秦穆公面临危急时，竟然意外地出现了转机。太史公对此有详尽的记述："于是岐下食善马者三百人驰冒晋军，晋军解围，遂脱缪公而反生得晋君。"解救秦穆公且致秦军反败为胜生俘"晋君"的，是"岐下食善马者三百人"。

太史公解释了事情的缘由："初，缪公亡善马，岐下野人共得而食之者三百余人，吏逐得，欲法之。"然而秦穆公不仅予以宽宥，还给予"赐酒"的优遇。"缪公曰：'君子不以畜产害人。吾闻食善马肉不饮酒，伤人。'乃皆赐酒而赦之。"于是，在秦晋决战时，"三百人者闻秦击晋，皆求从"。这些"岐下野人"奋勇向敌，竟然使秦穆公出险境又逆转取胜。"从而见缪公窘，亦皆推锋争死，以报食马之德。于是缪公虏晋君以归。"

秦穆公以"吾闻食善马肉不饮酒，伤人"，"赐酒而赦之"的宽宏，得到"岐下野人共得而食之者三百余人"英勇赴死的回报。而"酒"是秦政治史、军事史中上演这一重大转折事件的重要道具。《三国志·魏书·王烈传》裴松之注引《先贤行状》写道，王烈对一表示"改过"的"盗牛者"说："昔秦穆公，人盗其骏马食之，乃赐之酒。盗者不爱其死，以救穆公之难。"《旧唐书·宗室传·长平王叔良传附弟幼良传》记载："时有人盗其马者，幼良获盗而擅杀之，高祖怒曰：'昔人赐盗马者酒，终获其报，尔辄行戮，何无古风。盗者信有罪矣，专杀岂非枉邪？'"这些都反映了秦穆公"亡善马"，对"盗其骏马食之"者"皆赐酒而赦之"的行为，有着长久的历史影响。

然而，秦穆公与"酒"有关的另一著名故事，却使这一政治人物的形象蒙染了疵污。

秦穆公时代，秦国向西北方向的发展取得突破性成就。《史记·秦本纪》记载："三十七年，秦用由余谋伐戎王，益国十二，开地千里，遂霸西戎。天子使召公过贺缪公以金鼓。"秦穆公的霸业，得到了周天子的肯定。然而秦穆公走到人生终点，却受到开明人士的批评。"三良"即秦穆公时代秦国的三位贤人，竟殉葬穆公，成为人才史上的悲剧。"三十九年，缪公卒，葬雍。从死者百七十七人，秦之良臣子舆氏三人名曰奄息、仲行、针虎，亦在从死之中。秦人哀之，为作歌《黄鸟》之诗。君子曰：'秦缪公广地益国，东服强晋，西霸戎夷，然不为诸侯盟主，亦宜哉。死而弃民，收其良臣而从死。且先王崩，尚犹遗德垂法，况夺之善人良臣百姓所哀者乎？是以知秦不能复东征也。'"司马迁引"君子"语，对于秦穆公"收其良臣而从死"的行为予以否定，态度是明朗的。关于"三良"即"三善臣""从死"的悲剧，张守节《正义》写道："毛苌云：'良，善也，三善臣也。'《左传》云：'子车氏之三子。'杜预云：'子车，秦大夫也。'"（子车氏即子舆氏。）

张守节《正义》还写道："杜预云：'以人葬为殉也。'《括地志》云：'三良冢在岐州雍县一里故城内。'"又引应劭云："秦穆公与群臣饮酒酣，公曰'生共此乐，死共此哀'。于是奄息、仲行、针虎许诺。及公薨，皆从死。《黄鸟》诗所为作也。"原来，"奄息、仲行、针虎"之所以"从死"，是因为他们在"饮酒酣"的情形下"许诺"秦穆公"生共此乐，死共此哀"。

三、秦始皇置酒咸阳宫

秦王政九年（前238），平定了蕲年宫之变，清洗了嫪毐集团。"四月，上宿雍。己酉，王冠，带剑。长信侯毐作乱而觉，矫王御玺及太后玺以发县卒及卫卒、官骑、戎翟君公、舍人，将欲攻蕲年宫为乱。"秦王政察觉了"作乱"阴谋，于是果断镇压。"王知之，令相国昌平君、昌文君发卒攻毐。战咸阳，斩首数百，皆拜爵，及宦者皆在战中，亦拜爵一级。毐等败走。即令国中：有生得毐，赐钱百万；杀之，五十万。"于是，"尽得毐等"。次年，又处置了吕不韦。"十年，相国吕不韦坐嫪毐免。"随后发生了与"太后"亲情关系的转变。《史记·秦始皇本纪》记载："齐、赵来置酒。齐人茅焦说秦王曰：'秦方以天下为事，而大王有迁母太后之名，恐诸侯闻之，由此倍秦也。'秦王乃迎太后于雍而入咸阳，复居甘泉宫。"裴骃《集解》引《说苑》曰："始皇帝立茅焦为傅，又爵之上卿。太后大喜，曰'天下亢直，使败复成，安秦社稷，使

妾母子复相见者，茅君之力也'。"秦王政与"母太后"的关系因嫪毐
而恶化，后来恢复正常，源自"齐人茅焦"的劝说。而"茅君"意见
的提出，则利用了所谓"齐、赵来置酒"的机会。中华书局标点本所
见"齐、赵来置酒"，其实应当标点为："齐、赵来，置酒。"《史记·六
国年表》即写作："（秦王政十年）齐、赵来，置酒。"《六国年表》同栏
记载了公元前237年"齐、赵"两则"入秦，置酒"的记载，即齐王建
二十八年"入秦，置酒"与赵悼襄王八年"入秦，置酒"。前者又见于
《史记·田敬仲完世家》："二十八年，王入朝秦，秦王政置酒咸阳。"可
知"入秦，置酒"，是接待者秦王"置酒"。

　　秦统一后"始皇置酒"故事，以《史记·秦始皇本纪》所载秦始
皇三十四年（前213）一次关于国家政体的重要御前争议为背景："始
皇置酒咸阳宫，博士七十人前为寿。"于是，发生了两种政见的辩论：
"仆射周青臣进颂曰：'他时秦地不过千里，赖陛下神灵明圣，平定海
内，放逐蛮夷，日月所照，莫不宾服。以诸侯为郡县，人人自安乐，无
战争之患，传之万世。自上古不及陛下威德。'始皇悦。"但酒宴上周青
臣的"颂"词遭到他人的批评。"博士齐人淳于越进曰：'臣闻殷周之王
千余岁，封子弟功臣，自为枝辅。今陛下有海内，而子弟为匹夫，卒有
田常、六卿之臣，无辅拂，何以相救哉？事不师古而能长久者，非所闻
也。今青臣又面谀以重陛下之过，非忠臣。'"关于是否应当"封子弟功
臣，自为枝辅"，"始皇下其议"。丞相李斯严厉斥责"愚儒"之说："五
帝不相复，三代不相袭，各以治，非其相反，时变异也。今陛下创大
业，建万世之功，固非愚儒所知。且越言乃三代之事，何足法也？异时
诸侯并争，厚招游学。今天下已定，法令出一，百姓当家则力农工，士
则学习法令辟禁。今诸生不师今而学古，以非当世，惑乱黔首。"他随
即提出了史称"焚书"的建议："丞相臣斯昧死言：古者天下散乱，莫
之能一，是以诸侯并作，语皆道古以害今，饰虚言以乱实，人善其所私
学，以非上之所建立。今皇帝并有天下，别黑白而定一尊。私学而相与

325

《史记》秦人酒事记述

非法教，人闻令下，则各以其学议之，入则心非，出则巷议，夸主以为名，异取以为高，率群下以造谤。如此弗禁，则主势降乎上，党与成乎下。禁之便。臣请史官非《秦记》皆烧之。非博士官所职，天下敢有藏《诗》《书》、百家语者，悉诣守、尉杂烧之。有敢偶语《诗》《书》者弃市。以古非今者族。吏见知不举者与同罪。令下三十日不烧，黥为城旦。所不去者，医药卜筮种树之书。若欲有学法令，以吏为师。"李斯的这一建议得到了秦始皇的批准："制曰：'可。'"《史记·李斯列传》有大致相同的记载。在中国文化史上有着重要影响的这个决策的条件，是"始皇三十四年，置酒咸阳宫"。

《史记·滑稽列传》中也记载了一则"秦始皇时，置酒而天雨，陛楯者皆沾寒"的故事。这大概反映了通常"始皇置酒"的情形。

在汉代政治史记录中，可以看到对帝王"置酒"行为的继承。刘邦攻击项羽，"汉皆已入彭城，收其货宝美人，日置酒高会"（《史记·项羽本纪》）。又有"西入关，至栎阳，存问父老，置酒，枭故塞王欣头栎阳市"的记载。"汉并天下"的政治局面巩固之后，又有"高祖置酒洛阳南宫"，"未央宫成，高祖大朝诸侯群臣，置酒未央前殿"，以及"置酒沛宫"的记载："高祖还归，过沛，留。置酒沛宫，悉召故人父老子弟纵酒，发沛中儿得百二十人，教之歌。酒酣，高祖击筑，自为歌诗曰：'大风起兮云飞扬，威加海内兮归故乡，安得猛士兮守四方！'令儿皆和习之。高祖乃起舞，慷慨伤怀，泣数行下。""沛父兄诸母故人日乐饮极欢，道旧故为笑乐。"关于"酒酣"，裴骃《集解》引述了应劭的解释："不醒不醉曰酣。"而另一种说法，"酣"是"洽"的意思："一曰酣，洽也。"我们或许可以理解为喝得恰到好处。

也有贵族高官于家中"置酒"的情形。据《史记·李斯列传》记载："三川守李由告归咸阳，李斯置酒于家，百官长皆前为寿，门廷车骑以千数。"这是执政集团高层权贵"置酒"的史例。对于李斯，司马迁有"李斯以闾阎历诸侯，入事秦，因以瑕衅，以辅始皇，卒成帝业，斯为三公，可谓尊用矣"的评议。司马贞《索隐述赞》所谓"置酒咸阳，人臣极位"，也是大致相同的意思。

四、秦民间酒史信息

睡虎地秦墓竹简《日书》甲种"生子"题下可见："丁酉生子，耆酒。"（一四三正叁）整理小组释文："耆（嗜）酒。"今按："耆（嗜）酒"作为人生预测的内容，足见当时民间饮酒风习的普及。汉高祖刘邦微时的生活迹象中，有涉及"酒"的消费内容。《史记·高祖本纪》写道："（高祖）不事家人生产作业。及壮，试为吏，为泗水亭长，廷中吏无所不狎侮。好酒及色。"平时因饮酒形成债务关系。"常从王媪、武负贳酒，醉卧，武负、王媪见其上常有龙，怪之。"刘邦"醉卧"之异相，致使酒家"王媪、武负"放弃债权。"高祖每酤留饮，酒雠数倍。及见怪，岁竟，此两家常折券弃责。"刘邦"好酒"，由此可见当时的一般风气和基层行政管理人员的品行。而所谓"贳酒""酤饮""酒雠""酒券""酒责"（即"酒债"）等，则反映了秦民间酒业经营的信息。

刘邦与吕雉的婚姻，竟然因一次酒宴而结成。"单父人吕公"与"沛令"相友善，"避仇"而来投靠，"从之客，因家沛焉"，移居于沛。"沛中豪桀吏闻令有重客，皆往贺。萧何为主吏，主进，令诸大夫曰：'进不满千钱，坐之堂下。'""（刘邦）乃绐为谒曰'贺钱万'，实不持一钱。"据说，"谒入，吕公大惊，起，迎之门"。太史公记述："吕公者，好相人，见高祖状貌，因重敬之，引入坐。"刘邦在酒席上确实有特别的表现。"高祖因狎侮诸客，遂坐上坐，无所诎。酒阑，吕公因目固留高祖。高祖竟酒，后。"吕公说："臣少好相人，相人多矣，无如季相，愿季自爱。臣有息女，愿为季箕帚妾。"因为刘邦"状貌"出众，乃将"息女"许配"为季箕帚妾"。事后，"吕公"受到"吕媪"的责难。"酒罢，吕媪怒吕公曰：'公始常欲奇此女，与贵人。沛令善公，求之不与，何自妄许与刘季？'吕公曰：'此非儿女子所知也。'卒与刘季。吕公女乃吕后也，生孝惠帝、鲁元公主。"从"往贺""谒入"到"酒阑"以至"酒罢"，一次民间酒宴的程式和细节因太史公细致的描述，而为我们保留了珍贵的社会史信息。裴骃《集解》引录了文颖对"酒阑"的解释："阑言希也。谓饮酒者半罢半在，谓之阑。"

刘邦军入关，采取比较合理的地方管理政策，"秦人大喜，争持牛羊酒食献飨军士"（《史记·高祖本纪》），也可以说明普通"秦人"的平日饮食消费品是包括"酒食"的。

五、秦泗水亭长刘邦"被酒"斩白蛇

刘邦"好酒"，他的政治功业也与"酒"有关。《史记·高祖本纪》记述了刘邦建国史的最初页面："高祖以亭长为县送徒郦山，徒多道亡。自度比至皆亡之，到丰西泽中，止饮，夜乃解纵所送徒。曰：'公等皆去，吾亦从此逝矣！'徒中壮士愿从者十余人。"刘邦从秦王朝的体制之内转身到体制之外，其下定决心的心理过程，是在"到丰西泽中，止饮"的背景下完成的。

随后的表现，据太史公记述，有在"被酒"而"醉"的情形下"拔剑击斩蛇"的故事："高祖被酒，夜径泽中，令一人行前。行前者还报曰：'前有大蛇当径，愿还。'高祖醉，曰：'壮士行，何畏！'乃前，拔剑击斩蛇。蛇遂分为两，径开。行数里，醉，因卧。"故事又有神异情节。"后人来至蛇所，有一老妪夜哭。人问何哭，妪曰：'人杀吾子，故哭之。'人曰：'妪子何为见杀？'妪曰：'吾子，白帝子也，化为蛇，当道，今为赤帝子斩之，故哭。'人乃以妪为不诚，欲告之，妪因忽不见。"据说，这一情形为刘邦得知，于是益为自信，在群体中的威望也有所提升。"后人至，高祖觉。后人告高祖，高祖乃心独喜，自负。诸从者日益畏之。"这样一个宣传一代新的执政者权力合法性的神秘传

说，是由"到丰西泽中，止饮"，"高祖被酒，夜径泽中"，"高祖醉，曰：'壮士行，何畏！'乃前，拔剑击斩蛇"，"行数里，醉，因卧"，以至"高祖觉"这样几个与"酒"密切相关的环节构成。刘邦于"丰西泽中"以"拔剑击斩蛇"作为反秦政治行为的标志性举动，受到了重视；"汉高斩蛇剑"后来也成为具有神奇意义的政治文物。刘邦是以"布衣""匹夫"的身份通过武装斗争登上帝位的，"斩蛇剑"于是成为这种建国方式的象征。"被酒"导致的迷蒙、兴奋与特别的胆力，其实可能是"拔剑击斩蛇"这一动作的心理条件。

《朱子语类》卷一二二可见关于《左传》史学价值的讨论，言及"所载之事实否？"朱熹说："也未必一一实。"又有人提问："此还是当时特故撰出此等言语否？"朱熹回答："有此理。其间做得成者，如斩蛇之事；做不成者，如丹书狐鸣之事。"朱熹有关"也未必一一实"的判断是比较清醒的。他倾向于这些传说实质上只是舆论宣传。"是当时特故撰出此等言语"的认识，大概也是符合历史实情的。《评鉴阐要》卷一《刘季拔剑斩蛇有老妪夜哭及亡匿芒砀山中所居常有云气目》下说："斩蛇夜哭，云气上覆，多史臣附会兴王之词。然以此而惑众煽乱者，亦有之矣。"元人方回《续古今考》卷二也写道："秦之法严而实疏。刘季解纵所送徒，带剑夜行，略无呵禁。至此斩蛇之事，则必有心。老妪夜哭，赤帝子杀白帝子，又恐是伪为神奇者之妄言。""太史公好奇，怪闻异说，无不备载。有如白鱼火乌之事，出于伪书，则赤帝子之说，无乃与之相似欤。"所谓"斩蛇夜哭""恐是伪为神奇者之妄言"的推断，应当说是有一定合理性的。《抱朴子外篇》卷二《酒诫》写道："汉高作乐巨醉，故能斩蛇。"（王子今：《"斩蛇剑"象征与刘邦建国史的个性》，《史学集刊》2008年第6期）"斩蛇"故事的发生与刘邦"作乐巨醉"的关系，也是我们进行相关史学考察的一个视角。

六、"酒食""合欢"理念

前引《史记·高祖本纪》记载刘邦入关，约法三章，不惊扰百姓事。他宣布："诸吏人皆案堵如故。凡吾所以来，为父老除害，非有所侵暴，无恐！且吾所以还军霸上，待诸侯至而定约束耳。"于是，"乃使人与秦吏行县乡邑，告谕之"。"秦人大喜，争持牛羊酒食献飨军士。"由于刘邦政策合理，"秦人"欢心，纷纷以"酒食"慰问刘邦的部队。"酒食"的享用与"大喜"的心境，形成了物质生活与精神生活的对应关系。

在《史记》成书时代的社会意识中，"酒"具有亲和人心的作用。《史记·乐书》记载："夫豢豕为酒，非以为祸也；而狱讼益烦，则酒之流生祸也。是故先王因为酒礼，一献之礼，宾主百拜，终日饮酒而不得醉焉，此先王之所以备酒祸也。故酒食者，所以合欢也。"强调"酒食"的意义在于"合欢"。张守节《正义》："既防酒祸，故饮不醉争，以特合欢适也。"饮酒守礼自束而"不醉争"，则可以实现"合欢"，即所谓"特合欢适"，进入情感欢洽的境界。前引应劭说"酺，洽也"，也说明了这一情形。"洽"就是"合"。《说文·水部》："洽，霑也。"段玉裁注："《大雅》：'民之洽矣。'传曰：'洽，合也。'此谓《毛诗》假洽为合也。《释诂》曰：'郃，合也。'郃即洽。《毛诗》'在洽之阳'，称引者多作'在郃之阳'是也。"应劭说"酒酺"的"酺"即"洽"，也就是《史记·乐书》所谓"合欢"，张守节《正义》所谓"特合欢适"，正是酒力欢情正相到位时的境界。

《史记·滑稽列传》中记述了这样一则秦史故事："优旃者，秦倡侏儒也。善为笑言，然合于大道。"据说："秦始皇时，置酒而天雨，陛楯者皆沾寒。优旃见而哀之，谓之曰：'汝欲休乎？'陛楯者皆曰：'幸甚。'优旃曰：'我即呼汝，汝疾应曰诺。'"随后，"居有顷，殿上上寿呼万岁。优旃临槛大呼曰：'陛楯郎！'郎曰：'诺。'优旃曰：'汝虽

长，何益，幸雨立。我虽短也，幸休居。'"听到优旃的话，"于是始皇
使陛楯者得半相代"。故事发生的背景是"秦始皇时，置酒"。然而，
"天雨，陛楯者皆沾寒"。对于冒雨执勤守卫的"陛楯郎"来说，只有
辛劳，并没有"酒食者，所以合欢也"的快乐感受。幽默的智者优旃以
"笑言"影响秦始皇，使得"陛楯者"得以减省勤务，在一定程度上避
免了因"天雨"而"沾寒"的苦役，实现了"合于大道"的文化追求。
这大概是太史公深心赞赏的表现。

　　齐国滑稽人物淳于髡和齐威王的一番对话，也涉及"酒"与"合
欢"的关系。《史记·滑稽列传》写道："威王大说，置酒后宫，召髡赐
之酒。问曰：'先生能饮几何而醉？'对曰：'臣饮一斗亦醉，一石亦
醉。'"齐威王要求解释，淳于髡说："赐酒大王之前，执法在傍，御史
在后，髡恐惧俯伏而饮，不过一斗径醉矣。"又有"饮不过二斗径醉"
及"饮可五六斗径醉"的情形。"若乃州闾之会，男女杂坐，行酒稽留，
六博投壶，相引为曹，握手无罚，目眙不禁，前有堕珥，后有遗簪，髡
窃乐此，饮可八斗而醉二参。日暮酒阑，合尊促坐，男女同席，履舄交
错，杯盘狼藉，堂上烛灭，主人留髡而送客，罗襦襟解，微闻芗泽，当
此之时，髡心最欢，能饮一石。"所谓"日暮酒阑，合尊促坐"，"罗襦
襟解，微闻芗泽，当此之时，髡心最欢"，是特殊的"置酒"方式造就
的"合欢"气氛。淳于髡和齐威王的这则故事并不直接涉及秦史，然而
"主人留髡而送客"的情形，与上文说的秦时酒宴故事中"酒阑，吕公
因目固留高祖"，而"高祖竟酒，后"的场景，是一致的。

七、秦灭五国，"天下大酺"

　　齐国是秦统一战争中最后击灭的国家。《史记·秦始皇本纪》记载：
"二十五年，大兴兵，使王贲将，攻燕辽东，得燕王喜。还攻代，虏代
王嘉。王翦遂定荆江南地；降越君，置会稽郡。五月，天下大酺。"所

谓"天下大酺"，是秦统一进程中，在最终灭齐之前，已灭五国时的庆祝形式。张守节《正义》："天下欢乐大饮酒也。秦既平韩、赵、魏、燕、楚五国，故天下大酺也。"

所谓"天下欢乐大饮酒"，是纪念秦国政治成功的庆典。兼并"韩、赵、魏、燕、楚五国"的军事胜利，以"天下大酺"的形式来庆祝。"酒"与政治的密切关系，因此得以体现。而"天下大酺"即"大饮酒"，体现"天下欢乐"，以"酒"香相伴的欢庆气氛，在秦的酒史记录中得到了体现。

《说文·酉部》这样解释"酺"："酺，王德布大饮酒也。""酺"，已经是"大饮酒"。所谓"大酺"，自然是规模更为宏大、形式更为隆重、气氛更为欢乐、参与者更为众多的"大饮酒"。不过，这是政治权力安排的"大饮酒"，而非社会自发的民间狂欢，这是读《史记》者应该清楚的。当然，"天下大酺"带来的政务成本，也体现了执政集团对于民间"饮酒""欢乐"习俗的理解和认同。

汉并天下，高祖还乡，据《史记·高祖本纪》记述："高祖还归，过沛，留。置酒沛宫，悉召故人父老子弟纵酒，发沛中儿得百二十人，教之歌。"时有《大风歌》的即席创作和热情表演。"酒酣，高祖击筑，自为歌诗曰：'大风起兮云飞扬，威加海内兮归故乡，安得猛士兮守四方！'令儿皆和习之。高祖乃起舞，慷慨伤怀，泣数行下。"刘邦"置酒沛宫"，且"悉召故人父老子弟纵酒"，这其实也是一次具有庆典性质的"大酺"。只是我们不知道上文提到的刘邦微时经常接待他饮酒，"每酤留饮，酒雠数倍"，甚至"岁竟，此两家常折券弃责"的"武负、王媪"及其亲族，是否也在刘邦召集"纵酒""酒酣"的"故人父老子弟"之中。

《史记》说"醉"

在有关上古时代的社会史文献中,酒作为饮食生活的重要内容,保留了诸多记忆。酒"醉",是饮酒达到一定程度的表现,多为超过酒精耐受力之后的身体反应,可能在生理与心理两方面均有表现。汉代文字书《说文解字·酉部》有三个字直接与"醉"相关:"醉,卒也。卒其度量不至于乱也。从酉卒。一曰酒溃也。""醺,醉也。从酉,熏声。《诗》曰:公尸来燕醺醺。""酲,病酒也。一曰醉而觉也。"

《史记》中未见"醺""酲"二字,然而"醉"字却多至五十二见。"醉",应当是司马迁比较重视的现象。

《史记》对多层面社会生活史的真切描述,体现出史家眼光的锐利与观察的细致。《史记》中所见"醉"的背景,除了民间通常的欢娱聚饮之外,也有涉及信仰史、政治史、军事史、文化史的情形。透视种种与"醉"态相关的世俗人情,使史学家司马迁用心描绘的历史迹象有了丰富的色彩、复杂的内涵和重要的启示。

333

一、刘邦"醉斩白蛇"

西汉的建国史中,有刘邦标志性的动作留下的深刻历史记忆,这就是"醉斩白蛇"。刘邦的这一行为被看作政治创业的代表性文化符号,同时也成为具有纪念意义的事件。同时,因成功者草创艰难的炫耀习惯,也将其列入汉朝政治宣传的主题之一。《史记·高祖本纪》记载:"高祖以亭长为县送徒郦山,徒多道亡。自度比至皆亡之,到丰西泽中,止饮,夜乃解纵所送徒。曰:'公等皆去,吾亦从此逝矣!'徒中壮士愿从者十余人。""愿从者",就是自愿追随的"徒",这是刘邦最初的支持者队伍。"高祖被酒，夜径泽中，令一人行前。行前者还报曰：'前有大蛇当径，愿还。'高祖醉，曰：'壮士行，何畏！'乃前，拔剑击斩蛇。蛇遂分为两，径开。"

《史记》下文的记载，又可见"醉""卧"情节："行数里，醉，因卧。后人来至蛇所，有一老妪夜哭。人问何哭，妪曰：'人杀吾子，故哭之。'人曰：'妪子何为见杀？'妪曰：'吾子，白帝子也，化为蛇，当道，今为赤帝子斩之，故哭。'人乃以妪为不诚，欲告之，妪因忽不见。后人至，高祖觉。后人告高祖，高祖乃心独喜，自负。诸从者日益畏之。"刘邦的追随者因"赤帝子"斩"白帝子"这一神秘宣传的舆论效应而得以扩大。

刘邦"醉斩白蛇"，是他政治生涯中具有标志性意义的表现。

《艺文类聚》卷一二引后汉班固《高祖泗水亭碑》写道："皇皇炎汉，兆自沛丰。""扬威斩蛇，金精摧伤。""炎火之德，弥光以明。""天之福佑，万年是兴。"班固颂扬刘邦的政治业绩，其中所谓"扬威斩蛇"，语词非常醒目。孔融致书曹操，说"高祖非醉斩白蛇，无以畅其灵"（《后汉书·孔融传》李贤注引《融集》与操书）。曹植同样视"斩蛇"为帝业启动的标志。他在《汉高祖赞》中写道："屯云斩蛇，灵母告祥。朱旗既抗，九野披攘。禽婴克羽，扫灭英雄。承机帝世，功著武汤。"（《曹植集校注》卷一）斩蛇剑，后来成为汉朝的"政治文物"。

后人回顾这一故事，也往往关注刘邦之"醉"与"斩蛇"这一行为的关系。《抱朴子外篇》卷二四《酒诫》："汉高婆娑巨醉，故能斩蛇鞠旅。"清人孙珩《汉高祖》诗："醉酣大泽斩蛇余，气压中原逐鹿初。"也都说刘邦"醉斩白蛇"之"醉"的意义。

"醉"与一个王朝的建国史形成密切关系，是由于《史记》的记述。

二、春秋战国"醉杀"事件

《史记》记述从黄帝到汉武帝时代的历史，其中动荡最为激烈的春秋战国时期，历史线索非常复杂。东周史迹中的纷纭政争，有的和"醉"存在某种联系。《史记·齐太公世家》说："齐襄公与鲁君饮，醉之，使力士彭生抱上鲁君车，因拉杀鲁桓公。"下文又说："襄公之醉杀鲁桓公……"《史记·鲁周公世家》记载："公醉，使公子彭生抱鲁桓公，因命彭生摺其胁，公死于车。"《史记·郑世家》也写道："齐襄公使彭生醉拉杀鲁桓公。""醉拉杀"的暴力行为，仅见于《史记》，后来为《通志》所沿袭。又《史记·楚世家》："召蔡侯，醉而杀之。"也说到"醉杀"。

"醉杀"他国国君的严重事件，又见于《史记·管蔡世家》："楚灵王以灵侯弑其父，诱蔡灵侯于申，伏甲饮之，醉而杀之，刑其士卒七十人。"这种"伏甲"暗害政治敌人的情形，《史记》中还有记录，而且都借用"酒力"，也都可以说是"醉杀"。如晋灵公谋杀赵盾，《史记·晋世家》记载："晋灵公饮赵盾酒，伏甲将攻盾。公宰示眯明知之，恐盾醉不能起，而进曰：'君赐臣，觞三行可以罢。'欲以去赵盾，令先，毋及难。"晋灵公"饮赵盾酒"，"伏甲"谋划杀害赵盾，有人担心"盾醉不能起"，使其得以解脱。又如《史记·商君列传》说："使卫鞅将而伐魏。魏使公子卬将而击之。军既相距，卫鞅遗魏将公子卬书曰：'吾始与公子欢，今俱为两国将，不忍相攻，可与公子面相见，盟，乐饮而罢兵，以安秦魏。'魏公子卬以为然。会盟已，饮，而卫鞅伏甲士而袭虏魏公子卬，因攻其军，尽破之以归秦。"约其"乐饮"而"伏甲士而袭虏"之，也使用了非常阴险的类似"醉杀"的计谋。"伏甲士而袭虏魏公子卬"，并没有直接"醉杀"，可能真有"始与公子欢"的情感因素。《史记·刺客列传》记录的"鱼肠剑"故事是非常著名的："（公子）光伏甲士于窟室中，而具酒请王僚。王僚使兵陈自宫至光之家，门户阶陛左右，皆王僚之亲戚也。夹立侍，皆持长铍。酒既酣，公子光详为足疾，入窟室中，使专诸置匕首鱼炙之腹中而进之。既至王前，专诸擘鱼，因以匕首刺王僚，王僚立死。左右亦杀专诸，王人扰乱。公子光出其伏甲以攻王僚之徒，尽灭之，遂自立为王，是为阖闾。"虽然只说"酒既酣"，并没有出现"醉"字，但这是记述比较具体的血光横飞的"醉杀"事件。

上文说"醉杀"，多是设法将谋杀的对象灌醉，而施行暴力。还有一种情形，是因"醉"而行杀戮。如《史记·赵世家》："知伯醉，以酒灌击无恤。"这样的情形，见于《汉书·东方朔传》《汉书·匡衡传》，在汉代都是要系狱治罪的。后世史书或称"因醉杀人"（《旧唐书·文宗纪下》《旧唐书·王彦威传》），"以醉杀人"（《新唐书·刑法志》），"乘醉杀人"（《旧五代史·成汭传》），"乘醉杀之"（《元史·也烈拔都儿传》），"乘寅醉杀之"（《明史·朱爕元传》）。

另外，还有一种比较特殊的情形，是利用对方"醉"态中的过激表现将其杀死。这或许也是一种"醉杀"。《史记·陈涉世家》记述大泽乡起义的发起："吴广素爱人，士卒多为用者。将尉醉，广故数言欲亡，忿恚尉，令辱之，以激怒其众。尉果笞广。尉剑挺，广起，夺而杀尉。陈胜佐之，并杀两尉。召令徒属曰：'公等遇雨，皆已失期，失期当斩。藉弟令毋斩，而戍死者固十六七。且壮士不死即已，死即举大名耳，王侯将相宁有种乎！'徒属皆曰：'敬受命。'"吴起和陈涉的策略，是利用"将尉醉"，以言语"忿恚尉，令辱之，以激怒其众"。在"尉"果然"笞"责吴广的情况下，"尉剑挺，广起"，夺剑"杀尉"。吴广"醉杀"将尉的方式，与东周时期类似的史例相比较，体现出更多的谋略。"忿恚""激怒"，都利用了心理战术。司马迁详细生动的记录，保留了下层民众以武装反抗暴政、"举大名"的史例。

三、"醉"与战争史：单于夜遁逃

《史记·匈奴列传》关于匈奴礼俗制度，有"其攻战，斩首虏赐一卮酒，而所得卤获因以予之，得人以为奴婢"的说法。除了"卤获"所"得"战利品均归参与"攻战"的武士所有以外，对军功的嘉奖形式还包括"斩首虏赐一卮酒"。草原民族"俗嗜酒"的史例，《史记·大宛列传》还有这样的记载："匈奴破月氏王，以其头为饮器。"裴骃《集解》："韦昭曰：'饮器，椑榼也。单于以月氏王头为饮器。'晋灼曰：'饮器，虎子之属也。或曰饮酒器也。'"这件"饮器"在汉元帝朝韩昌、张猛与匈奴盟会时，曾经使用。张守节《正义》："《汉书·匈奴传》云：'元帝遣车骑都尉韩昌、光禄大夫张猛与匈奴盟，以老上单于所破月氏王头为饮器者，共饮血盟。'"此"饮器"就是"饮酒器"。

汉与匈奴的战争中，曾有这样的战例。匈奴面对汉朝主力的进攻，其首领"右贤王"因为"饮酒醉"，致使作战失利。汉武帝任卫青为大将军，统率六将军，十余万人，出朔方、高阙击匈奴。"右贤王以为汉兵不能至，饮酒醉，汉兵出塞六七百里，夜围右贤王。右贤王大惊，脱身逃走，诸精骑往往随后去。"汉军俘虏右贤王部众男女万五千人以及"裨小王十余人"。这是《史记·匈奴列传》的记载。而《史记·卫将军骠骑列传》写道："匈奴右贤王当卫青等兵，以为汉兵不能至此，饮醉。汉兵夜至，围右贤王，右贤王惊，夜逃，独与其爱妾一人壮骑数百驰，溃围北去。汉轻骑校尉郭成等逐数百里，不及，得右贤裨王十余人，众男女万五千余人，畜数千百万，于是引兵而还。至塞，天子使使者持大将军印，即军中拜车骑将军青为大将军，诸将皆以兵属大将军，大将军立号而归。"

匈奴右贤王"饮酒醉"或说"饮醉"导致大败的战事，在司马迁笔下成为酒史与军事史的记录。

四、李广与"霸陵尉醉"故事

汉与匈奴的战争史中，汉军一方的"醉"，见于司马迁笔下者，可以回顾名将李广的经历。《史记·李将军列传》的文字透露出对李广的倾心赞赏和深切同情。其中有这样的故事："广出猎，见草中石，以为虎而射之，中石没镞，视之石也。因复更射之，终不能复入石矣。""没镞"，据裴骃《集解》引徐广曰："一作'没羽'。"则射入更深。射石"没羽"的情节，又见于《史记·龟策列传》裴骃《集解》："《新序》曰：'楚雄渠子夜行，见伏石当道，以为虎而射之，应弦没羽。'"李广射虎"中石没羽"，司马迁并没有说是"醉"后或"酒"后。但后来一些咏史怀古的诗作，却称"醉中""醉后"。如明人顾梦圭诗"醉中射石石饮羽，九兕双雕应弦取"，李春芳诗"醉中射石曾饮羽，草檄犹能立马成"。郝汝松《陪李中丞榆林夜饮》诗也有"醉后弯弓还射石"之句。后世诗人用射石"没羽"典，在《史记》原版故事中增益了"醉"的情节，虽然并不完全符合太史公原文，却是比较接近"飞将军"李广勇武性情的。

司马迁对于李广的悲剧境遇深表同情。他记述李广事迹，生动真切，倾注了自己的内心情感，笔触打动人心。不过，人们读《史记·李将军列传》，也许对李广衔怨处死霸陵尉的做法不太认可。

李广回乡，"家居数岁"。一次，与友人在蓝田南山中射猎，"尝夜从一骑出，从人田间饮。还至霸陵亭，霸陵尉醉，呵止广"。李广从骑说："故李将军。"霸陵尉则说："今将军尚不得夜行，何乃故也！"扣押李广"宿亭下"。不久，匈奴侵扰北边，杀辽西太守，击败主持右北平防务的将军韩安国。"于是天子乃召拜广为右北平太守。"李广请求让霸陵尉一同前往任所，一到军中，就杀了霸陵尉。"霸陵尉醉，呵止广"，因为一"醉"，竟然被名将李广报复性杀害。李广"夜从一骑出，从人田间饮"，《史记》未尝言"醉"，但"醉"的可能性也是存在的。

假若如此，则"故李将军"与"霸陵尉"的冲突发生在两人"醉"后。但是李广任右北平太守，"即请霸陵尉与俱，至军而斩之"，却绝对是清醒时所为。据《风俗通义·穷通》，李广事后向汉武帝请罪，得到谅解，回复说："报忿除害，捐残去杀，朕之所图于将军也。若乃免冠徒跣，稽颡请罪，岂称朕之指哉？"如果《风俗通义》的史源可靠，则司马迁不录汉武帝语，可能在内心对他有关"报忿"的态度是不认可的。

后来苏轼致友人诗"明年定起故将军，未肯先诛霸陵尉"，对"先诛霸陵尉"事是有所批评的。注文言："李广诛霸陵尉，则薄于德矣。"《容斋随笔》卷九"汉法恶诞谩"条说"李广以私忿杀霸陵尉"，明王志坚辑《读史商语》卷一说"李广以私怨杀霸陵尉"。无论"以私怨"还是"以私忿"，《义门读书记》卷三说："以此事观之，广之器量固不过终于偏裨矣。"这些后代史论对于李广因霸陵尉"醉"而将其杀害的行为都持否定态度。

五、"醉"中情爱

曹操禁酒，孔融公开反对。《后汉书·孔融传》李贤注："《融集》与操书云：'酒之为德久矣。古先哲王，类帝禋宗，和神定人，以济万国，非酒莫以也。故天垂酒星之耀，地列酒泉之郡，人著旨酒之德。尧不千钟，无以建太平。孔非百觚，无以堪上圣。樊哙解厄鸿门，非豕肩钟酒，无以奋其怒。赵之厮养，东迎其王，非引卮酒，无以激其气。高祖非醉斩白蛇，无以畅其灵。景帝非醉幸唐姬，无以开中兴。袁盎非醇醪之力，无以脱其命。定国不酣饮一斛，无以决其法。故郦生以高阳酒徒，著功于汉。屈原不餔糟歠醨，取困于楚。由是观之，酒何负于政哉？'"孔融列举了若干有关"酒"和"醉"的历史故事。他反对曹操的禁酒政策，成为导致他人生悲剧的缘由之一。他所说"酒之为德"，以及酒在政治史中的正面作用，所谓"高祖非醉斩白蛇，无以畅其灵"，已见上文。而"景帝非醉幸唐姬，无以开中兴"，是说《史记·五宗世家》记录的汉景帝"醉"中"幸唐姬"的故事。

长沙定王刘发的母亲唐姬，过去是汉景帝所宠的程姬身边的侍者。"景帝召程姬，程姬有所辟，不愿进，而饰侍者唐儿使夜进。"程姬有月事不便进御，于是让侍者唐儿临时替代。"上醉不知，以为程姬而幸之，遂有身。已乃觉非程姬也。及生子，因命曰发。以孝景前二年用皇子为长沙王。以其母微，无宠，故王卑湿贫国。"刘发因生母地位低微，封地在长沙"卑湿贫国"，但他却以特殊的智慧使这种条件有所改善。裴骃《集解》引应劭曰："景帝后二年，诸王来朝，有诏更前称寿歌舞。定王但张袖小举手。左右笑其拙，上怪问之，对曰：'臣国小地狭，不足回旋。'帝以武陵、零陵、桂阳属焉。"智商和情商均优越的刘发，有意以舞蹈动作之局促，得以扩大封国的地域。后来东汉的创建者刘秀，据说"出自景帝生长沙定王发"（《后汉书·光武帝纪上》），所以孔融有"景帝非醉幸唐姬，无以开中兴"的说法。

汉景帝的"醉不知"，竟然成为后来东汉王朝历史演进及若干文化转折的微妙契机。

六、理想境界：以礼约束，"饮不醉争"

《史记·乐书》有一段话，说到"酒"可能"为祸""生祸"。于是有"备酒祸"的文化设计。司马迁写道："夫豢豕为酒，非以为祸也；而狱讼益烦，则酒之流生祸也。是故先王因为酒礼，一献之礼，宾主百拜，终日饮酒而不得醉焉，此先王之所以备酒祸也。故酒食者，所以合欢也。"所谓"合欢"，张守节《正义》："此结节功也。既防酒祸，故饮不醉争，以特合欢适也。"这样说来，"礼"的设定，是预防"酒祸"，使得"饮不醉争"。《史记·吕不韦列传》记载："始皇九年，有告嫪毐实非宦者，常与太后私乱，生子二人，皆匿之。与太后谋曰'王即薨，以子为后'。"裴骃《集解》引《说苑》说到嫪毐因"醉"而"争""斗"，导致"祸"的故事："毐与侍中左右贵臣博弈饮酒，醉，争言而斗，瞋目大叱曰：'吾乃皇帝假父也，窭人子何敢乃与我亢。'所与斗者走，行白始皇。"嫪毐集团被武力清洗，其主要党羽"二十人皆枭首，车裂以徇，灭其宗"（《史记·秦始皇本纪》）。这次"醉争"可能也是直接缘由之一。

对于"醉争"，秩序的维护者多表达不满，表示不安。《史记·刘敬叔孙通列传》写道：汉"并天下"之初，"群臣饮酒争功，醉或妄呼，拔剑击柱，高帝患之"。后来叔孙通制定朝廷礼仪，情况才得以好转。赤眉军初立政权，也有类似情形。"盆子居长乐宫，诸将日会论功，争言欢呼，拔剑击柱，不能相一。"朝会秩序"殽乱"，有大臣斥骂："儿戏尚不如此，皆可格杀！"地方贡献，"兵士辄剽夺之"，又"各逾宫斩关，入掠酒肉，互相杀伤"（《后汉书·刘盆子传》）。参考赤眉军纪，也可以增加对刘邦所患"群臣饮酒争功，醉或妄呼，拔剑击柱"情形的认识。

司马迁笔下的"醉争"故事，比较典型的有汉初功臣灌夫的表现。清理功臣集团的一次残酷杀戮，"族灌夫家，弃魏其侯市"（《史记·汉兴以来将相名臣年表》），直接起因是一次酒宴上灌夫的"醉"态。丞相田蚡娶燕王女儿为夫人，太后吩咐朝廷群臣往贺，魏其侯窦婴约灌夫同行。灌夫以"夫数以酒失得过丞相，丞相今者又与夫有隙"辞谢。然而窦婴并未重视灌夫以往"数以酒失得过丞相"的习惯性表现，及双方有隙的严重性，以为"事已解"，于是"强与俱"。至"饮酒酣"，因"行酒"是否"避席""满觞"，灌夫怒，有失礼的言行。被田蚡"劾灌夫骂坐不敬"，予以拘禁。有人以"灌夫醉饱""不足诛"为其辩解，但是灌夫最终仍被处死。《汉书·叙传下》说："灌夫矜勇，武安骄盈，凶德相挺，祸败用成。"说灌夫因骄矜致杀身之祸。《晋书·庾纯传》引录帝诏："灌夫托醉肆忿，致诛毙之罪。"以为灌夫被处死的直接原因是"托醉肆忿"。

"防酒祸",在秦汉时期已经成为开明人士的自觉认识。警惕"酒祸",除了基于政治理念外,也有医学知识的作用。《史记·扁鹊仓公列传》说到几则与"酒"有关的病例:"齐侍御史成自言病头痛",淳于意"诊其脉",判定"成之病得之饮酒且内"。"齐中尉潘满如病少腹痛","诊其脉",判断为"遗积瘕",以为不自己纠治,"则三十日死"。果然,"后二十余日,溲血死"。其病因,被认为是"病得之酒且内"。又有"阳虚侯相赵章病",淳于意"诊其脉曰'迵风'"。"法曰'五日死',而后十日乃死。病得之酒。"又如"安阳武都里成开方,……病苦沓风","其四支不能用,瘖而未死也。病得之数饮酒以见大风气"。多种病症都与"酒""饮酒"有关。"故济北王阿母自言足热而懑",淳于意为之诊治,病愈。"病得之饮酒大醉。"女子能够"饮酒大醉",可见当时民间"饮酒"风习之盛。

从养生的角度"防酒祸",是当时的医学常识。然而,"酒"并非绝对不利于健康。济北王病,淳于意"即为药酒,尽三石,病已"。又如"菑川王美人怀子而不乳","饮以莨菪药一撮,以酒饮之,旋乳"。以"酒"入药的实例,又见于马王堆汉墓出土帛书《五十二病方》。

七、酒场纪律:"醉亡酒"的惩治

《史记》关于"醉"的历史故事中,朱虚侯刘章的事迹比较引人注目。

汉惠帝时代,吕后专权。刘氏与吕氏两派力量因执政地位而发生竞争。《史记·齐悼惠王世家》有这样的记载,朱虚侯刘章二十岁,少年气盛,因刘氏集团中的人不能任要职而心怀愤懑。他曾经陪侍吕后"宴饮",发生了这样的故事:"高后令朱虚侯刘章为酒吏。"刘章请言:"臣,将种也,请得以军法行酒。"得到高后的准许。酒宴气氛转而热烈，刘章"进饮歌舞"，后来又说："请为太后言耕田歌。"吕后平日视刘章如子，笑着说：说来你父亲是懂得耕田的，但你出生就是王子，哪里知道田地的经营呢？刘邦在乡间任亭长的时候，吕后曾经参与田间劳作。《史记·高祖本纪》记载："吕后与两子居田中耨。"吕后与刘章对话时，或许想到了自己的亲身经历，于是笑问刘章："安知田乎？"刘章回答："臣知之。"于是，"太后曰：'试为我言田。'章曰：'深耕穊种，立苗欲疏；非其种者，锄而去之。'"面对刘章以"耕田"为喻指责迫害刘氏家族成员的行为，"吕后默然"。随后，"诸吕有一人醉，亡酒"，刘章"追"，竟"拔剑斩之"。刘章追斩因"醉"逃席的吕氏族人后，"还报"吕后，"有亡酒一人，臣谨行法斩之"。于是"太后左右皆大惊"。

"自是之后，诸吕惮朱虚侯，虽大臣皆依朱虚侯，刘氏为益强。"刘氏势力因刘章拔剑斩杀吕氏因"醉""亡酒"者而有所抬头。后来，在清除吕氏势力的过程中，刘章又有突出的功绩。

八、"醉"与"醒"

《说文·酉部》："醒，病酒也。一曰醉而觉也。"段玉裁注："《节南山》正义引《说文》无'一曰'二字。盖有者为是。许无'醒'字。醉中有所觉悟即是'醒'也。故'醒'足以兼之。《字林》始有醒字，云酒解也。见《众经音义》。盖义之岐出，字之日增，多类此。"上文引《史记·高祖本纪》"醉斩白蛇"故事，说："后人至，高祖觉。后人告高祖，高祖乃心独喜，自负。"通常说酒醒情形，这里不称"醒"，不称"醒"，而称"觉"。不过，《史记·高祖本纪》注文引录汉代人的说法，其中出现了"醒"。关于高祖还乡有这样的记述："高祖还归，过沛，留。置酒沛宫，悉召故人父老子弟纵酒，发沛中儿得百二十人，教之歌。酒酣，高祖击筑，自为歌诗曰：'大风起兮云飞扬，威加海内兮归故乡，安得猛士兮守四方！'令儿皆和习之。高祖乃起舞，慷慨伤怀，泣数行下。"关于"酒酣"，裴骃《集解》："应劭曰：'不醒不醉曰酣。一曰酣，洽也。'"

其实，《史记》中也是直接出现了"醒"字的。

《史记·屈原贾生列传》记载："屈原至于江滨，被发行吟泽畔。颜色憔悴，形容枯槁。渔父见而问之曰：'子非三闾大夫欤？何故而至此？'"屈原答道："举世混浊而我独清，众人皆醉而我独醒，是以见放。"他说自己所以被放逐，正是因为"众人皆醉而我独醒"。这里所谓的"醉"和"醒"，是形容政治理念、社会意识，还是文化倾向的对照呢？也可能这里说的"醉"和"醒"，具有包括人生哲学的多方面思想史意义。与屈原对话的渔父表达了自己的意见："夫圣人者，不凝滞于物而能与世推移。举世混浊，何不随其流而扬其波？众人皆醉，何不餔其糟而啜其醨？何故怀瑾握瑜而自令见放为？"屈原却回答："吾闻之，新沐者必弹冠，新浴者必振衣，人又谁能以身之察察，受物之汶汶者乎！宁赴常流而葬乎江鱼腹中耳，又安能以皓皓之白而蒙世俗之温蠖乎！"屈原清醒开明且执着坚定的品格，为司马迁所肯定。司马迁在《史记·屈原贾生列传》的篇末写道："太史公曰：余读《离骚》《天问》《招魂》《哀郢》，悲其志。适长沙，观屈原所自沉渊，未尝不垂涕，想见其为人。"明确表达了他与"屈原贾生""其为人"即文化观和人生观方面的高度一致。所谓"悲其志"的"志"，表现为面对"举世混浊""众人皆醉"的"独清""独醒"。"醒"与"醉"，后来被看作对立的思想境界。有人以此评定文化判断的高下与是非正误："世之俗儒末学，醒醉不分，而稽论当世，疑误视听。"（《后汉书·苏竟传》）如果我们说这种文化价值观自《史记》始倡，也是合理的。

司马迁在这里所说的"醉"与"醒"，是思想家借以表达高尚精神情怀的语言关键点。至于对世俗社会生活的描绘，可以具体地为酒史和酒文化研究提供具有参考意义的文字，这见于《史记·滑稽列传》的记载。楚军攻齐，齐威王使淳于髡求救于赵。淳于髡以智谋使赵军出兵，楚退军。"威王大说，置酒后宫，召髡赐之酒。"在酒宴中，齐威王询问淳于髡："先生能饮几何而醉？"对于酒量，淳于髡回答："臣饮一斗亦醉，一石亦醉。"齐威王说："先生饮一斗而醉，恶能饮一石哉！其说可得闻乎？"要求他解释既然"饮一斗而醉"，又怎么能够"饮一石"呢。淳于髡说："赐酒大王之前，执法在傍，御史在后，髡恐惧俯伏而饮，不过一斗径醉矣。"但是，假若"亲有严客"，"侍酒于前"，"奉觞上寿"，则"饮不过二斗径醉矣"。如场景环境变化，"朋友交游，久不相见"，"欢然道故，私情相语"，那么，"饮可五六斗径醉矣"。如果气氛更为欢悦，没有"禁""罚"的制约，"州闾之会，男女杂坐，行酒稽留，六博投壶，相引为曹，握手无罚，目眙不禁，前有堕珥，后有遗簪，髡窃乐此，饮可八斗而醉二参"。假使完全随意，"日暮酒阑，合尊促坐，男女同席，履舄交错，杯盘狼藉，堂上烛灭，主人留髡而送客，罗襦襟解，微闻芗泽，当此之时，髡心最欢，能饮一石"。他认为环境条件可以使人"乐""欢"，以致"饮"而不知"醉"，甚至在迷乱之中能够"心最欢"，以此巧妙地"讽谏"齐威王警惕"酒极""乐极"导致的"乱""悲"以及"衰"："'故曰酒极则乱，乐极则悲；万事尽然。'言不可极，极之而衰。"齐威王说："善。""乃罢长夜之饮"，又任命淳于髡担任"诸侯主客"，负责外交与民族事务等接待工作。"宗室置酒，髡尝在侧。"也就是说，提出"酒极则乱，乐极则悲"警告的淳于髡，后来在诸多"置酒"仪式中承担带有某种监督性质的职任。对于"酒极则乱"的预防，也就是对"醉"的高度戒备。

我们读《史记》，未能具体地了解司马迁自己对于"酒"及"醉"的感觉。但我们大致可以得知，他对于"众人皆醉而我独醒"的境界是心怀崇敬的；而对"世俗"生活中因"酒""醉"而生成的"欢然""窃乐"乃至"心最欢"的心绪解放和情感自由，似乎也是能够理解的，并不一定要坚守"皓皓之白"而予以简单生硬的排斥。

《史记》的记述，从传说中的"黄帝"起始，到汉武帝时代。对于这一漫长历史阶段中社会生活的各个层面，大都有细致真切的记录。美容妆饰作为民俗生活的一种表现，涉及情爱史，也关联到当时社会物质条件下的卫生意识、生活品位和审美追求，这些在太史公笔下均有所记述。讨论相关问题，可以更全面地认识《史记》一书作为"中国第一部史书"（梁启超：《〈史记〉解题及其读法》，《史地学报》1923 年第 7 期）的意义，也有益于我们全面而深入地理解司马迁的人生理念、生活情趣，以及他对于健康美的态度。

一、"粉白黛黑"：妆饰民俗史

在司马迁生活的时代，民间以粉黛妆饰面容已经成为风习。

《战国策·楚策三》记载，张仪在和楚王关于"好色"的讨论中，说到"粉白黛黑"。张仪说："王徒不好色耳。"楚王问道："何也？"张仪说："彼郑、周之女，粉白黛黑，立于衢闾，非知而见之者，以为神。"楚王说："楚，僻陋之国也，未尝见中国之女如此其美也。寡人之独何为不好色也。"于是为张仪提供"珠玉"等资助。而后宫美女南后、郑袖得知后大为恐慌。《史记·楚世家》和《史记·张仪列传》记录过楚怀王和张仪的多次对话，其中可见楚怀王自称"僻陋之国"的话语，外交活动中也有"郑袖"出现，但是司马迁笔下却没有直接出现"郑、周之女，粉白黛黑"的说法。《艺文类聚》卷一八"美妇人"题下引《战国策》曰："张仪曰：'郑、周之女，粉白黛黑，非知而见之者以为神。'"又引《楚辞》："粉白黛黑施芳泽，长袂拂面善留客。"而《楚辞·大招》原文为"粉白黛黑，施芳泽只"。王逸注："言美女又工妆饰，傅著脂粉，面白如玉，黛画眉鬓，黑而光净。又施芳泽，其芳香郁渥也。"看来楚国上层人物对于中原女子美妆"粉白黛黑"完全"非知""未尝见"的说法，可能并不确实。《韩非子·显学》记载："……故善毛嫱、西施之美，无益吾面，用脂泽粉黛则倍其初。言先王之仁义，无益于治，明吾法度，必吾赏罚者亦国之脂泽粉黛也。"在严肃的政论中以"脂泽粉黛"为喻，说明此类妆饰方式的应用是非常普遍的。

我们现在还不能清楚地说明司马迁为什么不取用《战国策》载录张仪"郑、周之女，粉白黛黑"的话语。但是，《史记》中可以看到妆饰史相关信息的间接表达。《史记·司马相如列传》载录司马相如赋作，其中写道："于是郑女曼姬，被阿锡，揄纻缟，杂纤罗，垂雾縠；襞积褰绉，纡徐委曲，郁桡溪谷；扮扮裶裶，扬袘恤削，蜚纤垂髾；扶与猗靡，噏呷萃蔡，下摩兰蕙，上拂羽盖，错翡翠之威蕤，缪绕玉绥；缥乎忽忽，若神仙之仿佛。"对于"郑女曼姬"的夸赞，言服饰，言头饰，又说发型和体态身姿，但是没有涉及"粉白黛黑"。不过对于"若神仙之仿佛"句的理解，张守节《正义》直接引录上文说到的《战国策》所见张仪语"彼郑、周之女，粉白黛黑，立于衢闾，非知而见之者，以为神"，不过字句略有差异。张守节写道："仿佛，言似神仙也。《战国策》云：'郑之美女粉白黛黑而立于衢，不知者谓之神仙。'"

《史记·司马相如列传》还引录了司马相如赋作"靓庄刻饬，便嬛绰约"句。裴骃《集解》引郭璞的说法作为解释："靓庄，粉白黛黑也。"明确说到了"粉白黛黑"。"粉""黛"的作用，使得对"靓庄"的追求得以实现。

《史记》未直接采用"粉白黛黑"之说，或许与轻视或者否定这种妆饰方式的态度有关。与《史记》成书时代相近的《淮南子·修务》写道，妆饰的作用其实有限，真正的美女，即"曼颊皓齿，形夸骨佳，不待脂粉芳泽而性可说者，西施、阳文也"，而相貌丑陋者，即"虽粉白黛黑弗能为美者"。《太平御览》卷三八〇引《汉武故事》说汉武帝身边亲随，"从行郡国，载之后车"的女子，"皆自然美丽，不使粉白黛黑"。这一表述，说的也是司马迁时代的事情。这样的观念，又见于《三国志·吴书·华覈传》中的说法："美貌者不待华采以崇好，艳姿者不待文绮以致爱，五采之饰，足以丽矣。若极粉黛，穷盛服，未必无丑妇。废华采，去文绣，未必无美人也。"

二、"粉黛""媚妆"

《战国策》《大招》《淮南子》所谓"粉白墨黑""粉白黛黑"，韩愈《送李愿归盘谷序》写作"粉白黛绿"："曲眉丰颊，清声而便体，秀外而慧中，飘轻裾，翳长袖，粉白黛绿者，列屋而闲居，妒宠而负恃，争妍而取怜。"

妆饰史在战国秦汉这一历史阶段的表现，很早就受到学者的关注。宋人洪迈《容斋随笔·四笔》卷三专有"粉白黛黑"条，涉及《列子》《战国策》《大招》《淮南子》"粉白黛黑"诸说。另一位宋代学者王楙《野客丛书》卷二九"后宫嫔御"条也注意到同一文化史主题。他写道："士大夫以粉白黛绿丧身殒命，何可胜数。前覆后继，曾不知悟。"明人张萱《疑耀》卷三"粉"条引录了《古今实录》的说法："萧史与秦穆公炼飞雪丹，其第一转与弄玉涂之，即今铅粉也。妇人傅粉自秦。"而张萱将"傅粉"发生的年代又向前提。他说："余按《墨子》'禹作粉'，张华《博物志》'纣烧铅作粉，谓之胡粉'。或曰周文王时妇人已傅粉矣，未知然否。但妇人傅粉断非始于秦也。"张萱还提及"黄眉黑妆""鸦黄粉白""额上涂黄"等，种种"古人媚妆，随意皆可"。各种"媚妆"之中，"粉"的作用是突出的。

女子通过"傅粉"来取悦异性的实例，见于《汉书·景十三王传·广川惠王刘越传》记广川王后阳成昭信谮媢靡夫人陶望卿"淫"且

"有奸"的案例。故事的发生,大致在司马迁生活的时代。"粉黛""媚妆"导致的社会生活史的变化,司马迁不会没有察觉。

三、"颜色"追求

《史记·乐书》将"容貌"与"颜色"并列表达,可知所谓"颜色"就是"容貌"以及相关的神采光泽,有时也包括表情。而"粉黛",就是直接作用于"容貌""颜色"的。《史记》中"容貌"出现了六次,"颜色"出现了十三次,文字并不总是完全对应。而《史记·屈原贾生列传》中可以看到"颜色憔悴,形容枯槁"的说法,文字形成比较工整的对仗,"颜色"和"形容"相对应。

对于汉朝军队西北远征匈奴的战事,《史记·卫将军骠骑列传》写道:"过焉支山千有余里,合短兵,杀折兰王,斩卢胡王。"同一战争史记录,《史记·匈奴列传》记载:"汉使骠骑将军去病将万骑出陇西,过焉支山千余里,击匈奴,得胡首虏万八千余级,破得休屠王祭天金人。""焉支"与匈奴单于配偶"阏氏"音同。《史记·陈丞相世家》裴骃《集解》:"苏林曰:'阏氏音焉支,如汉皇后。'"在《史记·匈奴列传》中霍去病"过焉支山"句下,张守节《正义》引录地理学文献,竟然保留了当时一支匈奴民歌。张守节《正义》引《括地志》云:"焉支山一名删丹山,在甘州删丹县东南五十里。"《括地志》则引《西河故事》云:"匈奴失祁连、焉支二山,乃歌曰:'亡我祁连山,使我六畜不蕃息;失我焉支山,使我妇女无颜色。'其慜惜乃如此。"

霍去病当年夏季率领骑兵军团进击匈奴的情形,《史记·匈奴列传》有所记载,"出陇西、北地二千里,击匈奴。过居延,攻祁连山,得胡首虏三万余人,裨小王以下七十余人"。在"攻祁连山"句下,司马贞《索隐》又引《西河旧事》,说到这首民歌:"山在张掖、酒泉二界上,东西二百余里,南北百里,有松柏五木,美水草,冬温夏凉,宜畜牧。匈奴失二山，乃歌云：'亡我祁连山，使我六畜不蕃息；失我燕支山，使我嫁妇无颜色。'"司马贞说："祁连一名天山，亦曰白山也。"这两段引文，一据《西河故事》，一据《西河旧事》，应当就是一部书。而所引"匈奴歌"，也略有不同，一说："失我焉支山，使我妇女无颜色。"一说："失我燕支山，使我嫁妇无颜色。"但是，"无颜色"三个字是一致的。

宋人赵彦卫《云麓漫钞》卷七："崔豹《古今注》云：'燕支叶似蓟，花似蒲公，出西方，土人以染，名燕支。中国亦为红蓝，以染粉为妇人色，谓为燕支粉。'""北方有焉支山，山多红蓝，北人采其染绯，取其英鲜者作燕脂。"《史记·货殖传》：'若千亩卮茜。'徐广注云：'卮，音支，鲜支也；茜，音倩，一名红蓝，其花染缯，赤黄也。'又知今之红花，乃古之茜。"

明杨维桢《铁崖乐府》卷二《昭君曲》："何时去夺胭脂山？呜呼！何时去夺胭脂山？"清人楼卜瀍注："青藤山人《路史》：焉支山又名燕支、胭脂。字虽异，义则一焉。盖胡地有焉支山产红蓝，采其花染绯，制其膏作妇妆。单于以号其妻，正比其色可爱如焉支也。"明方以智《通雅》卷四一《植物·草》说："'燕支'今作'胭脂'，古通'焉支''阏氏''燕脂'。"

这是另一个民族对"颜色"追求的文化表达。作为草原民族的声音，特别值得重视。

四、关于"粉饰"

西门豹的故事，很早就有广泛的影响。太史公记述，魏文侯时，西门豹任"邺"的行政长官。到任时，约见地方"长老"，了解"民所疾苦"。"长老"说："苦为河伯娶妇，以故贫。"关于"为河伯娶妇"的具体情形，《史记·滑稽列传》有所记述："当其时，巫行视小家女好者，云是当为河伯妇，即娉取。洗沐之，为治新缯绮縠衣，闲居斋戒；为治斋宫河上，张缇绛帷，女居其中。为具牛酒饭食，十余日。共粉饰之，如嫁女床席，令女居其上，浮之河中。始浮，行数十里乃没。"于是，西门豹说，"至为河伯娶妇时，愿三老、巫祝、父老送女河上，幸来告语之，吾亦往送女"。到了"为河伯娶妇时"，"西门豹往会之河上。三老、官属、豪长者、里父老皆会，以人民往观之者三二千人"。

西门豹借口已经选定的"河伯妇"，服"新缯绮縠衣"而"共粉饰之"的女子"不好"，宣布"烦大巫妪为入报河伯，得更求好女，后日送之"，"使吏卒共抱大巫妪投之河中"。"有顷，曰：'巫妪何久也？弟子趣之！'复以弟子一人投河中。有顷，曰：'弟子何久也？复使一人趣之！'复投一弟子河中。凡投三弟子。"而后又说："巫妪弟子是女子也，不能白事，烦三老为入白之。"于是"复投三老河中"。终于使得"邺吏民大惊恐，从是以后，不敢复言为河伯娶妇"。

西门豹以个人智谋和行政强力改变了地方陋俗，在《汉书·古今人表》九等品次中列第三等，在春秋战国时期与孔子之徒子贡、子夏、曾子等并列，超越了老子、孙武等人。在后世传说中，西门豹又有神异的表现。如《晋书·苻坚载记》写道："其母苟氏尝游漳水，祈子于西门豹祠，其夜梦与神交，因而有孕，十二月而生坚焉。""就西门豹祠祈雨"的记载，也见于《魏书·奚康生传》。"祈雨"的相关情形，《北齐书·文宣纪》中也有记载。不过，我们在这里不讨论西门豹在信仰史中的地位和在水利史中的作用，我们更为注意的是《史记》记述"为河伯娶妇"故事中当时的"嫁女"礼仪，除"洗沐之，为治新缯绮縠衣，闲居斋戒"外，还有"共粉饰之"。《后汉书·逸民列传·梁鸿传》记载：孟氏女嫁梁鸿，"始以装饰入门"，"鸿曰：'吾欲裘褐之人，可与俱隐深山者尔。今乃衣绮缟，傅粉墨，岂鸿所愿哉？'"人们都熟悉的"举案齐眉"故事中的恩爱夫妻，丈夫梁鸿对于"始以装饰入门"的妻子"孟氏女"的新婚"粉饰"，即"傅粉墨"，起初竟然是很不满意的。

"粉饰"，即梁鸿所谓傅粉墨，应当是女子通常的美容化妆方式。

《释名·释首饰》："粉，分也，研米使分散也。""黛，代也，灭眉毛去之，以此画代其处也。"在正式场合如"娶妇""嫁女""入门"时，"粉饰"尤其受到重视。"河伯妇"出嫁时所谓"共粉饰之"，应当是几位女子协力合作来完成相关程序。

五、"贩脂""千金"与化妆品市场推想

《史记·货殖列传》表扬了一些成功致富的工商业者。其中说道："贩脂，辱处也，而雍伯千金。……此皆诚壹之所致。"强调只要专心努力，就可以成就经济事业。"雍伯千金"，泷川资言《史记会注考证》说有的版本写作"雍伯致千金"。

所谓"贩脂，辱处也，而雍伯千金"，《汉书·货殖传》的说法是"翁伯以贩脂而倾县邑"。这位富有的"雍伯"，其职业所谓"贩脂"，是怎样经营的呢？

张守节《正义》解释"贩脂"："《说文》云'戴角者脂，无角者膏'也。"《说文·肉部》："戴角者脂，无角者膏。"段玉裁注："《考工记》郑注曰：脂者牛羊属，膏者豕属。《内则》注曰：肥凝者为脂，释者为膏。""释膏以脂。禽亦曰膏。《周礼》：香臊腥膻皆曰膏。此皆统言不别也。""脂""膏"都是动物脂肪，通常"牛羊"称"脂"，"豕"则称"膏"。也有以"肥凝者"和"释者"予以区分的。《史记·酷吏列传》中，太史公曰："天下之网尝密矣……"司马贞《索隐》："案：《盐铁论》云'秦法密于凝脂'。"这正是取"肥凝者为脂"之义。以"凝脂"比喻法网之"密"，正是借用人们熟知"凝脂"形态的普通常识。

动物脂肪通常用于食用，如扬雄《太玄·灶》"脂牛正肪，不濯釜而烹"。或燃以照明，如《论衡·幸偶》"烁脂烛"。当然也有其他用途。《史记·田敬仲完世家》记载："豨膏棘轴，所以为滑也。"司马贞《索隐》："豨膏，猪脂也。"说以猪脂润滑车轴。《史记·孟子荀卿列传》司

马贞《索隐》也说车器有"輨"或作"过",是用以"润毂"的"盛脂之器",或称"脂器"。

我们看到《后汉书·冯衍传》李贤注引《衍集》载衍与妇弟任武达书说到家中"一婢","头无钗泽,面无脂粉"。可知汉时民间风习,妇女通常是使用"脂粉"的。女子妆饰往往"脂"与"粉"合用,如《释名·释首饰》的说法:"胡粉,胡,餬也,脂合以涂面也。""把脂、粉合在一起涂在脸上,可使皮肤看起来白皙柔嫩。"(彭卫、杨振红:《中国风俗通史·秦汉卷》)单独用"脂""涂面",可以使脸部皮肤"柔滑"。《释名·释首饰》说:"脂,砥也,著面柔滑,如砥石也。"又有用于唇部的"唇脂":"唇脂,以丹作之,象唇赤也。"张衡《思玄赋》写道:"离朱唇而微笑兮,颜的砺以遗光。"这里说的"朱唇",很可能就是使用"唇脂"的效果。

《后汉书·陈蕃传》中可见对皇帝后宫消费过度的批评:"采女数千,食肉衣绮,脂油粉黛,不可赀计。""脂油粉黛",当然就是冯衍所说的"脂粉"。所谓"脂油粉黛,不可赀计",显示了"采女数千"妆饰费用的额度。"赀计"二字,涉及女子妆饰所用"脂油粉黛"的市场价值。

祭祀礼仪中点燃杂有香气的"脂",是汉代神祀庄重的表现。《郊祀歌》中有这样的诗句:"焫膋萧,延四方。"《汉书·礼乐志》载录此诗,颜师古注:"以萧焫脂合馨香也。"所谓"脂合馨香",或者也是妆饰用脂已经考虑到的配制方式。

都城长安有专门为上层社会物质消费服务的市场。王莽曾经策划迁都洛阳,这一决定一时在长安引起民心浮动,"是时,长安民闻莽欲都洛阳,不肯缮治室宅,或颇彻之"。许多百姓甚至不愿修缮房屋,有的还拆除了原有住宅。王莽于是宣布:"玄龙石文曰'定帝德,国洛阳'。符命著明,敢不钦奉!以始建国八年,岁缠星纪,在洛阳之都。其谨缮修常安之都,勿令坏败。敢有犯者,辄以名闻,请其罪。"王莽以符命为根据,预定在三年之后,即始建国八年(16),正式迁都洛阳。他宣布,在此之前常安(长安)的城市建设不能受到影响。迁都动议竟然导致长安出现"坏败"的趋向,这是因为许多市民的营生方式是直接为宫廷和贵族官僚家族服务的,一旦迁都,很可能导致大面积失业。

长安有高等级消费群体,其中的女性,可能更狂热地追求奢靡生活。长安市场有专门服务这一人群的"脂粉"经营,是很自然的。《史记·货殖列传》说"雍伯""贩脂"而"致千金"。"雍伯""贩脂"之"脂"即"脂粉"之"脂"的可能性是很大的。"雍伯"所"贩脂"即使并非与"粉"并用"脂合以涂面",直接用为"脂油粉黛"的"脂油",也很可能作为加工制作这种"脂"或说"脂油"的材料。

与《史记》年代相近的《汉书·东方朔传》所言馆陶公主即窦太主近幸董偃故事,说董偃"与母以卖珠为事,偃年十三,随母出入主家"。董偃母亲"以卖珠为事""出入"豪贵之家的经营方式,或许也可以作为理解"贩脂"行为的参照信息。《九章·抽思》"好姱佳丽兮,牉独处此异域"句,明人李陈玉的解释是"马前犹自卖胭脂"〔(明)李陈玉撰,王舒雅点校:《楚词笺注》,南京大学出版社2017年12月版,第41页〕。而宋人曾敏行《独醒杂志》卷一〇"京师厢王家卖胭脂"语〔(宋)曾敏行著,朱杰人标校:《独醒杂志》,上海古籍出版社1986年6月版,第93页〕,对于理解汉代"京师"化妆品的行销方式,也有一定的参考价值。

六、"傅脂粉"男子

董偃"随母出入主家","主寡居,年五十余矣",以其"姣好","曰:'吾为母养之。'因留第中",后来"出则执辔,入则侍内,为人温柔爱人","名称城中,号曰董君"(《汉书·东方朔传》)。董偃因"姣好""温柔",成为以男色服务权贵的典型人物。

太史公笔下又有为帝王近幸的男宠。《史记·佞幸列传》写道:"昔以色幸者多矣。至汉兴，高祖至暴抗也，然籍孺以佞幸；孝惠时有闳孺。此两人非有材能，徒以婉佞贵幸，与上卧起，公卿皆因关说。故孝惠时郎侍中皆冠鵔鸃，贝带，傅脂粉，化闳、籍之属也。两人徙家安陵。"司马迁还说到汉文帝时的邓通，汉景帝时的周仁，汉武帝时的韩嫣。"今上为胶东王时，嫣与上学书相爱。及上为太子，愈益亲嫣。嫣善骑射，善佞。上即位，欲事伐匈奴，而嫣先习胡兵，以故益尊贵，官至上大夫，赏赐拟于邓通。时嫣常与上卧起。……"又有李延年，"父母及身兄弟及女，皆故倡也"。"延年善歌，为变新声，而上方兴天地祠，欲造乐诗歌弦之。延年善承意，弦次初诗。""延年佩二千石印，号协声律。与上卧起，甚贵幸，埒如韩嫣也。"《史记·佞幸列传》文末《索隐述赞》写道："《传》称令色，《诗》刺巧言。冠鵔入侍，傅粉承恩。……"其中"傅粉承恩"，指出了这些被列入"佞幸列传"者的通常表现。司马迁在《史记·太史公自序》中说："夫事人君能说主耳目，和主颜色，而获亲近，非独色爱，能亦各有所长。作《佞幸列传》第六十五。"汉武帝时代的韩嫣、李延年等确实"能亦各有所长"，"嫣善骑射"，"延年善歌"。但是这些人主要是以"色爱"取得特殊地位的，即"夫事人君能说主耳目，和主颜色"，于是得以"亲近"。这种特殊社会现象发生的终极原因，当然是"人君"的绝对权力。

司马迁在《史记·佞幸列传》篇末写道："太史公曰：甚哉爱憎之时！弥子瑕之行，足以观后人佞幸矣。虽百世可知也。"关于"弥子瑕"，司马贞《索隐》："卫灵公之臣，事见《说苑》也。"《说苑·杂言》写叙"弥子瑕"故事："弥子瑕爱于卫君，卫国之法：窃驾君车罪刖。弥子瑕之母疾，人闻，夜往告之。弥子瑕擅驾君车而出，君闻之，贤之，曰：'孝哉！为母之故，犯刖罪哉！'君游果园，弥子瑕食桃而甘，不尽，而奉君，君曰：'爱我而忘其口味。'及弥子瑕色衰而爱弛，得罪于君，君曰：'是故尝矫吾车，又尝食我以余桃。'故子瑕之行未必变初也，前见贤后获罪者，爱憎之生变也。"看来，司马迁所谓"甚哉爱憎之时"，说的是"爱憎之生变也"，强调了这种人际关系中"主""君""人君"的绝对权势。

作为历史学者，司马迁重视长时段的历史文化观察。此言"虽百世可知也"，我们读《史记》，可见"百世"一语的习惯性使用。《陈杞世家》《张仪列传》《平原君虞卿列传》《扁鹊仓公列传》《平津侯主父列传》《太史公自序》，都有用"百世"语词的例证。而《孔子世家》写道："观殷夏所损益，曰：'后虽百世可知也，以一文一质。周监二代，郁郁乎文哉。吾从周。'""后虽百世可知也"，裴骃《集解》："何晏曰：'物类相召，势数相生，其变有常，故可预知者也。'"这一说法，言及带有规律性的历史表现之认识的形成。孔子的这段话，出自《论语·为政》："虽百世，可知也"，《孔子世家》作"虽百世可知也"，《佞幸列传》也作"虽百世可知也"，文字完全相同。司马迁在这里直接借用了孔子的语言。

司马迁说"虽百世可知也"同时说到"后人佞幸"。在"佞幸"与非"佞幸"之间的"后人"故事中，我们也看到了"傅粉"情节。《三国志·魏书·何晏传》裴松之注引《魏略》写道："晏性自喜，动静粉白不去手，行步顾影。"何晏所谓"自喜"，或许有今人所谓"自恋"的意味。《世说新语·容止》则说："何平叔美姿仪，面至白，魏明帝疑其傅粉。正夏月，与热汤饼。即啖，大汗出，以朱衣自拭，色转皎然。"《初学记》卷一〇引鱼豢《魏略》："何晏字平叔，美姿仪，面绝白。魏帝疑其傅粉。后至夏月，唤来而与热汤饼，大汗出。遂以朱衣自拭，色转皎然。帝始信之。"说何晏"美姿仪，面至白"，却并未"傅粉"，与《三国志》裴注引《魏略》说法不同。不过，后人往往取信何晏"动静粉白不去手"的说法，如《资治通鉴》卷七五全用"何晏性自喜，动静粉白不去手，行步顾影"文字。宋人刘克庄称何晏为"粉郎"（《赠许登仕》，《后村集》卷四四）。明人徐熥诗句则说"少年白皙""何晏之粉"（《赠歌者》，《幔亭诗集》卷三）。而曹丕的疑心，应当与当时上层社会风习有关。宋人王楙《野客丛书》卷一二"男人傅粉"讨论《世说》曹丕由"疑"而"信"故事:"仆考《魏略》'晏自喜,动静粉白不去手',则知晏尝傅粉矣。"并且联系《史记》《汉书》的记载:"《前汉·佞幸传》籍孺、闳孺傅脂粉,以婉媚幸上,此不足道也。"又说:"《颜氏家训》谓梁朝子弟无不熏衣剃面,傅粉施朱。以此知古者男子多傅粉者。"

与何晏同时,还有其他"男子""傅粉"的故事。《太平御览》卷七一九引《魏略》:"邯郸淳谒临淄侯植,时天暑,植取水浴,以粉自傅。"也说到"傅粉"的情形。而曹操高陵二号墓出土"六边形石牌"有铭刻文字"胡粉二斤"者(301),是值得注意的文物遗存。又有铭刻文字"香囊卅双"(96),也是表现墓主生活的重要文物。这些铭文,据发掘者判断,"内容为随葬品的名称和数量"。曹操人称"天下之雄","气势盈溢",且"简易随时","佻易无威重",然而似乎也有"傅粉"的迹象。

七、司马迁的"士宦""以色媚"批判

战国秦汉时男子因肤白受到爱重,典型史例见于《史记·张丞相列传》所谓"身长大,肥白如瓠,时王陵见而怪其美士"。有学者指出,汉代对于男子体貌的审美倾向,"肤色白皙""被认为是男性美的重要特征"(彭卫:《汉代社会风尚研究》)。身材"长大"历代都是男子形貌的优长之处自不必说,而"白"则"美",是值得注意的社会通行审美意识的反映。

《续汉书·郡国志五》"巴郡"条刘昭注补引《华阳国志》说到"巴郡"这样一处水泉:"有清水穴,巴人以此为粉,则膏泽鲜芳,贡粉京师,因名粉水。"所谓"贡粉京师",说明都市消费生活对"粉"的需求。而以"粉"实现"膏泽鲜芳"的效用,并没有限定女子。《后汉书·东夷列传·倭》:"其男衣皆横幅结束相连。女人被发屈紒,衣如单被,贯头而著之;并以丹朱坋身,如中国之用粉也。"这里说"女人""并以丹朱坋身",一如"中国之用粉"。然而成书更早的《三国志·魏书·乌丸传》这样记述"倭"的生活习性:"有屋室,父母兄弟

卧息异处，以朱丹涂其身体，如中国用粉也。"这里通说"父母兄弟"，似乎"倭"人"以朱丹涂其身体"与"中国用粉"并没有性别区分。大概男子"傅粉"的情形，在有的地区、有的人群中并不是个别现象。

然而在王朝高层，男性追求"膏泽鲜芳""以色媚"者，则更为多见。《史记·佞幸列传》开篇就写道："谚曰'力田不如逢年，善仕不如遇合'，固无虚言。非独女以色媚，而士宦亦有之。"随后说"昔以色幸者多矣"，并列举汉高祖至汉武帝几代"宠臣""佞幸"数人，又使用"内宠嬖臣"语。《韩非子·说疑》强调："无尊嬖臣而匹上卿。"《佞幸列传》最后以"太史公曰"的形式说到"弥子瑕"事，《盐铁论·论儒》称"嬖臣弥子瑕"，也是取鄙视态度。

"嬖臣"，又称"嬖人"。《孟子·梁惠王下》说，鲁平公出，"将见孟子"，为"嬖人臧仓"阻止。孟子说："吾之不遇鲁侯，天也。臧氏之子，焉能使予不遇哉？"在宣称顺从天意的同时，表示了对"嬖人臧仓"的鄙视。赵岐注："嬖人，爱幸小人也。"清人焦循《孟子正义》就此有所议论："男女之贱而得幸者通称嬖人。《史记》有《佞幸列传》，云：'非独女以色媚，而士宦亦有之。昔以色幸者多矣。高祖至暴抗也，然籍孺以佞幸；孝惠时有闳孺。此两人非有材能，徒以婉佞贵幸，与上卧起。'嬖人臧仓，籍孺、闳孺之类也。"关于"嬖人"，杨伯峻《孟子译注》解释为"被宠爱之人"，"此则指被宠爱之小臣"，"所宠幸的小臣"。"小"，这里似乎只是指身份地位，并非说道德水准。而焦循的解释"贱而幸者"，是具有道德斥责含义的。又说："《史记》有《佞幸列传》，云：'非独女以色媚，而士宦亦有之。'"所谓"嬖人臧仓，籍孺、闳孺之属也"，是沿承《史记·佞幸列传》之批判笔调的。

后来有人说："以色媚人，寡德也。"〔（宋）居简：《水仙十客赋》，《北磵文集》卷一〕这样的意见，其实可以看作对司马迁认识的延续。"士宦""以色媚人"，当然有各种表现，但在今天看来都是和中华优秀传统文化不相符合的。

《史记》"芬芳"笔墨：秦汉人的嗅觉幸福

《史记》是一部从多视角、全方位记述司马迁时代社会文化风貌的百科全书式的重要文献。对于当时社会物质生活与精神生活的反映，是细致生动的。《史记》有关"芬芳"的文字，体现了秦汉社会在当时生态条件下对于来自自然的馨香气息的幸福享用。相关生理和心理体验，又升格为一种审美习尚，一种文化追求，甚至影响到信仰世界的若干迹象。由于丝绸之路促进文化交流的作用，使"西域"异香得以传入，从而丰富了中原人的生活。

一、山野自然"芬香之盛"

司马相如的《子虚赋》，见于《史记·司马相如列传》。其中关于山野原生森林的自然植被，有这样的描写："其北则有阴林巨树，楩枬豫章，桂椒木兰，蘗离朱杨，樝梨梬栗，橘柚芬芳。"张守节《正义》："小曰橘，大曰柚。树有刺，冬不凋，叶青，花白，子黄赤。二树相似。非橙也。"这里使用"芬芳"一语，是值得特别注意的。其实，上文还说道："其东则有蕙圃衡兰，芷若射干，穹穷昌蒲，江离麋芜，诸蔗猼且。"司马贞《索隐》引司马彪的说法："蕙，香草也。"又引《广志》："蕙草绿叶紫茎，魏武帝以此烧香，今东下田有此草，茎叶似麻，其华正紫也。"而裴骃《集解》解释"江离"也写道："《汉书音义》曰：江离，香草。"

《史记·司马相如列传》载录《上林赋》，关于上林苑植被有这样的描写："掩以绿蕙，被以江离，糅以麋芜，杂以流夷。尃结缕，攒戻莎，揭车衡兰，稾本射干，茈姜蘘荷，葴橙若荪，鲜枝黄砾，蒋芧青蘋，布濩闳泽，延曼太原，丽靡广衍，应风披靡，吐芳扬烈，郁郁斐斐，众香发越，肹蠁布写，晻暧苾勃。"对于其中一些植物的解释，张守节《正义》："张云：'……蕙，薰草也。'"裴骃《集解》引郭璞的说法："稿本，稿茇；射干，十月生：皆香草。""若荪，香草也。"司马贞《索隐》引张揖云："荪，香草。"对于所谓"吐芳扬烈"，裴骃《集解》引用郭璞的说法，解释为"香酷烈也"。所谓"晻暧苾勃"，张守节《正义》："晻暧，奄爱二音。皆芳香之盛也。《诗》云'苾苾芬芬'，气也。"作者对草野间"众香发越""吐芳扬烈"情境的描写，透露出对自然的一种真实的亲和之心。而司马迁对于司马相如文句中所表达的情感，似乎是赞许的。张衡《南都赋》"晻暧翕蔚，含芬吐芳"，曹丕《沧海赋》"振绿叶以葳蕤，吐芬葩而扬荣"，也都显现出对《史记》载录的司马相如赋作"晻暧苾勃""吐芳扬烈"之语的承袭。

鲁迅《汉文学史纲要》第十篇题为"司马相如与司马迁"。其中写道："武帝时文人，赋莫若司马相如，文莫若司马迁，而一则寥寂，一则被刑。盖雄于文者，常桀骜不欲迎雄主之意，故遇合常不及凡文人。"司马相如和司马迁各有自己的风格，然而都被看作远远超越"凡文人"的"雄于文者"。鲁迅说："迁雄于文，而亦爱赋，颇喜纳之列传中"，"《司马相如传》上下篇，收赋尤多"。从中我们可以体会到鲁迅欣赏和认同的态度。如果就司马相如赋作名物研究，有相当大的难度。其中草木品种，西晋博物学者郭璞也"云未详"。我们能够有鲜明真切体会的，是对于极其优越的植被条件下形成的"芳香之盛"的浓墨记述。

呼吸来自草木的自然"芬芳"，时人以为享受。《史记·孝武本纪》说，汉武帝"作栢梁"。司马贞《索隐》："服虔云：'用梁百头。'""栢梁台"又作"柏梁台"。柏梁台的修筑，使用了上好的柏木。司马贞《索隐》引《三辅故事》道："台高二十丈，用香柏为殿，香闻十里。"柏树自有的香气，在伐取成材后，依然浓郁。

二、"众芳芬苾"瓦当

陕西咸阳发现"众芳芬苾"文字瓦当，据研究者考释，"'众芳'指草木的香气，'芬苾'即芳香，常喻有才能的人。此瓦当在陕西省兴平市茂陵南豆马村曾有出土，应当是用在宫殿建筑上的吉语用瓦"（任虎成、王保平主编：《中国历代瓦当考释》，世界图书出版公司2019年版，图722）。"苾"字我们今天以为生疏，在先秦两汉却是常用字。《诗·小雅·楚茨》："苾芬孝祀，神嗜饮食。"《诗·小雅·信南山》："苾苾芬芬，祀事孔明。"由此看来，茂陵"众芳芬苾"瓦当"应当是用在宫殿建筑上的吉语用瓦"的说法固然不错，但我们还可以考虑到祭祀建筑用瓦的可能。《大戴礼记·曾子疾病》："与君子游，苾乎如入兰芷之室，久而不闻，则与之化矣。"就强调了"兰芷之室"作为建筑的文化意义。

上文说到"台高二十丈，用香柏为殿，香闻十里"，言宫廷建筑注重"香"气美化环境的作用。选择建筑材料时以"香"气为出发点在汉代多有表现，如扬雄《甘泉赋》所谓"香芬茀以穹隆兮，击薄栌而将荣"。《西京杂记》说，温室宫"香桂为柱"，也说明了这样的情形。我们看到，汉家宫室名号，有些也是标榜其"香"气的，如《三辅黄图》卷三《未央宫》提到的"兰林""披香""苣若""椒风""发越""蕙草"等殿名，都可以作为例证。汉长安城出土文字瓦当"披香殿当"，应当是"披香殿"的遗物。

前引《史记·司马相如列传》"桂椒木兰"，《三辅黄图》卷三《未央宫》说，"椒房殿，在未央宫。以椒和泥涂，取其温而芬芳也"。墙壁装修涂料杂入"椒"，用意在取其"芬芳"。《史记·外戚世家》记载，陈皇后失宠被废，司马贞《索隐》："废后居长门宫。"《文选》卷一六司马相如《长门赋》："抟芬若以为枕兮，席荃兰而茝香。"李善注："芬、若、荃、兰，皆香草也。"说长门宫以"香草"为枕席。司马相如《美人赋》又写道："臣排其户而造其堂，芳香芬烈，黼帐高张，有女独处。"大概上层社会的居所，普遍以"芳香芬烈"的气息为装饰陈设的追求。宫殿建筑对"香"的气氛追求，还体现于《六臣注文选》卷一一何晏《景福殿赋》所谓"芸若充庭"，"敷华青春"，"蔼蔼萋萋，馥馥芬芬"。吕延济注："芸若，香草。""蔼蔼萋萋，盛貌。馥馥芬芬，香气也。"

在古代日常生活中，全面享用"芳香芬烈"需要相当高的成本，社会下层难有接触"芬芳"的条件。于是，以"香"为标尺的社会阶层划分出现了。《史记·商君列传》："有功者显荣，无功者虽富无所芬华。"以"芬华"形容政治权势和社会地位，准确且生动。这种文字表达方式，在"二十四史"中仅见于《史记》。

三、"天子行"，"以香草自随"

上文说到对于"蕙"的解释，有"蕙草绿叶紫茎，魏武帝以此烧香"的说法。司马迁生活的时代，以"蕙草"来"烧香"的风习，应当已经在上层社会普及。考古发现数量颇多的通称为"博山炉"的文物遗存，说明了这一社会文化现象。

这种"香炉"的具体使用，见于《后汉书·钟离意传》李贤注引蔡质《汉官仪》："蔡质《汉官仪》曰'尚书郎入直台中，官供新青缣白绫被，或锦被，昼夜更宿，帷帐画，通中枕，卧旃蓐，冬夏随时改易。太官供食，五日一美食，下天子一等。尚书郎伯使一人，女侍史二人，皆选端正者。伯使从至止车门还，女侍史絜被服，执香炉烧熏，从入台中，给使护衣服'也。"后宫服务人员，有专人"执香炉烧熏"。

《史记·礼书》写道"礼由人起"。先王"制礼义以养人之欲，给人之求"，"故礼者养也。稻粱五味，所以养口也；椒兰芬茝，所以养鼻也；钟鼓管弦，所以养耳也；刻镂文章，所以养目也；疏房床笫几席，所以养体也；故礼者养也"。"养"，作为生活内容，是有明确等级规范的。《史记·礼书》又说："君子既得其养，又好其辨也。所谓辨者，贵贱有等，长少有差，贫富轻重皆有称也。"于是，帝王的"养"得到了权威性的文化说明："故天子大路越席，所以养体也；侧载臭茝，所以养鼻也；前有错衡，所以养目也；和鸾之声，步中《武》《象》，骤中《韶》《濩》，所以养耳也；龙旗九斿，所以养信也；寝兕持虎，鲛韅弥龙，所以养威也。"这里说到六个方面的"养"：养体，养鼻，养目，养耳，养信，养威。在诸感觉器官中，"养鼻"列在"养目""养耳"即通常所说"聪明"两种能力的保养之前，体现出当时人们对嗅觉意义的重视。对此，司马迁又有进一步的说明："故大路之马，必信至教顺，然后乘之，所以养安也。孰知夫出死要节之所以养生也，孰知夫轻费用之所以养财也，孰知夫恭敬辞让之所以养安也，孰知夫礼义文理之所以养情也。"这里说到四个方面：养生，养财，养安，养情。其中"养安"与前说重复，张守节《正义》解释说："言审知恭敬辞让所以养体安身。"

关于"侧载臭茝，所以养鼻也"，司马贞《索隐》："刘氏云：'侧，特也。臭，香也。茝，香草也。言天子行，特得以香草自随也，其余则否。'臭为香者，《山海经》云'臭如蘪芜'，《易》曰'其臭如兰'，是臭为草之香也。今以侧为边侧，载者置也，言天子之侧常置芳香于左右。"所谓"臭"，是说"香"。而所谓"天子行，特得以香草自随"，"天子之侧常置芳香于左右"，作为礼俗记录，书写了秦汉社会生活史中很有意思的一面。

这种习惯，其实有《离骚》"扈江离与辟芷兮，纫秋兰以为佩"的前例。而这种行为方式，也会产生普遍的社会影响。刘向《九叹·惜贤》所谓"怀芬香而挟蕙兮，佩江蓠之斐斐"，可以看作表现。稍晚又有三国魏人阮籍《咏怀》之二七所谓"妖冶闲都子，焕燿何芬葩"，晋人张华《轻薄篇》所谓"宾从焕络绎，侍御何芬葩"，也都可以理解为社会史的证明。

由于都市社会需求的存在，"香"的加工制作和市场经营应运而生。关于汉高祖刘邦父亲"太上皇庙"的设置，《史记·高祖本纪》张守节《正义》引《三辅黄图》说："太上皇庙在长安城香室南，冯翊府北。"又引《括地志》说："汉太上皇庙在雍州长安县西北长安故城中酒池之北，高帝庙北。高帝庙亦在故城中也。"可知"太上皇庙"的空间位置在长安城中"酒池之北""香室南"。"酒池"和"香室"的设置，是考察长安城市史应当注意的信息。

四、"椒兰芬苾，所以养鼻也"

前引《史记·礼书》"椒兰芬苾，所以养鼻也"，"侧载臭茝，所以养鼻也"之说，反映了司马迁所处的时代，人体生理学、医学、卫生知识中都已经有关于气味与"鼻"的嗅觉的内容。

《史记》关于人体器官"鼻"的描述，有"曷鼻"（《范雎蔡泽列传》）、"鼻张"（《扁鹊仓公列传》）、"蜂准"（《秦始皇本纪》）、"隆准"（《高祖本纪》）等。观察和表记，是颇为细致具体的。《史记·扁鹊仓公列传》说："肺气通于鼻，鼻和则知臭香矣。肝气通于目，目和则知白黑矣。脾气通于口，口和则知谷味矣。心气通于舌，舌和则知五味矣。肾气通于耳，耳和则闻五音矣。五藏不和，则九窍不通；六府不和，则留为痈也。"似乎体现了当时人们已经注意到"鼻"与人体呼吸系统的关系。

其实，对于身体的"养"，《荀子·礼论》已经有这样的表述："礼者养也。刍豢稻粱，五味调香，所以养口也；椒兰芬苾，所以养鼻也；雕琢刻镂，黼黻文章，所以养目也；钟鼓管磬，琴瑟竽笙，所以养耳也；疏房檖䫉，越席床第几筵，所以养体也。故礼者养也。"这里"养口""养鼻""养目""养体"的说法，基本与《史记·礼书》一致。比较《荀子·礼论》"椒兰芬苾，所以养鼻也"和《史记·礼书》"椒兰芬茝，所以养鼻也"，可以看到只有"芷""茝"一个字的差异。

关于"鼻"的功能，《荀子·荣辱》还说道："目辨白黑美恶，耳辨音声清浊，口辨酸咸甘苦，鼻辨芬芳腥臊，骨体肤理辨寒暑疾养。"这种感官反应的能力，是天生的，也是健康人所共同具有的。《吕氏春秋·本生》说："天全则神和矣，目明矣，耳聪矣，鼻臭矣，口敏矣，三百六十节皆通利矣。"《吕氏春秋·适音》则说："鼻之情欲芬香，心弗乐，芬香在前弗嗅。"《吕氏春秋·贵生》写道："夫耳目鼻口，生之役也。耳虽欲声，目虽欲色，鼻虽欲芬香，口虽欲滋味，害于生则止。"鼻"欲芬香"，"鼻之情欲芬香"，只是一种感官层次的生理满足。所谓"害于生则止"，则提示应当考虑"生"这一基本健康原则。所谓"心弗乐，芬香在前弗嗅"，强调在"鼻"之"欲"上，还有"心"之"乐"层次的精神欢愉。而东汉崔瑗《座右铭》提示了诸多自我修养的原则，最后说："行之苟有恒，久久自芬芳。"此所谓"芬芳"，大致类近《史记》反复赞美的自然纯正的"芬芳"。

五、礼的品位，神的品味

《史记·乐书》强调"礼""乐"是形成体系的文化规范，是完好的有机整体："王者功成作乐，治定制礼。其功大者其乐备，其治辨者其礼具。干戚之舞，非备乐也；亨孰而祀，非达礼也。"对于祭祀礼制，所谓"亨孰而祀，非达礼也"，注家说到有气味的追求。裴骃《集解》："郑玄曰：'乐以文德为备，若《咸池》也。'"张守节《正义》："解礼不具也。谓腥俎玄尊，表诚象古而已，不在芬苾孰味。是乃浇世为之，非达礼也。"其中说到"芬苾"，是可以联系上文"众芳芬苾"瓦当文字进行理解的。

汉武帝太初元年（前104），曾经有重要的制度变化和政策调整。军事方面，也有大规模积极进取的决心。《史记·封禅书》写道："夏，汉改历，以正月为岁首，而色上黄，官名更印章以五字，为太初元年。是岁，西伐大宛。蝗大起。丁夫人、洛阳虞初等以方祠诅匈奴、大宛焉。"第二年，在祭祀礼仪方面也有所调整："其明年，有司上言雍五畤无牢熟具，芬芳不备。乃令祠官进畤犊牢具，色食所胜，而以木禺马代驹焉。独五月尝驹，行亲郊用驹。及诸名山川用驹者，悉以木禺马代。行过，乃用驹。他礼如故。"祭祀行为的简化，"以木禺马代驹"，只是"五月"依然用"驹"。除帝王亲自祭祀"行亲郊用驹"之外，"诸名山川用驹者，悉以木禺马代"。这是祭祀礼仪的重大革新。据说是受到秦礼制传统"雍五畤无牢熟具，芬芳不备"的影响。这样我们可以推知，此前汉家皇室祭祀，通常是讲究"芬芳"追求的。《后汉书·孝明八王列传·乐成靖王党传》有这样的记述："知陵庙至重，承继有礼，不惟致敬之节，肃穆之慎，乃敢擅损牺牲，不备苾芬。"可知东汉时祭祀"陵庙"的"礼"，在"苾芬"方面有所欠缺，是受到指责的。

《汉书·礼乐志》载录《郊祀歌》十九章的第一章《练时日》，开篇就说"练时日，侯有望，炳膋（ruò liáo）萧，延四方"。关于"炳膋萧，延四方"，颜师古解释说："以萧炳脂合馨香也。四方，四方之神也。"指出敬神的要求，包括"馨香"气味，"馨香"应当就是"芬芳"。《练时日》下文还说到"粢盛香，尊桂酒"，"侠嘉夜，芭兰芳"，也都强调了气味的香美。颜师古注引如淳说："嘉夜，芳草也。"颜师古理解，"侠与挟同，言怀挟芳草也。芭即今白芷"。形容酒香，较早有《诗·大雅·凫鹥》"旨酒欣欣，燔炙芬芬"，毛传："芬芬，香也。"以"香酒"祠神，也有渊源久远的传统。《史记·晋世家》说，晋侯"献楚俘于周"，周天子"命晋侯为伯"，所赐物品，包括"秬鬯一卣"，裴骃《集解》引贾逵曰："秬，黑黍；鬯，香酒也。所以降神。卣，器名。诸侯赐珪瓒，然后为鬯。"这是很高等级的礼遇，所以《史记·太史公自序》以"嘉文公锡珪鬯"作为《晋世家》所记录晋史最显赫的光荣。以"香酒"祭神，汉代依然是确定的制度。汉宣帝神爵四年（前58）诏说：

"斋戒之暮,神光显著。荐鬯之夕,神光交错。"颜师古注:"鬯,香酒,所以祭神。"(《汉书·宣帝纪》)以"香酒""祭神"的礼制有非常悠久的历史。《史记·五帝本纪》说:"帝喾高辛者,黄帝之曾孙也。"帝喾执政,"日月所照,风雨所至,莫不从服"。应劭《风俗通义·皇霸·五帝》说"帝喾"称谓的由来:"醇美喾然,若酒之芬香也。"祭酒"醇美""芬香",于是与祭祀对象的名号产生了联系。

祭祀行为中讲究"芬芳",当然是和世间高等阶层日常生活中普遍享用"芬芳"有关联。这是在物质文化层次的理解。就精神文化层面而言,对"芬芳"的喜好,又体现出一种高等级的文明修养。司马迁给予屈原《离骚》以非常高的评价:"屈平之作《离骚》,盖自怨生也。《国风》好色而不淫,《小雅》怨诽而不乱。若《离骚》者,可谓兼之矣。"(《史记·屈原贾生列传》)而《离骚》中多次提到对"芳""芳草""众芳"的倾心爱重。"百草为之不芳",是屈原深心的忧虑。而"佩缤纷其繁饰兮,芳菲菲其弥章","芳菲菲其难亏兮,芬至今犹未沫"等,也都是人们所熟知的语句。

"香草",长期被看作天人之间联系的中介。《史记·郑世家》讲述了这样一个故事:郑文公身边一位名叫"燕姞"的等级很低下的"妾",告知文公她在梦中得到"天"给予的"兰",并预示将有子,而且告之"兰有国香"。"兰",裴骃《集解》引贾逵的解释:"香草也。"郑文公相信这一信息,于是亲近"燕姞","而予之草兰为符",后来果然生子,"名曰兰"。这一故事中,"文公之贱妾曰燕姞,梦天与之兰"的情节,以及"兰有国香"的说法,都是值得研究"香"事、"香"史的学者注意的。

六、西域"香"的引入

《史记·孔子世家》记述孔子葬处及弟子服丧的礼仪,以及后来"世世相传"的"奉祠"制度和"讲礼"形式的形成:"孔子葬鲁城北泗上，弟子皆服三年。三年心丧毕，相诀而去，则哭，各复尽哀；或复留。唯子赣庐于冢上，凡六年，然后去。弟子及鲁人往从冢而家者百有余室，因命曰孔里。鲁世世相传以岁时奉祠孔子冢，而诸儒亦讲礼乡饮大射于孔子冢。孔子冢大一顷。"孔子的安葬和祭祀，以"孔子冢"为文化焦点和纪念坐标。据《史记》注家解说，"孔子冢"有相当大的规模，营造了等级甚高的墓前建筑，陵园还移种了四方奇异草木。裴骃《集解》引《皇览》说："孔子冢去城一里。冢茔百亩，冢南北广十步，东西十三步，高一丈二尺。冢前以瓴甓为祠坛，方六尺，与地平。本无祠堂。冢茔中树以百数，皆异种，鲁人世世无能名其树者。民传言'孔子弟子异国人，各持其方树来种之'。其树柞、枌、雒离、安贵、五味、毚檀之树。孔子茔中不生荆棘及刺人草。"司马贞《索隐》解释："雒离，各离二音，又音落藜。藜是草名也。安贵，香名，出西域。五味，药草也。毚音谗。毚檀，檀树之别种。"

"安贵，香名，出西域"，说来自"西域"远国的"香"，被移植到孔子墓园。这是"异国""孔子弟子""持其方树来种之"的行为，还是"孔子弟子"行旅"异国"有所成功的纪念，我们已经不得而知。但是名为"安贵"的"西域""香"比"苜蓿""蒲陶"更早引入，而且移种到东方更遥远的鲁地的可能性，似乎是存在的。《史记·大宛列传》记载，西域"有蒲陶酒"，"俗嗜酒，马嗜苜蓿"。"宛左右以蒲陶为酒，富人藏酒至万余石，久者数十岁不败。"张骞"凿空"之后，"汉使取其实来，于是天子始种苜蓿、蒲陶肥饶地。""及天马多，外国使来众，则离宫别观旁尽种蒲萄、苜蓿极望。""蒲萄、苜蓿"的大面积引种，是丝绸之路开通后出现的重要历史现象。而"孔子冢"列植"异种"草木，包括"出西域"的制"香"原料"安贵"等信息，则对丝绸之路史的研究有重要提示。

汉代陵墓植树，已经成为社会风习（王子今：《秦汉陵墓"列树成林"礼俗》，《宝鸡文理学院学报》2020年第3期）。而孔子因文化成就卓越，社会声誉很高，"冢茔中树以百数，皆异种，鲁人世世无能名其树者"，是合理的现象。而汉代社会向往西域香料，富贵阶层尤其迷醉于此，也频见于文献记载。

《史记·外戚世家》褚少孙补述说到汉武帝决意"立少子"，逼死其母钩弋夫人。"夫人死云阳宫。时暴风扬尘，百姓感伤。使者夜持棺往葬之，封识其处。"连夜仓促进行的非正常入葬，导致生成神异故事。司马贞《索隐》写道："《汉武故事》云'既殡，香闻十里，上疑非常人，发棺视之，无尸，衣履存焉'。"张守节《正义》引《括地志》说："武帝末年杀夫人，殡之而尸香一日。昭帝更葬之，棺但存丝履也。"如果排除其神奇色彩，推想"尸香一日"和"香闻十里"的情形，不排除以相当数量香料随葬的可能。

汉末著名军阀刘表的墓葬西晋时被盗掘，据说"芬香闻数里"（《后汉书·刘表传》李贤注引《世语》）。《水经注·沔水》说"墓中香气远闻三四里中，经月不歇"。《艺文类聚》卷四〇引《从征记》则言"香闻数十里"，并且明确说"（刘）表之子（刘）琮捣四方珍香数十斛，著棺中。苏合消疾之香，莫不毕备。"苏合香"来自西方。《后汉书·西域传》介绍"大秦"文化地理时，说道："合会诸香，煎其汁以为苏合。"《三国志·魏书·乌丸鲜卑东夷传》裴松之注引《魏略·西戎传》说"大秦国"物产，有"迷迭""郁金""薰草木"等"十二种香"，"苏合"名列在先。根据汉武帝时代丝绸之路新近开通的形势推想，钩弋夫人墓如果以香料随葬，很可能会使用"四方珍香"来自西域者。

西域"香"为中原人所喜好。《后汉书·李恂传》说，李恂在西域任职，当地贵族商人"数遗恂奴婢、宛马、金银、香罽之属，一无所受"。《艺文类聚》卷八五引班固《与弟超书》："今赍白素三匹，欲以市月氏马、苏合香、罽登。"可见西域"苏合香"远销至洛阳。《三国志·魏书·方技传》裴松之注引曹植《辩道论》写道："诸梁时，西域胡来献香罽、腰带、割玉刀，时悔不取也。"也说到西域"香"。有研究者解释："香罽，具有香气之毛织物。"（赵幼文校注：《曹植集校注》，人民文学出版社 1984 年版，第 188 页、第 193 页；中华书局 2016 年版，第 278 页、第 286 页）《中文大辞典》释"香罽"："毛毡也，言香者，美之也。"书证即《后汉书·李恂传》（《中文大辞典》，中国文化学院出版部 1968 年版，第 45496 页）。《汉语大词典》说"香罽"即"华丽的毛毡"，书证亦《后汉书·李恂传》（《汉语大词典》第 12 卷，汉语大词典出版社 1993 年版，第 438 页）。这样的说法或许应当修正。西域人"数遗"李恂之"香罽"，"西域胡来献香罽"之"香罽"，似乎都应当理解为"香"和"罽"，如班固所市"苏合香、罽登"。